国家社科基金
GUOJIA SHEKE JIJIN HOUQI ZIZHU XIANGMU
后期资助项目

朱会晖 著

本体理念实在性问题如何解决

康德实践哲学基础新释

How to Solve the Problem of the Reality of Ideas of the Noumenal

Reinterpreting the Groundwork of Kant's Practical Philosophy

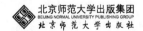

北京师范大学出版集团
BEIJING NORMAL UNIVERSITY PUBLISHING GROUP
北京师范大学出版社

国家社科基金后期资助项目
出 版 说 明

　　后期资助项目是国家社科基金设立的一类重要项目，旨在鼓励广大社科研究者潜心治学，支持基础研究多出优秀成果。它是经过严格评审，从接近完成的科研成果中遴选立项的。为扩大后期资助项目的影响，更好地推动学术发展，促进成果转化，全国哲学社会科学工作办公室按照"统一设计、统一标识、统一版式、形成系列"的总体要求，组织出版国家社科基金后期资助项目成果。

全国哲学社会科学工作办公室

序　言

张传有

　　今年正好是康德三百周年诞辰，国内研究西方哲学的学界同人为此举办了多个纪念活动。就在这一年，朱会晖的有关康德哲学的著作要出版了，该书也表达了他对康德这位伟大哲学家的缅怀。他为此让我给他的书写一个序，作为他曾经的导师，我也在此略陈数言。

　　康德的哲学，尽管大家都很推崇，也愿意认真一读，但是真正读起来确实是很难的。所以当年我们上课时，用了近一年的时间读康德的《道德形而上学奠基》一书，逐字逐句地读，也还不见得真正读懂了。特别是该书的第三章，更是难上加难。而朱会晖的博士论文的一个重要部分也是对这一章所涉问题的解读。开始我对他这一选题还不是十分赞同，担心他难以胜任。但是，通过和他的多次探讨，我觉得这一问题对于理解康德的伦理思想特别重要，加之他对这一问题的理解确有新意，所以相信他能在这方面做出一些成绩来。果然，后来在德国导师 Volker Gerhardt 教授的指导下，他的博士论文顺利通过，并得到好评，终获德国哲学博士，这确实是来之不易的。

　　有关该著述的具体内容，我就不多说了，也不是一句两句话能说清楚的。真正感兴趣的读者一定会认真去读。说实话，康德的书不好读，解说康德思想的书也不好读，没有耐心是不行的。而任何想学习西方哲学的人，不懂康德就等于没学。

　　借此机会，我想说说我对康德哲学，特别是康德伦理学的看法。在说到康德哲学对后世的影响时，人们总喜欢用安倍能成的"储水池"一说来形容，而按照黑格尔的看法，这样的"储水池"并非康德一人独揽。我认为，就 19 世纪的哲学，特别是伦理学而言，康德哲学是当时的天花板。所以 20 世纪 80 年代李泽厚老师提出要康德还是要黑格尔时，我是主张要康德的。整个康德哲学是哲学史上的一场革命，它强调了人的主体地位，以及人的主观能动作用，与此同时也指出了人类理性的有限性。就康德的伦理学而言，它是人类在自我确证道路上，在追求自身权利过程中的一个里程碑。康德哲学不仅仅是德国古典哲学的高峰，更是人类哲学思想在那个时代的高峰。康德哲学是 19 世纪的资产阶级哲学成果，也是当时人类哲学思维的伟大成果。就伦理学来说，康德学说中关于自由和平等的思想至今仍是人类特别宝贵的精神财富。它们是人类几百上千年努力奋斗而得到的成果。可是今天，有些人一听说康德哲学是资产阶级的东西就斥之以鼻，说它是骗人的东西，弃之如粪土。他们不懂得对资产阶级的思想应该要扬弃而不是简单抛弃。无产阶级思想是在批判继承资产阶级思想的基础上形成的。也就是说，对于早期资产阶级的哲学，我们除了要批判它欺骗性的一面，还要承认它正确的一面，而这一面在当时来说是先进的一面，是代表人类先进思想的一面。对其我们所要采取的是完善之而不是损毁之的态度。

当然，我不是说康德的思想不能批评，康德哲学中确实存在许多理当批判的东西。比如，康德的伦理思想就存在过分抽象和非历史性的缺陷。但是抽象本来就是哲学的特点。就伦理学的研究而言，康德认为有两种路线，一种是上升的路，另一种是下降的路。上升的路就是要把伦理规范上升到最为抽象的层面，而下降的路则是要使之回到实践中去，回到经验世界中去。显然康德只走了前面一条路，而忽视了后面一条路。此外，康德的许多思想只是在表述上抽象，其实是很具体很平实的。比如康德的绝对命令（定言命令），看起来很抽象，"你要仅仅按照你同时也能够愿意它成为一条普遍法则的那个准则去行动"，又是法则又是准则，看起来很复杂，其实它只不过强调了人们的行为中的自由和平等的原则而已。通俗地讲，就是你要按照大家所认同的原则行事，不能搞特权，不能做那种只有你才能做，而大家不能如此做的行为。所以，这个法则，一方面强调了人行事的自由，另一方面则强调了人们在行事时的平等权利。某些贪官认为贪污是可行的事，但是，贪污不是人人都可以按其方式去行为的普遍原则。小偷也不把偷盗视为大家认同的行动的普遍法则，因为小偷也不愿意自己的东西被别人所偷。在康德看来，定言命令就是一个最高的法则，其他具体的行为规范都包含在其中。找到最高、最本原的东西，这是一位哲学家应当为之终身奋斗的事业，也是一位优秀的哲学家应当为人类做出的重大贡献。

我之所以推崇康德，原因就在于他提倡的许多思想对我们来说仍然有一定的现实意义。他对启蒙的界定和宣扬，对我们中国人来说，仍然是需要的。中华人民共和国是从半殖民地半封建社会中建立起来的，资本主义无论在经济上还是在思想上都很弱小，而封建主义思想却根深蒂固。因此，更深入地清除封建主义思想意识的影响，仍是我们当今重要的课题。

　　下面说一下作者朱会晖。他是从经济学系转到哲学系来的我的一名硕士生。他认为自己对哲学更感兴趣一些，并愿意终身为之而奋斗。开始时他给我的印象是一个思想活跃、喜欢言说、学习努力的学生，在我的研讨课上积极发言。大概是由于想表达的东西太多，加之思维的跳跃性太大，一时又还没有理出一个头绪，因而他的发言有时让人听得不甚明了。所以当时我给他定了一个规矩，那就是"想好了再说，每次注意时间"。三年下来，我突然发现，他的发言变得条理清晰，思路流畅，而且多有新意，甚至给我很多思考与启发，以致后来上课时我常请他当主讲。硕士毕业后他继续考了我的博士。一年后有机会留学德国，并被德国教授收为博士生，在德国完成了他的学业，成为一名德国哲学博士，继而到北京师范大学任教。

　　在他上学和毕业后的这些年，我们互为师友，相互关心，共同进步。我希望在我的有生之年能看到他在学业上有更大的进展。

导　言

在康德的哲学中，**理念**是纯粹理性指向本体的、无经验性内容的概念。在康德理论哲学中关于本体的理念主要包括世界、灵魂与上帝；在其实践哲学中的理念则主要包括自由、上帝和灵魂不朽，还包括道德法则、至善等。本体界与现象界的区分在康德的哲学中起着关键作用。康德的理论哲学论证了超经验本体的不可知性，否定了诸本体理念有理论的实在性，**提出**了棘手的哲学难题；而康德的实践哲学则确立了本体理念的实践的**实在性**，以某种方式解决了该难题。康德究竟如何解决本体理念实在性问题，对他的伦理学乃至整个哲学都有重要的意义。这直接关涉意志自由、道德能力、上帝和不朽灵魂等是否存在的问题。笔者重新解释了相关**关键概念**，澄清了其实在性理论的重要**理论前提**，展开对康德相关**论证结构与方法**的新释，进而扩展到关于康德**实在论**整体的讨论，说明**实践**在康德实在论建构中的重要作用，并说明康德相关思想的当代意义及其限度。

如张传有教授所说，自由是康德伦理学的核心，是康德整个哲学大厦的拱顶石；自由问题涉及思辨哲学关于理性诸理念的辩证论、实践哲学中的实践理性批判以及其目的论的思想，这是康德实践哲学研究中最为艰深但又是核心性的基础问题之一。① 道德法则是康德实践哲学的主要原则，它来源于自由，又是主体自由得以体现的基本条件。对此，邓安庆教授合理地提出，康德的重要工作在于通过自由、自律的观念使得伦理学从"神义伦理"转变为"启蒙伦理"，不仅确立了道德对宗教的独立性，也确立了道德对功利的独立性。②

然而康德关于自由理念实在性的思想，却是他历来被诟病最多的地方之一：很多西方研究者批评，在实践哲学中，康德一直都对实在性、因果性这些知性范畴进行了**超越的运用**，将它们运用于本体领域，由此，通过《道德形而上学奠基》说明人必然会肯定自由来说明自由本身的现实

① 张传有：《自由——康德伦理学的核心》，《武汉大学学报（哲学社会科学版）》1999 年第3 期。
② 邓安庆：《启蒙伦理与现代社会的公序良俗——德国古典哲学的道德事业之重审》，北京，人民出版社，2014，第 9～10 页。

性的论证，将会是失败的，而《实践理性批判》中，康德退回到了独断论，他预设了道德法则这一"理性的事实"，以便说明自由。

本书试图表明，面对自由与道德的实在性这个实践哲学无法回避的基本问题，康德着手建构他的先验人类学。它超越了传统的意志自由观和决定论、超越了独断论的超验本体论和主观主义，康德通过对自由与道德法则的实践的实在性和理论的实在性的区分，在为道德性确立了必不可少的有效性根基的同时，也避免了关于自由本体论地位的断言，从而避免了哲学迷宫中的种种难题，而且还为我们理性的使用划定了范围，这是一条关于自由问题乃至存在问题的富有意义的思想道路。而如果这些基本问题悬而未决，道德哲学的其他思想就会缺乏根据。康德的实践哲学坚持了其哲学一贯的批判性立场，为其伦理学主张提供了严格的（尽管不是无瑕疵的）论证；另一方面又为整个实践哲学提供了一种具有普遍意义的确定性基础。

对于康德哲学中的自由理念的实在性问题，国际学界有两种基本的解释模式：一种是本体主义的解释，另一种是主观主义的解释。根据前一种解释，康德确实在实践哲学中肯定了人的本体意义上的自由，因此人确实有本体的理智层面并由此具有了自由，而且能够独立于一切经验性因素而自主选择。根据后一种解释，自由或只是在一种主观的立场下才被肯定的人的属性，或只是体现为行为中的主观的目的性。与以上两者解释不同，作者所做的是一种实践化的解释。

本体主义解释为传统解释，亨利希（Dieter Henrich）、伍德（Allen Wood）、帕通（H. J. Paton）、阿美利克斯（Karl Ameriks）、克莱默（Heiner Klemme）、田莫曼（Jens Timmermann）等较多的研究者都采取这种解释模式，只是后面三人并不认为康德关于自由实在性的观点是合理的。例如，伍德认为，人有在本体界的超时间的行为能力（agency），通过对可能世界的选择而引起了经验世界的行动。

考尔巴赫（Friedrich Kaulbach）和普劳斯（Gehold Prauss）、阿利森（Henry Allison）和科斯戈尔德（Christine Korgaard）对自由做出了一种主观主义的解释。考尔巴赫认为，在实践性的考虑中采取理知世界中立法者的立场，或把人当作这样的立法者，这是一种"基本行为"，它构成了其他具体层面的实践活动的条件；而通过这种基本行为（它不包含在感官实践中的身体性活动），自由具有了现实性。阿利森也将立场或视角作为解释的切入点，他认为，从实践的视角看，由于我们要把人设想为行动者，或是由于作为纯粹理性法则的道德法则而来的确证，我们对自由的假定是有理性的根据或保证的。相应，从理论视角看——在此被关注的是解释而不是行动——我们有理由，或者有必要认为所有事件都是服从因果性法则的。根据普劳斯对康德哲学的解释，无论在理论领域还是在实践领域中，人的基本特征在于意向性（die Intentionalität）或目的性，每个人都有对某物——成功（die Gelingen）——的目的，有对它者的意向或"对成果的意向"。进而他认为，实践性或意向性是人的自由、自发性的真正体现。在此，实践性只不过是体现在意识内部的意志与意志对象的关系。另外根据实用主义的解释，只要一个意识中的信念能给人带来心理上的效用（如愉悦、安全感）——即使它几乎不通过实践而作用于现实的经验世界——这个信念的对象仍会具有某种实在性，或者说这个信念本身就具有某种真实性。

国内学界对康德哲学中意志自由等本体理念实在性问题作了富有意义的探讨，然而国内目前尚未有专门、系统地研究关于康德理念实在性理论的专著，本著作是这方面的一种尝试。目前，国内已经在相关的论题上做了许多有意义的探究，这些探究构成了我们进一步思考的积极条件。在本书所涉及的伦理学问题上，邓晓芒教授指出康德的"Faktum"一词有"做"和"事"的双重含义，道德法则作为理性的事实（Faktum），它的实践法则和它的有效性是同一的，它构成自由的认识理由。① 张传有教授断言，法则形式化的追求只是康德的一个方面，康德也使自己的道德哲学走向了情感与生活世界。② 徐向东教授指出，康德有很好的理由认为，道德情感在道德动机中应该占据一个重要地位。③ 舒远招教授认为，绝对理性的存在者理念（即上帝的理念）使得定言命令得以可能，这个理念使得定言命令这一先天综合判断得以可能。④ 在相关的宗教观方面，李秋零教授说明康德排除了自然主义、机械论观点对道德研究的干扰，突出了道德的主体性，一方面强调道德法则独立于宗教的悬设就已经有效，另一方面也肯定宗教在道德行动中的积极作用。⑤ 谢地坤教授阐发了康德道德既导向宗教又限制宗教的观点，指出宗教的悬设是道德的必

---

① 邓晓芒：《从康德的 Faktum 到海德格尔的 Faktizität》，《武汉大学学报（人文科学版）》2013 年第 2 期。
② 张传有：《康德道德哲学的上升之路与下降之路》，《道德与文明》2007 年第 6 期。
③ 徐向东：《康德论道德情感和道德选择》，《伦理学研究》2014 年第 1 期。
④ 舒远招：《完美神圣的理性存在者的意志：定言命令之第三者——〈道德形而上学的奠基〉中一个重要问题的解答》，《山东科技大学学报（社会科学版）》2012 年第 5 期。
⑤ 李秋零：《康德论人性根本恶及人的改恶向善》，《哲学研究》1997 年第 1 期。

然要求，但宗教并不构成道德的基础。① 在实在论方面，杨祖陶先生在德国古典哲学的逻辑进程的视野中，认为康德哲学是其中让主体和客体之间的根本对立批判地呈现出来的阶段。② 邓安庆教授提出，康德凭借莱布尼茨的启示，把"形而上学"转变为高扬实践活动的"行而上学"，并且超越了莱布尼茨仍然坚持的独断形而上学。③ 韩水法教授基于批判性形而上学的观念，区分了康德形而上学的三重含义，指出了康德哲学诸领域的统一性。④ 黄裕生教授认为康德诸批判的真正问题乃是事物存在方式问题，超验感性论和超验逻辑学就是要揭示直观和理性如何使存在者如此这般存在成为可能的。张志伟教授认为，康德哲学的主旨在于限制科学、限制知性，建立一种"道德世界观"，而自由、上帝等理念其实体现了一种（与过去的科学世界观不同的）道德的世界观，而非一种对实存的自在之物的规定。以上诸观点基本都试图超越认识论的立场而考察康德的存在论思想。陈嘉明、戴茂堂、温纯如、谢暇龄、徐向东、叶秀山、张能为、朱高正等学者对本论题不同方面的研究也有独特贡献。

　　笔者分别考察了康德对**"实践的实在性"**和**"实践自由"**这两个关键概念的使用，来澄清康德在自由问题上的独特立场。康德首先从理论哲学角度指出，自由的可能性永远无法被证实，也永远无法被证伪，自由的可能性必须被一直肯定，这构成了对自由等三大悬设的正当性根据。进而康德在实践哲学中确立了自由与道德法则两个理念的实践的实在性，并由此为实践哲学提供一个形而上学的保证，阐明了对自由理念的实践运用的正当性。康德自由理论的基本观点是，人能够把先验自由理念**思考**为实在的，并根据这种设想而**行动**，因此这些理念能够影响甚至决定人的行动，并仅仅通过这种影响现实的活动而具有了**实践的实在性**（die praktische Realität）；这并不否定我们可能没有基于本体层面的自由，我们可能无法独立于所有的经验对象（并出于道德法则）而行动（这必定是可能的）的诸观点，但即便如此，自由理念仍然能影响乃至决定我们现实的行动，仍具有**实践的实在性**或现实性；换言之，我们不一定拥有先验自由，但都拥有实践自由。自由理念之所以具有实在性，并不是因为它符合于在本体界自在存在的本体，而只是由于它能够决定感官世界的实践

----

① 谢地坤：《扬善抑恶的理性宗教学说——评康德的〈纯粹理性界限内的宗教〉》，《中国社会科学院研究生院学报》1992 年第 10 期。

② 杨祖陶：《德国古典哲学逻辑进程》，武汉，武汉大学出版社，2003。

③ 邓安庆：《从"形而上学"到"行而上学"：康德哲学哥白尼式革命的实质》，《复旦学报（社会科学版）》2009 年第 4 期。

④ 韩水法：《论康德批判的形而上学》，《哲学研究》2003 年第 5 期。

活动。事实上，康德既不把自由等本体理念的实在性建立在单纯的意识之上，也并不诉诸某种被预设的本体论上的自在之物，而是将其实在性建立在实践的**活动过程**之上；实践是通过意志的概念而可能的行动，这种活动过程是意识的**直接性**、经验活动的**现实性**与行动者的**能动性**的统一。康德彻底地批判传统的独断论形而上学，所以他自己努力避免陷入独断论形而上学之中，进而避免对知性范畴进行超越性的运用。在实践哲学中，康德用实在性、因果性、法则等概念来规定指向本体的纯粹理念。这些概念都不是要描述本体界中的事实，而只是要描述实践中的立场、信念和实践方式；进而我们可以通过这些信念来影响、规范实践活动。

笔者试图通过较为充分的文本依据和理性论证，对康德的思想作重构性的工作——不仅从**价值论**的角度，对康德悬置自由等理论的实在性及合理性进行辩护，而且试图超越立足于认识论来理解康德的研究范式，从**存在论**的视角来重构康德的整体思想，从而揭示康德的**实践的实在论**。康德致力于避免独断论；他努力论证，自由理念不仅仅能够影响我们的实践，而且能够决定我们的实践，因而具有实践的实在性，由此，他不仅为实践哲学体系奠定了基础，而且为整个哲学大厦确立了自由这块**拱顶石**。为此，康德一方面在《道德形而上学奠基》和《实践理性批判》中分别诉诸对自由理念和道德法则的**理性的认同**，另一方面诉诸于对人对道德法则和自由人格的**敬重**，由此来说明自由和道德法则的理念决定**实践**的效力，进而说明自由和道德法则理念具有普遍意义的（客观的）实践的实在性。充分阐明康德对自由和道德法则理念的实在性的论证过程，是本书的重点。基于康德《道德形而上学奠基》和《实践理性批判》这两本最主要的伦理学著作的思路的差异，我们分别简要说明他在自由和道德法则的实在性这一问题上的论证的逻辑脉络。

康德《道德形而上学奠基》及同时期作品中对自由与道德法则的演绎可以概括如下：第一，《道德形而上学奠基》论证了我们对自由理念的普遍的理性肯定。

首先，人凭借理性而普遍认为，人有独立于外在于经验性事物而自发形成观念并作出判断的理性能力，因而我们必然地设想自身便具有**自发性**（Spontaneität）或自我能动性（Selbsttätigkeit）。有健全理性的人设想他们有作出合理判断的能力，后者基于为判断提供充分理由的能力；充分的理由是所有有健全理性的人能够普遍地通过理性而同意的理由，而普遍的同意则意味着人们能够独立于一切经验性的偶然因素而同意。感官世界中的事物（作为现象）服从经验因果律，因此我们必然肯定人在感官世界和（由理智者本体组成的）理知世界中的双重身份。其次，这种思考方式基于人的纯粹的、先验的理性，因此是普遍、必然的，所以它也作用于我们的实践，我们必然在行动中设想我们是自由的，自由理念必然影响人的行动。

第二，《道德形而上学奠基》对我们对自由理念的普遍的情感性敬重作了如下论证：首先，凭借普通人类理性及其对道德法则的认同，我们在实践中都能意识到，人应当出于道德法则而行动。这是因为，一方面，在日常生活中，普通人类理性不会怀疑人有自由而且不完全地被决定，普通人类理性甚至不考虑理论上的先验自由存在与否的问题，它通常只考虑较为具体的行动的规范问题；另一方面，人们通过普通人类理性意识到，我们应该做道德的事，应当遵循道德原则，我们能够克服感性的欲望而遵循道德原则。其次，道德原则以纯粹理性为来源，以先天的纯粹法则为本质。道德法则是具有普遍性的原则，而所有基于经验对象表象引起的情感和欲求不能构成道德法则的基础，但普遍性却是理性的内在要求，于是道德法则只可能以纯粹理性为来源。再次，对道德法则的敬重构成道德行为的动机，而敬重有其纯粹的来源——人格性理念，而对道德法则的敬重根本上说是对人格性的敬重。最后，人们普遍地具有对人格性和道德法则理念的情感性的敬重。

第三，基于对自由理念的理性肯定与感性敬重，自由理念普遍地影响人的实践活动，并普遍能够决定人的实践活动，因此，人在实践的眼光下是现实地自由的，人有实践自由。

第四，基于自由作为**自律**的本性，自由使道德法则理念的（客观的）实践的实在性得以可能，人能够根据道德法则而行动，感性的道德动机足以克服感性的爱好和冲动。

《实践理性批判》中对自由与道德法则的实在性的论证过程可以概括如下：① 第一，凭借普通人类理性，我们在实践中都能意识到，人应当出于道德原则而行动，我们能够克服感性的欲望而遵循道德原则。第二，道德原则以纯粹理性为来源，是先天的纯粹法则。第三，实践理性批判表明了对道德法则的敬重的纯粹性，它通过揭示这种敬重的纯粹来

---

① 康德也把道德法则看作理念，将其视为可能存在于本体界、应当实现于现象界的行为准则与秩序。"但我们仍然通过理性意识到一个法则，它是我们的一切准则都服从没有它们无论什么地方都不能有任何客体和某自然的法则的，就好像凭借我们的意志必然会同时产生出一个自然秩序来一样。所以这必定是一个并非经验性地被给予的、但却通过自由而可能的、因而是超感性的自然的理念，我们至少在实践方面给予它以客观实在性……"（KpV 5：44）

源——先验的人格性理念，来进一步阐明了正是（蕴含在理性或人格性之中的）道德法则才能够引起敬重，而且只是道德法则的单纯形式，而不是任何法则的客体，才构成了敬重的根据。第四，人们普遍地具有对道德法则的理性的认同和感性的敬重，由此，道德法则具有客观实践的实在性。第五，我们由此也可以看出，人格性理念通过道德法则的理念而影响行动，因此，人格性理念也具有客观实践的实在性。第六，出于道德法则而行动具有实践的普遍必要性。

基于此，本书的主要观点如下：

第一，通过诉诸实践自由，或自由理念实践的实在性，康德一方面为道德设立了有效性的根基，另一方面又消解了关于自由本体论地位的断言。康德以实践作为实践思想的立足点，为实践哲学开辟了经验决定论和一般的意志自由论之间的第三条道路。康德并不诉诸经验性的、现象层面的心理学的自由（独立于外在经验对象的直接决定而由自身的主观意识而行动的能力），而在理论上悬置了对本体才具有的、绝对的先验自由（对经验因果律的独立性和无条件的自发性），并将它诉诸先天性的实践自由。实践自由是意志独立于感性的爱好并根据纯粹的道德法则而引起行动的能力，实践自由是先天的自律能力，但它既不一定是本体的，也不一定仅仅是现象的，它不以先验自由为必要条件，而只以先验自由的理念或概念为条件。

通过对先验自由的悬置，康德一方面不必独断地在理论上设定自由的本体论地位，另一方面又不取消先验自由的可能性，最终为实践自由、人的尊严和内在价值留下了地盘，并建立起道德的法则与宗教的悬设；确立实践自由为道德法则和自由的实践提供了可能性条件，又使我们绕开了传统形而上学关于自由问题的无休止的争论。在《实践理性批判》以及之后的著作中，康德又通过自由的理论的实在性与实践的实在性之间的区分，在这第三条道路上继续迈进。

西方学者往往有一种的误解，以为康德要论证我们确实有先验自由，即独立于一切经验因素而决定行动的能力，因为他们认为，尽管自由这种能力不能在思辨领域中被证明，但这同一种能力在实践领域中能被道德法则证明，所以自由理念具有实践的实在性。但实践的实在性和理论的实在性不仅指向不同的领域，而且有着完全不同的含义。康德只是要说明，人能够把先验自由理念**思考**为实在的，并根据这种设想而**行动**，因而这些理念能够影响甚至决定人的实践，并仅仅通过这种影响现实的活动而具有**实践的实在性**（die praktiche Realität）。我们无法证明，先验自由和本体层面的理知世界确实有理论上的实在性，因为这是超出人的认识能力范围的。而康德对自由、本体和理知世界这些概念的积极界定，也只是在实践的意义上作出的，这绝不意味着他认为，确实存在着服从道德法则的本体或理知世界，他只是认为，我们能够并且应当在实践中把本体、理知世界主观地设想为服从于这些法则，并按照这样一种设想而**行动**。我们以为，澄清这一点是理解康德实践哲学根基及其融贯性的一个关键。康德说，自由理念有"实践的实在性"（praktiche Realität），这意味着此理念在"诸意向和准则中有具体表现出来的现实应用"，意味着人"只能在自由的理念下行动"，自由概念的实在性只通过它"在感官世界中就可能的结果而言的原因性（Kausalität）"得到证实（KpV 5∶56，5∶475；GMS 4∶448）。当然，自由与道德法则理念的实践的实在性也不是一种弱的实在性，自由与道德法则的理念在实然意义上具有普遍的影响，并能够独立于感性而决定人的意志；而它在应然的意义上，又具有普遍的有效性。

第二，西方研究者往往断定，由于康德无法论证我们的先验自由，因此《道德形而上学奠基》对自由和定言命令的论证**失败**了。但这种批评是**无的放矢**的。因为康德的工作并不是要论证我们确实在本体层面有先验自由，不是要确立关于先验自由的知识；反之，康德对自由和道德法则**实践上的实在性**进行了充分的论证，为我们理解自由问题乃至存在问题提供了一条富有意义的思想道路。我们在实践上是自由的，只是意味着自由被理性存在者仅在观念中、"仅在理念中当作其行动的根据"，意味着理性存在者"只能在自由的理念下行动"，意味着理念作用于我们的行动，而其实先验自由的问题依然"悬而未决"，我们终究无法认识我们是否被自然原因决定。① （GMS 4∶448）

第三，根据康德的《实践理性批判》，道德法则是理性的事实，它是不需要证明也不可证明的，许多著名研究者据此批评康德的道德哲学退回了**独断论**。但是，康德其实只是认为，道德法则理论的实在性是不可证明的，它在**实践上的实在性**是可以证明的，并且已被证明：它能够通过普遍地引起理性肯定和道德关切决定意志，从而影响人的现实实践，所以才具有了实践上的实在性。例如，在康德说完道德法则的实在性不

---

① 如果我们不把自身设想为属于知性世界的，具有尊严的，我们就无法通过敬重感来战胜欲望，纯粹理性就无法是实践的、是规定意志的。"因此，一个知性世界的概念只是一个立场（Standpunkt），理性发现自己被迫在现象之外采取这一立场，以便把自己思考为实践的……"（GMS 4∶458）

可证明后的第二段，他又说，道德法则"对于自己的实在性作出了即使思辨理性批判也会感到满意的证明"（KpV 5：88）。① 而对道德法则为何构成了最高实践原则，康德同样有充分论述。因此，关于独断论的指责只是误解康德思想内核的表现。康德对我们无法认识道德法则理论上的实在性的论证，体现了康德的思想的批判性，体现了理性严格的自我划界，后者在黑格尔等人的思想中是比较缺乏的。表面看来，康德在《道德形而上学奠基》中通过本体论的论断来建构伦理学，而在《实践理性批判》中通过伦理学的预设来说明本体论的论断，但其实康德向来既不试图通过本体论的论断来推导出伦理学的结论，也不试图从伦理学的设定来说明本体论的论断。

第四，尽管很多批评者认为在康德对理念的实在性的论证中，在自由和道德法则之间存在着**循环论证**，然而事实并非如此。对理念的理性肯定、对理念的感性敬重和理念影响实践的效力，作为独立于自由和道德法则理念的实在性的三个基本根据（其中第三个根据以前两个根据为前提），打破了自由和道德法则理念之间的循环。而关于如何对道德情感进行论证这一理论难题，康德的解决方法是：借助普通人类理性说明敬重克服欲望的力量，再作彻底的实践理性批判、揭示敬重的纯粹性。②

第五，许多西方研究者认为，《实践理性批判》与《道德形而上学奠基》的思路是**颠倒**的，《道德形而上学奠基》的论证路线是从自由到道德法则，而《实践理性批判》的论证路线则是从道德法则到自由。也有一些研究者认为，两者的思路是一致的。我们认为两书的思路并没有根本的对立，《实践理性批判》是对《道德形而上学奠基》中的论证的补充和完成，尽管两书的论证思路有所不同（《道德形而上学奠基》先论证自由再说明道德法则，而《实践理性批判》先论证道德法则再说明自由，然而自由和道德法则理念的实在性都不构成两书的论证起点）。首先，**对理念实在性的理性肯定、对理念的感性敬重和理念影响实践的效力**构成了这两个理念实在性的三个基本据。其次，两书的论证都是以理性作为根基和立足点的。康德开始于**普通人类理性**，但进行了彻底的**一般实践理性批判**；对理念实在性的理性肯定和对理念的感性敬重，最终都以理性为基础。

---

① 康德还断言，"道德律首先自己得到证明并作为意志的直接规定根据而得到有效性论证"。他表明，他对道德法则的纯粹性进行了"检验"或"验证"，还对道德法则的实在性进行了"证明"和"有效性证成（Rechtfertigung）"（KpV 5：125）。

② 阿利森等人认为，康德先说明人有先验的、纯粹的道德情感能力，然后再说明这种情感能够战胜感官欲望的力量；但这种力量对比无法单纯通过概念的思考来说明。

两书都没有把自由或道德法则作为论证的出发点，都对自由与道德法则的实践的实在性作了充分的论证。尽管《实践理性批判》一开始就认定道德法则（作为理性的事实）是不需要论证的，认定它的理论的实在性不可论证，但康德还是从实践的视角作出了对它的论证。最后，两书要达到的结论都是自由和道德法则理念的实践的实在性，而不是其理论的实在性，不是自由和道德法则理念的本体论地位。

第六，我们也试图为康德的自由理论提供进一步的支持性论证，来说明康德的道路：我们的确可以摆脱论证先验自由的重负（能否证明这个世界上有自由，在实践上无关紧要），而为道德哲学设立一个可靠的立足点。从实践的视角看，我们只设想人有意志自由的情况并据此而行动，这是正当的，也是有必要的。因为在实践中，如果我们在没有自由的世界中错误地以为人有自由并据此而行动，这并不会使我们失去任何我们能主动实现的价值，因为我们思维和行为的方式是**必然地被决定**的；然而，如果我们在有自由的世界中错误地以为人没有自由，并以此为理由而不去发挥人的能动性力量以实现较高的目的，那么我们就无法实现我们本可以**主动实现的价值**。当然，我们不能不考虑人只有不纯粹的实践理性的情况，如果这样的话，人的使命只在于使功利最大化，人在根本上被感性的欲望所决定，所以康德力图证明人有纯粹实践理性，证明自由和道德法则理念能够决定人的行动。

第七，从上述观点出发，我们又得出这样一个结论：康德的实在论是实践的实在论（Realismus der Praxis），蕴含了肯定主客交互、本源统一的思维方式和哲学范式。在康德哲学中，实践活动作为三大本体理念与经验主客体的实在性的统一基础，具有本源性地位。康德哲学立足于直接显现、不脱离我们的生命活动的实在性；与黑格尔等人的哲学不同，在康德的论证结构中，不是实践的实在性基于本体理念的实在性，而是本体理念的实在性基于实践活动的实在性。本体理念的实在性是我们无法认识的，然而**我们本身就在存在之中**，实在性本身就在向我们显现，我们对本体概念的思考，以及对作为现象的主客体的思考，都要从这种直接的、不脱离我们的生命活动的实在性出发。

康德首先通过经验与先天综合判断进行批判性反思，确立了一般意义上的感官世界的经验实在性（该世界是经验材料与先验形式的统一体），从而赋予其中的行为活动以实在性，进而通过行为实践建立起具体的经验对象的经验的实在性，以及关于本体的理念的实践的实在性。尽管纯粹理性的自我批判提供了关于对象的先天综合判断，然而关于具体对象的实在性的经验学科却要通过实验方法才能走上科学的道路，而实验方法以(技术性的)实践为前提。① 而且，人如果无法证明经验对象的现实性，就无法证明时空、范畴符合于现实的客体。② 感官世界本身是主体的先验形式与被给予的感性质料的综合，体现了认知的能动性与被给予的事实性的统一，而道德实践则是主体的(关于本体的)理念与感官世界中的行动的联系活动，是在先验自我的综合基础上进一步的实践的能动性与事实性的统一。正是这种实践及其联系建立起本体理念的实在性。尽管自由、上帝和灵魂不朽本身的本体论地位依然无法确立，然而把自由等理念(只是在实践中)运用于超感官领域却具有了正当性。

笔者力图澄清，康德通过批判性反思来划界，要求我们的思辨理性在认识能力无法达到的地方保持沉默，这为自由、道德、上帝的信念提供了具有普遍性意义的地基，又在实践活动的实在性基础上承诺了本体存在的实在性。很多西方思想家试图把康德非形而上学化，然而康德本来就取消了许多本体论上的预设，康德的思想对当代的哲思仍具有独特的意义。③

---

① 作为经验学科的物理学之所以走上"科学的阳关道"，是由于人们(如伽利略)采用了实验的方法，通过主动性的行动来拷问自然；采取实验方法，是思维方式的"革命"(KrV BXII)。

② "即使是空间和时间……但如果它们没有被指明在经验对象上的必然运用，它们就毕竟是没有客观效力、没有意义和所指的……没有这些对象，空间和时间就不会有什么意义；一切概念的情况也是如此，没有两样。"(KrV A156/B195)

③ 对此，韩水法教授恰当地认为，"道德形而上学仍然是批判的，它不仅是通过纯粹实践理性的批判而达到的，并且也受着这个批判的限制……"参见韩水法：《论康德批判的形而上学》，《哲学研究》2003 年第 5 期。

目　　录

第一章 康德肯定何种自由、
理念的何种实在性

在康德的理念观中，自由是康德哲学之精神，被他视为道德与规范性的基本前提，自由概念是纯粹理性体系"整个大厦的拱顶石"。康德认为，自由、上帝、灵魂不朽、至善等理念在理论上的实在性是无法认识的，但它们有客观的实践的实在性。① 由于自由与道德法则在康德实践哲学中有着关键性的地位，而至善概念是理性目的对象的整体，是以道德法则为规定根据的，对上帝和灵魂不朽的悬设也是以自律和道德法则为根据的，而康德关于上帝和灵魂不朽的观点比较明确，因此，笔者将主要讨论自由与道德法则理念的实在性。康德独特的思维方式和简洁艰涩的表达给解读者带来不寻常的解释任务，而研究者们的分歧往往源于对其基本概念和基本命题内涵的不同把握。笔者基于对康德关键概念的重新理解，重释康德的自由理论、理念观、实在论以及关于它们的论证过程。

理解先验自由理念的实在性与实践的实在性之间的区分，或先验自由和实践自由的区分，是理解康德实践哲学基础、理解他对关于本体理念实在性问题之解决的关键。肯定自由理念的实践的实在性而不肯定自由理念的理论的实在性（换言之，肯定实践自由的实在性，而不肯定先验自由的现实性，肯定在实践的眼光下的先验自由而不肯定在理论的眼光下的先验自由），这是康德在一般的意志自由论和决定论之间选择的第三条道路，这是康德悬置各种本体论的断言，而又为道德性确立基础的基本进路，是康德哲学实现理论融贯性和理据充分性的重要途径。②

---

① 理念是纯粹理性的概念。自由理念是指先验自由的理念，因为在康德说"自由的概念"被证明的语境中，他"肯定了先验的自由"（KpV 5：3）。先验自由是独立于经验性事物而自行引起因果序列的能力。康德也把道德法则看作理念，视为可能存在于本体界、应当实现于现象界的行为准则与秩序。"但我们仍然通过理性意识到一个法则，它是我们的一切准则都服从没有它们无论什么地方都不能有任何客体和某一自然的法则的……所以这必定是一个并非经验性地被给予的、但却通过自由而可能的、因而是超感性的自然的理念，我们至少在实践方面给予它以客观实在性……"（KpV 5：44）

② 笔者先讨论自由等理念的理论的实在性与实践的实在性之间的关系，然后再讨论先验自由与实践自由的关系。因为，康德关于前一种关系的论述相对明晰，而对后一种关系的论述则错综复杂，他在不同阶段对后一种关系的观点有所变化，并有一些看似矛盾的论断。因此，尽管康德较早在《纯粹理性批判》中集中讨论了后一种关系，但笔者先讨论前一种关系。

第一节　理念之理论的实在性与实践的实在性

康德对理念的**理论的实在性**与**实践的实在性**的区分是其自由理论中一个核心性的区分，涉及康德如何解决关于本体的理念之实在性问题，是理解康德实践哲学基础的一把重要钥匙，对于把握康德的整个体系具有不同寻常的意义。

关于自由理念的实在性，亨利希（D. Henrich）、盖耶（P. Guyer）等人提出本体主义解释，认为康德在理论哲学中否定了认识的实在性可能，而在他在实践哲学中肯定了本体界的意志自由。① 根据亨利·阿利森（H. Allison）等人的主观主义解释，在理论视角下或依据涉及人的感性层面的描述，人是被经验性事物决定的，在实践视角下或依据涉及人的智性层面的描述，人有独立于经验性事物的意志自由，但自由并不独立于视角、描述或语境。根据格霍尔德·普劳斯（G. Prauss）的主观主义解释，人的自由在于在所有认识和实践活动中的目的性或意向性。

本体主义解释难以应对人们对康德自由理论的三个重要批判：康德将实在性、因果性等知性范畴运用于本体领域，是错误的超越的运用；《道德形而上学奠基》通过人类必然设想人有自由，来说明自由本身的现实性，是失败的论证；而《实践理性批判》中，康德退回了独断论，他把道德法则设定为无须证明的"理性的事实"，这乃是独断的预设。而主观主义解释又过于弱化了自由的存在论地位，主观的视角或描述难以建立起尊严和真正的规范性。

笔者基于《康德全集》中的大量论述，提出新的实践论解释，认为（自由、上帝、灵魂不朽等）关于本体的理念之实在性体现在，这些理念影响甚至决定经验性的意志和行动——无论这些超经验的本体是否存在。笔者认为，康德的理念观超越了本体主义和主观主义。康德既不把自由等本体理念的实在性建立在单纯的意识上，也并不诉诸某种被预设的本体论上的自在之物，而是将其实在性建立在实践的活动过程之上。康德明确表明，人在实践活动中总是把自身设想为自由的，并根据这种设想而**行动**，因而自由理念影响着行为的意念和准则，并能决定行为准则，并仅仅通过这种影响现实的活动而具有了实践的实在性。人可能完全被决

---

① "本体主义（noumenalism）"一语为西方康德学界所常用，出现在阿利森、阿美利克斯等多位学者的著作中，它本体主义肯定某些超经验、超时空的本体的存在，这些不可知的本体独立于经验界中的现象，并构成了它们的条件。

定而没有超经验意义上的自由，但自由等理念只要现实地作用于人的行动，就会具有实践的实在性，道德与宗教也由此获得形而上学的保证。据《康德全集》三十多处的论述，自由理念有"实践的实在性"（praktiche Realität），只意味着此理念在"诸意向和准则中有具体表现出来的现实应用"，意味着人"只能在自由的理念下行动"或自由"仅在理念中被当作其行动的根据"，自由概念的实在性只通过它"在感官世界中可能的结果而言的原因性（Kausalität）"得到证实，它指向"纯粹理性在其实践中的运用"（KpV 5：56；4：448；5：475；A808/B836）。

实践论解释能够有效应对后人对康德的许多重要批评。由于康德并不真正打算论证超经验的自由，因此，康德在实践哲学中把实在性等范畴运用于本体领域，这并非超越的运用。康德在《道德形而上学奠基》中也并不打算基于对自由的实现论证超经验的自由，他的论证并不因此而失败。康德固然认为道德法则是理性的事实，在理论上不可证明，但也认为它在实践上可被论证，并提供了这种论证，由此避免了独断论。康德也并没有陷入狭隘的主观主义，却通过区分两种实在性，为实践哲学提供了重要的基石。

一、"理论的实在性"与"实践的实在性"两概念的内涵

据笔者通过德文的《康德全集》数据库所做的统计，"实践的实在性（Praktische Realität 或 "Praktischen Realität)"在康德著作中共出现了近 30 次（它们在科学院版全集中的卷数及页码分别是在 4：455，5：48，5：56，5：175，5：453，5：456，5：457，6：5，6：6，6：251，6：253，6：338，6：406，8：297，8：306，8：333，8：416，18：673，18：682，18：718，20：300，20：341，20：428，21：21，21：421，23：315，23：403）。另外，还有一些使用"实在性"概念的文本所讨论的对象，也是这种实践的实在性。通过考察笔者发现，康德对这一概念的用法是基本一致的，并与西方学界通常理解的用法有所不同。自由理念的实践的实在性、实践自由、实践视角下自由的现实性等概念是内在一致的；康德对实践的实在性的讨论最丰富，也能**最明确**表明其实践哲学**基本立场**，对它的内涵与意义的专门讨论却是最缺乏的。①

---

① 实在性与现实性这两个范畴内涵十分相似，都意味着对象与直观相关联，但前者主要用来述说时空、概念、直观、知识等认识形式和表象，而后者主要用来述说这些形式和表象的对象。

　　说一个理念是否具有"理论的实在性"，是指这个概念是否符合某种超出经验世界而实际存在的事物或其存在方式（KpV 5：56）。① 例如，说诸如自由、上帝、不朽灵魂这些超验理念具有理论的实在性，就是说这些理念确实指向某种超出经验世界而存在的本体或其属性，这些本体分别具有自由的属性、知性直观的能力和永恒性。康德通过区分现象和物自体，指出人无法证实或证伪纯粹理念的实在性，从而为道德和宗教的信念留下地盘。

　　说一个理念具有"实践的实在性"，只是指这个概念能够影响我们的实践准则和行动，从而影响现实的经验世界；这个理念本身（而非理念的对象）通过这种影响现实的活动过程而具有实践的实在性。自由、上帝、不朽灵魂等理念都有实践的实在性。需要说明的是，当康德讨论自由理念的理论的实在性或实践的实在性的时候，他所指的自由理念就是先验自由理念。首先，在《实践理性批判》序言一开始康德就说明，自由的概念"其实在性通过实践理性的一条无可置疑的规律而被证明"，而这种具有实在性的自由概念就是引文上一段所说的先验自由的理念："凭借这种能力，从此也就肯定了先验的自由，而且是在这种绝对意义上来说的……"（KpV 5：3）可见，前一引文中所说的具有实在性的自由概念就是指先验自由概念。为什么先验自由在绝对的意义上被肯定呢？因为，先验自由如果只是在理论上可能，那么，它只是在相对的意义上得到了肯定，然而，不仅它的可能性在理论上构成了理性摆脱二律背反的必要条件，而且它的实在性也在实践上通过道德法则被证明，这样，先验自

---

　① 理念是理性的纯粹概念，是理性通过把知性的概念推至无条件的极限而得到，它们是指向超经验的无条件整体的、最具抽象性的概念，没有经验性的内容。"我把理念理解为一个必然的理性概念，它在感官中是不能有任何与之重合的对象的。它们都是纯粹理性的概念，因为它们把一切经验知识都看作是由诸条件的绝对总体性所规定的。它们不是任意虚构出来的，而是由理性的本性自身发出的，因而是与全部知性运用必然相关的。最后，它们是超越的，是超出一切经验的界限的，所以在经验中永远不会有一个和先验理念相符合的对象出现。"（KrV A327/B383-384）知性无法把握概念的运用中的"绝对总体性"，无法把握表象综合的"绝对的无条件者"，"而理性则要超越到把每一个对象方面的一切知性活动都总括在一个绝对的整体之中"（KrV A326/B383）。
　康德认为，道德法则也构成一种理念："所以这个法则[指道德法则——引用者]必定是一个并非经验性地被给予的、但却通过自由而可能的、因而是超感性的自然的理念，我们至少在实践方面给予它以客观实在性……"（KpV 5：50）道德法则的理念指向一个以道德法则为秩序的本体界，但它本身就具有原因性、影响着现实的经验行为。

由理念就在绝对的意义上被肯定了。①

以下几个方面的理由可表明，康德是从理念与实践的联系来理解实践的实在性的，这里的实在性并不意味着理念对象在本体领域的实存，也不意味着某种被主观假定的实存。

第一，康德把理念实践的实在性理解为理念在准则与行动中的运用。

> 但现在，一个经验性上无条件的原因性的概念在理论上虽然是空洞的……但这概念依然可以在诸意念（Gesinnung）和准则中有具体地（in concreto）表现出来的现实应用，也就是有能够被指明的实践的实在性；而这对于这概念甚至在本体方面的合法权利来说也就足够了。（KpV 5：56）②

在此，康德十分明确地把无条件的原因性概念的实践的实在性等同于它在意念和准则中的应用。经验上无条件的原因性乃是不基于任何外在的原因，而构成事物原因的力量，自由就是不基于经验原因而引起因果序列的能力，因而无条件原因性的概念实际上就是自由的概念。他认为，无条件的原因性的概念尽管无法被认识、无法构成认识领域的知识，但它被现实地运用于规定意念与准则，成为经验领域中的行为的原因——正是在这个意义上而非在超经验的意义上，自由概念有实践的实在性。道德法则的理论的实在性不可论证，但是它在实践的意义上"得到了证明"（KpV 5：64）。

> 道德法则由于它本身是作为自由这种纯粹理性原因性的演绎原则而提出来的，它的这种信用状（Creditiv）完全足以代替一切先天的辩护理由来补偿理论理性的某种需要，因为理论理性曾被迫至少假

---

① 先验自由的理念可以有两种运用，可以被运用于理论和实践这两个领域。我们在两种运用中，我们都可以从感性世界和理知世界这两个不同的立场来思考同一个理性的主体或行动者。首先，自由理念在思辨哲学中运用于本体领域是超越的，这超出了思辨理性的有效范围，因为自由是本体的属性。但自由理念实践的运用却是内在的，因为在实践中它能够具有原因性，对准则和行动产生影响，从而具有了实践的实在性。其次，在理论和实践中我们都会采取感性世界的立场，因为两个领域中我们都通过感性的条件来活动，无论感性因素是否构成活动的最高规定根据。然而，采取理知世界的立场，这在理论领域中只是可能的，因为我们的自发性的存在只是可能的，而自由理念没有理论的实在性；而在实践领域中，采取理知世界的立场却是必然的，因为我们在实践中必然把自身看作是具有自发性的，或者说，因为自由理念具有实践的实在性。

② 康德把意念（Gesinnung）界定为"准则的内在原则""准则的主观原则""采纳准则的原初主观根据"，是比一般规则更加根本的、原初性的实践原则。

定某种自由的可能性。这是由于，道德法则以下述方式对于它的(seiner)实在性作出了即使思辨理性批判也会感到满意的证明，即它在一个曾经只是被消极地设想的、思辨理性批判无法理解但却不得不假定其可能性的原因性之上，加上了积极的规定，即一个直接地(通过意志准则的某种普遍合法原则形式这个条件)规定着意志的理性的概念，这就第一次有能力做到赋予那在想要思辨地行事时总是用自己的理念夸大其辞的理性以实践上的实在性，而把理性的**超越的**运用转变成内在的运用(即通过理念而本身就是在经验领域中起作用的原因[wirkende Ursache])。① (KpV 5：48)

根据该引文，自由是不可知的，在理论领域，理性对自由理念的任何规定都是对概念的超越的运用；在实践领域，道德法则理念首先把自由积极地规定为自律，进而通过被确定的自由理念规定意念和准则，并在经验领域起现实作用，从而确立自身在实践上的实在性，也证明了自由理念的实在性，并使理性对理念的超越的运用变为内在的运用，从而赋予纯粹理性以实践的实在性。这意味着，我们认为自身有意志自由、应当遵循道德法则，由此，这些理念就成为经验世界中起作用的原因。

首先，在理论领域，人无法认识世界上是否存在自由的原因性，既不能证实其存在，也不能证伪它的可能性。在思辨哲学中，自由(实质上是先验自由)可被看作自由的原因性、无条件的原因性，是不以任何其他事物为原因而自行开启因果序列的能力，它是宇宙中因果序列的起点，一个宇宙论的概念，并不就意味着自由意志(即独立地根据理性的目的而引起行动的能力)。当然，如果存在自由意志，它有可能是一种自由的原因性。自由的原因性超出了知性认识能力的范围，但人有一种对其因果性、实在性范畴作超越的运用的错误倾向，试图将其运用于自由、上帝、灵魂不朽等超经验的对象。

其次，在理性的实践运用中，如果意志能够独立于一切经验性事物、根据理性主动设立的目的而行动，那么，自由意志就是一种自由的原因性(无条件的原因性)。理性把这种自由的原因性设想成(或规定为)理性独立于一切经验性因素、凭借道德法则而直接规定意志，从而给予自由的原因性概念一个积极的规定。

---

① 由于这里"Freiheit(自由)"是阳性名词，而"seiner"是阴性或中性代词，因此，这里的"seiner(它的)"指的是"道德法则的"。信用状指信用的凭证。康德说，道德法则的信用状足以代替一切先天的辩护理由，是指它所提供的信用凭证是可信的，比喻道德法则非常可靠。

最后，理性凭借道德法则和自由等理念影响着意志和经验性的行为，并且能够通过它们来规定意志与行为，这些理念本身，以及运用这些理念的理性，就成为行动的一些规定根据，成为经验领域中起作用的原因，由此，不仅仅道德法则和自由理念具有了实践的实在性，而且理性也具有了实践的实在性。于是，道德法则通过被设想为意志的根据，而在经验领域中产生影响，由此，道德法则表明了自身的（实践的）实在性，而道德法则作为自由的"信用状"，使得自由理念的实践的实在性也得到了证明，因为，自由是道德法则的存在理由或存在根据，道德法则的实在性证明了作为其条件的自由的实在性。在这里，纯粹实践理性获得的实在性意味着存在着纯粹实践理性，或者人有纯粹实践理性，而这也就意味着，道德法则具有实践的实在性，具有影响和决定人的行动的力量。

第二，纯粹理念的实践的实在性是基于它能够对**经验领域**中的行动等经验因素发生影响。据上段引文，通过其理念是在经验领域中起作用的原因，纯粹实践理性才具有了实践的实在性。在《判断力批判》中，康德也说，

> 一切事实要么属于自然概念（Naturbegriff），这概念是在先于一切自然概念而被给予的（或可能被给予的）感官对象身上来证明自己的实在性的；要么属于自由概念（Freiheitsbegriffe），这概念是通过理性就某些由于它在感官世界中可能的结果而言的原因性来充分表明自己的实在性的，而这些结果是理性在道德法则中不可反驳地设定的。（KU 5：475）

这种证明不是借助道德法则某种已知的根据，而是借助它的原因性或作为原因的影响力，这体现于道德关切、敬重感等现实因素，它们即使未能决定人的意志，也会对感官世界产生一定影响，让人们有遵循法则的意念。这里的自由概念是广义的自由概念，是自由范畴表中的先天实践概念，包括自由、义务、人格等理念。它们之所以具有实在性，是因为它们自身产生规定着经验行为的意志意念，这些概念的实在性只体现在这种规定意念的现实的原因性、联系活动或作用过程上，而不可能通过对客体的感性或理智直观而获得。①

---

① 关于范畴表的重要性和诸范畴的内在关联，邓晓芒合理地指出："整个看来，康德的自由范畴表体现的是自由概念从带有感性的自由任意进向自由意志并达到自由的法则即道德律的一个逐级上升历程。"参见邓晓芒：《康德〈实践理性批判〉中的自由范畴表解读》，《哲学研究》2009 年第 9 期。

所以先天的实践概念在与自由的至上原则的关系中立即成为知识，而不能期待直观来获得意义，也就是说，是出于这种值得注意的理由，即由于它们是自己产生出它们与之发生关系的东西的现实性（意志意念）的，而这根本不是理论概念的事情。(KpV 5：66)

第三，康德断言**上帝和不朽灵魂**的理念也具有实践的实在性，这一点可以明显看出康德对这种实在性的定位。对上帝和灵魂不朽的悬设构成了道德行动的必要条件，因而上帝和灵魂不朽的概念能够影响经验，由此才有了实在性。

在这里，于是就有与思辨理性相比较只是主观的认其为真（Fuerwahrhalten）的根据，而这根据某种同样纯粹实践的理性而言是客观有效的，因而就通过自由的概念使上帝和不朽的理念获得了客观的实在性和权限，甚至获得了假定它们的主观必要性（纯粹理性的需要），而理性却并没有借此在理论的知识中有所扩展，倒使这种原先不过是问题而这里成了断言的可能性被给予了，于是，理性的实践运用就和理论运用的诸要素联结起来了。(KpV 5：4-5)

我们只是基于实践中的道德需要而假定上帝和不朽灵魂的存在，主观地"认其为真"，并不把它看作某种对对象的认识。但通过这种假定，上帝和不朽灵魂的理念影响了实践，因而具有实践的实在性。

对这两个概念的规定，不论是上帝还是灵魂（就其不朽性而言），都只有通过这些谓词而产生，这些谓词尽管本身只是出自某个超感官的根据才有可能，但却必须在经验中证明自己的实在性；因为唯有这样它们才能使那些完全超感官的存在者的某种知识成为可能。(KU 5：473)

这里的"两个概念"指上帝和灵魂不朽，"谓词"指全能、精神性等谓词，"知识"指的是实践知识，是实践中的关于"这应当是什么"的普遍有效的判断，而不是理论知识，即不是在理论上关于"这是什么"的判断（KrV A633/B661）。可见，理念的实在性通过在感官世界中的运用才得以确证。

　　具体说来，上帝和灵魂不朽的理念是通过我们对上帝和灵魂不朽实在性的悬设与信仰而发挥实践作用的，这种信仰能增加人的道德意向。首先，没有至善可以实现的信念，道德的高尚理念甚至只能是"赞许和惊叹的对象，却不是立意和实行的动机"(KrV A813/B841)。如果我们总是觉得善无善报，把至善"视为不可能的而放弃掉"，我们对道德律的敬重就会因为"理想终极目的的无效而受到削弱"，从而"损害道德意向"(KU 5：453-454)。其次，由于人在道德上的有限性，我们需要有灵魂不朽的信仰，可以在无限的时间里趋于德性的完满，才能相信至善可以实现(参见 KpV 5：122-123)。最后，由于人的能力的有限性，如果没有一个全知、全能、全善的上帝，至善所要求的德性与幸福的精确匹配也是不可能的(参见 KpV 5：124-131)。因此，对上帝和灵魂不朽的信仰起着积极的实践作用。自由理念"被包含在先天必然的意志规定之中"，人在实践中总要设想自己是自由的，才能规定其意志；上帝和灵魂不朽等理念则"与意志规定的对象"——至善结合在一起(KpV 5：5-6)。

　　第四，从早期的《纯粹理性批判》，到后期的《道德形而上学》，康德一贯地通过理念与实践的联系活动来理解理念的实践的实在性。康德的这种观点在《纯粹理性批判》中已经体现出来：在此康德认为，自由的理念具有实践上的实在性，而这种实在性是指它能够现实地对感官世界产生影响，并使得后者符合自身，从而具有了某种现实性。康德在"先验方法论"中认为，道德原则(即道德法则)由于能够在实践中引起自由的行动，因而具有了客观的、实践上的实在性。

　　　　……某种特殊种类的系统统一，即道德的统一必定是可能的，然而这种系统的自然统一按照理性的思辨原则是不可证明的，因为理性虽然就一般自由而言具有原因性，但并非就全体自然而言具有原因性，而理性的道德原则虽然能产生自由的行动，但不能产生自然律。因此纯粹理性的这些原则在其实践的尤其是道德的运用中具有客观实在性。(KrV 8A807-808/B835-836)

然后他又说：我把和任何道德法则相符合的世界……称为一个道德的世界。这个世界由于在其中抽掉了里面的一切条件(目的)，甚至道德的一切阻碍(人类本性的软弱和邪癖)，因而只被设想为一个理知世界。所以就此而言它只是一个理念，但也是一个实践的理念，它能够也应当对感官世界现实地产生影响，以便使感官世界尽可能地符合这个理念。因此一个道德世界的理念具有客观的实在性，它并不是好像在指向一个理知的直观的对象（这样一类对象我们完全不能思维），而是指向感官世界，但这感官世界是一个纯粹理性在其实践的运用中的对象……（KrV A808/B836）这样一个抽象的道德世界的观念建基于道德法则的理念。人们不必认为这种理想世界确实存在，但这个抽象世界的观念能够并应当影响人的实践行动。因而，这个世界，连同它所依据的纯粹理性的原则，都具有了实践的客观实在性。它的实在性不是基于某种理智直观使得整个世界得以可能，因为这种直观是否存在的问题，超出了我们认识能力的范围。它的实在性是基于感官世界中的实践，是由于纯粹理性能够通过这个理念而影响感官世界。

在《道德形而上学奠基》中，康德指出，自由由于"被理性存在者仅**在理念中**当作其行动的根据（zum Grunde gelegt）"，从而能够影响现实的行为和感官世界，于是具有了现实性，"每一个只能按照自由的理念去行动的存在者，正因此而在实践的视角下是现实地自由的"（GMS 4：448）。他对此提供了一个注释，"我之所以选择这样一条道路，即假定自由只是被理性存在者仅**在理念中**当作其行动的根据，对我们的意图来说就足够了，这样我就可以不必承担在其理论的方面（in ihrer theoretischen Absicht）证明自由的责任了"。类似地，康德在 1782—1783 年说过，

> 　　自由仅仅是一个理念，而根据这种理念去行动，就是在实践上自由的……因此自由在实践上是必然的，因此一个理性存在者必然根据自由的理念而行动，而不能相反。但这还不足以证明这理论意义上的自由。（MMr 29：898）

在后期的《道德形而上学》中，甚至在法权论中，康德也坚持认为，非经验性的法权财产概念的实践的实在性是基于它被运用于经验，被带入与感性对象的关系中。这种实在性不是基于有某种超经验的对象与之相对应。这一财产概念本身是非经验性的，但是仍然在经验对象上发挥作用。

> 　　一种纯然法权上的占有的概念不是经验性的（依赖空间和时间条件的）概念，但它仍然具有实践的实在性，也就是说，它必须可以运用到经验对象上去，对这些对象的认识依赖于那些条件。（MS 6：252-253）

因此可以看出，理念的实践的实在性不是单纯通过先验性或经验性的事物得到证明，而是通过实践中先验因素与经验因素的联系活动而得到证明。道德实践至少包含以下几个环节：理性独立于经验而规定意志的意向和准则；主体的意向和准则这种表象导致经验性的、身体上的活动；这些经验性活动造成经验性的后果。在人有自由的情况下，其中第一个环节的活动并不遵循经验的因果律，因为第一个环节是完全属于理知世界的，构成先验层面的实践，第二个环节联系先验层面与经验层面，第三个环节则在经验层面依据经验因果律而发生。[①] 实践不仅仅是一种意识中的愿望，也必然要跟身体上的能力和行为相结合，因而不可能缺少经验的层面。[②]

纯粹理性的理念的实在性具有客观的实在性。在康德论及理念的实践的实在性的时候，他指的基本上都是实践的客观实在性。把理念的实践的实在性解释为理念与实践之间的因果性关系，这会引发这样一种质疑：任何一种表象都可以对实践产生影响，那么，自由、至善等理性理念在这方面与一般的表象有何区别？其实，康德所说的纯粹理性理念的实在性乃是**客观的实在性**。[③] 许多概念都能影响实践和现实，但很多概念并不具有事实上的普遍效力和规范上的普遍有效性，因而并不具有客观的实践的实在性。在此，实在性乃是实践运用中的实在性。对康德来

---

① 当然，实践的第一个环节绝非与经验层面无关；尽管在第一个环节中，我们的意志决定可能不属于经验世界。因为，感性也能够规定人的意志的准则，而道德法则之所以成为人的善良意志的主观根据，又是由于对法则的敬重感，后者使得有限的人的准则免于受到感性欲求的决定。

② 康德区分了抉意和愿望，认为"如果它[指规定根据是内在的那种欲求能力——引者注]与产生客体的行为能力的意识相结合，那它就叫作抉意。但是，如果它不与这种意识相结合，那么，它的活动本身就是一种愿望。"（MS 6：213）实践以抉意为条件，因而以对相关身体能力的意识为条件。对于"抉意"一词的说明，参见本书第二章第一节。

③ 对于康德来说，客观性并不是独立于主体的，而是指普遍必然性。只有具有普遍性和必然性的判断(包括实然判断和应然判断)才有真正的有效性。理性是一种先验的能力，道德法则、自由和至善等理念是纯粹的、先验的理念，理性与理念不是只是被某些时代、某些地域的人们所具有，而是具有普遍的作用力，在各种实践情境中也都能够成为意志的规定根据(尽管人们往往以之为规定根据)，因此，理性及其理念具有客观的实践的实在性。自由与道德法则理念具有普遍的有效性，它们必然会引起理性存在者的理性肯定与敬重感，影响每个个体的行动，并能力决定其行为。康德认为，当我们进行实践的考虑的时候，我们首先会意识到道德原则及其规范性，而这种意识已经蕴含了自由的理念。当然，在康德看来，人们这种对道德原则的意识可能是清晰的、基于系统的理解，也可能不是如此，人们很有可能没有意识到道德法则实际上构成了一切道德原则的基础，但这并不否认人们在实践中总会意识到道德法则。康德又认为，对至善、上帝和灵魂不朽的理念的信仰是道德的必然要求，因而对于理性存在者来说，这些理念也具有普遍的有效性。

说，客观性往往并不是独立于主体的，而是指对所有理性存在者而言的普遍必然性。这大概是由于，本体在于理性，而非感性或时空中的对象。即使客观性有时也体现为经验对象本身的属性，但这对象也是由主体通过先验形式所建构的，从而体现对每个人的普遍有效性，"客观性"的这重含义仍然与第一重含义有相通之处。而且，具有普遍性和必然性的判断（无论是实然判断还是应然判断）才是真正有效、合理的。

理性理念具有实然的客观有效性（普遍的影响力）和应然意义上的客观有效性（普遍的必要性），它的客观实在性是双重的。关于理念的客观实在性，在事实层面上，自由与道德法则理念具有客观有效性，它们必然会引起理性存在者的理性认同与敬重，影响每个个体的行动，并有能力决定其行为。在规范层面上，道德法则、自由等理念也具有客观有效性，因为遵循道德法则、实现自由、促进至善等都是理性本性的必然要求，它对理性存在者而言是普遍适用的，应当被人普遍地遵循。而自由与客观的规范性有着内在的、根本性的关系。自由虽是一种用来描述存在者属性的事实性的概念，但也是理性存在者崇高性和尊严之所在，其最高价值具有普遍、客观的规范性，从而构成道德法则及其规范性的基本根据。

关于这种实在性的客观性，康德许多有比较明确的表述。例如，他在《纯粹理性批判》中说："理性的道德原则虽然能产生自由的行动，但不能产生自然律。因此纯粹理性的这些原则在其实践的，尤其是道德的运用中具有客观实在性。"（KrV A807-808/B835-836）他在《实践理性批判》中又断定，道德法则确立了自由的实在性，从而也使得上帝和灵魂不朽的理念获得了客观实在性：

> 自由的概念，一旦其实在性通过实践理性的一条无可置疑的规律而被证明了，它就构成了纯粹理性甚至思辨理性体系整个大厦的拱顶石，而一切其他的、作为一些单纯理念在思辨理性中始终没有支撑的概念（上帝和不朽的概念），现在就与这个概念相联结，同它一起并通过它而得到了持存及客观实在性。（KpV 5：3；参见 KpV 5：48 等）

自由理念具有客观实在性只是指理性存在者都有自由的**单纯能力**，但人不一定在具体行动中发挥此能力，而在特定情境下处于自由的**活动状态**。普劳斯提出了一个典型的批评：自由的行为（自律的行为）是基于理性的行为，而他律的行为是被感性爱好和冲动所决定的行为，因此，康德哲学会导致这样一个荒谬的结论——他律的行为是不自由的、人所不能负责的。[①] 然而，普劳斯没有注意到，有两种不同意义的自由：作为一种单纯能力的自由和作为一种的具体活动状态的自由。

首先，在实践的意义上，理性存在者都有一种单纯的自由的能力，人不一定会在后天充分发展这种能力，从而具有良好的德性或行为倾向。这类似于，只有人广泛、充分地具有语言方面的单纯禀赋，但不是每个人都充分地发展了语言的能力。"德性是人的意志在履行义务中的一种道德力量"，"德性是个人履行义务的准则的力量"，它"作为力量（robur）的能力是某种他必须获得的东西"（MS 6：405，394）。"人们也完全可以说：人理应有德性（作为一种道德力量）。……这种能力作为力量（robur）是某种必须来获得的东西"（MS 6：397）。

其次，在实践的意义上，理性存在者都有一种自由的能力，但人不一定会在具体的行动中发挥这种能力，并进而处于自由的活动状态。当人不发挥这种能力，而任由自身的意志受到外在的、感性的因素规定时，他就让自身处于被束缚的状态中。然而这时，他是自身让自身处于被动的状态中，因此，他对此是负有责任的，尽管他在状态上是被动的。而且，自由理念的实践作用与实在性在他律行动中也有所表现，因为即使一个不道德的人在不遵循道德法则时，他对道德法则的违犯也让他更明确意识到他其实是可以并且应当遵循道德法则的，并有对道德法则的敬重或关切，这样，自由和道德法则的理念也就（在比较低的程度上）作用于我们的实践（GMS 4：454）。

二、对"实践的实在性"概念的进一步说明

为阐明康德的自由观，笔者进一步说明实践的实在性概念的内涵及与其他概念的关系。

理性理念对行动的影响，作为构成上述理念实在性的根据，其独特性在于影响的普遍性。人们可能质疑：如果一个概念的实在性在于它对实践的影响，那似乎所有概念都有实践的实在性。但自由、上帝、灵魂不朽的理念、道德法则这些理念具有实在性，其独特之处在于它们的普遍性——这些理念作为实践的基本理念总是或多或少地影响着我们的行动，而这些影响总是具有道德价值的，并且，自由与道德法则理念总是

---

① Gerhold Prauss, *Kant über Freiheit als Autonomie*, Frankfurt, Vittorio Klostermann, 1983, S. 84-92.

能够规定人的行动。事实上，康德并不打算论证人有超经验的自由和对一切经验性事物的独立性，也不只是说明某种经验性的、心理学的自由，而是要说明先验的自由，即独立于感性的爱好和冲动而凭借自由与道德法则理念规定意志的能力。

理念的实践的（客观）实在性可分为**强意义**的实践的（客观）实在性和**弱意义**的实践的（客观）实在性：前者是指理念不仅普遍有效地影响意志、而且能够普遍有效地规定意志，而后者只是指理念普遍有效地影响抉意和行动。自由和道德法则的理念有强意义上的实在性，它们规定意志具有普遍有效性，而至善、上帝和灵魂不朽则只有弱意义上的实在性。自由和道德法则的理念能够决定我们的意志，道德行动就是出于（作为自律的）自由、出于道德法则的行动；不借助上帝和灵魂不朽的理念，道德法则的理念和自由理念就能够决定我们的意志。在康德哲学中，指向至善的希望，对上帝和灵魂不朽的悬设都是在道德法则能够独立地规定意志这一点得到论证之后才提出的，是我们为了促进德性和持久的道德生活而主动提出的，然而这两个悬设构成一种道德生活的必要的手段，它们并不构成善良意志的最高规定根据，因而，尽管这两个理念有着普遍的必要性，但并不是独立于道德性或道德法则的必要性。

> 然而，古人不加掩饰地透露了这个错误，因为他们把自己的道德研究完全建立在对至善概念的规定之上，因而建立在对某种对象的规定之上，然后他们又想使这个对象成为在道德法则中意志的规定根据：一个客体，它是在道德法则首先自己得到证明并作为意志的直接规定根据而得到辩护以后，才能对那个从此就按其形式而被先天地规定了的意志表现为对象的。（KpV 5：64）

当然，这并不否认有宗教信仰的人根据他们认同的上帝的诫命而行动，或为了来世的德福一致而行动，由此上帝和灵魂不朽的观念也能够决定某些个人的行动，然而康德认为，由于上帝和灵魂不朽理念缺乏理论的实在性，而意志在实践中作为它们最高的规定根据，就会以外在于意志的存在者或行动的后果作为行动的最终目的，这会导致他律，这些理念本身无法建立起普遍的定言命令（关于至善、上帝、灵魂不朽的实在性之论述，参见本书第六章）。

相对于第一批判中提出的**先验自由与实践自由**的区分，对**自由理念的两种实在性**的区分更易凸显一种两层面间的内在关联，尽管这两种区分彼此对应。因为，两种实在性关于同一个理念，它们只不过是这个理念在两个不同领域中被运用时的实在性。而尽管实践自由与先验自由有着实践意义上的依赖关系，然而看起来毕竟是两种自由，因而其依赖关系似乎是两种不同的自由之间的关系。但这毕竟只是形式上的差异，其实两种区分是内在一致的。

其实，先验自由概念就是自由的思辨概念，而实践自由概念就是自由的实践概念。自由没有理论的实在性就是自由的"思辨概念"（即先验自由概念）没有实在性，自由具有实践的实在性就是"自由的实践概念"（即实践自由概念）具有实在性（Rez. Schulz 8：13）。因为，康德交替使用"实践自由"（praktische Freiheit）、"在实践的理解中的自由"（Die Freiheit im praktischen Verstande）和自由的"实践概念"（der praktische Begriff）这几个术语，说明它们指向同一种自由：

> 值得特别注意的是，以这个**自由的先验理念**为根据的是它的实践概念，前者在后者中构成了历来环绕着自由的可能性问题的那些困难的真正契机。**在实践的理解中的自由**就是任意性对于由感性冲动而来的**强迫**的独立性……假如感性世界中的一切原因性都只是自然，那么每个事件都将在时间中按照必然规律而为另一个事件所规定……所以在取消先验自由的同时就会把一切实践的自由也根除了。（KrV A533-534/B561-562）

康德指出我们无法认识先验自由，也指出我们无法认识先验自由理念的理论的实在性；人有实践自由，而自由理念也有实践的实在性。自由理念有实践的实在性，就是说人有实践自由。因为实践自由意味着我们能够独立于感性欲求，而在意志中以道德法则作为自身的规定根据，而这无非意味着先验自由理念能规定人的意志，影响人的现实行为，具有实践的实在性。

康德认为，自由与道德法则理念决定人的行动（这是其实在性的体现），指的这些理念决定意志的动机和行动的准则，而不是指它们决定了**行动的后果**。它们能够决定行动与人无法控制行动的后果，这两者是可以相容的。

第一，他认为（蕴含自由理念的）道德法则可以（同时作为客观根据和主观根据）规定行动。道德法则不仅能通过理性而指导人行为的方式，也能通过感性力量（主要体现为敬重感）发生影响，这种力量构成道德行为的主观动机和动力。一方面，道德法则是形式性的原则，它是道德行动准则形式的规定根据，是客观有效的，另一方面，"它也是该行动的主观的规定根据，亦即动机"(KpV 5：75)。

第二，人能够决定自身行动的动机、通过主观意识采用自身的准则(即行动的主观原则)，但无法真正决定行动的后果，后者依赖于复杂的、具有偶然性的经验状况，因此，假如道德法则决定行动意味着它决定行动的后果，那么，道德法则无法真正决定人的行动。可见，道德法则决定人的行动，只能是指道德法则能够决定行动的动机和主观准则。而且，实践是通过意志或欲求能力而可能的活动，尽管实践的经验性环节是遵循自然律的，但实践最本源的环节，即决定个体行为原则(即准则)的环节可独立于经验，而行为原则限定了具体行为的方式，作为根本原因决定实践。

第三，道德法则只对动机与行为准则有要求，而不对行动的结果有要求，由此可见道德法则对行动的决定体现在它对行动的动机和准则的决定上。道德法则决定行动，就是决定意念与行动准则(即行动的主观原则)。"应当意味着能够"；理性的道德法则要求我们做某事，是基于我们能够做某事；理性只要求人力所能及的事，道德法则只要求人的主观准则能在内心中被意愿为普遍法则(KrV A807-808/A835-836)。

第四，如果一个人根据道德法则而追求某种经验性目的，但即使无法实现这种目的，他的行动仍然如同宝石一般闪闪发光，仍然由于其主动性的努力而具有内在的价值。行动的道德价值仅仅在于行动的动机和意志所依据的主观准则，而不在于其后果。坏人为了利己，歪打正着地帮助了别人，这并不是道德的。

第五，人如果有真诚的道德动机，他自然会在力所能及的范围内，出于道德法则而行动；即使一个人被囚禁而难以帮助他人，他仍然有一定的机会做道德的事情，体现他善良的意志和高尚的德性，如善待同伴、对现实进行深刻的理论反思等。很少做出道德行动而宣传自己尽力了的人，更有可能并无真诚、强烈的道德动机。从人是否缺乏有效行动来判断其是否有善良的动机，这是对动机的认识问题，而不是善良动机是否有道德意义和内在价值的问题。我们不能因为难以判断人行动的动机，来否定内在的动机与准则的重要性。

人普遍地能够出于对道德法则的敬重而行动，只是意味着，人有通过发展通向人格性的情感性禀赋而如此行动的单纯能力，而不是指每个人都有出于对道德法则的敬重而行动的现实能力或持久如此行动的品格。

每个人都有一种易于接受对于道德法则的敬重的禀赋，但在现实中不一定每个人都能够通过对道德法则的敬重而战胜感性的爱好和冲动。

首先，人普遍具有的只是一种"易于接受对于道德法则的敬重的禀赋"，这种禀赋就是"道德情感"；由于人格性就是自律的能力，因而这种禀赋也被称为"向着人格性的禀赋"(Rel. 6：27)。在此，道德情感并不是一种具体的、当下的情感，而是一种先天性的情感能力或禀赋。我们不会敬重自然物、爱好或冲动拥有者，道德情感构成敬重的主观基础，而道德法则构成了敬重的客观基础。"人们对道德法则实际上有一种关切，我们把这种关切在我们之中的根基(Grundlage)称为道德情感。"(GMS 4：460)康德宣称，要使善的品格得以可能，"就必须有一种禀赋存在于我们的本性之中"，人至少在本性上具有能够受到道德法则影响的先天禀赋或潜能(Rel. 6：27)。康德在这里说的情感并不是一种具体的、当下的情感。道德情感是敬重得以可能的先天禀赋，而敬重构成了道德法则规定抉意的主观条件，使得道德法则成为抉意的主观规定根据得以可能，它也就使得人格性的理念能够规定抉意，从而使这个理念具有实践的实在性。

道德情感是人形成对道德法则的兴趣或敬重的禀赋，由此，人有一种先天的倾向，能够接受道德法则的影响。因而，道德情感是通向人格性的禀赋，是三种向善的禀赋中最高的一种。然而，一个具有善的品格的人才能够通过对道德法则的敬重而战胜感性的爱好和冲动，但善的品格"只是获得的东西"，必须主动地培养；因为主动的东西才能是善的(Rel. 6：27)。尽管并不是每个人都现实地具有强有力的敬重来战胜感性的爱好和冲动，但每个人都有道德情感的禀赋。

其次，尽管人有向善的禀赋，人还"有一种向恶的自然倾向"，因此，并不是每个人的意志都足够坚强，能够战胜种种感性的爱好和冲动；只有通过内在动机的转变和逐渐的习惯的转变，人才能"重建向善的原初禀赋的力量"(Rel. 6：37，44)。这种重建需要一种"**心灵的转变**[eine Herzensänderung]"，而不仅仅是"**习惯**的转变[eine Änderung der Sitten]"，前者指内在动机和思维方式的转变，后者指外在行动的转变(Rel. 6：47)。这种重建"不能通过逐渐的**改良**，而是必须通过人的意念中的一场革命(一种向意念的圣洁性准则的转变)来促成"(Rel. 6：47)。下向善的决心是向善的必要的开始。"如果他通过唯一一次不可改变的决定，扭转了他曾是一个恶人时所凭借的准则的最高根据(并由此接纳了一个新人)，那么，就原则和思维方式而言，他就是一个能够接纳善的主体；但仅仅就不断的践行和转变而言才是一个更善良的人……"(Rel. 6：47-48)尽管下向善的决心有必要性，但它不一定就是不可转变的，并不足以构成向善的转变的充分条件，也许，一个人"经常尝试下定向善的决心"，但他仍然有着恶的品格(Rel. 6：68)。只有通过不断的努力践行和进步，道德的意念才能变得**"强而有力"**，对道德法则的敬重才能越来越有效地战胜感性的爱好和冲动(Rel. 6：71)。此外，在康德哲学中，一个人具有自律能力，并不是指人的品格或道德能力如此完善，以至于可以通过敬重而战胜任何情感，而只是意味着他在正常的、通常的情况下能够做到这一点。一个人在某方面具有正常的能力意味着他在正常的、通常的情况下能够达到(道德的或不是道德的)目的，而一个人在这方面具有完善的能力却意味着他的能力超乎一般，在许多情况下都能达到目的。这种情况类似于，每个正常的人都有语言能力，与有很多人没有能力去进行那些非常复杂的语言表达，这两者并不矛盾，只要我们区分两种不同意义上的能力。因为前者指的是一般的能力，它是先验具有的单纯能力，基于人类的理性能力，而后者指的是具体的、经验性的能力，是个体所具有的或大或小的才能，这种具体能力上的差异是基于个人的原因而产生的。

三、对实践论解释的必要辩护

笔者提出对理念实在性的实践论解释，这与主流的解释截然不同，有必要在此作出进一步的辩护。

(一)关于康德对先验自由现实性的肯定

持本体主义解释的学者可能这样质疑笔者的解释：康德在第二批判明确肯定了先验自由绝对意义上的现实性，据此，康德应当肯定超时空自由现实地存在(KpV 5：3)。笔者认为，这并不足以否定关于理念的实践论的解释。

对先验自由的现实性的肯定仅仅是在实践的视角下(即在实践的考虑中)做出的。该论断对应于康德在《道德形而上学奠基》中的这一断言：每个只能在自由理念下行动的理性存在者，在实践的眼光下是现实地自由的(GMS 4：448)。这种现实的自由未必是本体的自由，但确实是实践上的自由，它包含人对动物性的独立性。

尽管康德断定先验自由的现实性，他论述的真正含义必须在具体的语境中把握，因为他的论述往往看起来前后矛盾。

如果理性作为纯粹理性现实地是实践的，那么它就通过这个事实证明了它及其概念的实在性，而反对它存在的可能性的一切玄想就都是白费力气了。

凭借这种能力，从此也就确立了先验的自由，而且是在这种绝对意义上来看待（genommen）的，即思辨理性在运用因果性概念时需要自由，以便把自己从二律背反中拯救出来，这种二律背反是思辨理性如果在因果关系的序列中思维条件者就不可避免地会陷入的，但理性只能把这个无条件者的概念悬拟地而不是作为不可思维的提出来，并不保证它的客观实在性，这只是为了不至于借口理性至少还必须承认是可思维的那种东西是不可能的，来使理性的本质受到攻击并被推入怀疑论的深渊。（KpV 5：3-4）

因为康德并未明确说明，在此他是在存在论或认识论的意义上肯定了先验自由的现实性，还是只不过在实践的意义上肯定了这种实在性，我们就需要根据语境来进行分辨。在这连续的两段中，康德既肯定了，先验自由是现实的（wirklich），也断定了，自由的概念有实在性（Realität）。因此，我们可以推断，如果自由的概念有实在性，那么先验自由在某种意义上是现实的。而根据下文，自由概念所具有的实在性只是实践的实在性："实践理性自身现在就独立地、未与那个思辨理性相约定地，使因果性范畴的某种超感官的对象，也就是自由，获得了实在性（尽管是作为实践的概念，也只是为了实践的运用）。"（KpV 5：6）因此，在这里，自由概念所具有的实在性只是实践的实在性。根据该语境，如果自由的概念有实践的实在性，那么先验自由只是在实践的眼光（Rücksicht）下是现实的。

康德在此表明，自由的实践的实在性不意味着超感官事物的实存或关于这种实存的知识："上述实在性在这里根本不是通向范畴的任何理论性的使命或把知识扩展到超感官的东西上去。"如上所述，这些理念只是因为在实践中产生影响而有实在性，因为它们"要么被包含在先天必然的意志规定之中，要么就是与意志规定的对象不可分割地结合着在一起"（KpV 5：5）。这里先天必然应该发生的意志规定是意志被道德法则规定，它以自由的理念为必要条件；如果没有上帝和不朽的灵魂，至善（理性的意志的目的整体、德性与幸福的完满统一）就无法实现。

因此，康德这里说先验自由在绝对意义上得到确立，并不是指它在存在论意义上、独立于任何眼光而被确立，而只是指先验自由被视为绝对无条件的原因性，即独立于任何先行的原因而自行开启因果序列。正是在上述的语境中，康德在绝对意义上肯定先验的自由。

（二）关于道德与责任的前提

人们可能对笔者的实践论解释提出另一批评：由于先验自由构成了道德能力和行为负责能力的条件，根据实践论解释，人类只有独立于感性欲求而遵循道德法则的能力，但可能没有对独立于所有可感事物遵循道德法则的能力，那么，一切道德现象可能都只是幻影（Himgespinst），道德规范也缺乏稳靠的根基。据此，康德实践哲学依赖于非常有限的自由，其基础就是不可靠的。

笔者认为，确实，道德基于超时空的先验自由，在存在论上，我们的确可能没有先验自由。然而，这种批评并不足以动摇康德哲学的基础。

首先，既然我们无法认识超时空的事物，我们就无法确定我们直观到的现象是不是自在之物，无法认识人是否有道德能力和自我负责的能力。由此，我们不能一厢情愿地在存在论上或在认识论上，肯定自由意志的存在。在理论上，"……一个起作用的原因的自由，尤其是在感官世界中，按其可能性来说是绝对不可能被洞察的……"（KpV 5：93-94）在理论领域，知性范畴（作为一切可能的经验知识之条件）只在经验的运用中才具有客观实在性或有效性；在没有自由的可能世界中，我们的感觉经验完全可能与有自由的可能世界一模一样，我们就无法从经验中推断本体理念的实在性；我们也没有知性直观来直接对本体领域进行认识。自由是一种假定，但又是被实践与道德法则所证明的假定（KpV 5：3）。

其次，无论人是否真的有自由意志，对于行动者而言，先验自由理念有实践的实在性就足够了。因为，无论人类在存在论上是否有意志自由，在实践活动中，我们只需考虑人类有意志自由的情况，无须考虑人类没有意志自由的情况。自由理念的实践的实在性意味着，行动者总是设想自己在不同可能性之间进行选择、设想自己有自由意志，并根据这种设想而行动。如果我们在没有自由的世界中错误地以为人有自由并据此而行动，这时我们固然无法错失关于自由的知识，然而我们只是被决定如此认为和行动，这并不会使我们错失任何实践上的内在价值。因为，在这种状态下我们思维和行为的方式是**必然地被决定**的，而实践上的内在价值以主动性为条件。反之，如果我们在有自由的世界中错误地以为人没有自由，并以此为理由而不以道德法则约束自身、不去发挥人的能动性力量以实现较高的目的，那么我们就无法实现我们本可以**主动实现的价值**，就没有充分地为自我和他人负责、为人性的尊严负责。在实践活动中，我们只需考虑人类有意志自由的情况，这意味着，行动者需要设想人类一般而言有自由意志的禀赋，并不是设想每个人在任何时候都有自由意志。诚然，人在沉睡、麻醉或精神失常等许多情况下没有意志自由。先验自由理念的实在性只是在实践上可以得到证明，因此，只是在实践的眼光下、在有限的意义上，人类有先验自由，因而有道德能力、为行为负责的能力和尊严。

最后，笔者认为，康德确立自由理念的基础，既不是我们作为本体的存在，也不是关于自由的主观观念或设想，而是理念对行动的现实作用。笔者的实践论解释与前人的主观主义解释不同之处在于，笔者认为，自由和道德法则理念的实在性并不仅仅是被主观设想的属性，更意味着这些理念决定行为准则的力量和影响准则的作用，意味着人有独立于感性的欲望而根据道德法则行动的能力和（或多或少的）超越动物性的努力。康德并不认为，理念只是作为实践过程的一个构成因素而具有实在性，这种实在性与自由等理念所指向的对象或属性无任何关系。不仅仅是理念有实在性；自由理念有实在性，意味着自由理念能够影响或决定人的意志，因而实践自由也有实在性，后者体现了人对于动物性的独立性和理性的自主性。就实践领域而言，人有实践自由就已足够。康德表明，设想这个理念对应于某个实在的本体对象或其属性（即把这些主观的概念投射于本体界），这是有充分根据与合理性的；在实践中肯定自由与道德律理念的实在性，又具有无条件的必要性。

（三）关于学界对康德的三个重要批评

笔者对理念实在性的实践论解释，可以为应对关于康德观点的这三个重要批判提供支持：对范畴超越的运用、以现象来论证本体的失败论证、对道德法则有效性的独断预设。如果康德确实在实践哲学中肯定我们在本体界有独立于所有经验因素的自由，那么，康德就对实在性、因果性这些知性范畴进行了超越的运用，将它们运用于本体领域，由此，《道德形而上学奠基》通过说明人必然肯定自由和道德关切来说明这种超经验的自由的现实性，这种论证就显然不会成功。在第二批判中对道德法则的预设难以被其他立场的人们所接受，而我们设想我们应当遵循道德法则，这也无法真正说明我们就能独立于一切物理学的原因，作为理性的本体而根据道德法则去行动。

第一，关于对范畴的超越运用，很多西方研究者认为，康德对自由理念的实践的实在性的肯定乃是对知性概念的超越性运用，与其认识论相矛盾。但是，根据笔者的解释，康德认为，自由、上帝、灵魂不朽等理念具有实在性，并不意味着它们符合于在本体界的自在本体，而只是由于它能影响和决定感官世界的行动。换言之，这种实在性只是意味着行动者(或多或少地)肯定意志自由、上帝、灵魂不朽存在于本体界，并依据这种设想而行动。诚然，在理论的意义上，把实在性、因果性等知性的先天范畴运用于本体领域，这诚然是无效的超验运用。但在实践的意义上，我们只是通过概念而采取一种实践的态度或立场，并根据这种立场而行动，即在实践中相信自由意志构成行动的根据，相信灵魂之不朽和无限的道德发展进程，并相信上帝为德福一致的保证者，从而对至善抱有希望，并由此更有遵循道德法则的力量和恒心。如果我们不采取这样的一种理知世界(有本体界)的立场，形成这样一些信念，我们就无从确认每个自由的人的尊严，无法形成对道德法则的理性认同和感性的敬重，无法守持对至善的希望，道德行动的实施及持久就十分困难。康德不认为相关超验本体确实存在并服从道德法则，"但现在，如果我们通过对这种实践运用分析而觉察到，上述实在性在这里根本不是通向**范畴**的任何理论性的**使命**和把知识扩展到超感官的东西上去的"；这些理念(而非理念的对象)只因在实践中产生现实的影响而是实在的。"这样，那种前后不一致就消失了，因为我们对那些概念作了一种不同于思辨理性所需要的另外的运用。"(KpV 5：5-6)因此，关于本体理念实践的实在性与其说是关涉与超经验的本体，不如说是关涉与经验中的实践，它与其说是关涉真理，不如说是关涉时间的信念，我们并不把实在性等概念运用于本体界来进行界定，只是通过它们来规定意志、产生道德的意向。

第二，关于"失败的论证"，多数西方研究者认定，由于康德无法论证我们的先验自由，因而《道德形而上学奠基》对自由和定言命令的论证失败了。确实，我们无论如何也无法证明本体界的先验自由，因而去证明这种自由是不可能完成对任务。然而，根据实践论解释，康德的工作并不是要论证我们确实有属于本体界的先验自由、有对一切经验性原因的独立性，而只是要证明人对于感性与动物性的独立性，因而他就解除了确立关于先验自由的知识的重负；反之，康德对自由和道德法则的实践上的实在性进行了充分的论证，为我们理解自由问题乃至存在问题提供了一条富有意义的思想道路(参见本书第四章)。

康德在《道德形而上学奠基》第三章中限制了他的论证的任务，这是论证成功的一个关键性因素。如果采取本体主义的解释来说明康德在《道德形而上学奠基》中的理论，认为他试图证明某种超经验的意志自由，那么他的证明就是失败的；如果采取实践化的解释，认为他在此只是要证明一种先验的意志自由，即根据先验的理念和法则来行动的能力，那么他的证明就比较有可能是成功的；如果把这种自由设想成单纯是主观被设想的属性，那么，对自由的论证的意义就十分有限。

首先，康德指出，理性存在者在实践的眼光下是现实的自由的，这只意味着他们在先验自由的理念下行动。康德确实断言，理性存在者在实践的眼光下是现实的自由的，但这并不意味着，在本体论上人确实有独立于一切经验性事物而行动的能力，而只是意味着我们能够把自由当作行动的根据，意味着我们能设想自身是自由的，并且根据这种设想而行动，也就是意味着自由的理念能够影响甚至决定我们的行动。① 通过这种对自由的解释，康德摆脱了在理论上论证自由的"重负"。

其次，《道德形而上学奠基》中的论述可以说明理性对感性的独立性，但难以说明理性对一切经验性事物的独立性。感性是接受性的，受到对象的刺激；知性尽管体现了自发性，但知性的思考受到感性的约束。唯有理性能够完全独立于感性而设定原则，成为知性和理性自身的规范。但是，我们无法证明，我们的理性能够独立于一切经验性事物而自发地开启因果序列。

正如康德在《道德形而上学奠基》第二章最后所指出的那样，我们的道德可能只是一个"幻影"，而我们的道德就体现在以理性及其法则来规定意志，因此，我们的理性的自由也有可能只是一个幻影（GMS 4：445）。另外，我们在经验界中的理性活动是以先前的经验状态为原因的，如以理性先前的活动状态为原因，因而并不是完全独立于一切经验性事物，但在经验界中的我们又没有办法直接意识到我们在本体界的理性活动。康德也说，先验自由是绝对的自发性，而实践自由只是一种"相对的自发性"。就实践自由而言，主体尽管能够独立于感性与动物性，却无法摆脱宿命，"仍只是被通过物理学的涌流而起作用的原因所决定"（Refl 6077；18：443）。"摆脱动物性的自由（spontaneitas practice talis）/摆脱宿命的自由（transscendentalis）/第一个是实践的，第二个是一个理论的问题。"（Refl 17：317）我们无法确定，"……理性本身在他由以制定法则（das Gesetz）的这些行动中是否又是由别的方面的影响所决定的，而那在感性冲动方面被称作自由的东西在更高的和更间接的起作用的原因方面又会是自然的"（KrV A803/B831）。即使人没有先验自由，我们在经验界中的理性活动仍然有可能完全与人有先验自由那样进行。

① 在这里，设想人是自由的并据此而行动，并不等同于为了自由而行动，后者意味着自律和为自由而自由。前者是普遍发生的行动，后者只是道德的行动。

最后，在《道德形而上学奠基》中，康德认为理性有一种纯粹的自发性，他能够独立于经验而设立自己的原则，这构成了他论证人在实践的眼光下的自由的现实性和定言命令的可能性的基本前提。但既然这样一种理性的自发性未必是超经验的，而有可能以经验性事物为原因，我们就无法证明我们有某种实践上超经验的自由和本体界的道德能力。因此，如果我们把实践视角下的自由理解为某种超经验的自由，那么，康德对这种自由的论证就难以成功。但如果康德要论证的自由只是某种先验的能力，即根据先验的自由理念而行动的能力，那么这种认证就比较有可能成功（参见本书第四章）。

第三，关于独断的预设，大量研究者认为，康德在第二批判中把道德法则看作不可论证的理性的事实，放弃了在《道德形而上学奠基》中对道德法则进行演绎的努力，而退回独断论的立场。但康德只是认为，道德法则理论的实在性不可论证，但其实践的实在性是可论证的，他在第二批判中作了较充分的论证。

首先，康德在第二批判中并不是只能退回独断论来说明自由理念的实在性，因为他根本并不打算论证我们的意志能够独立于一切经验性事物。基于康德对"实践的实在性"的独特理解，他论证这种实在性的时候，只需要说明人的意志能独立于感性的爱好与冲动，而不需要说明人的意志能独立于一切经验性事物，这使得他的论证更容易具有合理性。由于我们没有理性直观，无法认识本体界，因此，我们无法确立超经验的自由与独立于一切经验性事物的能力。

其次，康德在理论哲学中否定了理念的实在性，但肯定了其实践的实在性，而且康德在第二批判中多次明确肯定了对其实践的实在性论证的存在。因此，他并没有在第二批判中退回独断论，通过把道德法则预设为确凿无疑的"理性的事实"来说明自由与道德法则理念的实在性。康德确实声称，"所以道德法则的客观实在性就不能由任何演绎、任何理论的、思辨的和得到经验性支持的理性努力来证明……"但在接下来的两段中他明确断言，"道德法则以下述方式对于自己的实在性做出了即使思辨理性批判也会感到满意的证明……"并具体说明了，道德法则通过给予自由概念以积极的规定，并使得理性及其理念经验世界，来确立起自身的客观实在性（KpV 5：47-48）。当康德断言理念实在性不可证明的时候，否定的是"思辨的和得到经验性支持的理论理性的努力"，而非实践理性的努力。"……我们能够否认在思辨中诸范畴的超感官运用有客观的实在性，却又承认它们在纯粹实践理性的客体方面有这种实在性。"（KpV 5：

5)因此，康德在断言道德法则的实在性不可演绎或证明的时候，他指的是道德法则的理论的实在性不可演绎或证明，但这并不意味着实践领域的论证就是不可能成功的。

最后，康德确实把道德法则看作理性的事实，来强调它确凿无疑的实在性与有效性，说明人只要用理性清晰地思考都可以发现其有效性，并使他的理论与普通人类理性相接近。但是，这并不就意味着他把整个实践哲学建立在"理性的事实"之上，相反，康德有独立于"理性的事实"观念的对道德法则实在性的完整论证。

因而，根据对理念实在性的实践化的解释，康德并不需要退回独断论、通过预设"理性的事实"来说明自由与道德法则理念的实在性（参见本书第五章）。

可见，康德对理念的理论的实在性和实践的实在性进行了严格区分，并对两种实在性做出不同断言，这都具有重要的理论意义；充分理解其区分和断言，可以让我们真正把握康德关于本体、自由、道德、宗教等方面问题的思考，并避免许多重要的理论误解和不甚必要的争论。

四、关于相关研究成果的讨论

对于康德哲学中的自由理念的实在性问题，国际学界有两种基本的解释模式：一种是本体主义的解释，另一种是主观主义的解释。根据前一种解释，康德确实在实践哲学中肯定了人的本体意义上的自由，据此，人确实有本体的理智层面并据此而具有意志自由，能够独立于一切经验性因素而自主选择。根据后一种解释，自由要么只是在一种主观的立场下才被肯定的人的属性，要么只是体现为行为中的主观的目的性。①

（一）关于本体主义解释的商榷

本体主义解释是传统的解释，亨利希（Dieter Henrich）、武德（Allen Wood）、帕通（H. J. Paton）、阿美利克斯（Karl Ameriks）、克莱默（Heinner Klemme）、田莫曼（Jens Timmermann）等较多的研究者都采取了这种解释模式，只是后面三人不认为康德关于自由实在性的观点是合理的。笔者认为，这种解释难以应对关于康德自由理论的上述三个重要批评。

阿伦·武德提出了一个典型的关于康德自由观的本体主义解释，他认为，人有在本体界的超时间的行动能力（agency），通过对可能世界的选择而引起了经验世界的行动。理性存在者有意志自由，那么，他们在

---

① 对关于康德理论哲学与实践哲学整体之解释相关研究，其进一步讨论参见本书第七章第四节。

本体界具有无时间的施动能力，就能够在本体界无时间地引起经验性的行为及其后果，而这样的意志自由与经验行为的必然性相容。"因为这个理论说，我们的行为在时间顺序中被自然法则所决定，但为其负责的原因性效力，却完全不处在这些时间性序列中，而是在它之外、在理知世界中。"①而通过那种在理知世界中、无时间的行动能力，一个人可以对自己的理知的品格进行选择，来规定个人的经验性的品格，以此在不同的可能世界中进行选择，并影响经验界。

　　通过选择某一个可能世界的子集，对我的理知的品格的独特的无时间选择能够作用于自然世界，这些可能世界包括了我的经验性的品格的某个道德历史，而且这些世界决定了，实际世界会从诸可能性中的哪个子集中抽选出来。②

当然，在多方面为康德辩护之余，武德也提出了自己对康德的一些批评，如康德否认了我们在时间中主动行为的能力，并否认了个体道德进步的可能性（相关讨论参见本书第三章）。③

　　亨利希认为，尽管康德在《道德形而上学奠基》中试图论证超经验的意志自由，但这种论证是失败的，因此，在第二批判中，康德直接诉诸对"理性的事实"的假定来论证人有这种自由意志。他指出，为了证明我们是理知世界的成员，我们需要三个条件："理性形成观念的主动性""两个世界的区分"和"我们拥有一个意志"；第二个条件是第一个条件的"产物"，而第三个条件康德难以证明，他无法说明我们有超越经验世界的层面，因为这无法从前两个条件得出；这是由于，即使人有属于本体界、属于理知世界，人可能只有（能动的）理论理性，却没有实践理性和意志。④ 因此，康德关于自由的现实性和定言命令的可能性之演绎是失败的。在《实践理性批判》中，"康德断定没有任何对这一事实〔指理性的事

①　Allen W. Wood, "Kant's Compatibilism", in Allen Wood (ed.), *Self and Nature in Kant's Philosophy*, New York, Ithaca, 1984, p. 89.

②　Allen W. Wood, "Kant's Compatibilism", in Allen Wood (ed.), *Self and Nature in Kant's Philosophy*, Allen Wood (ed.), New York, Ithaca, 1984, p. 91.

③　Allen W. Wood, "Kant's Compatibilism", in Allen Wood (ed.), *Self and Nature in Kant's Philosophy*, New York, Ithaca, 1984, p. 97.

④　Dieter Henrich, "The Deduction of Moral Laws", in *Groundwork of the Metaphysics of Morals—Critical Essays*, Paul Guyer (ed.), Lanham, Rowman & Littelfeld Publishers, 1998, pp. 337-338.

实——引者注]的演绎的尝试有成功的希望(KpV 5：47)。"①

作为本体主义解释的支持者，阿美利克斯也认为，康德肯定了这种无时间的行动能力：

> 然而，基于一种传统的"本体主义"解读，通过确保我们没有把自然看作一个封闭的系统，康德的观念论就能很容易为自由留下地位。例如，武德沿着这条路线来为理知的品格(即自由选择的一种无时间的因果性根据)辩护，而阿利森基于未明确指明的(unnamed)"臭名昭著的问题"，拒绝了这个观念。②

阿美利克斯又断言，在《道德形而上学奠基》中康德试图基于我们必然把理性的活动看作主动的、独立于所有自然原因的，来试图证明我们在理知世界与理知的秩序中的成员身份，并确立自由的现实性与定言命令的实在可能性。

> 在此，康德从未给相容论一个机会，从未注意到，尽管当我们运用我们的知性和理性的时候，我们所意欲(intend)的东西显得是先验地被意欲的，我们对它的意欲活动毕竟可以被一个自然的过程所充分地解释，这过程丝毫不涉及在我们之中的超越的东西。康德并未牢固地支撑起他的演绎的第一部分，却把一个信念视为理所当然并为之着迷，他在下一节中清楚地表达了这一信念：现在，基于"这种思想当然意味着关于完全不同于自然的机械因果关系的一种秩序和立法的观念"，他已经确立了他的结论(即我们是自由的理智存在者)。③

和许多批评者一样，阿美利克斯认为，在第二批判中，康德以"理性的事实"作为一个特殊的超时空存在的领域的证据，"并就此而言，他可以被说成是已经准许了——至少是在德意志——向着独断论形而上学回归"④。

---

① Dieter Henrich, "The Deduction of Moral Laws", in Paul Guyer (ed.), *Groundwork of the Metaphysics of Morals—Critical Essays*, Lanham, Rowman & Littelfeld Publishers, 1998, p. 310.
② Karl Ameriks, *Interpreting Kant's Critiques*, Oxford, Clarendon Press, 2003, p. 214.
③ Karl Ameriks, *Interpreting Kant's Critiques*, Oxford, Clarendon Press, 2003, p. 174.
④ Karl Ameriks, *Interpreting Kant's Critiques*, Oxford, Clarendon Press, 2003, p. 184.

　　尽管本体主义解释是传统的和最有影响力的解释，但这种解释并不与康德关于理念的实在性思想相契合。

　　首先，这种解释并不与康德的文本相一致。如上所述，康德反复通过理念对准则和经验世界的影响，来解释理念的实践的实在性，这与理念对象在本体界的超经验实存不同，也不以这种实存为必要条件。康德也没有通过这种实存来解释理念的实践的实在性。理念有实在性并不就意味着理念的对象有现实性。

　　其次，这种解释并不与康德的基本的进路相一致，会带来许多理论上的困难。本体主义解释难以应对人们对康德关于理念实在性观点的三个重要批判：对范畴超越的运用、以现象来论证本体的失败、对道德法则有效性的独断预设（参见本节开头部分）。

　　其一，根据本体主义解释，人们往往批评，康德对自由等理念的实践实在性的肯定乃是对知性概念的超越运用，与其认识论的基本原则相矛盾。康德肯定了自由、上帝、灵魂不朽等理念的实践实在性，按照本体主义解释，康德认为上帝和不朽灵魂确实存在于本体界（KpV 5∶4-5）。但是，（超感性的）意志自由、上帝、不朽灵魂本身的存在永远无法被证明，因为它们超出了人类的认识能力。因为，实在性、因果性等概念是知性的先天范畴，是我们所有认识活动的必要条件与形式，它们只有运用于现象才是有效的，只有与直观结合起来才能形成认识。但我们无法将其运用于自在之物，因为我们无法形成关于后者的任何直观，因而无法形成任何有效的知识。其实，本体主义的解释并不符合康德的理解。对于康德来说，是否有上帝和不朽灵魂存在于本体界，这永远是不可知的、不确定的。即使上帝和不朽灵魂并不存在，关于它们的理念仍然可以通过对实践的影响，从而具有实践的实在性，因为这些理念能够通过人对它们的信仰，增进对至善的希望，从而促进道德行为的实现。

　　其二，如同阿美利克斯等人所批评的那样，根据本体主义解释，《道德形而上学奠基》是通过我们必然设想我们的理性有自由，来说明我们有理性的自由意志，而这个论证是失败的。尽管理性能够使"感性世界和知性世界彼此区别开来"，给知性划定界限，但如同《纯粹理性批判》指出的那样，理性在时空中的活动乃是基于自由本体的主动活动，还是被外在的原因所决定，这是永远无法证实也无法证伪的。这并不能说明人有一个本体层面，只能说明我们必然设想我们有这个层面（GMS 4∶451）。无论人是否有自由意志，这个世界也完全可以以同样的方式呈现给人。

　　其三，多数持本体主义解释的研究者认为，由于论证超时空的自由难以成功，康德在第二批判中退回了独断论，通过把道德法则和对道德法则的意识看作"理性的事实"，来论证自由理念的实在性。但是，这种基于独断论的实践哲学是不可靠的。尽管康德断言道德法则的实在性不可证明，他只是认为它理论的实在性不可证明。而且，即使我们必然把道德法则看作自明的理性的事实，并设想我们能够而且应当遵循道德法则，这也无法说明人有自由意志，因为假如我们的意志完全被自然原因所决定，而道德只是一种幻影，我们也可以设想我们是自由的、应当遵循道德法则的。

本体主义解释的支持者也许会这样回应人们的批评：既然康德已在理论哲学中肯定自在之物或本体的实存或实在性，而他并不认为自己对知性范畴进行了超越的运用，那么，他也不会认为，在实践中对超经验的本体之现实性的肯定，是这种超越的运用。尽管这种辩护有一定的道理，然而，康德并未在理论哲学中肯定自在之物或本体的实存或实在性。康德认为，人无法通过知性对自在之物进行有效断言或认识，无法通过实在性等范畴来对其进行规定；自在之物在此只是限制性的消极概念："……所以它［指知性——引者注］思维一个自在的对象本身，但却只是作为这现象的原因（因而本身不是现象）的先验客体，这客体既不能作为量，也不能作为实在性，更不能作为实体等得到思考……"（KrV A288/B344）第一批判第一版中有一处对本体的实在性的肯定，但这在1787年的第二版中已被删去："现在，我们应当想到，经过先验感性论所限制的现象概念已经由自身提供了本体的客观实在性，并且有理由把对象划分为现相（Phänomena）和本体（Noumena）。"（KrV A249）这一删除也体现了康德对这种实在性的观念的成熟看法。另外，康德还论述了"被使用于本体的范畴在理论知识上被否定，因而在实践知识上被肯定的客观实在性"（KpV 5：6）。

因此，本体主义的解释并不恰当，也会使康德哲学显得充满矛盾、缺乏可靠的基础。

（二）关于主观主义解释的商榷

考尔巴赫（F. Kaulbach）、普劳斯（G. Prauss）、阿利森（H. Allison）、科斯戈尔德（C. Korsgaard）、赫费（O. Höffe）等往往受到唐纳德·戴维森（Donald Davidson）的异常一元论（anomalous monism）影响，对自由做一种主观化的解释。这种解释过于弱化了自由的实在性，这种主观的自由难以确立人性与道德法则的尊严，无法为道德的必要性与规范性提供充分根据。

　　在英美学界，亨利·阿利森教授提供了一个著名的关于理念的"双重视角"解释，他认为，康德的自由观念并不体现为关于两个世界的本体论上的肯定，康德试图确立相容论和不相容论之间的相容性，他的自由观体现在这样一种概念区分上：从**理论的视角**看，我们是自然的一部分，**而从实践的视角**看，我们是理性的行动者。"我们有两种根本不同的与对象的认识关系，它们中没有一个在**本体论上**具有优先地位。"①

　　　　要点在于，从实践的视角看，凭借作为纯粹理性法则的道德法则而来的确证，我们对自由的假定是有理性的根据或保证的。相应地，从理论视角看——在此被关注的是解释而不是行动——我们有理由，或有必要把所有事件都看作是服从因果性法则的，这种法则是对事件认识的可能性条件。②

康德认为这两种视角都是有效的。"基本的观念在于，每种视角都有各自的一套规范，基于这些规范，种种断言都得到了论证，每种都包含以某种方式（像它们显现的那样或像它们被看作事物自身那样）对其对象的考虑。"③

这就是说，在理论的视角下，我们像事物显现的那样考虑它们，而在实践的视角下，我们像它们被看作物自身那样考虑它们，两种视角和考虑方式是相互独立的。他认为，这种二元论是规范性的，而不是本体论的，并没有独立于语境的真理或事实。本体世界的优先性是价值论上的而不是本体论的，它只意味着更高的价值或使命，而不是更高存在的成员地位。《实践理性批判》的实践优先性只是指，实践的兴趣可以压倒对无根据的断言的理论兴趣。类似地，科斯戈尔德睿智地指出，在"理论的和解释性的视角下"我们经验到，人是自然的一部分，是被动的，在"实践的和规范性的视角下"我们把自身看作主动的存在。④

①　Henry Allison, *Kant's Transcendental Idealism*, New Haven and London, Yale University Press, 2004, p. 47.

②　Henry Allison, *Kant's Transcendental Idealism*, New Haven and London, Yale University Press, 2004, p. 48.

③　Henry Allison, *Kant's Transcendental Idealism*, New Haven and London, Yale University Press, 2004, p. 48.

④　Christine Korsgaard, *Creating the Kingdom of Ends*, New York, Cambridge University Press, 1996, p. 173.

　　笔者认为，首先，从理论的视角来看，人并不就是被经验条件所决定的，因为我们没有关于自由的理论上的知识。因此当阿利森等相容论者把自由与必然的区分对应于实践的视角和理论的视角之间的区分时，他们已在较大程度上偏离了康德的理路。康德认为他的理论哲学的任务在于，

　　　　正如同我们限制理性，使得它不离开经验性条件的线索而迷失在超越的和不能作任何具体描述的解释根据之中那样，我们也在另一方面限制单纯经验性的知性运用的法则，使得它不会对一般物的可能性做出裁断，也不会把理知的东西，如果它不能被我们运用来解释诸现象，就因此而宣布其为不可能的……（KrV A562/B590）

对康德而言，在理论的视角下，我们并非只能像事物的现象那样去考虑他们，而是需要把它们设想为可能是自由的，并为了知识的系统性而把它们设想为就是（在本体层面上）自由的；在理论哲学中否定自由的可能性，这恰恰是康德在辩证论中要批评的独断论，而康德的主要努力就在于通过本体和现象的划分，统一自由和自然，为信念留下地盘。因为先验自由毕竟是可能的，而且永远不会是不可能的，因为它超出了我们认识的范围；因而，道德法则的有效性从理论上来说也不是不可能的，并且不是必然只限于实践的领域。其实康德对经验必然性和自由之间的区分正对应于经验世界的视角和知性世界的视角之间的区分，而非理论的视角和实践的视角之间的区分。在理论和实践的视角下，我们都会采取经验世界的立场或视角，因为我们在这两个领域都会运用先验的感性形式，就此而言，经验世界都具有实在性，我们都有经验属性；在理论的视角下，我们采取理知世界的立场，这只是可能有效的，而在实践的视角下，这是必然有效的，因为自由和道德法则具有实践的实在性。

　　其次，康德确实肯定过，"现在我提出：每一个只能按照自由的理念去行动的存在者，正因此而在实践的眼光（Rücksicht）中是现实地自由的……"（GMS 4：448）这似乎能支持对自由理念实在性的主观主义解释。然而，康德不仅仅通过这种主观的眼光来说明实践自由与实践的实在性，更要通过理念与行动之间的关系来说明它。在上面的引文中，康德所说的现实自由的前提是按照自由的理念而行动，而非单纯地通过某种眼光来设想。经验性的行动具有经验的实在性，康德的实践的实在性是通过经验的实在性而得以确证的。阿利森认为，自由并无脱离语境的实在性，

这就把自由真正地主观化了。但自由理念的实在性根据与其说是主观的视角、语境或眼光，不如说是对实践的现实影响。

另外，笔者以为，阿利森以人的主动的行动者的身份作为论证的前提，这是一种独断论的体现。（参见本书第四章第四节）

在较早的时候，科斯戈尔德与阿利森类似，也把本体与现象的区分看作"我们从两种立场得出的两个对世界的看法"，把自由看作实践视角下被主观设想的属性："经验世界的法则是描述和解释我们行为的法则"，而本体世界的法则"支配我们所做的事情"（Korsgaard，1996，p. 204）。在"理论的和解释性的视角下"我们经验到，人是自然的一部分，是被动的，在"实践的和规范性的视角下"我们把自身看作是自由的，以便把自身看作主动的行动者（Korsgaard，1996，p. 173）。确实，康德区分了这两个视角，然而实践视角下自由的现实性是基于理念对于实践的原因性与影响力，而不是基于对行动者身份的主观设定。

弗里德里希·考尔巴赫把采取立法者的立场和据此来审查、评价准则看作两种基本行为，把积极自由理解为实施这两种行为的能力两个方面。他认为，这两种基本行为体现了在根本层面的活动之主动性，它们构成了更具体的对经验目的确定和对派生的行为规则的执行等活动的前提。

> 积极的自由概念为意志和它的实践理性的绝对第一的奠基行动（Grundlegunde Handlungen）提供了提示，它也构成了意志与立法的综合的可能性的条件。它是自我提升到立法的立场的那种基本行为（Grundhandlungen），也是在自我设立的法则的视角下，对自己的准则做出审查和评价的那种基本行为。（Kaulbach，1988，S. 124）

由此，考尔巴赫认为，自由的现实性基于采取立法者立场这种基本行动。

> 事实上，只有实践的解释方法才是有效的，据此，那种对自由的现实性（Wirklichkeit）的论证不是被理解为理论上的证明（如果这样，它就可以要求人们承认它的有效性），反之，这种现实化通过这样一种基本行为而发生，在此，人采取了立法者的立场。这种基本行为被康德表述为自我采取自由理念之下的立场。相应地，关于自

由的论证只是从自由的实现的基本行动的实践立场进行论证。①

对他而言，康德所说的在自由的理念下行动只是指采取自由立法者的立场，这里的行动是一种特殊的"基本行动"，而不是规定意志行为准则，并引起身体活动的活动。"……他把他的行动置于自由的理念下，否则，'行动'对他而言就不可能。'在自由的理念下'行动就意味着，在一种实践性思考的基本行为中将其自身置于法则设立者的立场上，由此理性'自身就是实践的'。"②

类似地，普劳斯在对康德哲学的阐释中，为理论与实践的统一做了富有意义的努力，并把自由（der Freiheit）、自发性（die Spontaneität）、主体性（Subjektivität）、实践性（die Praktizität）、意向性（die Intentionalität）、目的性（die Absichtlichkeit）等都等同起来。

首先，他认为无论在理论领域还是在实践领域中，人的活动的基本特征都在于意向性或目的性，每个人都有对某物——成功（die Gelingen）——的目的，有对它者的意向或"对成果的意向"（Intention von Erfolg）。③ 而实践是典型地具有目的性的，因此，人的活动都具有实践性的特征。意向对象是否能被实现，这依赖于具有偶然性的现实，因此，对成功的意向实际上是对它者（die Anderen）的意向。④ 其次，无论在理论中还是在实践中，人都有对活动结果的意向或目的，因此，作为意向性或目的性的实践性构成了人的整体的结构性特征。普劳斯说，就康德而言，正如《判断力批判》所表明的，思辨理性也有指向（通过原则的统一性的）理论知识的完整性目的。⑤（KU 5：186）最后，他进而认为，这种实践性或意向性是人的自由、自发性的真正体现。实践性正是作为自发性的根本层面上的自由，而主体就是能够实现其自身所设定目的的存在

① Kaulbach, Friedrich, *Immanual Kants Grundlegung zur Metaphysik der Sitten. Interpretation und Kommentar*. Darmstadt, 1988, S. 126.

② Konhardt Klaus, "Faktum der Vernunft. Zu Kants Frage nach dem eigentlichen Selbst des Menschen", in *Handlungstheorie und TranscendentalPhilosophie*, Hrsg. von Gehold Prauss, Frankfurt am Mein, Klostermann, 1986, S. 164.

③ Gerhold Prauss, *Kant über Freiheit als Autonomie*, Frankfurt, Vittorio Klostermann, 1983, S. 174.

④ Gerhold Prauss, *Kant über Freiheit als Autonomie*, Frankfurt, Vittorio Klostermann, 1983, S. 174.
Gerhold Prauss, *Kant über Freiheit als Autonomie*, Frankfurt, Vittorio Klostermann, 1983, S. 351.

⑤ Gerhold Prauss, *Kant über Freiheit als Autonomie*, Frankfurt, Vittorio Klostermann, 1983, S. 351.

者。普劳斯将自由称为在主体的自我关系中"作为主体性的实践性的意向性"或"作为根本的实践性的主体性"。① 然而，在此，实践性只不过是体现在意识内部的意志与意志对象的关系。

笔者的解释与考尔巴赫和普劳斯的解释有一定的相似性，他们都诉诸实践来说明自由；然而，他们又对实践做了主观主义的理解。我们同意考尔巴赫和普劳斯，自由并不是我们可以在理论上认识的某种本体的属性，也绝不会是单纯的幻影。确实，康德也认为存在着理性的行动。理性如果属于本体界，那么，它确实不在时空之内，但这并不能否定它有自身的活动，例如，它有可能采取一次性的活动，来决定个体所有的经验性行动（参见本书第三章）。而且，采取立法者立场的活动是真实发生的，而且涉及人的意志，并非单纯的幻影。

然而，考尔巴赫和普劳斯的进路并未真正地确立自由的现实性。如上所述，康德认为，关于本体的理念是通过影响感官世界而获得实在性的，由于能够把（作为自律的）自由理念作为行动的根据（由此根据道德法则而行动），我们才体现出对感性的冲动、爱好的独立性和通过法则而自我决定的自主性，自由才在实践中获得了现实性。然而，考尔巴赫所说的采取立法者的立场毕竟只是发生在意识之中的活动，并未直接与感官实践发生联系，并未进入到感官实践中来，因而，采取立场并不足以建起自由的现实性。只有当我们根据立法者的立场采取行动，自由理念成为行动的根据，进入现实的感官世界，自由才具有现实性。尽管普劳斯强调人的活动的成功或成果，他所说的实践性或能动性仍然不是真正现实的能力。因为意向或目的与其对象之间的关系终究只是在意识内部的联系，因而仍然是主观性的。而对于康德而言，人的主体性或实践性不仅仅体现在形成或拥有意向和目的的能力，更体现在意向与现实世界的联系中。

在 2008 年出版的《行动者身份的建构》中，科斯戈尔德较为简略地对道德法则等规范性概念的实在性进行了功能主义解释，她合理地指出，某些概念的作用不在于描述世界，而在于解决实践性的问题。根据她的建构主义理论，规范性的诸概念不是对象的名称或事实的要素，"它们是对诸问题的解决方式的名称，我们命名这些问题，并把它们标明为实践

---

① Gerhold Prauss, *Kant über Freiheit als Autonomie*, Frankfurt, Vittorio Klostermann, 1983, S. 18.

问题的对象。"①她认为，规范性概念的功能不在于描述现实，而在于建构现实，由此产生的真理描述了被建构起来的现实（如目的王国）。"然而，正如'建构主义'的名称所暗示的，我们在正确的观念引导下，对概念的使用建构了一个本质上的人性化的现实——正义的社会、目的王国——这种现实解决了概念由此而产生的那些问题。由此产生的那些真理描述着被建构起来的现实。"②然而，在此书中，她并没有对意志自由进行专门的论证，基本只讨论规范性概念，而未包括关于事实的自由、上帝、不朽灵魂等概念的功能问题，其建构主义的问题域与康德的问题域还是有所不同，也没有清晰地说明，那些概念应该怎样来理解。

康德实践哲学与实用主义都诉诸观念与生活的联系，但两者又颇有不同。根据实用主义，信念的真实性是基于心理上的效用（如愉悦、安全感），而不必基于实践对经验世界的现实作用；这是康德不会同意的。对于康德，自由与道德法则理念之所以具有实在性，是因为它们（无论是否有用）在事实上构成了实践过程的一个根本的因素或环节。而且，康德所肯定的理念的实在性是对自由存在者普遍有效的实在性，它不是个人化的。

总之，自由是康德哲学的精神，道德法则是其实践哲学的基本原则。肯定诸理念实践的实在性，不肯定其理论的实在性，是他在形上学独断论和主观主义之间开辟的第三条道路，是他悬置关于自由、上帝与不朽灵魂是否存在于本体界的断言，又为道德和宗教确立稳靠基础的基本进路，是他通向思想一贯性与理据充分性的重要途径。他在取消关于本体的理论性断言、坚持其批判形而上学之立场的同时，又为作为知识的形而上学、道德与宗教等提供了稳固的根基，为关于人与世界的深层思考提供了极有意义的参照，这在当代的语境中仍然具有很大的合理性。

第二节　先验自由与实践自由的概念

先验自由与实践自由是康德自由理论中一个核心性的区分，是理解康德实践哲学的一把重要的钥匙，对于把握康德的整个体系也具有不同寻常的意义；而对于自由等理念的实在性的不同理解，是种种关于康德

---

① Christine, Korsgaard, *The Constitution of Agency-Essays on Practical Reason and Moral Psychology*, New York, Oxford University Press, 2008, p. 322.

② Christine, Korsgaard, *The Constitution of Agency-Essays on Practical Reason and Moral Psychology*, New York, Oxford University Press, 2008, p. 23.

实践哲学的争论的一个基本根源。关于这两个概念，本书基于对国际学界主流解释的反思，提出一种新解读，认为实践自由在于根据先天的理性法则而行动的能力，它属于现象界，但可能也属于本体界。据此，一方面，我们不一定有先验自由（超时空的自由），另一方面，我们不仅仅有心理学的自由（经验性的自由），而且，我们确实有实践自由（先天的自由）。① 实践自由与先验自由的关系是现实的：人有实践自由意味着，人不仅相信自己有先验自由，而且根据先验自由的观念而行动。

　　先验自由与实践自由的关系问题是国际学界争论的一个焦点，较有影响的相关解释有四种。根据阿利森（H. Allison）、科斯戈尔德等人主观主义的解释，（也是视角主义的解释），实践自由是主观的自由，在实践的视角下，它才是超时空的先验自由，它的现实性依赖于这种主观视角；实践自由只是在观念上依赖于先验自由。而根据贝克（L. Lewis）、柯尔（M. Kohl）、阿美利克斯、武德等人的本体主义解释，《纯粹理性批判》的"辩证论"肯定，实践自由是一种（属于本体界的）先验自由，是一种超时空的本体之属性，是实践理性独立于经验性事物而影响经验性行为的能力，并且，它依赖于先验自由。② 此外，根据盖斯曼（G. Geismann）和河村克敏（K. Katsutoshi）等人的经验主义解释，实践自由不是超时空的自由，而完全是一种现象界的、经验性的自由，是实践理性独立于冲动而影响经验性行为的能力，但它在存在上基于本体界的先验自由。最后，还有玄耐克（Schönecker）等人依据不融贯论做出的解释，认为康德关于自由的看法是前后矛盾的，根据第一批判的"辩证论"，实践自由是超经验、超时空的，它依赖于先验自由，而根据第一批判的"法规论"，实践自由却是经验性的，它不依赖于先验自由。

　　笔者立足于对德文版《康德文集》关于实践自由之论述的文本分析，在充分吸收和反思国际有代表性的最新研究成果基础上，基于大量的文本依据和逻辑理据，提出一种与这三种解释都不同的新解释，认为实践自由是一种先天性的自由，它介于属于**本体界**的先验自由与属于**现象界**的心理学自由之间，本质上是根据先天法则而行动的能力。据此，康德悬置了超时空的自由的现实性问题，从而保持了其哲思的批判性、避免

----

① 康德也从其他的角度分别在《道德形而上学奠基》和《实践理性批判》中表达了同一观点：在理论的视角下，先验自由是不可知的，在实践的视角下，我们现实地是自由的；自由理念没有理论的实在性，而有实践的实在性。

② "本体主义（noumenalism）"一语为西方康德学界所常用，出现在阿利森（Allison H.）、阿美利克斯等多的多位学者的著作中，它肯定超经验本体的现实性。

了**超验主义独断论**和以现象证明本体的谬误；他**以实践自由确立起先验主义的实践哲学**，以回应**自然主义**和**经验主义**对自由意志的质疑，为伦理学提供了稳固的基石。

一、实践自由概念的内涵

实践自由是对感性的爱好和冲动的独立性，本质上是一种先天的自由，它属于现象界，可能也属于本体界。先验自由是对一切自然原因的独立性，是属于本体的绝对自由，体现为对所有自然事物的独立性和绝对的自发性。心理学自由则单纯是现象界的自由。实践自由是"抉意对于由感性冲动而来的强迫的独立性"，而先验自由是"独立于感官世界的一切起规定作用的原因"的能力（KrV A533/B561；A803/B831）。"摆脱动物性的自由（spontaneitas practice talis）/摆脱宿命的自由（transscendentalis）/第一个是实践的，第二个是一个理论的问题。"（Kant，HN 17∶317）实践自由肯定有现象的层面，尽管实践自由能使人摆脱动物性，我们仍然会在现象界被"自然和命运之线引导"，被自然原因决定（KrV A463/B492）。不过，实践自由也可能有（但未必有）本体的层面，该层面独立于一切自然原因。

先验自由是宇宙论意义上的自由，一种本体的能力，在消极的意义上，它意味着"对于一切经验性的东西，因而也是对于一般自然的独立性"，使人不被自然原因所决定，在积极的意义上，它是"自行开始"事件序列的能力，使理性不以其他事物为原因，而独立引起因果的序列（KpV 5∶97；5∶95）。

康德指出，一方面，我们不一定有先验自由，另一方面，我们不仅仅有心理学的自由，而且，我们确实有实践自由。康德也从其他的角度分别在《道德形而上学奠基》和《实践理性批判》中表达了同一观点：在理论的视角下，先验自由是不可知的，在实践的视角下，我们现实地是自由的；自由理念没有理论的实在性，而有实践的实在性。据此，在理论的视角下，实践自由是否以先验自由为根据，这是不可知的，在实践的视角下，实践自由以先验自由为根据。

实践自由概念只是指独立于感性的爱好和冲动而行动的能力，它并不像先验自由理念那样，指独立于一切经验性因素而行动的能力。因此，我们不能同意玄耐克在"辩证论"中实践自由是先验自由的观点，也不能认同阿利森的观点，即实践自由与先验自由的区别也就是对特殊的爱好和冲动的独立性和对一切爱好和冲动的独立性之间的区别。

在实践的视角下，我们是现实的自由的，这只是意味着，我们必然在现实的行动中把先验自由看作经验层面的行动的根据。我们可以在自由的理念下行动，而不必在实践中考虑我们是否有先验自由这一理论问题。

在实践的视角下，我们也把先验自由看作实践自由的根本层面，而这个层面构成了实践自由在经验层面的根据。实践构成了先验自由的单纯理念和实践自由之间的桥梁。我们既不能认同玄耐克和盖斯曼的观点，即在实践的视角下实践自由是先验自由，而没有一个现象的层面；也不能赞同盖斯曼的观点，即在实践中我们可以忽略先验自由的理念（而非先验自由的实在性问题）。

（一）先验自由和实践自由的内涵

康德对先验自由与实践自由的阐述主要体现在《实践理性批判》之前的作品中，但也出现在《实践理性批判》等后来的作品中，与康德后来对自由理念的理论实在性与其实践的实在性的区分相对应。依据德文版《康德全集》数据库搜索的结果和其他的相关阅读，笔者发现，康德对先验自由与实践自由这两个概念关系的讨论主要集中在《康德全集》中以下部分：A534/B562，A802-803/B830-831，4：346，5：6，5：93；8：13-14（作于 1783 年），18：420（作于 1769—1771 年或 1766—1768 年），17：589（作于 1772—1775 年或 1769—1770 年），17：688（作于 1773—1775 年或 1776—1778 年），18：443（作于 1783—1784 年），19：258（作于 1783—784 年），29：900-903（作于 1782—1783 年）。澄清两个概念的内涵、区别及联系，能够使我们比较充分地理解康德自由思想的基本观点，对于我们理解先验自由理念的实在性与实践的实在性之间的区分也有直接的帮助。

先验自由是宇宙论意义上的自由，一种本体的能力，在消极的意义上，它意味着"对于一切经验性的东西，因而对于一般自然的独立性"，使人不被自然原因决定，在积极的意义上，它是"自行开始"事件序列的能力，使理性不以其他事物为原因，而独立引起因果的序列（KpV 5：97；5：95）。

心理学的自由是指存在者独立于经验中外在对象的直接决定，而根据自身的主观意识而活动的自由，这种自由是现象层面的"心理学的属性"，是"按照经验性原则来解释的"（KpV 5：94）。据此，人处于一个必然的因果链条之中，其中我们每一瞬间的观念都是被之前的观念所决定的。

　　三种自由的基本区别，就在于心理学的自由只是作为现象的、经验性的自由，先验自由则是本体才具有的、超经验的自由，而实践自由必定有现象的、经验性的层面，又可能有一个本体的、超经验的层面。康德试图说明，人无法知道自身是否有本体界的先验自由，但人也并非只有主观的心理学自由，除此之外，还有先天的实践自由。实践自由的根据是仅仅在现象界中的自我和对象，还是也在本体界的理智（它构成行为的自然原因背后的原因），这是不可认识的，是在认识领域中被悬置的。这体现了康德的基本进路——"我不得不悬置知识，以便给信念腾出位置"（KrV B ⅩⅩⅩ）。①

　　就其基本含义而言，自由是自我决定的能力。在哲学史上，它有两种不同的可能含义：自发性（主动设立普遍法则并据此而行动的能力），和在不同的可能性之间进行选择的能力。在第一种意义上，自律意味着自由，而在第二种意义上，自律意味着受到法则的约束，因而真正说来并不是自由。在第一种意义上他律意味着不自由，而在第二种意义上，在自律和他律行为之间进行选择意味着自由。因此对自由概念的这两种不同理解可以导致完全不同的结论。

　　在康德看来，感性的爱好和冲动是被给予的、是由于感官受到对象的刺激而产生的，因而，我们根据它们而行动是被动的。而理性是具有自发性的，理性的原则是人主动设立的。因此，自律地活动，即由理性设立法则并遵循法则，这是主动的、自发的；而不自律则是不自发的、被动的，意味着放弃发挥自身的能力与能动性，因而是无能的体现。"与理性的内在立法相关的自由本来只是一种能力；背离这种立法的可能性就是一种无能。"（MS 6：227）人是自发的，只意味着人能够根据理性本身而行动，而不意味着人既能根据理性，又能根据感性的爱好而行动。

　　对此，康德有理有据地说明了，自由不是选择自律还是他律的能力，而是自律的能力。"但是，任性的自由不能由遵循或者违背法则来行动的选择能力 Libertas indifferentiae［中性的自由］来界定……"（MS 6：227）从根本上说，为行为负责的能力在于自律的能力。他律不是一种能力的体现，而是无能的体现。理性能够独立于感性的爱好而设立实践法则和遵循该法则，这才是行动者的能力。感性能够刺激主体，但是理性却能使主体限制自身，不被感性所决定；然而，理性也可以在某些行动中不发挥它的力量，任由主体被感性决定，从而导致了他律的行为。所

---

① 〔德〕康德：《康德三大批判合集》，邓晓芒译，北京，人民出版社，2009，第20页。

以，在他律的行为中主体并没有真正发挥其主动性和能力，是无能的体现。设想有这样一种存在者，他们没有自律能力，由此，他们不能选择行为的最终目的、主动设定最高的行为原则，而只能选择实现目的的手段。康德会认为，这类存在者的行为的最终目的和最高原则是被决定的，因此，他们的行为根本上说是被决定的，所以他们真正说来是不能为其行为负责的（因而，他们也不会有尊严）。但是，他律的行为不等于行为者不必为之负责的行为。人要为其他律的行为负责。因为他律的行为是由于人自己让自己处于不自由的状态而产生的。人本来可以自由、能动地活动，但在他律的行为中，人任由感性的爱好和冲动规定意志。

康德基本上一直按照第一种方式理解自由，这种理解贯穿于其思想的前提和后期，而在后期康德也在某些情况下按照第二种方式理解自由，指出在某种意义上，抉意的他律也是自由的（Nachlaß 23：248-249）。但我们并不能说他混淆概念，因为他在第二种运用中会对其用法进行说明。

在理论上，先验自由是宇宙论意义上的自由，体现在不被任何其他的原因所规定，从而构成了宇宙中因果序列的根本原因的能力，它不在于经验的因果序列之中，却构成了这种因果序列的根据。这种存在者是一种本体的原因，而不是那些服从经验的因果律的原因。在实践中，人设想自身的意志具有先验自由，能够独立于一切经验性条件而通过理性来引起行动。先验自由是"能够自行开始行动的某种自发性的理念，这种能动性不允许预先准备一个另外的原因，再来按照因果联系的法则去规定这个自发性的行动"（KrV A533/B561）。在消极的意义上，它意味着"对于一切经验性的东西，因而对于一般自然的独立性"，在积极的意义上，它是"自行开始"事件序列的能力（KpV 5：97，95）。先验自由不仅仅意味着无条件的独立性，而且是"自行开始一种状态的力量"（KrV A533/B561），这种自发性是与被动性相对的。这种能动性是"绝对的自发性"或无条件的自发性，因为它能够引起某些结果而本身并不需要其他的根据（Refl. 6077；18：443）。作为这样一种指向本体的概念，自由概念是一个理念，即理性的纯粹概念，它不包含经验的内容，不指向具体的经验对象，超出了人的认识能力。

心理学的自由指存在者独立于经验中的外在对象的直接决定，由自身的主观意识而活动的自由，这种自由是现象层面的"心理学的属性"，是"按照经验性原则来解释的"（KpV 5：94）。一般而言，心理学是一门经验科学，通过实验方法等经验性的途径来研究人的自由，认为一切心理现象都可以通过经验的因果律和现象之间的联系来解释，并把自由追溯至人的经验性"对灵魂的本性和意志的动机",据此人处于一个必然的因果链条之中,其中我们每一瞬间的观念都是被之前的观念所决定的(KpV 5：94,第 96 页)。这样,我们的抉意必然被之前的事件所决定,服从经验的因果律。康德以前的许多哲学家把时空中的对象看作物自身,因而把人的自由仅仅理解成心理学的自由,而不认为人可能也有超时空的、属于本体的先验自由。当然,康德在较早的《形而上学讲演录》(1782—1783 年)中讨论了区分了经验的心理学和先验的心理学,后者涉及非经验性的自由,不过,重要的是,康德确实把实践自由和经验性的能力区分来了。

实践自由概念的内涵在康德思想中有一定的变化。我们根据康德对实践自由的大部分论述,把实践自由理解为人独立于感性的爱好和冲动并根据理性的法则而行动的能力。不过,在《纯粹理性批判》中,它包括通过理性而追求各种目的——包括道德目的和非道德目的——的能力,在《道德形而上学奠基》中,康德没有使用"实践自由"的表述,但他论述了"在实践的考虑中"的自由,后者指的是道德能力,实质上也是实践自由,而在之后的著作中,实践自由基本上都是指通过理性追求道德目的的能力。后一种理解才是康德成熟的看法。根据《纯粹理性批判》,在消极层面,"在实践的理解中的自由就是抉意对于由感性冲动而来的强迫的独立性"(KrV A534/B562)。在积极层面,实践自由意味着人用理性提供的目的来规定主观抉意的能力,它包含了根据长远的实用目的或道德目的而行动的能力,这也使人能够按照道德法则,即"自由的法则"的表象而行动(KrV A802/B830)。因此,在这里,"实践的自由本身也分为两个层次",即"自由的任意"和"自由意志"。① 抉意是按照内在的表象规定行动的能力,自由的抉意指具有实践自由的抉意,自由的抉意是指理性存在者独立于感性的冲动而按照理性的概念和规范规定行动的能力："但那种不依赖于感性冲动,也就是能通过仅由理性所提出的动因来规定的任意,就叫作自由的抉意(arbitnum liberum),而一切与这种任意相关联的,不论是作为根据还是后果,都称之为实践的。"(KrV A802/B830)

> 有一种欲求能力被称为根据意愿做或者不做的能力。就规定它去行动的根据在它自身之内而不在它的对象之中而言,它与诸概念相一致。如果它与产生客体的行为能力的意识相结合,那它就叫作

---

① 邓晓芒：《康德自由概念的三个层次》,《复旦学报》2004 年第 2 期。

抉意。但是，如果它不与这种意识相结合，那么，它的活动本身就是一种愿望。（MS 6：213）（参见本章第三节）

"而一切被设想为通过意志而成为可能（或必然）的东西，就叫作实践上可能（或必然）的，以与某个结果的自然的可能性或必然性区别开来……"（KU 5：ⅩⅢ）抉意的根据（如道德法则或感性的冲动）、活动和后果都可以被称为实践的。实践是通过抉意而可能的行动。抉意的自由就是实践的自由，就是以抉意为条件的自由。

在《纯粹理性批判》以及之后的作品中，康德基本上都以自律的能力来界定实践自由。例如，根据《道德形而上学奠基》，在实践的眼光下的自由即实践自由是"按照自由的理念去行动"、根据实践"法则"行动的能力；根据第二批判，"人们也可以通过意志对于除道德法则之外的任何其他东西的独立性来定义实践自由"；根据《道德形而上学》，抉意的自由意味着，"纯粹理性有能力自身就是实践的"，而抉意的自由就是实践的自由（GMS 4：448；KpV 5：94；MS 6：213-214）。

康德对实践自由内涵理解的转变意味着他对自由与道德有更独特、透彻的理解，他论证了这一观点：他律的行为在其根本的层面是不自由的，换言之，它们在根本上是不自由的。因为，设立实用性目的并据此而行动，这固然在一定程度上体现出人的独立性和自发性，但真正体现人的独立性和自发性的是道德的能力。

首先，设立和追求实用目的的能力尽管也在一定程度上体现出人的自由，因为它体现出人对当下感性冲动的独立性和根据理性规则行动的能力；但是，它在根本的层面上说是不自由的，因为它并不独立于感性的爱好，而这种爱好是自然界给予我们的，而不是我们主动形成的，在以这种能力为根据的活动中，那种行为的目的并不是自由地形成的，而目的是行动的根据，规定着我们的行为。爱好是"欲求能力对感觉的依赖性"，即意志的各种追求幸福的感性倾向；人根据感性的爱好和冲动而行动时是被动的（GMS 4：413）。

感性的欲求倾向是个体的身体状况，尽管感性在某种意义上说是内在于人的，但感性的爱好和冲动不是人主动形成的。因为，感性的爱好、冲动或刺激是外来的，是在经验中被给予的。感性的爱好基于人的身体状况，而身体状况是被自然所赋予的，有着自然的原因，并遵循经验的因果律。刺激是不由法则引起，而是由感性对象引起的感性快乐。"这种动机的冲动性的原因就是刺激。[*Jenes causa impulsivae* sind *stimuli*, *dieses motiva.*]""刺激是先于法则的快乐。对刺激的独立性存在法则先于刺激。[stimuli sind Lust，die vor dem Gesetz vorhergeht. independentia a stimulis ist，wo as Gesetz vor der Lust vorhergeht.]"(Refl. 5435；18：181)①

感性的冲动或刺激以对象所提供的感性质料为条件，是由外在的对象所引起的，而我们能否满足这些感性的冲动，也受到经验性条件(如身体条件)的束缚，追求感性目的的过程，就是我们受制于经验对象的过程。根据感性的爱好或冲动或刺激而行为，这是被动性的体现。反之，道德的能力充分体现了人的自由或自主性，因为人内在的纯粹理性本身就能够构建道德法则或定言命令这种先天综合判断，并让自身服从这种判断，而不受外在因素的决定。因此，康德说，"抉意的**自由**是它不受感性冲动**规定**的那种独立性。这是它的自由的消极概念。积极的概念是：纯粹理性有能力自身就是实践的。"(MS 6：213-214)

其次，抉意的实践自由就是独立于感性冲动而根据纯粹理性及其道德法则而行动的能力；这种实践自由是内在的自由，是与内在的动机相关的，它比外在自由(免于受到身体上的束缚)更加根本和重要。因为，人即使没有外在自由，仍然可以有内在自由，有一定的自主性；而如果人受到感性的决定，即使没有外在的束缚，也还是被决定的、被动的。即使人能够利用外在的自由实现基于感性的目的，他在根本的层面上还是被动的、被规定的，因而他的行为整体就是被规定的。理性才能真正凸显实践自由。

> 理智的抉意(das arbitrium intelletuale)体现于我们独立于爱好而行动，尽管我们仍有这些爱好。而现在我们设想我们是否服从它们。我们是自由的，只是为了服从道德的诸法则。否则我们就不需要理性了。到此为止我们已经谈论了实践上理解的自由。但是自由在先验的意义上说独立于所有间接和自然的原因而有能力决定自身。(MMr 29：900)②

---

① 这里的在先是逻辑的在先，因为法则的存在是无时间的，刺激先于法则，指某种快乐独立于法则而被引起，它能够影响我们的抉意，却并不必然地决定它。

② 科学院版《康德全集》第 29 卷第 747 页至第 794 页的《莫龙格乌斯形而上学讲演录》(*Metaphysik Mrongovius*)，作于 1782—1783 年，体现其比较成熟的批判时期的思想，时间上与《纯粹理性批判》的发表比较接近。

　　最后，就人类的独特本性而言，人的理性的独特使命是自由，许多没有理性的猛兽，通过其躯体上的优势，也能达到感性的满足，但只有理性才能摆脱爱好的束缚，真正体现自由和自律的能动性。独立于爱好而行动与独立于冲动而行动有所不同，我们独立于当下的冲动或刺激的时候，仍有可能被长远的功利目的所决定，我们可以为了长远的感性幸福而放弃暂时的感官满足；然而出于爱好的行动终究是不自由的。先验自由是自行开始因果序列的能力，是无条件的，因而是绝对自主性的体现。人是有感性的理性存在者，必定还是有感性的爱好的，但爱好刺激我们，却并未决定我们，我们有接受或拒绝爱好成为行动的根据的能力，这种能力就是实践意义上的自由。无论如何，实践自由只是对爱好的独立性，而不是对一切经验性因素的独立性，它背后可能有某些间接的自然原因作为根据，因而它与先验自由还是有所不同的。

　　关于康德自律观念的重要性，黄裕生指出，通过把自由理解为自律，康德完成了道德哲学的重要突破，真正阐明了自由意志"是一切道德法则的来源"。"在自由意志之外不存在任何其他道德法则"，是其实践哲学的关键贡献。①

　　纯粹实践理性、自由的理念、道德法则、自律都内在地统一于实践自由的概念中；因为，在实践中，纯粹理性才能形成自由的理念，才能自律（设立和遵循道德法则）并体现能动性，因而康德分别以这几个概念来定义实践自由。

　　首先，由于理性才具有自发性和能动性，使我们独立于外在事物和先行条件的规定，而感性是接受性的，总让我们受到经验对象的影响，因而实践上的自由或自我决定的能力，也就是根据纯粹理性而行动的能力。"能够被**纯粹理性**所规定的抉意叫作自由的抉意（die freie Willkür）。"②（MS 6：213）自由的抉意指具有实践自由（而不是先验自由）的抉意，因为康德认为即使我们不能认识我们是否有先验自由，抉意仍然能够被纯粹的（实践）理性所规定。康德又说，"（一般意义上实体所具有的）（der Substanz überhaupt）先验自由是行动的绝对自发性……实践自由是基于单纯理性（bloßer Vernunft）而行动的能力。"（Refl. 6077；18：443）如果人有先验自由，那么实践自由就有一个先验自由的层面，它在其最根本的层面上是无条件的。

---

①　黄裕生，《论意志与法则——卢梭与康德在道德领域的突破》，《哲学研究》2018 年第8 期。

②　关于"Willkür"的译法，参见本书第二章第一节。

其次，实践的自由是人根据内在的自由理念去行动的能力。人总是设想自身具有先验的自由，并能够使得先验自由的观念普遍地影响行动，并能够决定人的行动，由此，人在实践的眼光（Rücksicht）下是自由的。

> 自由仅仅是一个理念，而根据这种理念去行动，就是在实践上自由的……因此自由在实践上是必然的，因此一个理性存在者必然根据自由的理念而行动，而不能相反。但这还不足以证明理论意义上的自由。（MMr 29：898）

最后，自由的真正体现在于自律，根据自由的理念而行动的能力实质上就是根据道德法则而行动的能力，因此，人有实践自由意味着道德法则对人必然有效，人能够并应当遵循道德法则。"因此，实践的自由，亦即理性按照客观的规定根据在其中拥有因果性的自由，就由此而得到挽救，而自然必然性就作为显象（Erscheinung）的同一些结果而言，并没有受到丝毫的损害。"（Prol 4：346）显然，这种客观的规定根据就是具有客观性的普遍法则（即道德法则）。

> 当根据道德法则的行为和它的反面是可能的，一个人就其行动而言就是自由的。实践自由的，要么是法权上的要么是道德上的。道德的自由要求得最多。而当我是实践自由的，我却是在道德上受约束的（moralisch verbunden）。（Refl 19：258）

实践自由体现在人能够出于道德法则而行动，以此为条件，人受到道德法则的约束。道德上的内在自由不仅仅体现在行为上，也体现在动机上，因而道德上的要求多于法权上的要求。康德把实践自由和普遍法则看作是不可分割的，而道德法则对于有实践自由的人而言是有效的，尽管自由在理论上不可论证：

> ……每一个只能按照自由的理念去行动的存在者，正因此而在实践的眼光中是现实地自由的，也就是说，一切与自由不可分割地结合着的法则对他来说都有效，正好像他的意志即使就自在的本身来说在理论哲学中有效，也会被宣称为自由的一样。（GMS 4：448）

阿利森认为，

当我们区分了对任何特殊欲求和爱好的决定的独立性，和对欲求和爱好的决定**总体上**的独立性，这一点就变得明显了。实践自由包含前者，而先验自由包括后者。从这一区分出发，我们可以得出，如果行动者的选择在根本上受到某种本能或自然冲动支配，他在实践的意义上（但不是先验的意义上）还是自由的……这种差异对于康德道德哲学来说是关键性的。①

如果没有先验自由，实践自由带来的将是"基于自利、幸福"，或"非道德目的"的准则。②

笔者认为，阿利森忽视了实践自由包含先天的道德能力，它并不就是独立于特定欲求和爱好而追求长远利益的能力。实践自由与先验自由的区分，并非独立于个别欲求与独立于所有欲求的区分，而是独立于感性与独立于自然原因的区分。如上所述，在第一批判中，康德已经断言，实践自由也体现在理性"制定法则"并规定抉意之上，而这种制度法则就是"客观的自由法则"，即道德法则，因此，实践自由意味着独立于所有的冲动和爱好、根据道德法则行动的能力，而不仅仅是对特定冲动的独立性（KrV A802/B830）。在 1783 年的《未来形而上学导论》中，康德断定实践自由是"理性按照客观的规定根据在其中拥有因果性的自由"（Prol 4：346）。而在其后的作品中，康德更把实践自由看作自律的能力。对此，柯尔也恰当地批评说，阿利森这里所依据的文本多数是康德在前批评时期的讲演录，但这并不就能说明康德在批判时期的观点。③

对于实践自由，我们可以通过理知世界和感官世界的"两种立场"（zwei Standpunkte）来看待，因为作为这种自由的根据的理性是先验、纯粹的（GMS 4：452）。辩证论和法规论中对实践自由的一些断言分别体现了这两种立场。有实践自由就有独立于感性的冲动而出于道德法则去

---

① Henry Allison, "Morality and Freedom：Kant's Reciprocity Thesis", *The Philosophical Review*, 1986(95), pp. 411-412.

② Henry Allison, "Morality and Freedom：Kant's Reciprocity Thesis", *The Philosophical Review*, 1986(95), pp. 411-412.

③ Markus Kohl, *"Transcendental and Practical Freedom in the Critique of Pure Reason"*, Kant-Studien, 2014, 105 (3), p. 321. 白文君认为，实践自由包含任意的自由和自律的自由两个层次。确实，在第一批判中，实践自由包含根据实用的目的和根据道德的目的而行动的两种能力，但如上所述，后来康德不再认为它包含第一种能力。并且，实践的就是通过抉意而可能的，任意的自由就是实践自由。（白文君：《也论康德自由概念的三层次》，《兰州学刊》2011 年第 6 期）

行动的能力。康德认为，从感官世界的立场看，实践自由是经验性的能力或属性，它仅仅是现象层面的自然原因，是可以被经验证实的，属于知性能力认识的范围(GMS 4：451，458)。据此，实践的自由是"自然原因之一"，它本身是经验性的，我们设立道德法则并根据道德法则的表象而行动，这本身是自然原因决定的(KrV A803/B831)。就此而言，我们会用经验原因来解释实践自由和体现实践自由的选择；在感官世界的立场看，"我们只是把自由用作相对于它物的自由，因为只有自然提供了最终的规定根据"(Refl. 5450；18：185)。我们通过内在的理性来规定抉意，而并不直接被它物决定，因而相对于它物而言是自由的，但是，我们内在理性的活动又是基于某些自然的原因(如生活环境，基因等)，因而这种自由是相对的，可以经验地解释的。而当我们把人的理智层面看作能动的本体，并采取理知世界的立场，那么，根据这种立场，实践自由就不是一种经验性的能力，它不以任何经验原因为条件，而是以先验自由作为其根本的层面，因而也作为它的根据(KrV A534/B561)。就此而言，我们之所以能够独立于感性的冲动而出于道德法则去行动，是因为我们有先验自由，有独立于一切经验性因素而自发引起因果序列的能力；我们设立和遵循道德法则的活动，不是被决定的，而是自发性的。可见，辩证论和法规论中对两种自由的考察并不矛盾，而是基于不同的立场或视角去思考同样问题的能力。

　　人必然在现象界有经验的品格，但同时也可能在本体界有自身的品格(即理知品格)。"我把那种在一个感官对象上本身不是现象的东西称之为理知的"；如果人有一个本体的层面，"那么我们就可以从两方面来看这个存在者的原因性，既按照其行动而把它看作理知的，即看作一个自在之物本身的原因性，又按照这行动的结果而把它看作感性的，即看作感官世界中一个现象的原因性"(KrV A538/B566)。品格就是原因起作用时遵循的原则或基本法则，它可以是自然法则，也可以是自由法则。"但每一个起作用的原因都必然有一种**品格**，即它的原因性的一条法则，舍此它就根本不会是什么原因了。"(KrV A539/B567)如果人不仅仅属于现象界，而且也属于本体界，也有理知品格，那么，他的行为的最终根据就是非经验性的，尽管他的行为包含经验性的层面；而在理知品格中"不会有任何行动产生或消灭"，它是超经验的、无时间的(KrV A540/B568)。

　　实践自由的经验可证实性并不意味着这种自由本身完全是感性的，不意味着它只体现在以经验因素为根据的他律行动中。因为，不仅我们独立地追求幸福的能力可能是由物理学、生理学、社会学等经验性原因决定的，而且我们遵循道德法则的能力也可能由神经系统等自然原因决定；但即使如此，道德法则依然能够规定我们的意志和行为。我们不仅能够基于长远的幸福的考虑而拒绝感性的冲动，而且能够通过道德法则（普遍的法则）的表象而拒绝它们，这些能力是可以通过经验研究来证实的（KrV A802/B830）。

对此，康德把自由和必然分别对应于理知世界的立场或感官世界的立场，而不是对应于理论的视角和实践的视角。因为无论从理论上看还是从实践上看，我们都确实有现象的层面。两者的区别只是，从理论上看，我们只是可能拥有本体的层面，而从实践上看，我们确实拥有本体的层面。

就两种视角的有效性而言，它们根本上说都只具有可能的或相对的有效性。我们不能断定，从现象视角得出的观念一定与本体相符合，而我们从本体的视角得出的观念也无法从理论上得到证实，因此，通过两个视角所理解的，并不就是同一事物同时具有的两个层面或两种属性，而只是主观的视角与事物发生关系的时候得出的表象而已。但是，在认识领域，我们对现象的理解能够达到（主观的）普遍的有效性，而在实践领域，我们的本体理念能够通过对实践的原因性而具有实践的实在性。

(二)先验自由与实践自由的区别

在理论的眼光下，就其本身而言，实践自由必然有一个现象的层面，但它也可能有一个本体的层面，其现象层面以诸自然原因为根据，其本体层面构成了这些自然原因的部分根据。而在实践的眼光下，对行动者而言，实践自由有现象和本体两个层面，但这种视角下的观念并不构成严格的知识。实践自由与先验自由不同，凭借实践自由，人能够通过内在的理性设立道德法则，并通过这种内在的法则规定抉意，但人内在的理性和原则本身又可能被外在的、经验性的原因所决定，因而这两种活动背后就都可能有经验性的条件，因此实践自由只具有相对的独立性和能动性，而先验自由具有绝对的独立性和能动性，体现先验自由的活动是不被任何外在的因素所决定的。而先验自由则只有本体的层面。从积极的层面看，实践自由和先验自由的区别在于在设立准则的规定根据中的相对自发性和绝对自发性，而从消极的层面看，其区别在于理性独立于一切经验条件和理性独立于感性的爱好与冲动。

因此，两种自由是不同的：实践自由为人所拥有，但先验自由不一定为人所拥有；而人有实践自由和人不一定有先验自由，这两点并不矛盾。人能够独立于感性的爱好和冲动，能根据内在的因素（理性）、内在的原则（理性的道德法则）而活动，这在一定意义上体现了人的独立性、自主性，体现了人的实践自由或自我决定（Bestimmung von selbst/determination by the self）的能力，但人不一定有先验自由或自主决定（Bestimmung durch Selbsttätigkeit/ determination through self-activity），实践自由只是相对于实践中感性的爱好和冲动而言的，最终可能以自然原因为根据，因而是相对的、有限制的自由，这种自由不一定是无条件的，只有先验自由才是绝对的、本源的自由。所以康德也说，实践自由只是一种相对的自由：它只能使人独立于动物性，而不一定能使人独立于自然或宿命。"摆脱动物性的自由（spontaneitas practice talis）/摆脱宿命的自由（transscendentalis）/第一个是实践的，第二个是一个理论的问题。"（Refl 17：317）有一种观点认为，康德在《纯粹理性批判》中曾把两种自由等同起来，这难以与康德的观点相符。

第一，康德肯定，实践自由属于自然原因，可以通过经验得到证明，而先验自由则是超自然、超经验的原因，无法被认识或证明。

首先，康德明确断定，"实践的自由是自然原因之一，也就是理性在对意志作规定时的原因性"；与此不同，先验的自由"却要求这个理性本身（就其开始一个现象序列的原因性而言）独立于感官世界的一切起规定作用的原因……所以仍然是一个问题"（KrV A803/B831）。[①] 这说明康德认为，实践自由与绝对的先验自由不同，未必能独立于所有感官世界的原因。因而，"实践的自由是自然原因（Naturursachen）之一"，是指实践自由也是自然界之中的原因之一，而不是指它作为本体而构成了自然界的原因之一。类似地，康德说："……我们只是把自由用作相对于它物的自由，因为只有自然提供了最终的规定根据。"（HN 18：185）

关于作为"自然原因之一"的实践自由，柯尔把康德这里的"自然原因"理解为超自然而引起自然事物（如引起"在经验领域发生的道德行为"）的原因，然而这解释与康德的论述相去甚远。[②] 柯尔说：

---

① 在康德实践哲学中，原因性（Kausalität）通常意味着某种事物作为原因而引起后果的属性，而非单纯的原因与结果之间的双向联系。"原因性（causalitas）就是一个原因由此而成为原因的那种规定性，或者作为原因的某物对于被决定的结果的关系的规定性。"（MMr 29：893）意志是理性而引起经验中的行动、构成行动原因的能力，因而被解释为一种原因性。

② Markus Kohl, "Transcendental and Practical Freedom in the Critique of Pure Reason", *Kant-Studien*，2014，105（3），p. 325.

　　当他称实践自由为一种自然的原因时，他可能不是要指向在标准的意义上的自然原因，这种原因意味着通常的合规则性和因果必然性，却指向一个可允许存在的意义：我们在实践的、思虑的意识中所见证的那种（异常的）类型的理性的效力或意志。①

因此，他认为，"我们可以把实践自由看作一种特殊的先验自由"，而"辩证论"和"法规论"的观点并不矛盾；因为，"法规论"并不真正断言，实践自由属于经验性的自然原因，因为这里所说的自然原因有其特殊的含义。② 类似地，贝克认为，在《法规论》中，康德并没有宣称，实践自由独立于先验自由而存在，只是指出，先验自由的思辨问题与实践的关切无关。③

　　但笔者以为，说某物是自然原因，就是说它不是超自然的事物，不是某种构成自然界原因的超经验原因。而且，康德在此语境中说实践自由可通过经验来证明，因而本身是经验性的；而先验自由"却"要求理性"独立于感官世界的一切起规定作用的原因"，"却"这一转折连词也表明，康德提出，实践自由不能独立于所有感官世界的原因，而必然有现象层面（KrV A803/B831）。反之，假如实践自由像先验自由那样，也是超经验的，那它也无法通过经验证明，其存在与否也同样是一个问题了。再一次，意志"是尘世间多种多样的自然原因之一……意志不仅仅从属于自然概念，而且也从属于自由概念……"（KU 5：172）可见，作为自然原因的意志的概念从属于（指称现象界的）自然概念，而作为意志之能力的实践自由概念也是如此。

　　其次，康德断定，"实践的自由可以通过经验来证明"，但超经验的先验自由并不可能通过经验来证明。柯尔认为，这一断言并不意味着，实践自由属于现象界，因为这里所说的经验指特殊的道德经验、对实践的慎思活动的知觉。"首先，康德的非标准的概念或"证据"是指向实践慎思的现象学（phenomenonlogy）。例如，康德诉诸我们的处于纯粹的、经

①　Markus Kohl, "Transcendental and Practical Freedom in the Critique of Pure Reason", *Kant-Studien*, 2014, 105 (3), pp. 324-325.

②　Markus Kohl, "Transcendental and Practical Freedom in the Critique of Pure Reason", *Kant-Studien*, 2014, 105 (3), p. 316.

③　Lewis Beck, *A Commentary on Kant's "Critique of Practical Reason"*, Chicago, University of Chicago Press, 1960, p. 190.

验上无条件的道德规范之下的慎思的自我知觉。"①

　　笔者不能同意柯尔的解释。康德在此为实践自由提供的理由并不是道德意识，而是我们可以经验到我们对感性冲动的克服：

> 实践的自由可以通过经验来证明。因为，不仅是刺激性的东西……在规定着人的执意，而且，我们有一种能力，能通过把本身以更为间接的方式有利或有害的东西表现出来，而克服我们感性欲求能力上的那些印象……"(KrV A802/B830)

更重要的是，柯尔等人的本体主义解释并不与康德关于理性和自律活动的理解一致，而且，根据这种理解，康德对实践自由的论证方式是僭越的，因为根据先验观念论，人无法通过现象界的经验认识超经验对象、证明其现实性。通过道德的自我意识，我们可以验证理性设立和遵循道德法则的活动独立于感性的动机，但不能证明它们独立于所有自然原因，因为康德也认为理性有其现象层面，我们纯粹的理性动机完全可能被神经系统等自然原因所决定。我们能阐明的是意志对于感性爱好与冲动的独立性，但不是对于自然的独立性。

　　第二，实践自由的有条件性也体现在，实践理性和意志有其现象层面，在这个层面中，它们在制定、遵循道德法则时，必然被自然原因决定。而先验自由是本体界的自由，是完全独立于自然原因的。但实践自由可能有也可能没有本体的层面，因此，它可能以先验自由作为其根本性层面、基于先验自由，但也可能没有这个层面。

　　基于实践自由的自律行为有可能完全以经验的原因作为根据；并且，从感官世界的立场看，它确实以自然为依据。在此，作为行为根据的理性是内在的，道德法则是人通过理性而设立的，但内在的理性和法则本身有可能以外在的因素为根据，因此，人不一定能独立于一切经验性因素而自行开始因果序列，因而不一定具有先验自由。先验自由体现于"独立于感官世界的一切起规定作用的原因"而"开始现象的序列"，它当然就绝不可能通过任何感官世界的原因来解释，因而不可能通过自然的法则来解释；毋宁，先验自由"看起来是和自然律，因而和一切可能的经验相违背，因而所以仍然是一个问题"(KrV A803/B831)。实践自由体现于理

---

① Markus Kohl，"Transcendental and Practical Freedom in the Critique of Pure Reason"，*Kant-Studien*，2014，105(3)，p.329.

性独立于感性的冲动而"对意志作规定时的原因性"，而种种出于理性的道德法则的行为可能是基于生理学、心理学、社会学等方面的原因，实践自由仍然可以用经验的因果律来解释，以说明这些原因如何使人独立于感性的冲动，并出于道德法则而行动（KrV A803/B831）。即使人的理性层面可以完全独立于一切的感性因素或外在原因，人的行为（作为经验性的活动）也并不能如此。"即使意志独立于刺激（stimulis），它也不是完全地自由的。"（MMr 29：899）

首先，从物理学的角度看，实践自由有属于现象界的层面，并以物理原因为根据。人能够通过单纯理性的表象（道德法则）而行动，但是我们的表象活动可能只是神经系统一种在意识中的表现，或大脑的物理运动的特殊反映，我们根据理性法则而行动可能被物理学上的原因所决定，这些是由于物理学的涌流（物理原因的偶然聚集）而在行动中发挥作用的，而偶然地引起了道德意识活动和行为。现代神经科学等自然科学已经越来越多地发现了意识活动和物理或生理活动之间的对应性，也有助于表明这种可能性。

> （一般意义上的本体[der Substanz überhaupt]所具有的）先验自由是行动的绝对自发性（区别于相对的自发性，就后者而言，主体仍只是被通过物理学的涌流而起作用的原因所决定）。实践自由是基于单纯理性而行动的能力。就自由而言，原因性是本源的，而原因是一种派生的存在者。（Refl. 18：443；作于 1783—1784 年）①

康德把两种不同的自由对应于两种不同的自发性："（自由的抉意或者有实践的自发性（spontaneitatem practicam），或者有先验的（transscendentalem）自发性。"（Refl. 17：589，作于 1772—1775 年）原因本身背后可能有其他原因，不一定具有主动性，更未必有绝对的主动性，而原因性是某种事物能够作为原因而引起后果的包含主动性的属性，"原因性（causalitas）就是一个原因由此而成为原因的那种规定性，或者作为原因的某物对于被决定的结果的关系的规定性"（MMr 29：893）。类似地，康德在第一批判中表明，实践自由是一种能力和原因，它使我们能够出于理性自身而行动，但它不是绝对的，它本身可能由物理学的原因所造成；由

---

① 因果关系是原因和结果之间的双向关系，而原因性是某种事物能够作为原因而引起后果的属性或力量。参见康德："原因性（causalitas）就是一个原因由此而成为原因的那种规定性，或者作为原因的某物对于被决定的结果的关系的规定性。"（MMr 29：893）

此，外部现象必然地涌流到主体中，主体的活动结果又必然地涌流到外界。"所以按照其经验性的品格，这个主体作为现象……无非是感官世界的一部分，其结果正如任何其他现象一样是从自然中不可避免地涌流出来的。"(KrV A541/B569)只有先验自由才是绝对的，不可能有经验性的原因，因而它只能属于本体。

而先验理解中的自由作为一种特殊的原因性在起作用，它是无条件地引起某种状态，并由此引起相继的因果序列的能力；先验自由的原因性体现在，某物(可能是理智)不仅仅构成了事件序列的第一开端，而且它并不是基于某种既定的特殊本性而成为这种开端，而是自己给自己设立根据，自己赋予自己以原则，并由此引起某些因果序列，因此，并没有任何外在的原因作为先行的条件，而使得该物的活动得以可能，并按照经验的因果律而决定了它的活动。

> 这样，就不单是一个序列将通过这种自发性而绝对地开始，而且是导致产生这序列的这个自发性本身的规定性，也就是因果性也将绝对地开始，以至于没有任何东西先行在前而使这一发生的行动按照常住的规律得到规定。(KrV A445/B473)

(当然，这并不意味着，理智的活动是无根据的活动，而只是自己设立规定根据的活动。)与此不同，实践自由概念本身并不蕴含这种本源的自发性；出于道德法则而行动的能力本身可能以理智本体及其先验自由作为根本原因，也可能只是基于自然。而且，从现象的视角看，这种能力就是由物理学、心理学等方面的自然原因所决定的；因此，尽管这种能力也有着内在的根据(理性及其道德法则)，并能够引起行为及后果序列，但这样的理性并不一定是因果序列的绝对开端，理性的这种自发性只是相对其结果而言，因而是"相对的自发性"。在此，情况并不在于，我们知道我们有先验自由而不知道它的作用机制，而在于我们根本无法知道我们是否有先验自由。

然而康德认为，我们在实践中不必考虑这种情况，而只需考虑如何确定实践的规则，就仿佛先验自由已经在理论上被论证了那样(GMS 4：448)。所有的理性存在者在实践中都会认为自身能够遵循某些应然的规则(无论是熟巧的、实用的规则，还是道德的法则)，因而会根据自由的观念而行动，这样自由概念就具有了实践的实在性，因为即使没有先验自由，在意识中发生的这些观念也作为非根本的、间接的原因而在实践中现实地起作用了。

其次，从社会学的角度看，实践自由有属于现象界的层面，受限于个体的成长环境、周围事物与社会联系等。人的本体层面（如果有的话）是绝对自由的，但其现象层面则完全被经验原因决定。康德曾举一个"在社会上造成了某种混乱的一种恶意的撒谎"的反面例子，指出不道德行为在现象界的时空中是被社会学因素和运气等自然原因决定的：

> 人们最初的想法是审查他的经验性的品格，一直到达品格的根源，人们在糟糕的教育、不良的交往，部分甚至在某种对羞耻没有感觉的自然天性的恶劣中，寻找这种根源，部分则推给浮躁和轻率；同时人们也没有忽视起诱发作用的机遇的原因。（KrV A555/B583）

正如经验的因素可能构成了不道德行为的根本原因一样，经验的因素可能构成了道德活动（道德法则规定意志和行为的过程）更根本的根据，但即便如此，道德法则毕竟决定了意志和行为，对于行动者的意识而言，自律本身就是最高的目的；因此，在这种情况下，人尽管没有先验自由，受到自然界的决定，他们仍然有实践的自由。

最后，从经验心理学的角度看，体现实践自由的经验性活动被先行的意识活动所决定，这与先验自由的情况是不同的。

> 所以人在现象中的一切出自经验性的品格和其他共同起作用的原因的行动都是按照自然秩序而被规定的，并且如果我们有可能把人的抉意之一切现象一直探索到底，那就绝不会有任何单独的人的行动是我们不能肯定地预言并从其先行的诸条件中作为必然来认识的。（KrV A550/B578）

如果这样，"我们对一个人在未来的行为举止就有可能如同对一次月食或日食一样确定地测算出来……"（KpV 5：99）我们在时空中的所有意识活动（包括基于理性的活动）和行为，都是被先前的经验性条件（包括先前的意识活动）所决定的，但是否所有理性的运用都只是在现象界的因果序列中，这是无法认识的。康德认为，我们能够通过知性使抉意的运用具有合规则性，使得在不同时间中的准则免于前后矛盾，

> 然而，这种对知性的运用其实从何而来，它本身在预先被决定

的表象序列中是否有其原因，这不是一个实践的问题。这就足够了：抉意与自身的一致性的法则……有这种效力并与我们的最高意志……相一致，并且是好的。（EB 19：182；6859）

当然，实践自由背后有没有经验的原因，这是先验自由的问题，是一个理论哲学的问题，而不是实践的问题，实践哲学可以置之不顾。由此也可看出，我们通过抽象概念而建立先验原则，这本身也可能是经验原因造成的。一个抽象概念可以是先验的，因为它可以不指向任何经验性的对象，而指向（可能不存在的）本体对象，然而先验的概念本身可能是一种经验因素的结果，我们对先验对象的设想本身，可能完全是由于我们先前的活动（如上一瞬间的活动）所造成的，我们根据道德法则而行动，可能完全是由我们的大脑或某种隐秘的感性需要（如虚荣、荣誉欲）所造成的，而没有任何本体界的根据。因此，道德法则的概念（或理念）是先验的，但不能排除我们对它的设想背后可能有作为其原因的自然，因而，设立道德法则并据此而行动，并不意味着我们就具有先验自由、能够独立于一切的经验条件。根据理性及其道德法则而行动，这本身是否有自然原因，在理论上是不确定的。柯尔恰当地指出，尽管康德认为我们无法充分认识心理学规律，但他肯定"心理学原因包含了经验必然性"[1]。

第三，实践自由的有限性也体现在，理性及道德法则发挥作用要通过经验条件作为中介，后者包括人的感性的道德情感倾向，及其引起的精神快乐。它们是我们自律行动的主观性条件。但在道德行为中，道德情感只是理性本身的结果以及其作用的中介条件，道德情感倾向只是道德活动的一个辅助性的必要条件，它并不能被看作理性的根据，而理性本身是独立于这种倾向的，情感因素不是道德活动的最根本的根据。没有独立于理性的道德动机。

人就本性而言是有限的，人的抉意总是受到感性的影响而必然欲求快乐，并不完全独立于一切的感性因素，因而不是完全自由的；人的行动没有任何感性的动机，这是不可能的。"因为即使我们的意志独立于刺激（*stimulis*），它也不能是完全自由的。我们只是欲求那些使我们快乐的东西，快乐是我们欲求的原因。"（MMr 29：899）"但如果我会既不根据知性，也不根据感性去欲求，那么我就会想要不使我快乐的东西，我会在没有动机和原因的状况下行动，而那是不可能的……但我不能仅仅被理

---

[1] Markus Kohl, "Transcendental and Practical Freedom in the Critique of Pure Reason", Kant-Studien，2014，105(3)，p. 318.

性的表象所决定，它必须也给我们动机……"(MMr 29：900；参见 GMS 4：460)

抉意根据理性的道德法则的表象而行动，需要某种主观的、经验性的动机。因此，如果理性独立于感性的爱好而规定抉意，那么它自身必须能够引起某种情感，这种情感能够成为行为的动机，促使人根据道德法则而行动。自由是"智性的抉意(*arbitrii intellectualis*)的能力，因而它可以作为一个事实(*factum*)被归于前者"；"发生的所有事情都满足一种符合欲求能力的法则，因而独立于主观的强制的愉悦(complacentia)必定是智性的，而前者因此以它为条件"(Refl 3860；17：315-316)。所以发生的行动都有愉悦或满足作为感性的条件，它或者仅仅基于自然的法则而产生，或者在根本上基于道德法则而产生；在后一种情况下，愉悦是以主动的智性为条件的，是由人主动引起的，而不是受到感性对象的刺激，因而受到主观的强制。

快乐的来源可以有多种，理性和道德也能够引起快乐，这就是精神性的快乐。"而它[指理性——引者注]也给予我们这些动机，因为我们的良知会同意或不同意。因为当我们根据它而行动，我们就会获得平静的良知和每种精神快乐。"(MMr 29：900)

道德行动的最高规定根据和动机只是排除被给定的感性因素(包括作为固定倾向的爱好和具体的冲动)，而不是排除所有的感性因素，因为它不独立于人通过理性主动引起的敬重感。由于理性自身就能引起精神快乐，理性能够通过这种快乐而使道德法则(不是感性的刺激和冲动)规定人的意志。这样，纯粹理性设立的法则就不仅仅是对纯粹的理性存在者来说是有效的，而且能够规定有限的人的主观准则，成为行动的根据。道德法则不仅仅是行为的客观的、"对每个有理性的存在者的意志都有效的"规定根据，"它也是该行为的主观的规定根据，因为它对主体的感性有影响，并产生一种对法则影响意志有促进作用的情感"(KpV 5：75)。"这里它[指理性——引者注]不仅发挥了立法的力量(vim legislatoriam)，而且发挥了执法的力量(executivam)。"(MMr 29：900)据此，它不仅仅是客观上必要的，而且也是主观上可能的。

尽管情感性因素是人的道德行为的必要条件，但理性仍可以是道德行为的根本原因，或道德行为独立的、本源的规定根据。在道德行为中，尽管道德的情感(良知的平静、感性的快乐和敬重感)构成了动机，为抉意提供了主要的道德力量，然而这些情感是以理性为根据的，因而道德行为的过程是理性独立引起的，它可以是道德行为的本源性原因。从目的的角度看，道德情感是必要的，但它不一定就是一切活动的最高目的。尽管我们必然以感性的快乐（无论是哪种快乐）为目的，但在道德行为中人会以快乐作为较低层次的目的、手段性的目的，而同时以自律作为最终的目的。同一种活动可以满足不同层次的目的，这是可能的，自律的行为可以满足上述两种目的（KpV 5：38）。如果我们不是已经认同了自律的重要价值，遵循道德法则就不会使我们产生精神上的快乐和良心上的平静。道德的人并不是为了精神快乐而认为自律有价值并自律地行动，而是出于自律的最高价值而自律地行动，而当他们决定为自律而自律时，他们自然而然就会产生精神的快乐和敬重感，后者会构成我们行动的动机。

由于理性是道德行动的本源性的根据，基于理性这种自发性因素的行动是自由的，而尽管人及其抉意（作为理性和感性的统一体）不是完全自由的，但人的理性本身（在设立法则和规定抉意中）都可能有先验自由。具体的行动总涉及感性的层面，因而人作为整体的行动者，必然有感性的层面、有被动性的因素；但是，人的理性层面本身却可以是完全自主、不被决定的，因而，就人仅仅是理性的存在者而言，或者从人的理性层面看，人是可以有先验自由的，是可以有本体的层面的。理性不仅仅在道德的自我立法中，而且在规定抉意的准则中都可以是先验的自由的，因为它能够自主地设立法则，并通过法则引起敬重感，进而影响甚至决定人的行动准则，在这些活动中，理性本身可以是完全自由的，它可以具有能动性并且不以任何其他事物为条件。纯粹理性在规定抉意时，道德的情感也作为行为的必要条件在起作用，但理性本身是独立于这种情感的。当然，人作为理性和感性的统一体却不是完全自由的。此外，作为有限的存在者，人具有相对的、有条件的自由。这从以下一点可以看出：人的自由是有某种程度的，人越自律，就越独立于感性，就越具有自发性和自由。

> 一个人因此仍然是自由的，因为他能够在感性和知性之间进行选择，但假如他根据感性而行动，那么他就会变得和动物一样。但理性把人提升到动物之上，而且他越多地根据它来行动，他就变得越道德，同时也越自由。（MMr 29：900）

先验自由属于思辨哲学关注的对象，而实践自由是实践哲学关注的对象。"所有这些关于自由的先验概念的争论都在实践上没有影响。因为我在这里并不关注最高的原因，而是关注终极的目的。"（MMr 29：903)在自律的行为中，人们在追求道德的善，在此之上没有更高的目的。对于道德的行动者的意志而言（或在这种行动者看来），他并没有任何道德法则以外的根据，他完全独立于一切的经验性因素，单纯根据定言命令而行动；然而事实上，追求善的目的作为一种时间中的表象，其背后还可能有其他经验性原因（如先行的事件序列），因此，他的道德意识可能是幻影，而他的行为完全被经验原因所决定（参见本书第四章）。

另外，两种自由的另一个区别在于：先验自由可以体现在认识活动和实践活动中，而实践自由只是在实践领域中的自由。首先，康德认为，纯粹理性是独立于感性而凭自身创造理念、形成先天综合判断并通过这种判断进行推理的能力，这种能力如果背后没有自然作为原因，它就是独立于一切外在因素而引起事件序列的能力，因而就是那种体现先验自由的所在。其次，纯粹理性既能够运用于认识活动，也能运用于实践活动（并为意志提供准则的普遍形式），因而，如果纯粹理性有先验自由的话，认识活动和实践活动中都有先验自由。纯粹理性能够设立道德法则并对抉意提出命令，由此引起敬重的情感，即使这种法则及敬重不能规定人的抉意，它毕竟完全自发地产生了某些影响，引起某些后果，因而具有某种本源的原因性。而显然，实践自由是实践领域的一种行动的能力，不属于认识领域。

根据阿利森等人的视角主义解释，实践自由是一种非相容论意义上的自由，这种自由与自然的因果必然性不相容，但所有的现象都没有这种自由，这种自由就只能是本体的自由；但是，阿利森又认为，具有实践自由的抉意最终被某些复杂的感性的欲求所决定，因而最终是以自然原因为根据的。一方面，他声称，即使没有先验自由，"实践自由仍然会包含一种真正的，尽管是有限的自发性，因而包含一种根据命令去行动的能力，尽管遵循这些命令的动机最终可以追溯到我们感性的本性。"①另一方面，他认为，根据第一批判，"对于道德，有实践自由就足够了。当然，如此解读的话，道德就需要（在不相容论意义上的）实践自由，因为它是行为可归责的必要条件……"②

对于这种不一致，阿利森解释说，有实践自由的抉意依赖于感性的

---

① Henry Allison, *Kant's Theory of Freedom*, New York：Cambridge University Press, 1990, p. 65.

② Henry Allison, *Kant's Theory of Freedom*, New York：Cambridge University Press, 1990, p. 67.

欲求，这并不意味着就完全被这些欲求决定，因此，这种抉意被设想为不相容论意义上的、与经验因果性相冲突的自由；但这并不符合康德的理论。阿利森说："理性对这些起决定作用的(determining)原因的依赖本身不是因果上的依赖。……行动者的爱好和欲求'不是如此起决定作用的'，以至于排除了意志的因果性。"①在阿利森的所引的段落中，康德说，实践的自由是基于抉意在显象中的原因"不是如此起决定作用的[bestimmend])，以至于在我们的抉意中不包含有某种原因性，这种原因性独立于那些自然原因，甚至违抗自然的力量和影响而产生某种在时间秩序中按照经验性规律被规定的东西"(KrV A534/B562)。

阿利森认为，这是指，我们在时空中只受到自然原因影响，但不被它们决定。但阿利森的理解是与康德一直坚持的经验决定论相矛盾的，这种决定论认为，现象界中的所有事物都是被自然原因决定的。其实，康德在此要说明，我们的抉意有本体层面，它独立于自然原因而本身构成了某些自然原因的根据，从而借助这些原因来决定经验性行为；在这种意义上，自然原因及其强力没有完全决定抉意。因此，阿利森的解释并不自洽。另外，康德在第一批判中也没有断言，实践自由是道德和为行为负责的能力的必要条件，只是断言了道德能力构成实践自由的条件(KrV A534/B562)。

阿利森声称，尽管我们在实践中把实践自由看作超自然的自由，但这只是基于实践的视角，这种自由是以主体视角为根据的、主观的自由，其客观存在是不可知的。"要点在于，从实践的视角看……我们对自由的假定是有理性的根据或保证的。相应地，从理论视角看……我们有理由，或有必要把所有事件都看作是服从因果性法则的。"②他说，这种二元论是规范性的，而不是本体论的，并没有独立于语境的真理或事实。先验实在论有一个基本假定，"存在某种有独立视角的事实"；而否定这种事实，"这恰恰是康德的先验观念论所导致的结论"③。类似地，科斯戈尔德断言，在"理论的和解释性的视角下"，我们经验到，人是自然的一部分，是被动的，在"实践的和规范性的视角下"，我们把自身看作主动的

---

① Henry Allison, *Kant's Theory of Freedom*, New York: Cambridge University Press, 1990, p. 65.

② Henry Allison, *Kant's Transcendental Idealism*, New Haven and London: Yale University Press, 2004, p. 48.

③ Henry Allison, *Kant's Transcendental Idealism*, New Haven and London: Yale University Press, 2004, pp. 47-48.

存在。① 确实，如阿利森等人所说，康德确实区分了两种视角或眼光。但是，康德并没有否定独立于人的主观视角而存在的事实，只是认为我们无法认识这种事实。康德肯定自在之物的存在，其理由是"有显现必有显现者"。而且，自由理念本身虽然是空洞的概念，但由于它影响甚至能决定行动，它就有了"实践的实在性"，我们的实践自由有其现实性（Kant KpV 5：56；5：48）。因此，康德真正肯定的自由不是一种单纯主观的被设想的自由，而是基于实践而具有现实性的自由。

根据玄耐克等人的不融贯论解释，康德关于实践自由的观点前后不一致。他们提出，康德在"辩证论"中认为，实践自由是超经验的，而在"法规论"中断定，它是经验性的，据此，康德在第一批判的两个部分中的论述是前后矛盾的。玄耐克说，实践自由被康德等同于先验自由，是指理性存在者的抉意独立于经验原因而完全自行开始事件序列的能力，他称辩证论中的实践自由为先验的-实践自由（Tranzcendental-Praktische-Freiheit，以下简称 TPF）；而在"法规论"里，实践自由是经验性的、可以通过经验证实的自由。由此他认为康德在"辩证论"和"法规论"中对两种自由关系的论述是无法相容的。实践自由在"辩证论"中是一种先验的实践自由（先验的-实践自由，TPF），相反，在"法规论"中的实践自由本性上完全不是先验的。康德在"法规论"中只是用"实践自由"表示一个自由的**有限制**的概念。"这样的自由概念与作为现象的行动相联系——因而与作为自然原因的行动相联系——我们称它为康德的自然化的自由概念（自然化的-实践自由，NPF）。"②

然而，"辩证论"和"法规论"中关于两种自由的论述其实可以相容，因为，它们分别体现了从理论的和实践的眼光来看的实践自由：在理论的眼光下，实践自由有现象层面而未必有本体层面，而实践自由独立于先验自由，在实践的意义上或行动者的视角下，人有绝对的自主性和先验自由，先验自由构成了实践自由的前提。而在实践的眼光下，实践自由有本体和现象两个层面。

这种相容性从康德一直坚持这两种观点就可以看出。第一，这种观点首先可以从与第一批判写作时间相近的作品中看出。康德在《未来形而上学导论》中主张，实践自由是超自然的，但他又在《反思录》中断言，实

①　Christine Korsgaard, *Creating the Kingdom of Ends*, New York：Cambridge University Press. 1996，p，173.

②　Dieter Schönecker, Buchenau, S., Hogan, D., *Kants Begriff transzendentaler und praktischer Freiheit*, Berlin：Walter de Gruyter, 2005, p. 91.

践自由是经验性的，而这两处论述的写作时间和第一批判的写作时间十分相近（都在1782—1784年）。两者分别是从感官世界和理知世界的立场来看待实践自由的，因此两者在康德的体系中可以相容，并且，康德在写完第一批判之后仍坚持这种观点。根据《未来形而上学导论》，实践自由是与本体联系的超自然的能力，它体现于理性本体。当人根据理性的普遍法则行动，"理性是这些自然法则的原因"，而当人根据感性的准则行动，"结果仅仅按照感性的自然法则行事"：

> 因此，自由并不妨碍显象的自然规律，就像自然规律并不损害在实践应用上的自由一样，这种应用是与作为规定根据的物自身相结合的……因此，实践的自由，亦即理性按照客观的规定根据在其中有因果性的自由，就由此而得到挽救……（Prol 4：346）

这种与自然法则相容的实践自由（在实践应用上的自由）是与物自身相结合的，因而是超经验的。第二，康德在后来的著作中也指出，实践自由有其本体的层面，意味着对一切自然原因的独立性。"人们也可以通过意志对于除道德法则之外的任何其他东西的独立性来定义实践自由。"（KpV 5：94-95）既然实践自由能使意志独立于道德法则以外的任何东西，那么它是属于本体层面的——但它只是在实践的眼光下如此（KpV 5：94-95）。而如上所述，根据康德《反思录》中的论述，就实践自由而言，主体仍只是被物理学的原因所决定的，它只是一种相对的、经验性的自由（HN 18：443）。可见，不仅仅是在第一批判中康德对实践自由有这两种看似矛盾的论断，之后他也仍然坚持这两种论断。

因此，上述两处论述分别体现从理论的和实践的眼光来看的实践自由——在理论的眼光下，我们可以通过经验来证明现象层面的实践自由，但其是否有本体层面是无法认识的，所以"法规论"说，实践自由是否以先验自由为根据"仍然是一个问题"；在实践的眼光下，实践自由有本体和现象两个层面，它以先验自由作为其根本层面和其内在根据，所以"辩证论"说，实践自由"以这个自由的先验理念为根据"，以道德能力和规范性为根据（KrV A803/B831；A533-534/B562）。

对于"辩证论"中两种自由的依赖关系的论述，我们认为，由于康德在此所提出的关于应当的理由是实践方面的，他的结论也应当是实践意义上的：我们只有实践的理解中的自由，或者说我们只是在实践的视角下是先验自由的。而这又意味着，对于行动者的（主观）意志而言，我们具有绝对的独立性和无条件的原因性，或者说，在人的主观抉意看来，人具有先验自由，然而这并不意味着我们只有主观意义上的自由，而是意味着我们有实践自由，即根据先验自由的理念而行动的能力，或根据自由的法则（道德法则）而行动的能力；人有这种能力与人可能没有先验自由并不矛盾。在关于舒尔兹的评论中，康德论述了，尽管自由的思辨概念无法被认识，但即使最顽固的宿命论者也会在实践中把自身看作自由的，因为实践法则的理念能够让我们设想自身为自由的，并产生与此法则相一致的行动（Rez. Schulz 8：13，参见本书第四章）。这一点在《道德形而上学奠基》中又得到了明确的肯定：我们在实践上是自由的，只是意味着自由被理性存在者仅在观念中、"仅**在理念中**当作其行动的根据"，而其实先验自由的问题依然"悬而未决"（GMS 4：448）。实践自由对先验自由有一种（单纯）实践意义上的依赖性：我们只有把自身看作对一切经验原因都具有独立性，能够自行开启因果序列，因而能够体现出尊严和崇高性，我们才能形成对道德法则的实在性的理性肯定和对道德法则的感性敬重，从而能够按照道德法则去行动，因而才具有实践自由。

每个有普通人类理性的人都有道德的关切和意念，这种道德意识使我们设想自身具有先验自由，并应当遵循道德法则。但这并不能构成关于自由的知识（GMS 4：455）。值得注意的是，人在实践的眼光下有先验自由，这并不意味人客观地拥有本体界的自由，并能够独立于所有经验原因而行动，只意味着，无论我们是否真正具有先验自由，我们都能够设想我们有先验自由，并根据先验自由的理念、概念而行动。理性存在"在实践的眼光中是现实地自由的"，这只意味着他们能够"按照自由的理念去行动"（GMS 4：448；参见本书第四章）。

根据柯尔等人的本体主义解释，康德肯定了，实践自由是超经验的，它是一种特殊的先验自由。然而，对"辩证论"所说的实践自由的本体主义解释会面临许多困难。首先，根据以上的论证，实践自由肯定有经验性的层面，并且未必是超经验的，因而本体主义解释把实践自由完全看作超经验本体的能力，这并不合理。其次，更重要的是，如果在理论的宇宙论上，实践自由本身依赖于先验自由，那么，证明人有实践自由就证明了人有先验自由。但康德一再强调，先验自由超出了人的认识能力，是无法证明的。而如果实践自由依赖于不可知的先验自由，我们就无法确定我们是否有实践自由。康德明确断言："自由仅仅是一个理念，而根据这种理念去行动，就是在实践上自由的……自由因而在实践上是必然的，因此一个理性存在者必然根据自由的理念而行动，而不能相反。但这并不就证明了在理论意义上的自由。"(MMr 29：898)根据第一批判，实践自由可以通过经验证明，但它是否以先验自由为根据，这"仍然是一个问题"(KrV A803/B831)。《道德形而上学奠基》中康德又说，尽管可以阐明，"……每一个只能按照自由的理念去行动的存在者，正因此而在实践的眼光中是现实地自由的"，但"其理论的方面的"自由"仍悬而未决"(GMS 4：448)。先验自由问题"在认识论里面没办法解决，在实践论里面仍然没办法解决"①。类似地，在第二批判中，康德认为，自由理念未必有理论的实在性，而只有"实践的实在性"，但是，"上述实在性在这里根本不是通向范畴的任何理论性的使命和把知识扩展到超感官的东西上去的"，这实在性不意味着先验自由在本体界的实存，而只意味着理解为自由理念对经验性行为准则的影响："这概念依然有可以在诸意向和准则中有 in concreto[具体地]表现出来的现实应用，也就是有能够被指明的实践的实在性"(KpV 5：4-5；5：56)。自由理念本来是空洞的，但由于其能够影响甚至能决定经验界的现实行动，它就有了实践的实在性，换言之，我们的实践自由就获得了现实性。张志伟教授指出，康德的自由、不朽等理念其实体现了一种与过去的科学世界观不同的、起道德作用的世界观。②

(三)先验自由和实践自由的一致性与联系

自由就是自我决定，先验自由和实践自由作为康德哲学中两种基本的自由概念，不仅具有许多的共同点，而且有着内在的关联。先验自由首先是一个宇宙论的概念，但由于人的意志可能有先验自由，它也可能体现在实践领域的意志中，因而它可以成为自律或独立规定意志的能力，从而构成实践自由的根本层面。实践自由有可能以先验自由作为它的根本的层面，并且，人有实践自由意味着人能根据先验自由的理念而行动。

先验自由和实践自由只是被不同方式理解的自由：实践自由就是实践的理解中的自由，先验自由就是理论的理解中的自由。首先，康德把"实践自由"(praktische Freiheit)、"在实践的理解中的自由"(Die Freiheit im praktischen Verstande)和自由的"实践概念"(der praktische Begriff)这几个术语交替使用，说明它们指向同一种自由：

> 值得特别注意的是，以这个**自由的先验理念**为根据的是它的实践概念，前者在后者中构成了历来环绕着自由的可能性问题的那些

①　邓晓芒：《康德自由概念的三个层次》，《复旦学报(社会科学版)》2004年第2期。
②　张志伟：《康德的道德世界观》，北京，中国人民大学出版社，1995，第15页。

困难的真正契机。**在实践的理解中的自由**就是任意性对于由感性冲动而来的**强迫**的独立性……假如感性世界中的一切原因性都只是自然，那么每个事件都将是在时间中按照必然规律而为另一个事件所规定……所以在取消先验自由的同时就会把一切实践的自由也根除了。（KrV A533-534/B561-562）

其次，实践自由和先验自由只是在两种不同的理解中的自由，他明确表示，实践自由的概念和先验自由的概念只不过分别是"自由的实践概念"和"其思辨概念"，后者是形而上学家才考虑的对象（Rez. Schulz 8∶13）。

然而，由于理论的思辨和实践本性的不同，所以自由的实践概念和它的思辨概念又有着上述不同特征。在理论的理解中的自由是绝对的，不以任何外在事物为条件的，因为在理论上，只要某物以任何一个它物为条件，它就终究是被决定的，因而在根本上是不自由的。因此，它只能是无条件地自行开始因果序列的能力，因而首先是一个宇宙论的概念。但在实践的理解中，我们却不要求自由的绝对性，因为我们在实践中只考虑目的和规范，因此，我们能够独立于感性的爱好而行动，这对于实践而言就足够了。因此，在实践中理解的自由只是独立于感性爱好而根据理性本身行动的能力。

第一，两种自由的共通点在于，先验自由和实践自由一样，也是有规定根据的。先验自由体现在理智能独立于一切先行的或外在的规定根据，而以自主设立的规定根据或原因（道德法则）而开始一个事件序列，而非没有任何规定根据。任何事件都是有根据的，自由只能存在于理性的存在者的理智之中，而理性的行为者是否具有先验自由，只是视乎其行为是能够基于行动者自主设立的客观根据，还是必然基于经验对象引起的感性冲动。先验自由要具体发挥作用，引起事件序列，当然也是要有规定根据的，只不过自由的行动者可以以自己为规定根据，自己规定自己，通过自主设立"理知的根据"，而自发地引起事件的序列（KrV A545/B573）。康德说，先验的自由"要求这个理性本身（就其开始一个现象序列的原因性而言）独立于感官世界的一切起规定作用的原因"，或要求独立于一切先行的原因；但是，没有任何先行的、被给定的根据，不等于没有任何规定根据（KrV A803/B831）。康德在《形而上学讲演录》中说，某些人以为，自由本源地说来应当是"根据善和恶的概念而行动"的"关于对立面的自由（lihertas contrarietatis）"，即选择善和恶的自由，这种自由才是根本意义上的自发性，它不受任何法则的束缚，"由于自由不服从物理的诸法则或感性的诸法则，人们就认为它不服从任何法则"，这种自由不受制于任何经验性法则，没有任何自然原因，因而是先验的自由(MMr 29：902)。但是，"这是一种过度的推论"，其实，先验自由体现在自我设立法则来作为自我的规定根据(MMr 29：902)。尽管我们可能具有对自然法则完全的独立性和先验自由，"人的优越性"却在于我们"独立于感性的法则"，并根据善和理性自身的法则而行动，"但我们在根据知性的诸法则而行动的时候并不是被动的，因为这些确实是由我们产生的"，这时我们就不是被任何外在的事物决定，而是被自我所决定的，并因此具有自发性(MMr 29：902)。"因而自由根本不是选择恶的能力，而是选择善的能力，因为我们的理性只命令善。"(MMr 29：903)

第二，先验自由，正如实践自由那样，也可以体现在意志自由之上。因为人可能通过其本体层面上的理知品格而具有先验自由，因而对其行为具有负责任的能力，并在实践上成为可归咎的。

首先，康德举了一个关于居心叵测的谎言的例子，来说明意志的先验自由与自然决定论的相容性。对此他断言："这一行动被归于他的理知的品格，他在现在正在说谎的这一瞬间中完全是有罪的；因而理性不顾这一行为的所有那些经验性的条件而完全是自由的，而这一行为完全要归咎于理性的失职。"(KrV A555/B583)

在此，意志的自由是无条件的，因而属于先验的自由，人有可能具有作为本体的理知的品格，而独立于一切的社会学、生理学和心理学的原因，并自发地引起事件的序列。因此，我们并不赞同赫费的这种看法：

> 在康德谈论人及其自由时，并没有引证任何诸如真心的话或谎话这样的真正道德意义上的例子。甚至连"义务还是偏好"这一关键的选项也没有出现在视野中。取而代之的是，康德提到了这样一个日常的、但完全与道德无关的行为"我现在……从我的椅子上站起来"。①

因为实践自由当然是与道德相联系的，他在这里指的非道德意义上的自由属于先验自由，而忽略了先验自由可以在意志自由中体现。他认为，意志自由不属于先验自由，而是以先验自由为条件，因而并不是辩证论要讨论的对象，"然而，意志自由并不是宇宙论的对象，而是具有一个宇

---

① 〔德〕奥特弗里德·赫费：《康德的〈纯粹理性批判〉——现代哲学的基石》，郭大为译，北京，人民出版社，2008，第 261 页。

宙论的前提"，即先验自由这个前提："只有在后面的'法规论'中，他才直接探讨道德，而在这里讨论的只是意志自由的一个前提，即没有它就无法设想道德自由的那种先验自由。"①

诚然，康德确实肯定，先验自由是道德的条件，先验自由体现出比实践自由更为本源的自发性，它可以在逻辑上构成实践自由的条件：由于意志能够独立于一切自然的原因，因此它能够独立于感性的爱好。不过，从另一个角度看，先验自由可以构成意志自由或实践自由的一个根本层面，只要理性的意志有一个本体的层面并能够独立地引起某个事件序列（而这毕竟是可能的）。意志自由可以属于先验自由，因而它构成宇宙论的对象。当然，康德指出，人的意志所能具有的先验自由固然是无条件的，不受到任何先行条件的限制，以此人的行为"永远是一个第一开端"，然而它只能成为构成宇宙中事件序列的部分原因，而不像大写的创世者（如果有的话）那样，绝对地引起现象的序列。（Prol 4：346）

其次，康德说："但是，作为本体，也就是说，按照纯然作为理智的人的能力来看，正如它就感性的任性而言是强制的那样，因而按照其积极的性状来看，我们在理论上根本不能展示它。"（MS 6：226）在此，本体的自由只能是先验自由，而不会是心理学的自由或实践自由，于是康德把先验自由和作为本体的人的能力的自由等同起来，可见先验自由和人的意志自由的一致性。

最后，在积极的意义上，先验自由和实践自由一样，都意味着理性（而不是物质）对于事件序列的原因性。因为只有理智的东西才能有自由，而作为可感对象的物质是在现象界中的，完全受到自然法则的决定：

> 自由的理念唯有在作为原因的理智的东西与作为结果的显象的关系中才成立。因此，我们不能因物质不断地行动，从而充实自己的空间而把自由赋予物质，尽管物质的这种行动是从内在的原则出发发生的。同样，对于纯粹的知性存在者来说，如上帝，就他的行动是内在的而言，我们也不能发现任何自由概念是适合于他的。（Prol 4：344）

第三，先验的自由，可以体现于自律的能力（意志设立和遵循客观原则的能力）上，因而体现在实践自由上。"除了自律，即那种自身就是自

---

① 〔德〕奥特弗里德·赫费：《康德的〈纯粹理性批判〉——现代哲学的基石》，郭大为译，北京，人民出版社，2008，第261页。

己的法则的意志的属性之外，意志的自由还能是什么呢？"把实践自由看作实践理性的能力，而在实践的眼光下，理性有现象和本体两个层面，因而，在此眼光下，实践自由也有这两个层面。实践自由是"按照理性的法则独立于自然本能去规定自己行动的能力"(GMS 4：446-447)。这里的意志自由是先验的自由，因为它被界定为"独立于外来的**规定**它的原因"的属性，而不仅仅是独立于感性的爱好的属性；意志自己是自己的法则，就是说意志自己建构了意志的因果关系的普遍原则，意志按照自由的因果法则（而不是自然的因果法则）来引起某种后果，就是自律(GMS 4：446-447)。在《道德形而上学奠基》中康德认为，先验自由体现在独立按照法则去行动的能力上，而并非不能有规则和规定根据的。

在实践的眼光下，理性既属于本体界，又属于现象界，而理性有实践自由，因此，在此眼光下实践自由也有本体层面。本体的理性自行设立其规定根据。没有规定根据就没有选择与行动。"因为如果没有根据，就没有选择，不然一个人就可以避免行动了。"(MMr 29：902)理性体现为"与自己主观的规定根据，亦即它的行动的自然原因相联结"而活动的能力，这种能力"属于现象"；然而，理性的能力也"与纯然是理念的客观根据相关，这是就后者能够规定这种能力而言的；这样的联结是用应当来表达的"(Prol 4：344-345)。这种根据之所以是客观的，是因为它们"普遍地、从原则出发地、不受时间或者地点情况影响地给行动以规则"(Prol 4：345)。如果我们把理性看作本体界的能力，而它在现象界的表现服从于经验的因果律，"自然和自由就可以被赋予同一个事物而不致有矛盾"(Prol 4：344)。

> 而且就我们仅仅按照这种可以客观地来规定的理性来考察一个存在者（人）而言，这个存在者不能被视为感官存在者，相反，上述属性是一个物自身的属性，关于这种属性的可能性，亦即毕竟从未发生的应当究竟如何规定它的行动，并且能够使其结果为感官世界中的显象的那些行动的原因，我们一点也不能理解。(Prol 4：345)

这里的自由是（不可知的）本体所具有的自由，它就是先验自由，这种本体能够普遍地根据客观的根据和原则而行动；这就是说，道德行为也可以体现出先验自由。因此，先验自由和实践自由的积极层面都在于，理性通过设定客观的法则作为行动的根据。

　　　　这一点也有助于解释我们关于先验的自由及其与自然必然性的可统一性（在同一个主体中，但并不是在同一种关系上说）所必须说的话。因为就先验的自由来说，一个存在者出自客观原因的行动的任何一个开端，与这些规定根据相关都永远是一个第一开端。（Prol 4：346）

先验的自由体现在，一个存在者独立于自然原因而以客观的原因作为规定的根据，人作为本体，不属于时空形式下的现象，本源地、先验地构成了行动的原因，这样，他独立地开启了实践的因果序列，因而是这个序列的第一起始；尽管人作为现象，只是作为时空中某个因果链条的中间环节而构成行动的原因。康德说，我们所能够解释的，只是"可能的经验中被给予"的对象，"但是，自由是一个单纯的理念，它……不能在任何可能的经验中被阐明……它只是作为在某个存在者里面理性的必要前提而有效，这个存在者相信自己意识到一个意志"，"也就是说作为理智，从而按照理性的法则独立于自然本能去规定自己的行动的能力"（GMS 4：459）。这种非经验的、作为单纯理念的自由就是先验的自由，它被看作理性存在者能够具有理性的前提，这个作为自由的前提就是独立按照理性法则去行动的能力。由于实践自由是否以先验自由为根据是一个不可认识的问题，因而，先验自由必然是可能的，自律的活动就经验而言毕竟可能是无条件的，可见，引文中所指的独立于一切经验条件而根据自由的法则而行动的能力，就是先验自由，后者是与道德能力有着内在关联的（Prol 4：344-345）。因此，与理性有内在关联的实践自由也有两个层面。

　　第四，康德认为，在实践中可能存在三重因果性，实践自由在现象界中有自然原因，这并不意味着，它不能有独立于自然原因的本体层面。

　　实践中可能涉及三重因果关系：先验自由构成了自然界的原因，自然界构成了实践自由之现象层面的原因，实践自由构成了行动的原因。当然，仅仅在行动者的视角下，或从实践的眼光看，实践自由确实有一个本体的层面。康德认为，在经验层面，实践自由以经验原因为根据，是相对的自由，但也许在本体层面，意志的实践自由有绝对的自由，并完全自发地引起种种经验原因，从而间接引起了经验性行为，因此，尽管我们完全可以用经验原因来解释一个违法的恶意谎言，法官还是会判说谎者有罪，主张他应当为其行为负责（KrV A555/B583）。因此，实践自由未必只是存在于现象界中。

即使根据第一批判的"法规论"，实践自由也未必只是经验性的，虽然该章节肯定了它的经验性层面。

> 但理性本身在它由以制定法则的这些行动中是否又是由别的方面的影响所规定的，而那在感性冲动方面被称作自由的东西在更高的和更间接地起作用的原因方面是否又会是自然，这点在实践中与我们毫不相干，我们在实践中首先只向理性求得行为的规范，而那个问题只是一个思辨性的问题。（KrV A803/B831；A55/B80）

这里的法则是指上文的应然的"客观的自由法则"，即"自由意志的一般必然的道德法则"。上文所说的实践自由就体现在"制定法则的这些行动"和对"感性冲动"的独立性；据此，究竟实践自由是完全被自然所引起和决定，还是背后有一个绝对自由的本体层面，是一个有关"先验自由的问题"的问题，是属于思辨哲学而非实践哲学的问题，这是悬而未决、无法认识的，也是在实践中的行动者所不需要考虑的。如果现象界的理性制定法则的行动并不仅仅由经验性因素规定，而我们对感性冲动的独立性并非仅仅以某些间接的自然原因为条件，还以本体的理性为根据，那么，我们就有先验自由。因此，实践自由属于现象界，但未必只属于现象界，它与先验自由既有区别，也有联系。

此外，康德肯定实践眼光下实践自由有本体层面，意味着实践自由可能有本体的层面。这一点有一个前提：实践自由在理论的眼光下、就其本身而言至少可能有本体的层面。尽管实践的兴趣（关切）相对理论的兴趣而言有优先性，但这种优先性的前提是，实践的信念和原则"也必须不与思辨理性相矛盾"；实践上被肯定的，至少在理论上需要是可能的（KpV 5：120）。既然在实践眼光下，实践自由的本体层面被肯定了，那么，在理论眼光下，其本体层面至少是可能的。

基于以上理由，盖斯曼、河村克敏等人把实践自由看作完全经验性的自由，这并不合理。盖斯曼说："实践自由是通过经验而被认识的（自由的现象（libertas phaenomenon），并就此而言是'单纯相对的自发性'。但在内部作为其根据的，被设想的（自由本体）理念作为独立自然的因果性而决定行为准则的能力，就是那绝对的自发性。"①他认为第一批判对

---

① Georg Geismann, "Kant über Freiheit in spekulativer und in praktischer Hinsicht", *Kant-Studien*, 98 (1)，2007，S. 303-304.

实践自由的两处论述并不矛盾，"很容易就可以看出这两段话是相互补充的。"①

类似地，河村克敏认为，康德之所以"使用两种不同的自由概念"，是因为康德一方面延续了鲍姆伽登等人对自由概念的传统用法，"康德也把实践自由理解为一个经验的、可证实的概念"，另一方面又提出了先验自由的概念，而先验自由与前者不同，它并不以任何规定根据为前提，不被任何东西所决定；他主张，第一批判关于实践自由的观点和前批判时期一样，"这两种自由观念本质上都以一个规定根据即动因作为条件"，"他还没有构造出完全先天的自由概念"。②

笔者以为，盖斯曼和河村克敏的解释并不恰当。除了上文所述，盖斯曼的解读还有不融贯的地方：他一方面提出，实践自由是经验性的"自由的现象"，另一方面又声称，先验自由是"在内部作为其根据的"；这两种论断并不一致。③ 如果先验自由构成实践自由的一部分和它的内在根据，那么实践自由就不会仅仅是作为现象的自由。盖斯曼难以说明，绝对无条件的自发性如何能够在一种相对的自发性中构成本质的部分，或本体层面的自由如何构成现象的自由的本质部分。因为，康德认为，现象是主观的表象，是本体对感官的刺激和先天形式的共同结果，因而本体不是现象的一部分，而是其背后的超感性基础。河村克敏的论述也并不合理。确实，在第一批判中的实践自由有经验性的层面，包含了根据感性的欲求而行动的能力，但它也包含有先天的层面，包含根据先天的道德法则而行动的能力。

二、康德的先验主义自由观的当代意义

康德在本体主义独断论和经验论自然主义之间采取了第三条道路：既不把自由建立在被预设的本体论的自由之上，也不把自由建立在单纯的观念或设想之上，而是建立在实践之上，即建立在先天概念与经验行动的现实联系活动之上。自由（自律）理念本来是空洞的，但它（连同道德法则）能让人摆脱动物性，它影响甚至决定我们的行动，于是在实践上具

---

① Georg Geismann, "Kant über Freiheit in spekulativer und in praktischer Hinsicht", *Kant-Studien*, 98 (1), 2007, S. 283.

② Katsutoshi Kawamura, *Spontaneität und Willkür. Der Freiheitsbegriff in Kants Antinomienlehre und seine historischen Wurzeln*, Stuttgart-Bad Cannstatt: Frommann-Holzboog, 1996, S. 167.

③ Georg Geismann, "Kant über Freiheit in spekulativer und in praktischer Hinsicht", *Kant-Studien*, 98 (1), 2007, S. 303-304.

有了实在性。先天、普遍而又现实的实践自由，构成了其实践哲学应对经验主义和相对主义的确定立足点。①

康德对超经验自由之可能性的论证，可以回应当代许多对于意志自由之现实性的质疑。康德认为，即使在自然界中人没有意志自由，也不意味着人就彻底没有意志自由。当代许多研究者对意志作一种自然主义的解释，认为意志完全被神经系统等自然原因所决定，意志自由不过是一种幻想。但康德对自然主义提出质疑，指出经验界的意志决定论并不就能说明意志决定论，因为我们毕竟不可否认，人在超经验的领域可能有其自由，通过引起自然原因而引发行为。

作为一个批判哲学家，康德又认为，我们不能通过经验来认识作为物自身的自由意志。因为，无论意志就其自身而言有无自由，经验现象都可能以同样的方式出现。人们看似自由、自主的行动，可能被背后隐秘的自然原因所决定。而且，即使我们必然在实践中设想人有自由，这并不就说明作为物自身的意志有绝对的自由和自发性。对超经验自由的可能性保持开放，才是一种严格的哲学态度。通过相容论，康德力图一方面确立经验性科学研究的有效性——不仅对外在对象的研究如此，对心灵的研究也如此——另一方面又为道德和宗教留下了地盘。

康德进一步主张，在实践中人无须考虑意志自由的现实性问题，却可以正当地设想它是现实的；因此，他以实践自由为实践哲学奠定基础。对于实践而言，重要的是要证明人有独立于动物性的能力，而非证明人有独立于自然原因的能力。没有前者，道德就是虚假的，人与人的区别无非是实现个人幸福的能力的高下，而康德在《道德形而上学奠基》和第二批判中对该能力做了充分论证。但实践中人无须考虑先验自由的问题。因为，在实践领域，如果人没有先验自由，却错误地以为人有自由并据此而行动，这时我们只是被决定如此认为和行动，这并不会使我们错失任何内在价值和意义，因为在此，人的思维和行为的方式是必然地被决定的，人的生活是没有真正规范性和内在价值的生活。但是，在实践领域，如果人有先验自由却错误地以为人没有自由，由此不去发挥人的能动性力量以实现较高的目的，那么我们就会无法实现我们本可以主动实

① 参见康德："我之所以选择这样一条道路，即假定自由只是被理性存在者仅**在理念中**当作其行动的根据，对我们的意图来说就足够了，这样我就可以不必承担在其理论的方面(in ihrer theoretischen Absicht)证明自由的责任了。因为，即使令后一方面仍悬而未决，那些法则毕竟适用于一个只能按照其自己的自由的理念去行动的存在者……"(GMS 4：448)

现的价值，没有充分地为自我和他人以及人性的尊严负责。因此，在实践中我们有权利把人设想为自由的，在实践的眼光下、在行动者看来，人有自由意志，实践自由有其本体层面(参见本书第七章)。

总之，康德道德哲学开辟了在经验主义决定论和独断论的意志自由论之间的先验主义道路。康德既不诉诸主观的自由意识，又在理论上悬置了超时空的、绝对的先验自由，而以实践自由确立起先验主义的实践哲学，避免了以现象证明本体的谬误，并回应了经验主义对自由意志的质疑。这是康德完成其批判的建构性形而上学的关键步骤之一。

第二章　康德如何论证自由之可能性

在自由与必然的关系问题上，康德持一种相容论的立场，他认为，本体界的意志自由与经验界的因果必然性是不相矛盾、彼此相容的。在《纯粹理性批判》中，他只是要以此证明自由并不是不可能的，而并未展开对自由现实性本身的证明。因此，他并不是要证明确实有意志自由，也不是要具体指出自由的诸可能性条件。所以，只需要指出有某种可能的情况，在其中它们是可以相容的，就可以证明这个结论。

关于康德的相容论，国际学界主要有两种解释：本体主义的解释和主观主义解释。[①] 根据对康德相容论的本体主义解释，在康德哲学中，自由和决定论之间的相容性是基于存在论上的本体与现象存在方式的相容性，而不是基于思考视角、模型或解释方式等主观因素的相容性。据此，如果人有意志自由，那么，一方面，自由之物和必然之物在存在论上分别属于本体界与现象界，而不是我们在用不同的视角、模型或解释方式等主观因素来把握同一事物时的结果；另一方面，自由之物构成了必然之物的实质性原因，决定了必然之物，而不仅仅为现象界的行为提供（可遵循可不遵循的）范导性原则，更不是对必然之物毫无作用。与此相反，主观主义的解释则否认上述这些论断。

阿伦·武德、约翰·麦卡迪（John McCarty）和阿瑟·梅尔尼克（Arthur Melnick）等人对康德的相容论作了本体主义的解释。例如，武德认为，如果理性存在者拥有这样一种自由，他们就能够在本体界无时间地引起经验性的行为及其后果，而他们的意志自由与经验行为的必然性相容。[②]

亨利·阿利森、拉尔夫·美尔波特（Ralf Meerbote）、赫德·赫德

---

① "本体主义"一语为西方康德研究界所常用，频繁出现在阿利森、阿美利克斯等多位学者的著作中。

② Allen W. Wood, "Kant's Compatibilism", in Allen Wood (ed.), *Self and Nature in Kant's Philosophy*, New York, Ithaca, 1984, pp. 73-101. Richard McCarty, *Kant's Theory of Action*, Oxford University Press, 2009, p. 105 ff. Arthur Melnick, "Reason, Freedom, and Determinism in the Third Antinomy", in *Themes in Kant's Metaphysics and Ethics*, Washington, D.C., The Catholic University of America Press, 2004, p. 219 ff.

森(Hud Hudson)、克里斯·纳提齐亚(Chris Naticchia)等人对康德的自由理论做了主观主义的解释。阿利森认为，自由和必然只是同一事物在两种视角下的主观属性而已，人的理知品格和经验性品格的关系其实是两种思想模型（models）的关系，人并没有无时间的行为能力（agency）。① 赫德森受戴维森的异常一元论的影响，持关于人的活动的为"两种描述"观点，认为我们可以就同一现实作两种不同的解释，被宣称为自由的人类行动和自然的经验事件有着个例-个例的同一性关系，但其中任何一种解释都不能还原为另一种解释。

本章继而指出，对康德相容论的合理理解，是本体主义的理解，而不是主观主义的理解。笔者进而在康德相容论的立场上、基于无时间的行为观念来提供了更具体的解释，来应对人们在性格改变如何可能的问题、如何应对道德冲突的问题、人与人之间自由选择之间的相容性问题、个体间自由的相容性问题与荒谬归因问题等方面所提出的质疑，进而提出了自己关于康德相容论的进一步思考。

在关于自由的可能性问题上，笔者为本体主义的解释进行辩护，认为自由和必然的关系并不仅仅基于两种主观的视角之间的关系，相反，如果人有自由，那么人的本体层面及其（自由的）本体界的行为构成了（必然的）经验性的行为的根据。作为这种根据，人的本体层面不仅仅提供了行为应当遵循的原则，还构成了行为的规定性力量。② 最后，本章在前人研究的基础上，进一步对康德相容论遭遇到的或可能遇到的质疑进行讨论，以说明康德相容论的融贯性及其限度。

---

① Henry Allison, *Kant's Theory of Freedom*, Cambridge, Cambridge University Press, 1990, p. 45 ff., Ralf Meerbote, "Kant on The Nondeterminate Character of Human Actions", in William L, Harper & Ralf Meerbote (ed.), *Kant on Causality*, *Freedom and Objectivity*, Minneapolis University of Minnesota Press Minneapolis, 1984, Chris Naticchia, "Kant on the Third Antinomy: is Freedom Possible in a World of Natural Necessity?", in *History of Philosophy Quarterly*, Vol. 11, No. 4, pp. 393-403. 在此，Agency 指人引起某种结果或改变的能力，有某种意义上的主动性。

② 需要说明的是，笔者并不预设，本体界与现象界之间的关系就是两个世界的关系，本体和现象的关系是两种实体的关系。本体和现象甚至未必是同一事物的两个层面的关系，因为现象是本体和认识者的认识结构共同产生的结果，是本体引起的、在认识者之中的表象，而并不就一定完全内在于本体或自在之物。在此，我们自然也不预设自由现实地存在。康德的相容论只是意味着，如果存在着先验自由，这种自由与自然的必然性不相矛盾。因此，这里相关的是自由是否根本不可能的问题，而不是自由是否存在的问题。

第一节　相关重要概念的内涵

关于康德的相容论，学界一直多有争议，因而笔者试图先澄清理性、抉意（Willkür）、意志、品格、意念与理知世界等概念的内涵，因为人们往往忽视了，在康德哲学中，理性、行为、品格、意向等实践性事物都有本体和现象两个层面，因而其概念的对象都具有双重性，这些概念可以指理知的事物，也可以指可感的事物。笔者又详述了康德对经验性的品格与理知的品格的重要区分，以阐明人的本体层面与现象层面之间的关系。我们无法认识理性、行为、品格和意向的根本层面，因为它并不是经验性的对象，这是康德一个很独特的观点。人们往往认为，康德会肯定，我们（在时空中）自我意识到的对基本原则的理性选择是本体层面的，但其实，这些选择通常也是在经验界的，是完全被决定的。另外，康德区分了一般的抉意和道德上的意志能力，并把这种意志和理性统一起来，通过善良意志和理性自律确立了人的绝对价值。

理性和知性都是通过概念来思维的能力，"对感性直观对象进行思维的能力就是知性"（KrV A51/B75），"我们在先验逻辑的第一部分曾以规则的能力来解释知性；在这里我们把理性与知性相区别，把理性称为原则的能力"（KrV A300/B356）。理性是人产生纯粹的理念和原则与推理的能力：一方面，"从作为知识的某种确定的逻辑形式的机能来看，理性就是推理的能力，也就是间接地（即通过把一个可能判断的条件统摄到一个给予判断的条件之下）做出判断的能力"（KrV A330/B387），由于我们在进行推理时，是基于某些既有的一些判断来得出另外的判断，因而这是一种间接地判断的能力，它并不基于直观而直接做判断；另一方面，"它也有一种实在的运用，因为它本身包含有既非借自感官，亦非借自知性的某些概念和原理的起源，在这里我们把理性与知性相区别，将理性称为原则的能力"（KrV A299/B355）。第二方面体现了理性纯粹的自发性，它不以经验因素为条件，它的自发性不是运用经验因素的自发性。它是独立地、先天地形成理念和原则的能力，因而具有纯粹的自发性。

理性有双重性，有作为现象的理性与作为本体的理性，前者以经验性的原因为根据，而后者能够以（自由、道德法则等）理性理念作为活动的根据。

我们有一种能力，这种能力同自己的主观的规定根据（即这种能力行动的自然界原因）相联结。就这一点来说，它是一个存在体的能力，属于现象。不仅如此，这种能力同时也与客观的根据（仅仅是理念）相联结，就这些客观根据能够规定这个能力来说，这种联结就用应该这一词来表示。这个能力叫作理性。"(GMS 4：435)

与此相应，存在着两种行为：本体界的行为和经验界的行为。经验界的行为发生在特定的时空之中；本体界的行为是无时间性的，它并无发生与结束可言，却与每个经验性状态相伴随，构成这些状态的重要原因。"……而同一个行动，作为属于感官世界的行动，任何时候都是以感性为条件的，也就是机械必然的，但同时也作为属于行动着的存在者之原因性的行动，就存在者属于理知世界而言，有一个感性上无条件的原因性作根据，因而能够被思考为自由的。"(KpV 5：104)这样的理性主体"就其作为本体而言没有任何事情发生，见不到任何需要力学性的时间规定的变化，因而见不到与作为原因的现象的任何联系……"(KrV A541/B569)

这是康德独特的、不同于他人的对理性的理解，这种理解是重要的，相关于人的本体和现象层面。理性及其活动并不仅仅发生在意识的表象中，在其本源的意义上，理性及其活动是先于经验意识的，没有被经验主体意识的。这种先于意识的理性本源地、创造性地生成了理性的概念，由此，这些理念才进入到人的意识。

作为本体的理性本身是不会改变的，改变的只是它在现象中显现的方式或表象，因为它完全处于时间之外，所以我们一般对理性进行经验性的理解，认为这种能力有力量大小的不同、完善程度的差异，在时间中可以变化和发展，它的活动受到先行的事件的影响，这种能力都只是理性在现象界的结果而已。

我们很容易从这种归咎责任的判断中看出，我们在这里所想到的是理性根本不会由所有那些感性刺激起来，它不会改变自己（即使它的现象，即它在自己的结果中显示出来的方式改变了也罢），在它里面没有任何规定后起状态的状态是先行的，因而它根本不属于按照自然规律使诸现象成为必然的那些感性条件的序列。它，这个理性，对于人的一切行动来说在所有的时间关系中都是当下的和同样的（gegenwärtig und einerlei）。(KrV A555/B583)

　　抉意(**Willkür ，英译**power/capacity/faculty of choice)指按照内在的主观表象而行动的能力。康德区分了动物性的抉意和自由的抉意。根据《纯粹理性批判》，动物性的抉意具有目的性的表象，而不单纯是机械性的，但其目的是被感性的冲动所决定的；而自由的抉意拥有实践自由，即具有独立于感性冲动的强迫而根据道德法则行动的能力："但那种不依赖于感性冲动，也就是能通过仅由理性所提出的动因来规定的抉意，就叫作自由的抉意(Arbitnum liberum)，而一切与这种抉意相关联的，不论作为根据还是后果，都应称之为实践的。实践的自由可以通过经验来证明。"(KrV A802/B830)一方面，自由的抉意有可能受到感性的影响，因为它可以"以更为间接的方式把有利和有害的东西表现出来，而"克服我们感性欲求能力上的那些印象"，考虑一切"对于我们的整体方面值得欲求的，即好的和有利的东西"。另一方面，自由的抉意也考虑道德的事情，客观的自由规律(KrV A802/B830)。"理性的道德原则虽然能产生自由的行动，但不能产生自然法则。因此纯粹理性的这些原则在其实践的，尤其是道德的运用中具有客观实在性。"(KrV A807-808/B835-836)

　　由于"Willkür"包含了随意、任性地选择和慎重而不随意地进行选择的能力，因此，笔者不建议将其翻译为"任意"或"任性"。由于它与"Wille"有明显的内在关联，因此，笔者尝试将"Willkür"翻译为"抉意"，指进行抉择的意志，这里所说的意志指通常意义上的意志，而非康德意义上的作为纯粹实践理性或单纯立法能力的意志。由于"意念""意抉""自由选择"在中文里面通常表示一种观念而非某种能力，因而笔者也不采用它们来翻译"Willkür"。

　　可见，在《纯粹理性批判》中，康德已经认为，道德法则是理性主动设立的法则，是人的自由(具体而言是实践自由)的体现，根据道德原则而行动，乃是"自由的行动"。只是在该著作中，康德尚未认为，实践的自由并不体现于他律的行为，还没有以此充分凸显自律在价值和规范性上的优先性地位。

　　康德比较了抉意和愿望，指出抉意与通过行动产生客体之能力相伴随，并不单纯形成愿望。他强调抉意的实践性，表明抉意是设立(产生某种客体的)目的并通过行动去促使这些目的实现的能力。

　　　从概念上看，如果使欲求能力去行动的规定根据是在其自身里面，而不是在客体里面发现的，那么，这种欲求能力就叫作一种**根据意愿**(Belieben)**有所为或者有所不为**的能力。如果它与自己产生

客体的行为能力的意识相结合，那它就叫作抉意。但是，如果它不
与这种意识相结合，那么，它的行为就叫作一种愿望。……相反，
人的抉意是这样的抉意：它虽然受到冲动的刺激，但不受它规定，
因此本身（没有已经获得的理性技能）不是纯粹的，但却能够被规定
从纯粹意志出发去行动。（MS 6：213）

即使我认为我没有产生某个客体的行为能力，我也能够有这个客体被产
生的愿望，我能够对这个客体有一种欲望，例如，我有得到某个遥远的
未来事物的愿望；而如果我认为我有能力通过身体的行动产生某个客
体（这个行动可以利用外在于身体的条件），那么，在我看来，这个客体
是否被产生就是以我的欲求能力为根据的：如果我想要产生它，它就能
够被我产生。实践以抉意为条件，因而以对相关身体能力的意识为条件。
在这里，康德表明，抉意不仅仅包含了根据感性的目的而行动的能力，
也包含了根据纯粹的意志而行动的能力。

意志（Wille，英译will）在康德哲学中有多种不同的用法，在分析康
德文本的时候，这种多义性值得注意。广义的意志是理性存在者设立行
为原则并据此行动的能力（这是人们通常理解的意志）。这里的原则既包
括道德法则，也包括除道德法则之外的主观准则。一般狭义的意志是**道
德的意志**，它是理性存在者设立并遵循道德法则的能力，即一个与单纯
欲求能力不同的能力，也就是说作为理智，从而按照理性的法则独立于
自然本能去规定自己的行动的能力（GMS 4：459）。这种康德赋予它的独
特含义，是比较严格意义上的、不同于抉意的意志。最为狭义的意志是
道德立法的意志，指理性存在者设立道德法则的能力；这种含义在《道德
形而上学奠基》等批判时期的早期著作中已有所体现，而在后期的《道德
形而上学》及其后的著作中体现较多。在《道德形而上学》中康德认为，意
志只是设立实践法则的能力，而不包含遵循准则、规定行动的能力，因
而它既不是自由的，也不是不自由的：

> 法则来自意志，准则来自任性。任性在人里面是一种自由的任
> 性；仅仅与法则相关的意志，既不能被称为自由的也不能被称为不
> 自由的，因为它与行动无关，而是直接与为行动准则立法（因此是实
> 践理性本身）有关，因此也是绝对必然的，甚至是不能够被强制的。
> 所以，只有任性才能被称作自由的。（MS 6：226）

意志与实践理性有着内在的联系。在某种意义上，康德把意志等同于实践理性，"既然从法则引出行动需要理性，所以意志不是别的，就是实践理性"；由于这里的意志和实践理性都与法则相关，因而这里的意志指作为道德能力的意志，而这里的实践理性就是指纯粹实践理性（GMS 4：412）。由于意志和实践理性都可以被看作设定行动的原则，以及通过这些原则引起行动的能力，因而，两者可以互相等同。在另外一种意义上，实践理性能够影响意志。在这种意义上，意志更多是通过意愿和选择而引起行动的能力，而实践理性更多是在实践领域中进行思维的能力，通过思考行为应当采取的基本原则、行为相关的经验事实和应当采取的手段，来影响行动。就此而言，实践理性"是作为实践的能力，即作为一种应当影响意志的能力"，而理性的真正使命，就是"产生一种自在地本身就是好的意志（an sich selbst guten Willen）"（GMS 4：396）。① 对这样一个本身就好的意志来说，理性是起支配作用的。在实践中先天起作用的理性就是纯粹实践理性。纯粹理性是实践的，亦即能独立地、不依赖于一切经验性的东西而规定意志，它能规定意志如何去行动。

品格（Charakter）是原因由以引起其结果的规则，特定的品格导致相近的结果。"但每一个起作用的原因都必然有一种品格，即它的原因性的一条法则，舍此它就根本不会是什么原因了。"（KrV A538/B566）"每个原因都预设了一条规则，按照这条规则，某些现象将作为结果随之而来，而每种规则都要求诸结果的一致性"（KrV A548-549/B576-577）。

经验性的品格是经验性的理性由以引起经验行动的稳定规则，是统摄抉意的诸主观原则的最高的经验性原则，特定的经验性的品格导致相近的行为。**理知的品格**是本体界的理性由以引起经验性品格与经验性行为的确定规则，是理性存在者最高的实践原则。

> 于是我们就会在一个感官世界的主体身上，首先，拥有一种经验性的品格，借此它的行动作为现象就会与其他现象按照固定的自然规律而彻头彻尾地处于关联之中……其次，我们将必须还容许它有一种理知的品格，借此这个主体虽然是那些作为现象的行动的原因，但这种品格本身并不从属于任何感性的条件，并且本身不是现

---

① 康德认为，有些事物是因为自身就是好的，有些则因为其他的事物才是好的，有的是有条件地好的，有的是无条件地好的。这里的 an sich selbst guten Willen（英译为 a will that is good in itself）指本身就是好的、因为自身就是好的意志，这里的好是一般意义的好，并不直接等同于在道德领域中的好（即善良）。

象。(KrV A539/B567)

康德关于经验性的品格和理知的品格的关系可以图示如下：

（理知的品格＋经验性的条件）
↓
（经验性的品格＋经验性的条件）
↓
经验性的行为

以下笔者将说明两种性格在几个不同方面的关系。首先，经验性的品格是理知的品格的直接结果和象征，但前者并不仅仅以后者为根据，它也会受到经验条件的影响。

谢西蒙认为："如果经验性的品格作为原因在时间序列中导致了事件的序列，那么它也就成为独立于理知的品格的独立实体（entity）。"但这种观点是有点古怪的，因为尽管理知的品格不是经验性的品格的充分条件，它也还是经验性的品格的重要根据。经验性的品格只是主体原因性的规则，而不会是某种实体。

其次，经验性的品格是理知的品格起作用的必然而且唯一的中介；经验性的品格的结果，以理知的品格为更高的根据，但理知的品格也可能不是经验性的品格的充分根据。"人本身就是现象。他的任意具有一种经验性的品格，这种品格是他的一切行动的（经验性的）原因。"（KrV A552/B580）由此可见，理知的品格起作用必须要通过经验性的品格。康德说，有理性的存在者本来可以不做每个违背了法则的行动，"因为这个行动连同对它加以规定的一切过去的东西都属于他自己给自己造成的性格之独一无二的现相，按照这个性格，他作为一个独立于一切感性的原因而把那些现象的原因性本身归咎于自己"（KpV 5：98）。理性存在者"自己给自己造成的性格"，即理知的品格，它的唯一现相就是经验性的品格，即"他自己眼中作为现相而可由这些行为所规定的他的性格"；经验性的品格也会被经验性的诸行为所规定（KpV 5：98）。这意味着，理知的品格并不直接作用于具体的经验性行为，而只是通过经验性的品格而间接地起作用。

谢教授正确地指出，理知的品格的结果并不等于经验性的品格的结果；因为经验性的品格的原因并不仅仅是理知的品格，还有经验性的条件(如个人出身的环境、教育)，而经验性的行为的原因也并不仅仅是经验性的品格，还有经验性的条件(如个人偶然遇到的境况)。

谢教授认为，康德把所有经验性的行为都归因于经验性的品格，这"有点太粗糙了"；康德的相容论既不清晰，又不一贯："一个更精致的途径应该像这样子：第一，仅仅被经验性的品格所导致的结果；第二，仅仅被理知的品格所导致的结果；第三，被两种品格、但主要被经验性的品格所导致的结果；第四，被两种品格，但主要被理知的品格所导致的结果。"①

然而，康德在此并不是不融贯的，行动总是要基于经验性的品格，而谢教授所说的仅仅被理知的品格所导致的结果是不存在的。因为经验性的品格是理知的品格起作用的必然中介：

> 这一点在下述情况下也会有效，即这些在感官世界中的结果并不因此而可以自行开始，因为它们在其中任何时候都是由先前时间中的经验性条件。但毕竟只是借助(仅仅是理知品格的现象的)经验性的品格而预先得到规定的，并且只是作为自然原因的序列的延续才是可能的。(KrV A541/B569)

最后，经验性的品格能有效用于考察和预测人经验性的行为，理论上人的行为都可以通过考察经验性的品格和自然条件而被预测出来；但我们无法从经验性的行为和经验性的品格中推测出人的理知的品格。

> 所以人在现象中的一切出自经验性的品格和其他共同起作用的原因的行动都是按照自然秩序而被规定的，并且如果我们有可能把人的任意之一切现象一直探索到底，那就绝不会有任何单独的人的行动是我们不能肯定地预言并从其先行的诸条件中作为必然的来认识的。(KrV A550/B578)

如果这样，"……我们对一个人在未来的行为举止就有可能如同对一次月食或日食一样确定地测算出来……"(KpV 5：99)因此，有些研究者认为，过去的行为是被决定的，而未来的行为并不是被决定的、不可预测的，这不符合康德的理解。

---

① Simon Shengjian Xie, "What Is Kant: A Compatibilist or an Incompatibilist?", *Kant-Studien*, 2009, pp. 75-76.

　　"Gesinnung（意念）"一直是康德研究界中让人困扰的概念；国际学者共同编纂的鸿篇巨制《康德辞典》（*Kant-Lexikon*）对它的解释如下：

　　　康德把意念称为"意志的准则，这些准则……在行动中展现自己"（4：435；vgl. 5：86，5：147，6：70）。这个概念却在《纯然理性界限内的宗教》中获得了特别的意义，那里康德将意念理解为"采纳准则的原初主观根据"。（6：25；vgl. 6：21 注释）在这种意义上这个概念不再有复数形式：意念"只能是唯一的，并且普遍地指向自由的全部应用"（6：25）。①

　　的确，在《实践理性批判》中，康德把意念看作意志的准则，并认为人的道德价值在于其行为的准则，而不是外在的行为（GMS 4：435，KpV 5：86，5：147）。而在《纯然理性界限内的宗教》中，康德把意念（Gesinnung）界定为"采纳准则的原初主观根据"（Religion 6：25）。但这是一种什么样的根据呢？它是某种品质、态度、情感、理由还是其他事物？康德并没有专门对这个概念进行详细解释。但是，他在不同的文本中表明了，意念乃是"准则的内在原则""准则的主观原则"，并且是一种比一般规则更加根本的、原初性的实践原则（Religion 6：23）。

　　我们选择把道德法则或感性的动机置于优先的位置，从而选择了非善即恶的意念（行为的基本准则）。康德认为，人的抉意是自由的，这一点体现在，如果抉意不是自己将感性或理性的动机并入自己的基本原则（意念），那么，"它能够不为任何导致一种行动的动机所规定"（Religion 6：24）。作为有感性的理性存在者，人的意志会把道德法则和幸福的动机都纳入自身的准则中，而行为的善和恶的区别不在于是否有道德的动机或自爱的动机，而在于我们是把道德法则只看作动机还是基于自爱的动机将其置于优先地位（Religion 6：36）。意念是非善即恶的，没有某种中间状态："在判断行动的道德性所必须依据的一个恶的意念和一个善的意念（准则的内在原则）之间，并不存在任何中间物。"（Religion 6：22，6：27）

　　李秋零教授把"Gesinnung"恰当地将翻译为"意念"。在英语研究界，学者们往往把"Gesinnung"翻译为"disposition（品质、倾向）"，也有一些学者将其翻译为"attitude（态度）"。庞思奋（Steve Palmquist）教授在其新

---

① Marcus Willaschek, Jürgen Stolzenberg, Georg Mohr, & Stefano Bacin (hrsg.), *Kant-Lexikon*, Band 1, De Gruyer Press, 2015, S. 837.

著中将这个词翻译为"conviction（意念、信念）"；他合理地认为，康德的"Gesinnung"指的是某种原则，"但是，品质和态度通常都不能被设想为一个'原则'。相反，一个信念通常建立在一个准则或原则之上，而一个人由于相信某个准则或原则的真实性（its truth）而采纳它。"①"意向"一词表示某种意图、目的或者志向，它能够传达"Gesinnung"的规定行动的实践性意味，但在中文里我们通常不用"意向"一词来表示原则。当然，"意念"一词通常表示认识方面的观念、想法，与"Gesinnung"的内涵也不是十分贴合。因此，笔者只是勉强采用"意念"来翻译"Gesinnung"。

意念包含本体和现象两个层面，它是无时间性与可变性的统一。在本体界，意念作为"超经验的"原则，并无时间属性，因此，它也不可能像经验性的品格那样能以不同阶段来考察，而只体现为某种"绝对的统一性"（Religion 6：69）。而在现象界，个人的意念可以在时间中发生改变，这种转变并非"习俗的转变"，而是内在的"心灵的转变"（Religion 6：47）。这种转变是一种原则性的转变，因而不能通过渐变来改良，"而是必须通过人的意念中的一场**革命**（一种向意念的圣洁性准则的转变）来促成"；这乃是一种"再生"，一个人"通过心灵的转变来成为一个新人"（Religion 6：47）。

我们无从获得关于本体界的意念的严格知识——无论这种意念是他人的还是我们自己的。意念作为最高准则的主观根据，它是否有更高的根据，这种根据又会是什么，这都是不可知的。我们也只能通过他人的行为来推测他人的内在准则和根本性的意念，但这种推测并不是严格的。"甚至人对自己本身的内部经验也不能使他如此看透自己心灵的深处，以致他能够通过自我观察，完全确定无疑地认识到自己所信奉的准则的根据及其纯粹性和坚定性。"（Religion 6：62）

意念其实包括着类的和个体的两个层面，它是主动性与被给予性的统一。就类的意念而言，人类基于在本体界的原初决定而形成恶的意念，使自身在现象界有向恶的倾向，这种倾向是"生而具有的，因而它是不能被根除的"（Religion 6：31）。个体的意念可能是善的，也有可能是恶的，视乎一个人自由意志的决定，如上所说，经验界中的个人意念可以通过后天的选择而改变。

在本体界，人"是意念的造成者"，而这意念又一般地作用于经验界中所有意志的自由运用，因此，就它的现象层面而言，意念是被先天地

---

① Palmquist，Stephen，*Comprehensive Commentary on Kant's Religion within the Bounds of Bare Reason*，Chichester，Wiley，2016，p. 45.

给予的，"不是在时间中获得的"，"人从幼年起就一直是这样的或者那样的"；但就它的现象层面而言，意念是我们设立的，体现了我们的主动性；"意念，即采纳准则的原初主观根据，只能是一个唯一的意念，并且普遍地指向自由的全部应用。"(Religion 6：25)我们无法通过经验性行为有效地推断出人在本体界的唯一的意念，"但是，我们有权利把我们所说的天生是善的或是恶的人，不是理解为单个的人（因为这样的话，就可以把一个人假定为天生就是善的，把另一个人假定为天生就是恶的），而是理解为整个族类"(Religion 6：25)。在现象界，意念这种基本原则是不易改变但可以改变的，这种改变针对的不是外在的身体性行为方式和习惯，而是内在的"思维方式"和基本的实践原则。

类的（唯一的）意念所提供的恶的人性只是一种行为的倾向，并不能完全决定人的行为。康德认为，从人类学考察所提供的大量的事实可以看出，人一开始的经验性意念是恶的，可见人的本性是恶的，人有一种不可根除的恶的倾向。由于恶只与自由的选择相关，所以，恶的本体是人主动造成的，是通过本体界的意念而形成的。但是，这并不否认，人同时也有向善的禀赋，例如，人天生有一些道德情感。向恶的倾向和向善的禀赋彼此共存，互相不能取消、根除对方。类的意念和恶的倾向并不能取消人的意志自由，而只是构成了道德行为的障碍，个体的人仍然可以战胜这种倾向，选择道德的行为。① 康德认为，理知世界(intelligible Welt)是不可被感性所感知、只能被知性和理性所思考的世界。我们设想在理知世界中"对象不是现象（而是本体）"；对于理知世界，"对象自身只是被思维为理知的，也就是被思维为只被给予知性而根本不被给予感官的东西"，在此康德说明了"理知的"和"知性的"之间的一致性，理知世界就是**知性世界**(Verstandeswelt)。"一个理知的、即道德的世界"就是一个"我们从其概念中抽掉了一切德性障碍（爱好）的世界"，但如此一个理想性的世界的理念不具有理论的客观实在性，并不是独立于人而存在，而只是通过影响实践而具有实践的实在性。"一个理性存在者的世界(*mundus intelligibillis*②)，作为一个目的王国"，通过从理性的普遍立法者的视角（而不是通过感性存在者的视角）才有可能(GMS 4：438)。

理知世界也是知性世界(Verstandeswelt)。感性世界基于观察者感性的差异，可以有相当的不同，**知性世界**"作为前者的根据，总是保持为同一个世界"，是"自在地"存在的事物所构成的本体界(GMS 4：451)。在

---

① 关于意念与行为之间的更具体关系的讨论，参见本书第二章的相关内容。

② 拉丁文，指理知世界。

实践中，知性世界也被思考为道德的世界。"因此，仅仅作为知性世界的成员，我的一切行动就会完全符合纯粹意志的自律原则……"(GMS 4：453)在第一批判中，康德反对用"智性世界（intellektuelle Welt)"这个术语，而主张用"理知世界"，因为他反对"智性的"来刻画作为表象对象的世界。"智性的"与"感性的"这个区分是关于主体的表象方式的区分，而"理知的"与"可感的"这个区分是关于"客体方面的对象"的区分，因此，而应当分别用"理知世界"与"可感世界"来描述本体界与现象界(KrV A257/B312)。另外，而且，"智性的"可以"关涉我们的感官世界"，而"理知的"只涉及本体的对象，它们"只能通过知性来表现、我们的任何感性直观都达不到"(Prolegomena 4：317)。然而，康德在并未严格遵循上述划分，断言人在实践中"必须把自己归入智性世界"，用"智性世界"指本体界(GMS 4：451)。

第二节 康德相容论的真正内涵

如上所述，关于康德的相容论，国际学界主要采取了武德为代表的本体主义的解释和以阿利森为代表的主观主义的解释。本节将说明两人的基本观点，并主要分析阿利森的解释的不足之处，进而阐明一般意义上的主观主义解释的不合理性。

武德认为，康德在根本上是一个相容论者，认为自由和决定论是彼此相容的。如果理性存在者有意志自由，那么，他们具有在本体界的无时间的施动能力，就能够在本体界无时间地引起经验性的行为及后果，而这样的意志自由与经验行为的必然性相容(参见本书第一章第四节)。他认为，通过那种在理知世界中无时间的行动能力，一个人可以对自己的理知的品格进行选择，来规定个人的经验性的品格，以此在不同的可能世界中进行选择，并影响经验界。"通过选择某一个可能世界的子集，一个对我的理知的品格的独特的无时间选择作用于自然世界，这些可能世界包括了我的经验性的品格的某个道德历史，而且这些世界决定了，实际世界会从哪个诸可能性中的子集中被抽选出来。"①这样，尽管个人在时间中是被决定的，他仍然有决定自身行为的自由。"类似地，康德理论说，我们无时间的选择并不预先决定我们的行动"，即不是在时间的开端引起事件序列，"而是直接影响我们的每一个行动，并且应被设想为每

---

① Allen W. Wood，"Kant's Compatibilism"，in Allen Wood (ed.)，*Self and Nature in Kant's Philosophy*，Allen Wood (ed.)，New York，Ithaca，1984，p. 91.

个行为在时间顺序中发生时，是与每个行为同时发生的"。① 武德认为，个人在本体界通过一个唯一的行动来规定自己整个行为的序列，这个行动与诸不同事件的每个同时发生，这并无矛盾之处，也并不比肯定无时间的施为带来更多的问题。当然，在多方面为康德辩护之余，武德也提出了自己对康德的一些批评，如康德否认了我们在时间中主动的施为能力，并否认了个体道德进步的可能性。② 无论为何，他认为，"康德确实在他的哲学语境中成功地调解了自由和决定论"。③

亨利·阿利森提出了与此截然不同的解释，并对本体主义解释做出了批评。阿利森认为，康德的自由理论并未对自由、理知世界做本体论上的肯定，自由和必然只是同一事物在两种视角下的主观属性而已，由此，自由和必然是相容的。他说，

> 要点在于，从实践的视角看，凭借作为纯粹理性法则的道德法则而来的确证，我们对自由的设定是有理性的根据或保证的。相应地，从理论视角看——在此被关注的是解释而不是行动——我们有理由，或有必要把所有事件都看作是服从因果性法则的，这种法则是对事件认识的可能性条件。④

"基本的观念在于，每种视角都有各自的一套规范，基于这些规范，种种断言得到论证，每种都包含以某种方式(像它们显现的那样或像它们被看作事物自身那样)对其对象的考虑。"⑤这就是说，在理论的视角下，我们像事物显现的那样考虑它们，而在实践的视角下，我们像它们被看作物自身那样考虑它们，两种视角和考虑方式是相互独立的。本体和现象体现的只是两种不同看待事物的方式，而非两个世界中的两种实体。他断言，这种二元论是范导性的，而不是本体论的，并没有独立于语境的真理或事实。

---

① Allen W. Wood, "Kant's Compatibilism", in Allen Wood (ed.), *Self and Nature in Kant's Philosophy*, New York, Ithaca, 1984, p. 96.

② Allen W. Wood, "Kant's Compatibilism", in Allen Wood (ed.), *Self and Nature in Kant's Philosophy*, New York, Ithaca, 1984, p. 97.

③ Allen W. Wood, "Kant's Compatibilism", in Allen Wood (ed.), *Self and Nature in Kant's Philosophy*, New York, Ithaca, 1984, p. 76.

④ Henry Allison, *Kant's Transcendental Idealism*, New Haven and London, Yale University Press, 2004, p. 47.

⑤ Henry Allison, *Kant's Transcendental Idealism*, New Haven and London, Yale University Press, 2004, p. 48.

阿利森"把经验性的品格和理知的品格的对立解释为关于理性行动者身份的两种模型或两种观念";经验性的品格模型"用于人的行为的观察、因果性解释和(在一定程度上的)预测",它预设人的经验性的品格是行为的经验条件,而理知的品格模型则"诉诸作为理性的慎思者(deliberator)诸行为的自发性"。① 意向性行为不仅仅是心理学状态的结果,而且需要以自发性为条件。因此,从理论的视角看,我们把人考虑为像它们显现的那样,考虑人的经验性的品格并以自然的因果性法则对经验进行**解释**。但从实践的视角看,我们把人考虑为像它们被看作事物自身那样,考虑其理知的品格并把意向性行为看作以自发性为条件。所以,"理知的品格只有一个范导性的功能,一个非解释性的功能"。②

阿利森认为,理性只具有一种形式性的自由,康德说理性构成行为的原因,并不是指它在因果关系上使得某事必然发生,而只是指它作为一种形式性的条件,提供了应遵循却可不遵循的指导规则,即通过立法而提供行为的形式性法则。理知的品格并非"就是因果性的",因为那样就会取消一种可能:把经验性的品格理解为不仅仅是理性原因的产物,而且是它的"一种表达或具体化"(instantiation)。③ 感性和理性都只构成行为的理由,意志将理由纳入准则,并赋予某种理由优先性的地位。意志及其纳入的行为才起实质性的决定作用。"纳入的行为被设想为真正构成原因的因素,而理性只是在它提供了指导性的规则这个意义上'拥有原因性'。"④

进而,阿利森也反对武德认为人及其理性有一种无时间的施动能力的解释,反对把这种能力归于有限的理性存在者。阿利森认为武德在此犯了一个严重的错误。"相反,实际上的无时间性必须被设想为一种独特的本体自我或者行动者的一种属性,因而不是有着经验性的品格的自我或行动者的属性。"⑤

在此,阿利森宣称,康德是不相容论者,但是,阿利森对相容论概

---

① Henry Allison, *Kant's Theory of Freedom*, Cambridge, Cambridge University Press, 1990, p. 5.

② Henry Allison, *Kant's Theory of Freedom*, Cambridge, Cambridge University Press, 1990, p. 45.

③ Henry Allison, *Kant's Theory of Freedom*, Cambridge, Cambridge University Press, 1990, p. 32.

④ Henry Allison, *Kant's Theory of Freedom*, Cambridge, Cambridge University Press, 1990, p. 1.

⑤ Henry Allison, *Kant's Theory of Freedom*, Cambridge, Cambridge University Press, 1990, p. 52.

念的界定与一般人不同，他的解释实质上也是相容论的解释。如阿美利克斯所说，相容论被阿利森看作这一论题：即使一个人没有任何绝对的力量去做（或尝试去做）另外的事，这个人也可以被说成是自由的。阿利森说，"无论如何，这大体是无可争辩的：在康德对自由的解释的核心处，是先验自由这个有问题的观念，它明显是非决定论的和非相容论的（它要求所有现象界的先前原因具备决定的独立性）。"①

赫德森持关于人的活动的"两种描述"的观点，认为我们可以就同一现实做两种不同的解释，被宣称自由的人类行动（或由自由而来的事件）和自然的经验事件有着"个例–个例的同一性"的关系，但其中任何一种解释并不能还原为另一种解释。② 他认为，这种"个例–个例的同一性"与"类型与类型的不可还原性"构成了康德相容论的基本前提。关于自由的人类行动的描述是无关行为规定的描述，对行为自由的描述不涉及规定行为的原因："当一个人说，行为描述是无关规定的描述，他至少肯定了，这些描述既不提供在行为和在其前后的事件之间的因果推理上的联系，也不提供对在时空中的描述对象的规定。"③

> 因此，行动者的行为是自由的（非因果性的、无关决定的描述，该描述涉及行为者意志通过实践理性所带来的一种赞同态度和提供建议性质的决定），又是在因果关系上被决定的（它与自然中的一个事件有个例–个例的同一性关系，这一自然事件作为先前事件和因果律的结果则是必然的）。④

笔者认为，就自由与必然的关系而言，武德等本体主义者的基本立场是合理的，而本书在其研究成果基础上，进一步对康德相容论及其本体主义解释所可能遇到的理论问题进行进一步的讨论，从而说明了康德相容论的融贯性。

康德的文本可以支持武德关于人及其理性有一种无时间的施动能力的解释；尽管阿利森反对这种解释，并认为这种的能力不可能属于我们这样的有限的理性存在者。在笔者看来，首先，这显然是康德自己的观

---

① Henry Allison, *Kant's Theory of Freedom*, Cambridge, Cambridge University Press, 1990, p. 50.

② Hud Hudson, *Kant's Compatibilism*, Ithaca, Cornell University Press, 1994, p. 62.

③ Hud Hudson, *Kant's Compatibilism*, Ithaca, Cornell University Press, 1994, p. 46.

④ Hud Hudson, *Kant's Compatibilism*, Ithaca, Cornell University Press, 1994, p. 47.

念：人既是有限的理性存在者，又有一个本体的层面，在不同的意义上，我们分别是在时间中的和超时间的。毋宁说，理知的品格和经验性的品格如果意味着两个互相独立的主观模型，这两个模型中的两种品格如何能够结合在同一个主体之中，这反倒是一个难以解决的问题。其次，康德在《纯然理性界限内的宗教》中指出，人在本体界中主动地形成一个唯一的意向，该意向构成了所有自由意志运用的根据，并且使人在现象界具有了某种先天的品质，这种品质在时间中逐渐发挥作用。

> 所谓天生具有这种或者那种意向，作为与生俱有的属性，在这里也并不就意味着，意向根本不是由怀有它的人获得的，即是说，人不是意向的造成者；而是意味着，它只不过不是在时间中获得的（即人从幼年起就一直是这样的或者那样的）罢了。意向，即采纳准则的原初主观根据，只能是一个唯一的意向，并且普遍地指向自由的全部应用。但是，它自身却必须由自由的任性来采纳。（Religion 6：25）

可见，关于无时间的施动能力的解释有着可靠的文本依据。

笔者以为，阿利森关于相容论的主观主义解释是可商榷的。阿利森对两种品格的概念的把握与康德并不一致。如果如阿利森所说，两种视角、两种模型之间是真的是彼此独立、相互平行的，两者有各自的功能和适用范围，那么，它们是无法结合并相互作用的，实践视角下的自由的行为不会构成理论视角下的经验性的行为的根据，一个模型中的品格也不可能构成另一个模型中的品格的根据。但显然，康德认为本体界自由的行为构成了经验界必然的行为的根据，而理知的品格（"自在之物本身的品格"）构成了经验性的品格（"在现象之物的品格"）的条件，本体界的自由意志和现象界的被决定的意志、理知的品格与经验性的品格是在同一个主体上相互结合的（KrV A540/B568）。"这种经验性的品格又是在理知的品格中（以思维的方式）被规定的。"（KrV A551/B579）因此，阿利森的主观主义解释无法与康德的理论相一致。此外，阿利森对两个视角的区分也是模糊的，容易让人误解。阿利森的表述会让人以为，康德否认在理论的视角下的自由的可能性。但显然，康德其实认为，在理论的视角下，我们遵循经验因果律，但可能有意志自由，而在实践的视角下，我们不仅遵循经验因果律，而且有意志自由。

实际上，这一问题存在于一般的主观主义解释中，如果人们通过两种完全独立而互不交涉的主观思维方式（两种视角、描述、模型等）来解释本体和现象的区分，他们就很难说明本体和现象如何能在同一个主体中结合并相互交涉。

而赫德森把人本体界的行为与经验性的行为的区分和精神性行为与物理性行为的区分相对应，这种观点也与康德的观点有十分明显的差异。赫德森据此认为，人的精神性行为是自由的，其物理性行为是必然被决定的。进而，他把康德的相容论观点解释为，精神性行为的自由和物理性行为的必然是相容的。赫德森认为，与戴维森类似，

> 康德相信，精神性概念的形成和运用有着理性的条件。……而且，现在很明显，无关于行为决定的描述，作为与行为相关的描述，不可还原为任何关于行为决定的描述。……因此，康德会由于与戴维森所提供的完全相同的理由来否定中介法则（bridge laws）：因为任何物理学谓词与精神性谓词的必然共存的断言，会要求来自根本上不相容的领域的概念有一种类似法则性的统一性。①

"然而，以康德自己采取的方式，心物同一可以被复兴：通过一个精神与物理事件的个例与个例同一性论题。"②

然而，赫德森的这种解释并不符合康德相容论的观点。康德并不把人的本体界的行为与经验性的行为的区分和精神性行为与物理性行为的区分对应起来。根据康德的观点，人的本体界的行为是精神性的，但其经验性的行为既包括精神性的行为，也包括物理性的行为。经验性的精神性行为，也是被之前的精神活动所决定的，完全服从经验性的因果律。因而，这种行为即使在技术上无法被完全预测，也是在理论上完全可以被预测的。所以，康德说，如果我们完全了解人之前的动机，我们就能够预测人之后的意志活动，"……我们对一个人在未来的行为举止就有可能如同对一次月食或日食一样确定地测算出来……"（KpV 5：99）"……每个行动，并且一般地说他的存有的每个按照内感官而变更着的规定，甚至他作为感官存在者的实存的全部系列，在对他的理知实存的意识中都必须被看作后果，却绝不是他作为本体的原因性的规定根据。"感官存在者的全部系列，无论是其物理性过程的系列，还是通过内感官而可能的精神性过程的系列，都只是作为现象的后果，是被必然决定的，而不是

---

① Hud Hudson, *Kant's Compatibilism*, Ithaca, Cornell University Press, 1994, p. 71.

② Hud Hudson, *Kant's Compatibilism*, Ithaca, Cornell University Press, 1994, p. 63.

自由的、在本体界的。

作为典型，阿利森的主观主义解释只是转移了相容论的问题，而非解决了这一问题。要说明自由与必然的相容性，他仍然需要解释，在实践的视角下，本体界自由的行为如何构成了经验界必然的行为的根据，而根据理知的品格模型，本体界"自发性行动"的自由与经验性行为的必然性又是如何相容的；但他并未提供这些解释。事实上，关于在实践的视角下两种行为的关系、理知的品格模型中两种品格的关系，阿利森的论述是模糊的，极少正面论述在理知的品格模型中本体界的行为与经验性的行为的关系。然而，即使在道德思虑和道德归因中，根据理知的品格模型，行为也不会不以经验性的品格为根据，只不过经验性的品格不构成行为的最终根据而已。所以他也偶然地承认过，根据理知的品格模型，"理性行动者的意向性行为绝不仅仅是行动者之前的心理学状态或（或任何其他之前的相关条件）的因果关系上的后果，而以一种自发性的行为作为自身的必要条件"。

根据他所说的这一模型，一方面，人的行为以行为之前的经验性条件以及相关的经验性的品格为根据，并不是不遵循经验的因果律，而是也符合经验的因果律；另一方面，它们又依赖于自发性的行为这一必要条件，因而依赖于理知的品格，并受到道德法则的约束。这样，这种模型就不仅仅包含了理知的品格观念，而且包含了经验性的品格的观念，因为经验性的品格是经验性行为的必要的经验性条件之一。但是，在实践的视角下，那种"自发性的行为"的自由与经验性的意向性行为的必然是如何相容的，而根据理知的品格模型，理知的原因和经验性的原因的关系是什么，就成为阿利森未曾解释、也难以解释的问题。因此，"两个视角"和"两个模型"的解释不能真正解决相容论的问题。

阿利森认为，理性和理知的品格概念只有范导性的而非解释性的功能，理性只是提供行动的理由和指导性的原则，但并不是（像纳入行为那样）实质性地构成原因的因素；意志及其纳入的行动——而不是理性及其活动——才构成了经验性的行为的先验的原因。然而，他依然只是转移了问题，而不是解决了问题。即使这样，我们仍然需要解释，为什么这种自由的意志（及其自由的活动）会与经验性行为的必然性相容，而这种非经验的意志能力如何能与经验性的能力并存于同一个主体。

而如果要进一步对该问题进行解释，阿利森就会陷入阿美利克斯所指出的两难境地。

　　　　阿利森的替代性论断是，我们不要把理性（reason）理解成一种
　　有效力的根据或力量，而要理解成仅仅是我们对准则的自由采纳活
　　动中的指导性规则。要么这种采纳仅仅是一种时间性的行为，从而
　　在一个非本体化的形而上学中，它在绝对的意义上毕竟是被决定的；
　　又或者这样的康德主义者必须退化到一个本体的地基上，来拯救自
　　由的断言。①

而这两种结果都是阿利森无法接受的。当阿利森把行为的实质性原因从
理性替换为意志（及其纳入活动），他要么把意志作本体主义的解释，从
而违背了他的反本体主义立场，要么把意志解释为经验性的、被决定的，
从而在根本上取消了意志自由。阿美利克斯进一步睿智地指出，"阿利森
断言，在准则的采纳中的自发性意识不是一种普通的时间性行为，是
一种思想而非一种经验（一种被决定的空间-时间的事件）。但看来这要么
被还原为一种单纯的抽象物，要么终究被还原为一种理智直观。阿利森
反复否认这是他想要的东西，但他确实谈论过对自由的行为能力的'直接
意识'。"②确实，准则的采纳活动要么无时间地出现在本体界，要么时间
性地发生在现象界，前者与本体概念的主观性不符，后者在根本上取消
了意志自由。

　　这些难以消解的理论困难，一般地存在于关于康德相容论的主观主
义解释者那里。他们认为，自由之物和必然之物在存在论上并非分别属
于不同的两个世界，而只是我们在用不同的视角、模型或解释方式等主
观因素来把握同一事物时的结果。然而，如果自由是基于某种主观视角、
模型或解释方式而显现出来的某种事物的属性，在就这种主观的把握方
式之下，自由之物与必然之物的关系仍然需要得到进一步的解释。而在
这种进一步的解释中，解释者要么依旧要诉诸本体主义的解释，要么会
在根本上否定意志自由，而把自由看作某种幻相（Schein）。③

　　与阿利森类似，赫德森认为，理性及其理念（如自由理念）不被用于
解释行为，没有产生和规定行为的力量。因为，我们把理性看作人的本
体层面，把人看作有自由意志的施为者，我们独立于知识的条件（诸认识
形式）来思考人，因此，对此自由的理性施为者的描述不能用于行为的因

①　Karl Ameriks, *Interpreting Kant's Critiques*, Oxford, Clarendon Press, 2003, pp. 215-
　　216.
②　Karl Ameriks, *Interpreting Kant's Critiques*, Oxford, Clarendon Press, 2003, p. 215.
③　对于"幻相"概念的说明，参见本书第三章第一节。

果性解释，不能把理性解释为决定这些行为的力量。

> 在此，像在其他地方，我们采取从感觉之物到物自身的转换，我们并没有不同的指称，而是有着同样的对象，只是独立于知识的条件来思考它……于是，康德在此告诉我们，当我们通过理性把人看作理知的原因，当我们持有关于一个先验地自由的施为者的概念，我们在使用有着这般本性的描述，它们不能产生任何关于它们对象的经验性知识。①

确实，康德认为，理性本体及其理念确实不能被用于解释经验性的行为，但这并不意味着，理性本体及其理念就没有决定经验性的行为的力量（KrV A550/B578）。康德明确断言：

> 但如果我们在与理性的关系中对这同样一些行动加以考虑，确切地说，不是联系到思辨理性，以便按照这些行动的起源来解释它们，而是完全单独地就理性是产生这些行动本身的原因而言；总之，如果我们把它们与理性在实践的方面进行比较，那么我们就会发现一种完全不同于自然秩序的规则和秩序。……这些行动之所以发生，不是由于它们被经验性的原因所规定，不是的，而是由于它们被理性的根据所规定。（KrV A550/B578）

可见，对康德而言，理性本体不被用于作行动的解释，不能带来关于行动的知识，并不意味着理性并不在根本的意义上构成行动的原因、具有规定行为的力量。确实，由于理性属于本体界，独立于先验认识形式（认识论的条件），不能带来关于行为因果联系的知识；但是，如果人有自由，理性就会构成行为本体界的原因、具有规定行为的力量。

因此，在自由与必然的相容性问题上，我们应当以本体主义的方式，而非主观主义的方式，来解释康德的相容论。而这一点将会在以下关于这种解释方式融贯性的辩护中继续展开。

第三节 康德相容论的融贯性

本节针对国际学界关于康德相容论的讨论中的争论焦点和深层问题

---

① Hud Hudson, *Kant's Compatibilism*, Ithaca, Cornell University Press, 1994, p. 45.

进行讨论，在康德的立场进行一些理论的重构，来说明该理论在何种程度上是融贯的。康德认为，本体自我的品格和行为构成了经验性的品格和行为的原因，而经验之物又处在严格的经验因果律的规定之下，这样的思路引起了很多争议和尖锐批评。笔者认为，康德的先验观念论进路可以比较完善地解决这些问题，从而说明自由与必然的相容性。康德后期承认感性也能属于本体界，他律的行为可以解释为理性不发挥其能动性、任由感性规定意志。本体界的原则可以是有条件、多层面的原则，因而可以引起性格和准则的变化。本体界的行为可能是唯一的，因而个体内不同行为的自由可以相容。每个人通过各自在本体界的唯一行为共同引起了整个现象界的人类行为序列，因而不同人的意志自由可以相容。人无法获得关于本体的严格知识，但仍能通过良知和经验知识推断行为的道德性。康德关于自由意志问题的深度思考在当下有其独特意义。

一、他律行为的可能性问题

如何解释他律行为的可能性，这是康德相容论要解决的一个难题。康德曾认定，人的本体自我（自我的本体层面）只有理性而无感性，而道德法则是规定本体的自我意志的根据。据此，没有感性妨碍的理性本体似乎必然以自身设定的道德法则规定意志，他律的行为似乎就是不可能的。

笔者认为，康德在后期修改了看法，转而认为感性也可以属于本体自我并影响其意志，只是主动的理性具有主导性地位，而他律就是本体的理性不发挥其自发性，而任由感性规定意志。由于人在他律行为中不发挥其自由（即自律）的能力，而任由自己处于不自由的状态，人仍然应为他律行为和不自由的活动状态负责。

盖耶对此问题进行了有意义的探究。他解释说，康德长期认为，道德法则构成了本体自我的原因性法则或规定本体自我的原因，直到写作《纯然理性界限内的宗教》时放弃了这种观点，才使得他得以解释他律的行为的可能性。

首先，盖耶批评了康德在《实践理性批判》中的如下观点：道德法则构成了一个可能的超感性世界的起规定性作用的法则，就像自然的因果律等形而上学法则构成了感性自然起规定性作用的法则一样。康德说："道德法则实际上就是通过自由而来的原因性的法则，所以是一个超感性的自然的可能性的法则，就像感官世界中的种种事件的形而上学法则是感性自然的原因性的法则一样。"（KpV 5：47）盖耶质疑说："在写《实践理性批判》时，康德还没有意识到使道德法则成为任何层次中的意志的原因性法则的危险，也就是说，它使得不道德的事件不可能得到解释。"①盖耶声称："……如果道德法则真的是本体自我的原因性法则，如果一个原因性法则是真正普遍和必然的，像康德在《纯粹理性批判》中所说的那样，'根据这样一条规则'，'事件任何时候、必然地继起'，那么，一个人怎么能**违反**道德法则而行动呢？不道德的行为怎么还会是可能的?"②

其次，盖耶宣称，在《纯然理性界限内的宗教》中，他不再认为，道德法则构成了本体自我的原因性法则或规定本体自我的原因。

> 既然他完全不从任何东西中导出道德的命令，它并不派生于任何本体自我的纯粹理性或者这样的意志的观念，而这种意志会使道德法则成为本体的意志的原因性（causal）法则，因此，意志可以自由地选择恶，正如它可以自由地选择善。而且，既然"应当意味着能够"，与那个原则相关，本体自我可以自由地选择恶，正如它可以自由地选择善。③

盖耶的质疑和解释有其道理。确实，康德在很长时间里认为，能动的理性，而非感性，才会属于本体界（智性世界）："就单纯的知觉和感觉的感受性而言，他必须把自己归入**感性世界**；但就在他里面可能是纯粹能动性的东西而言，他就必须把自己归入**智性世界**。"（GMS 4：451）确实，如果感性根本不属于本体界，那么，意志没有任何道德方面的障碍，理性又必然设立普遍的道德法则，在本体界根本不存在理性与感性的竞争关系，因此，本体界的理性不可能不通过自己的道德法则规定意志，因而他律的行为就是不可能的。这是康德无法接受的荒谬结论。

不过，值得注意的是，为解释他律行为的可能性，康德进行了许多深入的探究。关于感性是否构成了行为在本体界的根源，康德确实在晚期承认，感性可以属于本体界，但他其实仍然坚持，能动的理性具有主导性的地位，理性的表象和理知的行为构成了行为的最终根源。他律的

---

① Paul Guyer, *Kant*, *Immanuel-The Virtues of Freedom. Selected Essays on Kant*, New York, Oxford University Press, 2016, p. 41.

② Paul Guyer, *Kant*, *Immanuel-The Virtues of Freedom. Selected Essays on Kant*, New York, Oxford University Press, 2016, p. 165.

③ Paul Guyer, *Kant*, *Immanuel-The Virtues of Freedom. Selected Essays on Kant*, New York, Oxford University Press, 2016, p. 183.

行为是基于本体的理性不发挥其能动性，而任由感性规定意志。

首先，康德在《纯然理性界限内的宗教》中断定，道德的善恶的最终根据在于本体界的理性表象，以及运用这种表象的理知的行为，而非经验性的、包含感性的表象。他说，"恶的根源作为理知的行为先行于一切经验"，而这种行为无法通过感性认识，只能通过理智去设想，这种设想在理论上无法形成知识，但在实践上有效（Rel. 6：40）。"因此，为自由行动本身……寻求时间上的起源，这是一种自相矛盾。所以，人的道德属性被看作偶然的，对它来说也是如此，因为这种道德属性意味着运用自由的根据，它（就像一般自由任性的规定根据一样）必须仅仅在理性表象中去寻找。"（Rel. 6：39）

其次，康德表明，感性的动机属于本体自我，并构成自我作决定的根据之一。康德认为，人的恶的本性是基于人在本体界把感性的动机作为比道德法则更高的动机置于准则之中，而这种本体界的行为所导致的恶的本性与所有的人类活动相伴随，并影响所有这些活动。人的任意（Willkuer）是自由的，这一点体现在，如果任意不是自己将感性或理性的动机并入自己的基本原则（意念），那么，"它能够不为任何导致一种行动的动机所规定"（Rel. 6：24）。作为有感性的理性存在者，人的意志会把道德法则和感性的动机都纳入自身的准则中，而行为的善和恶的区别不在于我们是以感性欲求还是道德法则为唯一动机，而在于我们是把道德法则和自爱的动机中的哪一个放在优先的地位（Rel. 6：36）。作为恶的人性的"趋恶的倾向"就在于"我们的任性把从属的动机作为最高的动机并入它的准则"（Rel. 6：43）。恶的本性或先天倾向基于人的本体自我的理知的行为，"恶的根源作为理知的行为先行于一切经验"；"所谓天生具有这种或者那种意念，作为与生俱有的属性，在这里也并不就意味着，意念根本不是由怀有它的人获得的，即是说，人不是意念的造成者；而是意味着，它只不过不是在时间中获得的……"（Rel. 6：25）本体界的意念把感性的动机在准则中置于优先地位，从而无时间地造成了恶的本性，那种意念与每个人的所有行为相伴随。可见，《纯然理性界限内的宗教》认为，本体界也可以有感性的动机。

最后，关于康德不同时期观点的差异，笔者认为，康德在晚期确实承认，感性的动机也属于本体界，这体现了后期康德对其理论的修正。但他仍坚持理性的主导性——在本体界中，起主导性作用的仍然是理性，因为感性的动机是受到外在的刺激而产生的，感性体现了人的被动性，而理性则能够主动地形成普遍的概念和原则。由于感性的这种被动性，尽管感性也属于本体界，行为的最终根源仍然在于理性。

因此，面对关于他律行为可能性的质疑，康德可以如此解释：在本体界的自我既有理性也有感性，两种都会对意志产生影响，如果理性不发挥其主动性的力量并规定意志，意志就会被感性所规定，从而引起他律的行为。但康德并不想要提供某种对本体界的认识，而只是要指出，在某种可能的世界状态中，本体界的自由和现象界的必然性可以相容。

其实，康德后期承认感性属于本体界，这并不改变和影响他关于规范性的基本主张。根据其后期观点，理性和感性之间的区别并不是本体和现象之间的区别，理性不再具有存在论上的优越性。但理性依然有它本身的优越性，因其有自主形成概念、原则并规定意志的能力，这与作为感受能力的感性是不同的。因此，根据其后期观点，每个人仍应当为自己行为负责，因为每个人仍应当发挥其理性的能动性，而不应单纯被自身的感性所规定。而且，这样的一种能动的理性的能动性同样能够建立起人的异于它物的尊严和道德能力。

二、个体选择的自由之间相容性问题

个体选择的自由之间何以相容的问题，似乎是一个康德难以解决的问题。有研究者认为，根据康德的观点，个体选择的自由之间就会无法相容，而相互排斥。康德关于个体行为的观点可以用以下图表示：

$$\text{本体界行为：} N_1 \quad N_2 \quad N_3 \quad N_4 \cdots\cdots$$
$$\downarrow \quad \downarrow \quad \downarrow \quad \downarrow$$
$$\text{现象界状态：} P_1 \to P_2 \to P_3 \to P_4 \cdots\cdots$$

根据这种理解，一个人在本体界的行为 N_1 引起了其经验性的存在状态 P_1（包括他的活动状态和被给予他的经验状态），他在本体界的行为 N_2 引起了其经验性的状态 P_2，对任何一个在本体界的行为 N_x 而言，N_x 引起了经验性的状态 P_x。在此，本体界的行为"引起"经验性的行为，只是指前者限定了后者的实践最高原则（如自爱原则），而不是更具体的行为方式。除了一个人之前的行为之外，其他的自然原因也会影响这个人之后的行为。

这种思路似乎会得出两个康德难以接受的结论。首先，个体不同选择的自由之间似乎不具有相容性。因为，既然行为 N_1 引起了 P_1，而 P_1 引起了 P_2、P_3、P_4 等一系列的状态，那么，除了 N_1 之外，N_2、N_3 等本体界的行为都不会是自由的，至少不会是像康德所说那样，是**绝对、完全自由**的。因为，P_{x+1} 以后的行为已经完全被 P_x 决定了，因而，

包括 P_2、P_3、P_4 的整个经验状态系列就被 P_1 完全决定了，我们可以从 P_1 预测包括 P_2、P_3、P_4 的整个经验状态系列。康德支持经验决定论，认为在理论上，我们可以根据某个时刻的状态预测人所有的行为，根据某个时刻的世界状态预测以后的所有世界状态。"……假如一个人的思维方式一旦它通过内部的或外部的行动表现出来，我们就有可能对此具有如此深刻的洞见，……我们对一个人在未来的行为举止就有可能如同对一次月食或日食那样确定地测算出来……"（KpV 5：99）而 Nx 与 Px 有一种对应性的因果关系，因此，除了 N_1 之外的本体界行为就不是绝对自由的了。

因此，只要给定了一个本体界的行为 N_1，那么，对于引起了 Px 的 Nx 而言，Nx 的可能性不会是无限的，而是严格受限的，而本体界行为序列 N（包括 N_1，N_2，N_3……）的可能性不会是无限的，而只会是严格受限的。即使被因果对应性关系限定的 Nx 也许依然可以有多个，但本体界的行为 Nx 依然不是**绝对自由**的，而是被严格限制的。这样看来，康德把本体行为当作绝对的、无条件的自由的观点就是错误的了。

其次，由于 P_1 决定了这个人之后的所有经验性行为，无论引起这些经验性行为序列的本体行为集合 N 的可能性有多少种，这些可能性之间的区别并不会造成经验性生活的任何区别，因而真正说来是没有意义的。设想有两个不同的本体行为集合 N_a 和 N_b，它们能引起同一个经验界的行为序列 P，N_a 和 N_b 之间的区别对于经验界的人类生活似乎是无意义的。无论能够引起 P 的本体行为集合 N 有多少种可能性，经验性状态系列 P 毕竟只有一种可能性是完全被决定的（被 N_1 及其结果 P_1 所决定），不会因为 N 的多种可能性而有任何的不同。而且，既然 P_1 也是被之前的经验性状态所决定的，人所有的存在状态的原因都可以追溯到人类存在以前，这样就完全限制了整个本体行为系列 N 的可能性空间。

笔者认为，根据康德的观点，上述两种行为的关系应该用这一图表示：

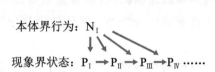

因此，上述思路的问题在于，它未能把握康德关于本体界行为的特点：一个人的本体界的行为不一定有多个，有可能**只有一个**。人可能以**同一个**本体界行为引起了其整个经验界的存在状态。如果是这样的话，就不会得出上述所说的两个康德难以接受的结论。

康德认为，本体的理性是不变的，在与所有时间中的行动的关系中没有变动。康德区分了作为现象的理性与作为本体的理性，前者以经验性的原因为根据，而后者能够以（自由、道德法则等）理性理念为根据。理性不仅与"它的行动的自然原因相联结，因而是本身属于显象的存在者的能力"，而且它作为本体，也"与纯然是理念的客观根据相关"（Prol 4：344-345）。本体的理性的决定和最高原则是一个而不是多个，否则，它就不会在所有的时间性关系中都是当下的和同样的。"它，这个理性，对于人的一切行动来说、在所有的时间关系中都是当下的（gegenwärtig）和同样的……"（KrV A555-556/B583-584）

本体界不变的理知的品格构成了可变的经验性品格和经验性行为的根据。品格（Charakter）是原因由以引起其结果的规则，经验性的品格是经验性的理性由以引起经验行动的稳定规则，是统摄任意的诸主观原则的可变的经验性原则。理知的品格是本体界的理性由以引起经验性的品格与经验性的行为的确定规则，是理性存在者最高的实践原则（KrV A539/B567）。"按照其理知的品格"，在主体中"见不到任何需要力学性的时间规定的变化"（KrV A541/B569）。这种不变的理性主体所具有的品格也是无时间属性、无变化的。据此，这个活动的存在者就此而言的自己的行动并无发生与结束可言，却与其每个经验性状态相伴随。

由于这同一个本体界的行为、意念以及理知的品格构成了这个主体所有经验性的行为的原因，这一本体界的行为对经验界生活而言就不是无意义的。而更具体说来，如第一节所说，理性本体并不直接作用于其经验性的行为，相反，理性首先决定其本体的意念与理知的品格，意念与理知的品格规定经验性的品格，而经验性的品格才直接影响经验性的行为，并造成诸行为后果。只是在这种意义上，理性本体的行为、意念与理知的品格伴随每一个经验性的行为。

与此相关，康德认为，一个人的本体的意念（Gesinnung，意志在选择准则时所依据的最高的基本原则）是唯一性的。在《道德形而上学奠基》《实践理性批判》中，康德把意念看作意志的准则，并认为人的道德价值在于其行为的准则，而不是外在的行为（参见 GMS 4：435，KpV 5：86，KpV 5：147）。而在《纯然理性界限内的宗教》中，康德把意念进一步界定为"采纳准则的原初主观根据"（Rel. 6：25）。康德并没有把意念描述为某种品质、态度、情感，而把意念看作"准则的内在原则""准则的主观原则"，看作统摄着一般准则的根本性的、原初性的实践原则（Rel. 6：23）。在英语研究界，学者们往往把"Gesinnung"翻译为"disposition（品质、倾向)"，也有一些学者将其翻译为或者"attitude(态度)"。庞思奋(Steve Palmquist)教授在其新著中将这个词翻译为"conviction(意念、信念)"；他合理地认为，康德的"Gesinnung"指的是某种原则，"但是，品质和态度通常都不能被设想为一个'原则'。相反，一个信念通常建立在一个准则或原则之上，而一个人是由于相信某个准则或原则的真实性(its truth)而采纳它的。"①因此，李秋零教授把"Gesinnung"翻译为"意念"是恰当的。

在本体界，意念作为"超经验的"原则，并无时间属性，因此，它是唯一的，不像经验性的品格，不能按各个阶段来考察，而只体现为某种"绝对的统一性"，并与所有的经验性行为所伴随、影响这些行为(Rel. 6：69)。"意向，即采纳准则的原初主观根据，只能是一个唯一的意向，并且普遍地指向自由的全部应用。但是，它自身却必须由自由的任性来采纳。"(Rel. 6：24)

由于人在本体界的品格、意念行为都不是在时空中与经验性行为发生关系，而是以超时空的方式同等地与每个经验性行为直接发生关系，因此，每个经验性行为都以本体界的自由行为为根据，都体现着人的选择自由。因此，根据康德的观点，每个行为所体现的自由之间并无冲突。

三、性格和准则的改变的可能性问题

康德认为，经验性的意念以本体的理性及其意念为根据，而本体的意念是无时间的、不变的。批判者们声称，这种观点无法解释个体对其经验性意念和品格的主动改变。这个问题由武德等人提出。武德说，康德大概意识到了这个问题，所以在后期借助"Gesinnung"(意念)的概念来说明性格改变的可能性，认为康德"似乎想要用我们的本体'性情'或'态度'(Gesinnung)，来作为道德努力和道德进步的无时间的类似物或替代品"②。他说："时间性的努力和道德进步是我们永恒的道德态度的变动着的图像……康德把我们关于道德搏斗和道德进步的日常经验保留为这种最好的方式，以此方式我们给自己呈现出一个我们无法直接经验或按字面意义把握的真理……"③但武德并没有具体说明，无时间属性、不会

① Stephen Palmquist, *Comprehensive Commentary on Kant's Religion within the Bounds of Bare Reason*, Chichester, Wiley, 2016, p. 45.
② Allen Wood, "Kant's Compatibilism", in Allen Wood (ed.), *Self and Nature in Kant's Philosophy*, Ithaca, New York, 1984, p. 98.
③ Allen Wood, "Kant's Compatibilism", in Allen Wood (ed.), *Self and Nature in Kant's Philosophy*, Ithaca, New York, 1984, p. 99.

改变的本体自我及其意念，如何能够引起性格和行为准则的改变。

批评者们也质疑康德相容论是否否定了准则改变的可能性——如果康德认为一个人唯一本体界的行为引起其所有的经验性的行为，他就难以说明，有限的本体界的原则和行为如何在价值冲突中对经验性的行为产生影响，而人们在不同时间和处境的价值冲突中为何常常会做出不同的选择。

笔者认为，由于本体界的意念或基本原则可以是有条件的、多层面的原则，康德可以合理地回应这两个质疑，并说明自由与必然的相容性。

对意志的本体的原则的选择有可能是对多层面的、有条件的原则的选择，这种原则规定了，在哪些经验性的条件下人是出于道德法则而行动，在哪些条件下根据感性的动机而行动。这种原则并不一定规定人在任何经验性条件下都按照某种准则去行动，也可以规定主体在不同的条件下按照不同的准则行动。因此，本体界的意念并非不能解释后悔和生活的根本原则的转变（心灵的革命），这些活动只不过意味着，意念包含着某种有条件的准则，这种准则在某些条件下会被否定和取消。

意志的本体的原则是高阶的原则，它规定了行为的准则（经验性的行为原则），经验性的原则进一步规定采取手段实现这些准则的规则。理性本体选择的原则可能是有条件的，这与道德原则的无条件性可以相容。人们有些时候是行为原则是纯粹地道德的，这时他们要求自身无条件服从道德法则，但他们有时候动摇，并根据感性的动机而采取有条件的行为原则，因此，有条件地遵循道德法则的生活是有可能的。

由于意志本体的最高原则可能是有条件的，规定我们在不同时间中采纳不同的准则，由此，我们经验性的意念、经验性行为方式是可以改变的。人的经验性的意念是比较稳定的，经验性意念的转变必须由"从接纳善的基本原理的时期开始"，通过渐进的改善而可能，乃至于可以有信心"推论出自己的意念的彻底改善"（Rel. 6：68）。"……只要准则的基础依然不纯，就不能通过逐渐的改良，而是必须通过人的意念中的一场革命（一种向意念的圣洁性准则的转变）来促成。"（Rel. 6：48）《纯粹理性批判》和《纯然理性界限内的宗教》分别表明，理知的品格、意念的不变性与经验性的品格、意念可以相容，这种相容性在康德的许多著作中都得到了肯定。

本体界的理知的品格与意念可以体现为有条件的原则，这种原则可以解释准则改变的可能性。康德认为，行动者在本体界对其理知的品格（它蕴含了个人整体的价值观与伦理观）进行选择，而理知的品格、价值观与伦理观构成了经验性行为的原因。理知的品格体现了原因引起结果的基本原则，但这些原则就像法律上的总则一样，包含了很多的细则，它们实际上是人整个价值观和伦理观的体现，这些观念对各种价值、规则的重要性进行排序。这些排序可能是完备的、周全的，也可能是不完善的、不全面的。而如果理性的这些排序是不完备的，经验性原因就构成了行动者经验性行为的较为重要的原因，换言之，理性就任由经验性的行为在较大程度上受到经验性的原因的影响。而且，有些价值和规则的排序可能是有条件的，它们规定了在某些条件之下，某种价值或规则优先于另一种价值或规则，而在另外的条件下则情况相反。这种有条件性的原则使得行动者在不同时间和场合中进行不同的选择。这样，一方面，本体界的行为与经验性的行为并不一一对应，这种行为却与每一个经验性的行为相伴随；另一方面，本体界的行为为处理经验界的价值冲突提供了指导，并能够引起经验界中行动者行为方式的变化。

四、人与人之间自由的相容性问题与荒谬归因问题

如何解释不同人的自由互相如何相容的问题，看起来给了康德更大的理论性挑战。为了方便说明该问题，我们先就代际关系这个比较简单的人与人的关系来展开讨论。根据一种可能的解释，康德关于不同年代的人们的行为的观点可以用以下图表示：

本体界行为：N_I $\quad$ N_{II} $\quad$ N_{III} $\quad$ N_{IV} ……

$\qquad\qquad\quad \downarrow \qquad \downarrow \qquad \downarrow \qquad \downarrow$

现象界状态：$P_I \rightarrow P_{II} \rightarrow P_{III} \rightarrow P_{IV}$ ……

其中，N_I 表示某一代人 A 的本体界的行为，N_{II} 表示 A 后一代人的本体界的行为，N_X 表示其后 $X-1$ 代人的本体界的行为。P_X 表示第 $X-1$ 代人的经验性的存在状态。

根据这种理解，这里的第一代人 A 在本体界的行为 N_I 引发了这代人的经验性存在状态 P_I，A 后一代人在本体界的行为 N_{II} 引发了其经验性的状态 P_{II}，对任何一个在本体界的行为 N_X 而言，N_X 引发了经验性的状态 P_X。

根据与第二节的质疑相似的理由，这种思路也会得出两个康德难以接受的结论。首先，根据这种思路，不同代的人不同选择的自由之间不具有相容性。据此，既然行为 N_I 引发了 P_I，而 P_I 引发了 P_{II}、P_{III}、P_{IV} 等一系列的状态，那么，除了 N_I 之外，N_{II}、N_{III} 等本体界的行为都不会是自由的，至少不会是像康德所说那样，是绝对、完全自由的。其

次，除了 N_I 之外，无论本体界的行为 N_X 是绝对自由的还是有限制地自由的，它都与我们的经验界的生活无关，因而真正说来是**没有意义**的。显然，这种在代际间的行为关系方面的质疑也适用于一般意义上的不同时间段人的行为之间的关系。

对这个问题，麦卡迪（McCarty）提供了一个剧本譬喻，诠释人们在本体界的行为和在现象界的行为的关系。他想象了演员和剧作家共同构想剧本的情景。其中，每个演员首先提交关于某个角色的性格特征列表，他们处于无知之幕之下，不知道其他人提交的列表。剧作家接着根据演员们提交的性格列表写作剧本。"通过一个对性格特征的集体（commumal）选择而构想出他们在舞台上的性格，每个参与者都相互影响他们的选择。"[1]他以演员提交的性格列表来类比本体界的理知的品格，以演员的表演来类比人的经验性行为。

笔者认为，把经验世界看作诸个体选择的共同结果，对于阐明康德相容论的解释力颇有帮助。但是他的阐释仍有两个缺陷。首先，他并没有说清楚这里的有意志和选择能力的剧作家在类比什么，而这也是难以解释的。其次，假定演员们集体选择性格，似乎每个个体的性格的设定需要集体商议，这是一种过强的假设。本体（作为绝对独立的主体）对理知的品格的选择完全有可能是单独做出的，而未经其他人的同意。

笔者认为，根据康德的思想，两个世界的行为的关系可以用下图来说明：

本体界行为：N_I　N_{II}　N_{III} ……

现象界行为系列：P

P系列中：P1 → P2 → P3 ……

以下是笔者对康德观点的解释。第一，不同个体的本体界的行为（如 N_I、N_{II}、N_{III}）并不处于时间关系之中，并无时间先后关系。第二，不同个体的本体界的行为共同地引起了现象界的存在状态，它们并不是单独起作用的，而是以某种方式共同起作用的。为了帮助理解，我们可以借鉴罗尔斯关于人们在无知之幕下的选举或共同选择，它们共同地导致了一个公平的社会。当然，康德和罗尔斯的观点有许多不同，例如，这里康德并不预设，现象界仅仅由理性本体决定，可能也会有其他物自体在

---

[1]　Richard McCarty, *Kant's Theory of Action*, Oxford University Press, 2009, p. 153.

这里起作用。在此，我们只不过通过类比来帮助理解康德的相容论。罗尔斯探讨的是一个虚拟的经验性社会和现实社会之间的关系，而康德研究的是可能的本体界与经验世界之间的关系。第三，不同个体的本体界的行为并不以时间性的方式引起现象界的行为，而是引起现象界在不同时间的存在状态序列。例如，它们并不先引起了 P_I，再引起 P_{II}，再引起 P_{III}……而是伴随每一个经验性的存在状态。因为，它们与经验性的存在状态的关系并不是时间性的因果关系。第四，不同个体在本体界通过决定其理知的品格，进而规定其经验性的品格，从而间接地影响经验性的行为以及其他经验性的事物。

据此，每一个个体的本体界的行为都影响现象界，但都不完全决定现象界（在极为大量的理性个体中，每个个体的影响往往是微小的）。这样，一方面，与每个个体的经验性状态对应的本体界的行为都是自由的、有为行为负责的能力的，这些行为是相互彼此独立的；另一方面，经验性的状态又都是被先前的经验性状态所决定的。显然，以上这些解释方式不仅仅适用于代际关系，也可以一般地扩展到人与人之间的关系。

五、行为归因、道德评价与差异对待问题

在许多批评者看来，如果如康德所说，本体自我是不可知的，那么，有效的行为归因与道德评价，以及恰当地根据德性来差异对待不同的人，在根本上就是不可能的了。康德认为，理知的品格是经验性的品格和经验性的行为的原因，但我们无法直观理知的品格，也无法从经验性的行为和经验性的品格获得对理知的品格的真正知识。然而，我们对人们的行为的归因、道德评价与差异对待的方式，却必须基于对其行为最高内在原则的认识，而不能基于外在的和表面的现象。

帕翠西娅·齐彻尔（Patricia Kitcher）批评说：

> 在先验观念论对自由意志和灵魂不朽问题的"解决"中的一个极糟糕的软肋在于，如果我们自我一贯地承认，我们真正的自我完全超出了我们的知识范围，那么，我们就不知道，"为行为负责的我们是谁或者是什么"，以及"谁或者什么应当被救助"。除非康德能够在我们熟悉的各种问题上，定位责任的承担者和救助行为的潜在受益者，否则，先验观念论的立场对于任何关注这些问题的人来说都是

毫无意义的。①

武德也提出了关于行为归因的困难性问题：如果每一代人的本体界的行动都（或多或少）影响整个经验性状态序列的存在状态，那么，它们也必然构成了个人出生前的世界的原因，人们需要为生前的事件负责。例如，2010 年出生的人也要为第二次世界大战中的大屠杀负责。而这结论显然是荒谬的。②

笔者认为，康德坚称本体不可知，这确实会让他在解释行为归因和公平对待不同的人时面临较大挑战。但康德的观点仍有自身的合理性。他会回应说，在一定程度上，通过健全的良知和严格反思，我们能够做出比较有效的行为归因、道德评价，合理对待不同道德状况中的个人。

首先，我们不应忽视哲学的批判性与严格性，不应轻易断言人不可能有一个本体的层面。我们关于自然的知识都来源于经验，但不可否认，存在着某种我们所经验到的时空中的自我和世界，就是真实的自我和世界自身。

其次，康德并不真正要论证有自由本体和道德能力存在于超感性的本体界。康德的相容论只是要说明自由是可能的，而在论证自由的现实性时，他只是要说明，我们在实践的眼光下是自由的，而这只是意味着我们总是在自由的理念下行动，或者说，我们总是在实践中设想人是自由的，并根据这种设想而行动；这并不意味着本体界确实存在着某种超经验的自由。③

再次，即使人没有超经验的层面，在经验界，我们对于人的内心的经验性的动机也是难以彻底认识的。正如康德所言，人心是非常复杂的，许多道德上很高尚的行为，可能以隐蔽的虚荣、愤怒的冲动等情感为根据。现代心理学也表明，影响人各种的行为的潜意识是我们很难理解的。而且，在严格的意义上，我们难以认识，人的行为在何种程度上应归咎于自然原因，何种程度上应归于人的自主性与道德性。就经验性性格和行为而言，"其中有多少是自由的纯粹作用，有多少应归因于单纯的自然和气质上无辜起作用的缺陷或是幸运的性状（merito fortunae，命运的功

---

① Patricia Kitcher, "Kant's Paralogisms", in *The Philosophical Review*, Vol. 91, No. 4 (1982), p. 546.

② Wood, Allen, "Kant's Compatibilism", in *Self and Nature in Kant's Philosophy*, edited by Allen Wood, Ithaka, New York, 1984, p. 92.

③ 参见朱会晖：《康德对自由的现实性的论证——对〈道德形而上学奠基〉的新理解》，《哲学研究》2011 年 12 月。

劳），这是永远不可探究的，因此也不能按照完全的公正来加以校准"（KrV A551/B579）。由于缺乏彻底的道德评价能力，我们应该在面对道德法则时保持谦卑和敬重，在进行道德评价的时候保持谨慎的态度。

最后，康德可以回应说，尽管在绝对的意义上，理知的品格是不可知的，但我们仍有一定程度的行为归因和道德评价能力，这乃是基于充分的经验性考察和可靠的良知。

我们可以深入地、经验性地审查人的"经验性的品格，一直到达品格的根源"，我们可以通过全面考察其行为、所受教育、交往乃至"自然天性"和运气等，推断经验性的品格和内在的经验性准则，判断出人的行为何种程度上基于外在的自然原因、何种程度上基于自由的选择（KrV A555/B583）。尽管外在的自然原因会给人的行为带来阻碍或帮助，但个人如何对待、处理这些阻碍和帮助，在很大程度上塑造了人的品格。在一定程度上，我们还可以通过经验性的行为和品格，来对本体界的理知的品格进行推测。尽管这些推断并不构成严格的知识，但是，正由于我们无法在理论上认识本体，又由于实践中我们需要基于对作为自在之物的人的理解，来进行道德评价和交往，我们有权利在实践中假定，本体界的理知的品格与经验性的品格具有一致性。人们可以经验性地观察到行动，但无法观察到准则；但我们可以从行动推断个体的本体的准则（意念），乃至于推断出普遍存在于人类的本体的准则（意念），而后一种准则造成了普遍的人性（先天的行为倾向）。

> 所以，为了称一个人是恶的，就必须能够从一些，甚至从唯一的一个有意为恶的行动出发，以先天的方式推论出一个作为基础的恶的准则，并从这个恶的准则出发，推论出所有特殊的道德上恶的准则的一个普遍地存在于主体中的根据，而这个根据自身又是一个准则。（MS 6：20）

康德断定，人类普遍有良知，良知乃是可靠的对行为进行道德判断的能力：

> 一个会犯错误的良知是胡说八道。因为在某种东西是不是义务的客观判断中，人们有时确实可能出错；但在我是否已经把它与我的实践理性（在此是判决的理性）进行了比较、以便得出这一判断的主观判断中，我不可能出错，因为那样的话，我在实践上就根本不

会做判断；在这种情况下就既没有错也没有对。无良知不是缺乏良知，而是不把良知的判断放在心上的倾向。（MS 6：401）

判断某个东西是不是义务，这是客观判断，可能会出错；但我们凭借自己对做某个东西是义务的理解，来考察某个行为是否符合我对义务的理解——这种比较可以进一步引出某个东西是不是义务的客观判断——这不会出错。康德认为，良知有其自身的严格性，足以摧毁各种自欺欺人的借口和狡辩。一个人很容易为自身找到借口，如以人性的脆弱来推卸责任，"但所有这些在内在的法官面前都没有用，这个法官不关注人性的脆弱，却只如其自身所是的那样审视行为"（MC 27：295）。

康德认为，良知的判断对自我和他人的行为都有效。"我们有一种判断一个事情是善是恶的能力，并且这种能力适用于其他人的行为，正如适用于我们自己的行为。我们也会以喜欢或厌恶去判断什么是让人愉悦的和不悦的事情，它们涉及我们自己如同涉及他人，而这种能力就是道德情感。"（MC 27：296）"因为良知就是在一个法则的任何事例中，都告诫人有进行赦免或者宣判的义务的实践理性。"（MS 6：400）

良知有其强制性，有健全理性的人不可避免地面临良知的审判。"他的责任仅仅是对自己关于什么是义务或者不是义务的知性进行启蒙；不过，一旦他开始这样做或者已经做了，良知就不由自主地和不可避免地要说话。"（MS 6：401）良知是"内在的法庭"，"它必然有力量以我们不自愿的方式，来强迫我们对自身行为做判断和判决，并能内在地豁免或谴责我们。"（MC 27：297）

另外，康德认为，理知的品格的不可知并不真正影响司法审判，因为后者只关注外在自由，而非内在自由，只根据身体性行为是否有合法性，而不根据内心准则是否出于道德法则而行动。

针对武德提出的荒谬归因问题，康德可以回应说，首先，每个人都要为所有经验事件负责，但这只是在很弱的意义上成立的，这就好比每个公民都要为民主选举导致的结果负一定责任那样，它并不像看起来那样荒谬。其次，每个人本体界行为的直接结果可以是其自身的经验性品格，而经验性品格也受到其主体的本体界行为之外的原因影响（如出生环境、教育）。每个人主要为自身的经验性的品格及自身经验性的行为负责，而只是间接地为其他人负责。因此，在康德的相容论框架下，每个个体有各自的意志自由和独立性，相互的自由并不相互取消。

综上所述，笔者认为，康德的相容论有其内在的融贯性；许多研究者所认为的康德相容论的内在矛盾之处，往往并非真正的矛盾，这些批评往往是没有充分理解康德思维方式的结果。即使这些辩护不能说明本体自由的现实的可能性，它们毕竟展示了本体界存在状态的复杂性，基于此，我们无法轻易地否认这种自由的可能性。通过相容论，康德力图一方面确立经验性科学研究的有效性——不仅对外在对象的研究如此，对心灵的研究也如此——另一方面又为道德和宗教留下了地盘。许多当代学者（尤其英美学者）对康德关于本体界的自由的观点不甚在意，并试图使其思想去本体化，但康德这些观点不仅构成了其实践哲学的基础性层面，而且可以让意志自由免除被经验科学证伪的危险——即使未来科学家证明，经验世界中的意志自由不过是幻想，这依然不能否定，人可能在本体界有自由。对自行开启因果序列的源初的自由可能性的肯定，对于伦理学而言是必要的，其可能性问题是哲学不可回避，却又在哲学史上往往被忽视的重要问题。康德深邃的自由观所能达到的深度和自洽性超过了大量思考者理解的程度，值得我们进一步研究。

第三章 道德动机的基本根据
——人的价值与尊严——如何确立

道德动机是康德用以论证**道德法则与自由理念的实在性**的三大基本要素之一，该动机以个人的内在价值与尊严为根据。康德认为真正的道德动机在于对道德法则的敬重。我们对道德法则的敬重，根源于我们对**人格性**（即**人格中的人性**）的敬重，而每个人人格中的人性，都有着绝对的价值和平等的**尊严**，因此，每个人就其拥有自由人格而言，都能引起也应当引起每个人的敬重。

为了理解道德动机如何可能，我们有必要考察，在康德哲学中，人（通过其人格性）何以具有（作为道德动机根据的）最高的价值与尊严。康德为伦理学和价值论提供了富有意义的基础，对最高的价值和规范性问题进行了深刻的思考。关于道德的终极理由与价值论的最终根据，康德以及当代康德主义者从各种角度进行了深入的阐述。本章对最高价值和道德之规范性的论证进行了反思性、比较性的考察，对各种不同的论证分别进行分析和评论。康德为人的最高价值与尊严提出许多不同的理由：自律带来原则的自我一贯性，自律体现无条件的、最高的善，人格性具有绝对的崇高性，设立道德法则的立法者拥有普遍有效的权威性，自由构成了行为负责能力和诸内在价值的根源。对此，武德、科斯戈尔德等人已经做了大量研究。但目前笔者尚未见到对康德以及康德主义者各种关于人的尊严与道德的规范性根据之理论论证进行的全面整体性考察，而笔者试图在这样的整体考察基础上，对各种不同的论证分别进行分析和评论，并最终提出笔者自己的观点。笔者认为，基于崇高性和基于内在价值来源的论证是康德哲学基础性的深层论证，而自由构成内在价值的来源是康德哲学中的道德之最好、最充分的理由，对当代的哲学思考仍然有独特的意义。

伟大的伦理学家们不仅提出了关于道德的思想，更一般性地追问和生命的意义和最高价值是什么。而如果价值论的根基和道德规范性的基础无法确立，那么，我们将面临道德相对主义和虚无主义的危险。康德是西方义务论伦理学最重要的代表，也就人生的意义问题作了深刻的阐发，认为生命的意义和最高价值就体现在道德之上，因此，什么是生活的最高价值的问题就是什么是道德的理由的问题。本章对康德与康德主义者关于最高价值和道德之规范性的论证进行了反思性、比较性的考察，对各种不同的论证分别进行了分析和评论。

第一节　对相关重要概念的分析

为阐明相关问题，笔者试图先澄清人格、人格性、人格中的人性、绝对善良的意志这几个引起学界许多争议的概念，以避免许多重要的误解。笔者认为，人格是能够为自身行为负责的主体，人格性是人格之为人格的能力，即道德能力，笔者试图论证，人格中的人性也是人先验的道德自律能力，而非如科斯戈尔德等人所认为那样，是设定一切目的的能力。人格性和人格中的人性是统一的。人凭借人格中的人性而具有尊严和绝对价值。最后，笔者说明了幻相、幻想、幻影等几个相关概念的含义。

第一，"人格(Person)是其行为能够归责的主体。因此，道德上的人格性(Personlichkeit)不是别的，就是一个理性存在者在道德法则之下的自由(但是，心理学的人格性只是意识到其自身在其存在的不同状态中的同一性的那种能力)。"(MS 6：223)理性存在者凭借其为自身行为负责的能力而被称为人格，他作为人格不仅属于经验界，也属于本体世界，他不以经验因素为根据，而拥有自由意志。

人格性就是独立于经验因素而自律的能力。康德认为，义务的来源"这个东西不是别的，正是人格性，也就是摆脱了整个自然的机械作用的自由和独立，但它同时却被看作某个存在者的能力，这个存在者服从于自己特有的，也就是由他自己的理性给予的纯粹实践法则，因而人格属于感官世界，就他同时又属于理知世界而言，则服从于他自己的人格性……"(KpV 5：86-87)

其他事物不具有自由，不具有设立普遍法则和客观目的的能动性，只有在被他者欲求的时候才有价值，其价值是有条件的。只有理性存在者是自在的目的。

有些存在者，它们的存有虽然不依赖于我们的意志而依赖于自然，但如果它们是无理性的存在者，它们就只具有作为手段的相对价值，因此叫作**事物**(Sachen)；与此相反，理性存在者就叫作**人格**，因为他们的本性已经显出了他们就是自在的目的本身，即不能只被

当作手段来使用的东西，因而就限制了一切抉意（Willkür）（并且是一个敬重的对象）。（GMS 4：428）

在此，我们按通常的译法把"Person"译成"人格"。根据引文，"Person"指具有自由、较高层次的主体本身，它仅就人的自律、自由的层面来述说人这一主体，故译作"人身"难以表达这种意涵，不是十分合适的翻译；而"个人"一般是相对于他人和群体而言，这里"Person"则是相对于物而言的；"人"难以传达一种独特身份的内涵，而译文"你的人中的人性"中"你的人"则颇让人费解，因为"你"就是一个人。"人格"比较能突出以某种身份存在的人（作为人自在目的而非手段）的含义，故被选用。如邓晓芒教授所言，"由此可见，至少在康德那里，将 Person 译作'人''人身'和'个人'都是不合适的，这些译法不能够表达出这个词的跨界性质，而且容易和其他的德文词如 Mensch、Leib、Individium 混在一起，区分不开①。"理性存在者就叫作**人格**，因为他们的本性已经显出了他们就是自在的目的本身……"（GMS 4：428）邓晓芒教授说："现代意义上的'人格'一词，来自于西文 person（如英文 personality、德文 Personalität），其含义首先是指个人或私人，其次，它还意味着个人身上的身体特征、外在的容貌风度，是体现在外的个性特点。"②

然而汉语中"人格"通常指主体的个人显著的性格、特征、态度或习惯的有机结合，或人的道德品质，而非具有这些层面的主体，此译法似乎也不甚理想，姑且就此作一说明。

第二，在康德哲学中，"人性"的概念有着不同的内涵，在不同文本里内涵也有所变化，但总体上都包含了动物性和道德性的内容，包含了设立与追求实用性目的和道德目的的能力。《康德辞典》恰当地指出："在康德这里，人性是一种与人际关系相关的实践能力，它显示出了接受性的和主动性的方面。"③在《道德形而上学基础》中，康德也承认有人性有不同于其他理性存在者的特殊禀赋，有其感性的方面，断言"从人性的特殊禀赋、从某些情感和偏好"之中不可能推出道德法则（GMS 4：425）。而在此书中，康德着重强调了"人格中的人性"概念，它一般是指纯粹实

①　邓晓芒：《关于 Person 和 Persönlichkeit 的翻译问题——以康德、黑格尔和马克思为例》，《哲学动态》2015 年第 10 期。

②　邓晓芒：《人论三题》，重庆，重庆大学出版社，2008，第 112 页。

③　Marcus Willaschek, Jürgen Stolzenberg, Georg Mohr, & Stefano Bacin (hrsg.), Kant-Lexikon, Band 1, De Gruyer Press, 2015, S. 1049.

践理性。"这个原则的根据是：**理性的本性是作为自在的目的本身而实存的。……所以，实践命令将是如下所述：你要这样行动，把不论是你的人格中的人性，还是任何其他人的人格中的人性，任何时候都同时用作目的，而决不能只是用作手段。**"(GMS 4：429)在《判断力批判》中，康德说，"人性(Menschlichkeit)一方面意味着普遍的同情感，另一方面意味着使自己最内心的东西能够普遍传达的能力；这些特点结合在一起就构成了与人性相适合的社交性，通过这种社交性，人类就把自己和动物的局限性区别开来。"(KU 5：355)这种作为人性的社交性构成了动物性与道德性之间的中介。在《纯然理性界限内的宗教》中，康德也认为，人有三个层面的本然秉赋：动物性、人性和人格性。在人作为生命的层面，人具有动物性；在人作为生命和理性存在者的层面，人性是设立目的、形成目的的整体系统，并有通过手段实现目的的理性能力；在人作为理性的，同时是有负责任能力的存在者层面，人可以设立道德法则并负有服从法则的责任(Religion 6：26-28)。在此，人性更多与抉意、一般实践理性相关。在《道德形而上学》中，人性与动物性不同，是设立目的的能力以及发展这种能力的能力(MS 6：391)。在《实验人类学》中，康德指出，"在交往中把舒适生活与德性结合起来的思维方式就是**人性**"，而重要的不是限制生活的舒适程度或幸福的程度，而是应当让德性与幸福形成恰当的比例，即应当"用德性的法则去限制过舒适生活的偏好"(MS 7：277)。该著作又以这样的方式区分了人之为人的三种禀赋：

> 在有生命的地球居民中，人通过他利用事物的技术性禀赋(与意识相结合的机械禀赋)、通过他的实用性禀赋(灵巧地利用别人来达到自己的意图)以及通过他本质中的道德性禀赋(按照法则之下的自由原则来对待自己和别人)而与其余一切自然存在者明显有别，而且这三个阶段的每一个都独自就已经能够把人区别开来，具有与其他地球居民有别的个性。(Anthropologie 7：322)

从这些界定中，康德的人性概念主要指某些能力，而非某种先天属性。

在《纯然理性界限内的宗教》中，康德也人性看作人类先天的某种性质，具体来说，是恶的性质。当然，康德认为，人同时兼有趋恶的倾向和向善的禀赋。康德宣称，人性是恶的，人类基于在本体界源初的决定而"天生具有"恶的意念，普遍有着趋恶的倾向，这种倾向是"生而具有的，因为它是不能被根除的"(Religion 6：31)。"由于它[指趋恶的倾向]

必然总是咎由自取的，甚至也就可以把它称作人的本性中的一种根本的、生而具有的（但尽管如此却是由我们自己给自己招致的）恶"（Religion 6：33。参见本章第二节）。

第三，在《道德形而上学基础》中，人格中的人性是指纯粹实践理性，或设立道德目的的能力。

科斯戈尔德认为，"一般意义上的理性决定目的的能力，而不是仅仅选择道德上的义务性的目的，才是'人性公式'命令我们无条件珍视的目的"①。武德继续试图论证这一观念。杨云飞认为，"人性公式"指的是人格中的人性，而不是一般的人性，因而不同意科斯戈尔德和武德的观点，即将任何设置目的的能力都看成是自在目的。他认为，科斯戈尔德和武德的阐述有助于我们理解康德对人性的一般规定，但还不足以规定"人性公式"所探讨的人性之意义。杨云飞的主要理由有两点："第一，就康德的文本表述来说，他在此当作自在的目的本身的，并非一般意义上的人性，而是'人格中的人性'。……第二，如果把一般的人性理解为自在的目的本身，那么我们显然无法满足前面提出的判定客观目的的后两个条件：其存有或实存具有绝对价值；只有它能成为定言命令的根据。"②

笔者赞同杨云飞的看法，认为人格中的人性指纯粹实践理性，或设立道德目的的能力。"所以，康德在'人性公式'中谈的人性，人性体现了本体的人之中追求自我实现、成为道德存在者的能力。这无疑也是一种设立目的的能力，但却是一种设立道德目的的能力。"③"在《道德形而上学基础》中，康德在多处提示了这一点，'有理性的、作为立法者的存在者（它们正因此也被称为人格）''作为（目的王国——引者注）成员的所有人格'以及'当他把自己置于知性世界一员的立场上时，他相信自己就是这个更善良的人格'，等等。"④

笔者认为，科斯戈尔德对于特殊语境下人性定义的引用是断章取义的，在她所引用的《道德形而上学基础》的文段中，康德所说的作为人性的设立目的的能力是具有特定内涵的。⑤ 康德说：

---

① Christine Korsgaard, "Kant's Formula of Humanity", in Ruth F. Chadwick (ed.), *Immanuel Kant: Critical Essays*, Vol. Ⅲ, London, Routledge, 1992, p. 162.
② 杨云飞：《定言命令研究》，武汉大学博士论文，2006，第34页。
③ 杨云飞：《定言命令研究》，武汉大学博士论文，2006，第30页。
④ 杨云飞：《定言命令研究》，武汉大学博士论文，2006，第35页。
⑤ Christine Korsgaard, "Kant's Formula of Humanity", in Ruth F. Chadwick (ed.), *Immanuel Kant: Critical Essays*, Vol. Ⅲ, London, Routledge, 1992, p. 161.

　　这样看来，理性的自然区别于其余的自然，就在于它为自身设定了一个目的。这一目的将会是任何一个善良意志的质料。但是，既然在这个没有(实现这种或那种目的的)限制条件的绝对善良的意志的理念中，一切要起作用的目的(zu bewirkenden Zwecke)都必须被完全抽象掉(这样只会使任何意志成为相对善良的)，所以，在这里目的不是作为一个要起作用的目的，而是独立自主的目的(sondern selbstständiger Zwecke)，故而只是被消极地设想，亦即，绝不能和它相违背地去行动，因而这个目的必须在每个意愿中绝不是单纯作为工具，而是任何时候都同时当作目的而受到尊重。(GMS 4：438)

　　艾伦·武德将"zu bewirkenden Zweck"译为"the end to be effected(要被影响的目的)"，他解释说，"康德反对把这种目的(指自在目的——引者注)看成一种其现实性有待引起的目的，就是说，看成某种事物或事态，它尚未存在而需要通过某个行为主体作为原因而把它实现出来"①，并认为自在目的是"已经实存的，并且其存在本身就是目的"②。然而 bewirkenden 是主动态的，"zu bewirkenden Zweck"应被译为"the end to function(要起作用的目的)"。"理性的真正的使命，就必须不是产生一个作为其他意图的手段的意志，而是产生一种自在地本身就善良的意志(an sich selbst guten Willen)。"(GMS 4：438)在此，"自在地本身就善良的意志"的"自在"是相对于"作为其他意图的手段"而言的，说明这种意志不是作为其他意图的手段、因为能够达到其他意图才具有价值，而是自身就是善良的，或者就凭自身而成为善良的。假如善良意志只是手段，其价值只在于实现它物中的用途，就"只会使任何意志成为相对善良的"(GMS 4：396)。因此，zu bewirkenden Zwecke(要起作用的目的)指的是在实现其他意图中起手段作用的目的。

　　根据这段对康德的引文，这一理性为自身所设立的目的，是任何善良意志的质料，对任何的理性主体都具有效力。而上一段康德说，意志是"彻头彻尾善良的"，其准则是可以成为普遍法则的，因此，这里所指的"目的""这一目的"只能是具有普遍有效性的客观目的。于是在文中康

---

① Allen W. Wood, *Kant's Ethical Thought*, New York, Cambridge University Press, 1999, p.115.

② Allen W. Wood, *Kant's Ethical Thought*, New York, Cambridge University Press, 1999, p.115.

德说："在这里目的不是一个起作用的目的,而是一个自在的目的。"
(GMS 4:438)所以,在这里康德所说的"理性本性[自然]与其他本性[自然]的区别",并不在于它为自己设立一般的目的,而在于它为自己设立客观的道德目的。它不等同于理性受感性束缚而设立的目的,而是由纯粹理性先天地设定的目的。也正是在目的一词这样的特定用法中,康德接着在同一段里提出了目的性公式的一种变式:"目的的主体即有理性的东西自身,任何时候都不能被单纯当作工具,而是应该当作、限制工具使用的最高条件。"(GMS 4:438)在此,我们将道德上的善归结为对纯粹实践理性的必然要求,进而将纯粹实践理性归结为设立普遍有效性的目的的能力。

武德认为,有两个理由能说明,一般的人性(设立目的的能力),而不是狭义的人性(设立道德目的的能力),才是自在目的本身。首先,他认为:"理性本性的整体构成了这样的一种目的。去保存、尊重理性本性就是去保存和尊重他的一切方面的功能,而不仅仅是设立和遵守道德法则的道德能力。"①

然而笔者认为,只有道德上的而不是其他层面的能力,才使人得以成为自在目的。因此,人的理性仅仅由于其道德性这"唯一条件"才能成为自在目的。"现在,道德性就是一个理性存在者能成为自在目的本身的唯一条件,因为只有通过道德性,理性存在者才可能成为目的王国中的一个立法成员。所以,道德性和人性——就其有道德的能力而言——是那种独自就具有尊严的东西。"(GMS 4:435)这最后一句的德文原文是:"Also ist Sittlichkeit und die Menschheit, so fern sie derselben fähig ist, dasjenige, was allein Würde hat."这里,"so fern sie derselben fähig ist(就其有道德的能力而言)"这个从句是限定"die Menschheit(人性)"一词的插入语,因为"so fern sie derselben fähig ist(就其有道德的能力而言)"无法限定"Sittlichkeit(道德性)"。由此可见,道德性与道德层面的人性,才具有尊严,并使人成为自在目的。

康德又说:"工作中的熟巧和勤奋具有市场价格,机智、生动的想象力和诙谐具有玩赏价格;相反,信守承诺、出自原理(而非出自本能)的好意,才具有内在的价值。"(GMS 4:435)很显然,道德性体现为设定行为的道德目的的能力;设定实用目的、审美目的的能力本身并不是道德的能力,不是道德性的体现,并不能使人成为目的王国中的一个立法成

---

① Allen W. Wood, *Kant's Ethical Thought*, New York, Cambridge University Press, 1999, p. 115.

员，因此，它并不属于使理性存在者成为自在目的的唯一条件。只有"与道德相适应的人性"，作为设立道德目的能力的狭义的人性，才是作为自在目的的人性，这种人性才是绝对命令第二公式所指的人性，才是人格中的人性。设定实用目的的能力和熟巧和勤奋一样，只能具有市场价格（GMS 4：435）。

其次，艾伦·武德论证说，自在目的必须是自在现存的，其存在不能是偶然的。然而，既然善良意志是否真正会在经验中存在都是可疑的，因此，如果只有善良意志才具有绝对价值，那么普遍律令的有效性就是不确定的了。由此康德把理性设置目的的能力本身看作普遍律令的根基，这样律令就始终是有效的，无论其意志是不是好的，无论意志是否出于绝对律令而行动。

笔者以为，如果把上述"设立目的的能力"换成"设立道德目的的能力"，上述结论依然是成立的。他的论证只能说明，从现实性的角度看，其人性的解释也是可能成立的，但并不能由此排除另外一种可能。

武德认为，由于自在目的被看成是单纯的能力，因此，"只要存在着能够追寻（inquire after）绝对律令的根基的有理性者存在，这种律令就具有客观的根基，即使他们永远不会根据它而行动"①。

的确，设立道德目的的能力作为人格中的人性是自在目的，但是，绝对律令的有效性并不建立在这种后天的（尽管是无限的）追寻根据的可能性上。康德说理性本身就是实践的。道德性、道德法则的实在性不仅仅是潜在性的，而是一个纯粹理性的事实。因为道德原则已经先天地、具有实在性地存在于人的理性之中，并构成理性之本质，它不需要也不可能通过经验来证明。

康德认为，理性是提供原则并据此进行推理的能力，包括理论与实践两种运用；在这两种运用中它都要保持自身的一贯性而不自相矛盾。只有遵循普遍法则，而不是单纯的主观准则，才能保证这种一贯性，因此，应当使行为的准则成为普遍法则。"甚至道德法则也是作为我们先天意识到并且是必然确定的一个纯粹理性的事实而被给予的……"（KpV 5：47）因为在那些通过经验现实地给予出来的、作为感官世界的事件中，我们不可能指望这种作为现象的经验行为和先验人格本体的联结，但除了感官之物以外，别的东西并没有给我们提供知觉和观察。"所以剩下的就无非是，或许会发现一条不矛盾的，更确切说是客观的因果性原理，

---

① Allen W. Wood, *Kant's Ethical Thought*, New York, Cambridge University Press, 1999, p. 120.

它从自己的规定中排除一切感性的条件，也就是说，在这样一条原理中，理性不再去引用别的东西作为因果性方面的规定根据，而是本身已经通过这条原理包含了这个规定根据，所以这时它作为**纯粹理性**本身就是实践的。"(KpV 5：105)但这条原理不需要寻求，也不需要后天的发明，"它早就存在于一切人的理性中且被吸纳进他们的本质。它就是德性的原理。"(KpV 5：105)

理性不从别的地方援引因果性的条件，仅仅以自身设立的法则为根据规定抉意，从而先天地作为自由而成为实践的，而自由又是道德法则存在的根据，于是自由的现实性(亦即其所属的理知世界的现实性)被先天地认识到了。"所以那个无条件的原因性及其能力，即自由，但连同自由还有某个属于感官世界的存在者(我本人)，毕竟同时又不只是不确定地和悬拟地被思考为属于理知世界的。"(KpV 5：105)然而，这不是通过思辨理性而达到的认识，它的实存与属性不可能被某种更高的原因所证明，因为自由本体超出了知性认识的范围之外；但在道德哲学中，康德通过由果及因的追溯方法，从道德法则的存在引出了自由的存在，以及理知世界的现实性。所以康德说："自由固然是道德法则的 ratio essendi [存在理由]，道德法则却是自由的 ratio cognoscendi[认识理由]。"(KpV 5：4)

科斯戈尔德引用了康德对自身义务的第一方面、自然性的完善(相对于道德性的涵养)的阐述中说明人性的一段话，以说明这种广义的人性、即一般的实践理性就是自在目的：

> 一般而言为自己设定某个目的的能力，是人类的显著特征(与兽类有别)。因此，与我们自己人格中的人性的目的相结合的，也有理性意志，因而有如下义务，即一般而言通过培养为人性做出贡献，就实现各种各样可能目的的能力在人本身可以发现而言，获得或者促进这种能力……(MS 6：391)

然而我们要考虑到康德的论述的语境。这里牵涉到两个层次的目的：以感性对象为目的，以(发展)设立这种目的的能力为目的(反身性目的)。与此相应有两种行为：以感性对象为目的的行为，以(发展)设立这种目的的能力、理性的完善性为目的的行为(后者是科斯戈尔德所讨论的论题所在)。后一种行为如果是出于对理性法则的敬重，就是出于义务的、道德性的，但不是自在目的，而以自在目的(即纯粹实践理性)为根据。引文上一句说："自然的完善，亦即促成由理性提交的目的的所有一般能力的培养。这是义务，因而本身就是目的，而且那种培养甚至无须考虑它向我们保证的好处，不以一个有条件的（实用的）命令式为基础，而是以一个无条件的（道德的）命令式为基础，这一点应当由此看出。"（MS 6：391）因此，发展才能应当出于对绝对律令的尊重，应当是道德的纯粹实践理性，而非一般的实践理性，构成人们行为的根据，纯粹实践理性具有不可取代的优先性，所以，一般的实践理性不可能成为行为最高的依据，不可能成为自在目的。而在《道德形而上学》后面的论述中，康德指出，"义务的主体（人）要么把自己视为动物性的（自然的），同时又是道德的主体，要么视为纯然道德的存在者"（MS 6：420）。"人对自身的义务（当不考虑动物性）就在于形式性的东西，在于意志的准则以人格中的人性的尊严为依据。"（MS 6：420）人格中的人性是有尊严的，因而它只能是道德性的纯粹实践理性。说谎、贪婪和卑躬屈膝"与作为道德存在者的人们的品性，亦即人的内在自由、生而具有的神圣（在形式上就已经）截然相悖"（MS 6：420）。内在的自由就是使意志的准则以人格中的人性的尊严为依据的能力，就是自律，体现在纯粹的实践理性上。因此，人格中的人性是纯粹实践理性，或设立道德目的的能力。

康德认为，幻相（Schein）意味着知性与对象的错位关系的主观根据，错觉（Blendwerk）是由感官表象给知性造成的错误表象，幻影（Hirngespinst）则是主体的被主观思考的、想象性的表象，幻想（Phantasie）是主体的想象性的表象。康德断言，经验性事物的显象可以具有"经验的真实性"，"并不是我给自然捏造的普遍幻相"，他的学说"没有使整个感官世界成为纯然的幻相"（Prolegomena 4：292-293）。道德性、德性和柏拉图理性地设想的作为本体的国家也不是单纯的幻影（Grundlegung 4：445；KpV 5：154；Anthropologie 7：91）。

"幻相（Schein）是一个出自主观原因的错误判断的根据，这些原因被误认为客观的"（Anthropologie 7：142）。幻相并不在于对象和（无法做判断的）感官，而"只是在判断中、即只有在对象与我们知性的关系中"才会出现，而这些判断混淆了判断的主观根据和客观根据；幻相本身并非谬误，只是可能"诱导出谬误"（KrV A293/B350）。"我们可以把一切幻相都归因于：思维的主观条件被当做了客体的知识。"（KrV A396）由于感官的幻相，知性"把自己表象方式的主观的东西视为客观的东西"，如把远处的海洋看作比海岸更高（Anthropologie 7：146）。先验幻相则基于将知性概念运用于本体界。康德以"世界在时间上必定有一个开端"为先验幻相的例子，认为它是基于把知性连结概念的主观必要性看作"规定自在之物本身的客观必然性"（KrV A297/B354）。幻相与真理相对，可以存在于认识、实践、审美中。

关于错觉（Blendwerk），"由感官表象给知性造成的错觉（praestigiae）可以是自然的，也可以是人为的，它要么是幻觉（illusio），要么是欺骗（fraus）"（Anthropologie 7：149）。幻觉在人们对其进行正确认识后仍不会消失；但对于魔术之类的感官的欺骗，人们对其进行正确认识后，幻相也就随之消失了（Anthropologie 7：149）。

幻影（Hirngespinst）是某种本身并不矛盾、但在现实中没有任何东西与之相对应的表象（20：401）。幻影意味着"感官的欺骗"，"产生于[……]我们将想象与感觉混合在一起"（25：61）。它们的客体是"想象性的存在者（Ens imaginarium）"（28：544）。幻影意味着"对真理的认识之衰弱"（25：879）。例如，对未来的预感（即"对尚未在场的东西的一种隐秘的感觉"）都是幻影（Anthropologie 7：187）。

幻想（Phantasie）是对未被直观的形象的想象。在严格意义上，幻想是"不由自主的（例如在梦中）"对"一个有形体的形象"的造就。而如果对形象的造就是主动形成的，其过程则是创作（Erfindung）（Anthropologie 7：175）。在严格意义上，幻想也可以是有意形成的，例如，生产性想象力可以在单纯的游戏中"无恶意地说谎"，这种活动也体现了幻想（Anthropologie 7：180）。

第二节　基于原则的自我一致性的论证

康德认为，只有遵循可普遍化的准则，我们才能保持**原则的自我一致性，原则才与原则自身一致**。因而，只有可普遍化的准则才具有合理性。因此，我们应该遵循可普遍化的道德原则。

准则普遍化原则并非**道德的最后根据**。康德断言，体现道德最高原则的定言命令只有一条，这就是：**"你要仅仅按照你同时也能够愿意它成为一条普遍法则的那个准则去行动。"**然而，准则可被意愿普遍化这个规范性标准的合理性并不是自明的，它被许多哲学家所质疑，还不足以构成道德的最终根据，因此，我们需要寻求更基本的理由，来说明为何我们必须要使准则可普遍化（GMS 4：421）。

康德为道德与准则的可普遍化所提供的一个有意义的论证，是**基于原则的自我一致性的论证**。他认为，只有遵循普遍的道德法则，我们才能够保持**行为原则自身的一致性**，而不会陷入原则的**自我矛盾**的状态。自相矛盾的原则不可能是合理的，因而无法构成恰当的价值标准。只有不自相矛盾的原则和身份才能具有正当性。

如果一个行为的基本原则确实是自我一致的，那么，当这个原则被持续、**普遍地遵循**，将不会导致**自我矛盾**，处于不同经验性条件下人们的行为与对目的的追求却会彼此相容，乃至相互促进。这意味着，这个准则具有普遍的有效性，我们能够理性地使准则成为普遍法则，或者说，准则能够**"通过你的意志成为普遍的自然法则"**（GMS 4：421）。

因此，原则的自我一致性与可普遍化有两个**基本条件**：第一，该准则被普遍地遵循后不会导致符合原则的行为**自我矛盾**，从而使得这种行为无法进行下去；第二，准则被普遍化不会与人的基本本性相矛盾，因而我们能够理性地**意愿**这个准则被普遍化。康德通过讨论人的几种基本义务，具体阐明了这两个条件，展示了通过原则的自我一致和普遍有效性的要求，有效引起具体的道德原则、行为合理性的标准。

由此，**道德**——而非感性的**幸福**——应成为行为的最高根据，因为以自我的幸福为最高目的的自爱原则并不真正具有自我一致性，它被普遍化后无法不引起矛盾（GMS 4：399）。即便在社会制度和法律良好的情况下，自爱原则一旦普遍化，"就恰好会导致与一致性的极端对立，导致这个准则本身和它的意图的严重冲突及完全毁灭"（KpV 5：28）。例如，如果每个人都在价值冲突中为了自己的幸福作虚假承诺，人们将不再相信承诺，也不会再无谓地作虚假承诺。

原则的自我一致性还有第三个更基本的条件：作为原则根据的基本概念是一个具有**确定性内涵**的公共概念，它具有人们公认的普遍的具体规定。幸福的观念就不是这样的确定概念，它只是一个笼统而空洞的概念，是"那些主观规定根据的普遍称谓"（KGS 5，25）。因为，人们所拥有的幸福观念是各不相同、经常变化的（KGS 5，25）。

原则的自我一致性并不就是**道德的最好理由**，也不是生活的最终意义之所在。首先，要证明准则是否满足上述第二个条件，我们需要诉诸这个公式之外的（关于人性或人的基本处境等的）前提，因而，这个公式及其对自我一致性的要求并不足以提供确定的评价标准，并不构成道德的最终理由。其次，就第三个条件而言，幸福原则尽管不是绝对普遍的，但人们对幸福的追求仍然具有相对的一般性，人们的幸福观念和基本的感性需求是大体一致的。人的基本需要的满足构成了实现其他目的的重要条件。最后，有不少学者质疑：为何原则的绝对一致性与普遍性如此重要，以至于道德原则要无条件地优先于幸福原则？为何由于在道德原则的绝对普遍性和幸福原则相对的一般性之间的区别，我们不惜牺牲一切，甚至在我们自己和所有亲人生命受到危险的时候也要拒绝做伪证？为了回答这些质疑，康德诉诸其他关于道德的理由。

第三节　基于无条件的善的论证

康德认为，**最高的善**是价值标准的最高根据，而最高的善是**无条件的善**，它体现在行为准则的普遍形式（或准则的合法则性）。因此，每个人都应当做道德的事情，遵循道德的普遍法则。

在《道德形而上学奠基》第一章中，康德主要诉诸无条件的善来论证行为准则为何应当具有普遍有效性。首先，只有**善良意志**是无条件的善。而能力、财富、权力、快乐等其他事物的善都是有条件的。在某些情况下获取权力和财富的行为，并不是善的，而有可能是恶的。反之，如果一个人凭借善良意志在行动中尽了最大的努力，但没有达到预期的效果，这善良意志仍然是善的，像珍珠一样闪光。其次，无条件的善，体现于**行为的准则**，而不是体现于行为的结果，也不在于行为所实现的客体。因为意志是通过有理性的意识而规定行为准则的能力，善良意志的善体现于这种意志所规定的准则，不体现于行为的结果。再次，无条件的善体现于**准则的形式**，而不体现于准则的质料。行为的准则的质料是行为的经验性意图，它们指向行为的结果、行为所实现的客体，而无条件的善并不体现于行为所要实现的客体，因此，它也不会体现于准则的质料，而只会体现于准则的形式。最后，体现无条件的善的准则的形式是**普遍的形式**，而不是缺乏普遍性的形式。无条件的善的有效性是普遍的，在任何情况下都是善的，以它为根据的行为的基本准则也是普遍有效的。如果意志的目的并不是无条件的善的目的，而受到了另外的目的的限制，那么，这另外的目的就构成了前一个目的的价值的条件，这种意志就不会是无条件的善的意志。因此，"我绝不应当以其他方式行事，除非我也能够愿意我的准则成为一个普遍的法则"（GMS 4：402）。

这里的论证思路其实立足于普通人类理性的道德常识，并未对义务与规范性的本质与根源有彻底的思考，因此，康德从这个思路过渡到对善和义务的哲学思考。其实，康德哲学中的善（Gute）是指道德上的善，它与恶相对，并不是一般意义上的好或有价值。因而，**善与恶（Böse）**的区分与**福（Wohl）祸（Übel）**的区分是截然不同的（KGS 5：60-61）。

上述的论证乃是立足于**道德的立场**；而根据利己主义者的立场，自我的幸福（而非善良意志）才是无条件地有价值的。为了回答为何善良意志是无条件地有价值的、有着绝对的价值优先地位，康德提供了其他更深层的论证。

第四节　基于价值标准的确定性的论证

如果我们把不具有普遍有效性的准则与价值看作最高的原则与价值，那么，我们的实践生活就缺乏**确定、可靠的合理性标准**，道德与规范性也缺乏根基。在这种情况下，我们的行为就依赖于种种偶然的、多样的价值和原则，据此，我们只是有相对的权利和义务，但这些权利和义务并没有确定、可靠的基础，我们就会陷入价值相对主义和虚无主义。在《道德形而上学奠基》第二章中，康德主要诉诸义务的确定性来论证准则为何应当具有普遍有效性。

如果所有的准则都只是相对有效的，并无普遍的有效性，那么，行为的必要性就依赖于种种偶然的经验性条件，规范性和价值评判就缺乏**确定的基础**，一切义务就不会具有**确然性**。首先，一个准则没有普遍的有效性，或者是由于这个准则的目的受到其他目的的限制，因而不具有普遍的约束力，或者是由于这个准则只对具有特定的身份或处于特定的状况下的行动者有效，而不针对所有的自由的行动者。其次，对于不处在原则所针对的特定经验条件下的人们而言，非普遍性的原则的合理性就是可疑的。一旦行为的经验性目的和行为者的身份、状况发生某些改变，实践的原则和标准就会发生改变。例如，某些人只是因为处在某个社群的文化中而被要求遵循这种文化中的规范，而在其他文化中这些规范的有效性就是可质疑的了。我们需要回答，为何偶然地出生和生活在某个社群里，我们就应当遵循其中的规范。而对于离开了这个社群的人或本来就不在这个社群中的人而言，这个规则的有效性也是可疑的。因此，如果所有的准则都只是相对有效的，我们就没有什么确然无疑、必须遵循的义务，没有确定、可靠的行为合理性标准，我们就会面临道德相对主义和虚无主义。最后，一般而言，只有在一个超越具体时代和地域的立场上，诉诸彼此都能接受的一般性原则和价值，我们才能够为不同时代和地域的行为提供理由，并为每一个行为提供确定的评价标准。当然，普遍的原则并不要求每个人以同样的能力和外在条件来完成某种行为，而是平等地要求每个人在力所能及的范围内发挥其自发性、主动性。

因此，如果没有普遍有效的实践原则，就没有那种我们无论如何必须遵循的义务和规范，道德义务的确定性就被取消了。**道德相对主义**在根本上是**道德虚无主义**：如果每种义务都是相对的、不确定的，那么，根本上说，并没有任何完全确定要被遵循的义务，任何义务都没有确定的基础。

然而，更根本的问题在于，**为何我们应当追求道德**？为何要有确定的价值评判标准、确定的义务和规范？为何我们不能陷入价值虚无主义？于是，我们需要进一步的理由才能说明人格与道德的尊严。把道德看作个人的或社会的利益的手段，这是一种对道德的**外在主义**的、后果论的说明，但这并非道德的最好理由。因为，如果道德的理由在于**个人的长远利益**，它难以说明，为何当一个人认为他做一件不道德事情不会影响他的长远利益的时候，他不应见利忘义；如果道德的利益在于**社会的利益**，那么，我们需要进一步说明为何我们应当把集体的利益看作绝对优先的。为此，康德以独特的进路提供了道德的**进一步的理由**。

第五节　赋予价值的能力的论证

科斯戈尔德等人在**建构主义**的立场上，重构了康德关于人性的价值与规范性的来源的论述，提出"赋予目的价值的论证"（Valued End Argument），该论证被称为西方学界关于康德价值论的标准解释。

科斯戈尔德断言，人性作为理性设立各种（道德与非道德）目的的能力，是一切事物**价值的源泉**，因此，这一赋予价值的人性必然具有无条件的客观价值。首先，她表明了康德的"善"的概念的道德内涵，她指明了善的**普遍性特征和理性特征**：如果一个人的目的不能被共享，因而不能成为每个人都欲求能力的对象，它就不会是善的，而这个行动也不会是理性的。其次，她认为，由于我们是理性存在者，因此我们能够把**善或客观价值**赋予事物。除非我们认为某物是善的，我们不会选择它们作为行为的目的。即使我们无法发现事物的善的终极条件，我们仍然实际地做出选择，这表明，一切事物之所以是善的，是因为理性存在者选择它们。由于每个人都有理性，我们不能不认为，每个人都有着"赋予价值的地位"；"这样，通过追溯其条件，我们发现，一切善的事物的无条件的条件，就是理性本性，即理性选择的能力"。① 最后，她从人性作为客观目的之源泉出发论证人性是**自在目的**。她说，要起到赋予客观价值的作用，"理性本性必须本身就是某种有无条件的价值的事物，即一个自在目的"②。而且，理性本性并不只是目的的实存性的必要条件，使之存在起来，以便它们具有某种价值，而直接就是其存在之为善的价值上的根据和基础。

但是，笔者以为，这种被重构的康德式论证十分深刻，有一定的文本依据，但并不足以说明规范性的最终来源和道德的最终根据。首先，由于科斯戈尔德基于**道德意义上的善**的观念来展开论证，该论证只能说明，人性在道德上是无条件地善的和有价值的。但人性为何不仅在道德意义上或在**道德的立场**上具有最高价值，而且在一般的价值论意义上具有最高的价值和（相对于幸福等其他事物的）绝对优先地位，为何道德如此重要，这不能**仅仅**通过这个"赋予价值的论证"而得到有效说明。因此，她的关于规范性来源的论证如同上述的基于无条件的善的论证一样，都只有有限的意义。其次，价值是一个**关系性**的概念；一个对象有价值，一方面来说基于某个目的或者评价标准，另一方面，基于符合这种目的或标准的对象的属性。因此，价值并不是某种我们能够像物品一样授予事物的东西。

第六节　基于自律崇高性与权威性的论证

康德认为，自律体现了理性存在者无上的崇高性与权威性。由于自由的崇高性也体现在这种权威性之上，因此，笔者将基于这两方面理由的论证一起讨论。

康德阐明了，自由不是选择自律还是他律的能力，而是**自律的能力**。从根本上说，自由和为行为负责的能力在于自律的能力，而他律不是一种能力的体现，却是"无能"的体现（MS 6：227）。在康德的伦理学中，自由体现为自律的能力，即理性设定普遍法则和根据自身设立的普遍法则行动的能力，亦即纯粹实践理性和人格中的人性。首先，自律的活动（理性凭借自身而设立法则和通过法则规定意志的过程）是主动的、自

---

①　Christine Korsgaard，"Kant's Formula of Humanity"，*Immanuel Kant：Critical Essays*，Vol. Ⅲ，Ruth F. Chadwick（ed.），Routledge，1992，pp. 196-197.

②　Christine Korsgaard，"Kant's Formula of Humanity"，*Immanuel Kant：Critical Essays*，Vol. Ⅲ，Ruth F. Chadwick（ed.），Routledge，1992，pp. 196-197.

由的。理性能够通过运用概念和判断，主动地设立自身的原则和目的，理性能够把先验概念能动地连接起来，建构先天综合判断，基于理性概念（即理念）的纯粹性而自主设立具有普遍有效性的原则和目的，这些原则和目的能够被所有理性存在者所接受，据此，理性的自律原则不会像诸多他律的原则那样，使得理性存在者之间的原则和目的陷入冲突而难以坚持，却会使他们的原则和目的可以普遍地相容（乃至相互促进）。其次，他律尽管能体现一定的主动性，却在根本上是被动的。人身上的感性的爱好（持久的欲望倾向）和冲动（当下的欲望、刺激）并不是人通过意志而主动选择的，而是被赋予我们的，因而，以它们为行为的最高根据，这就是被动性的体现。无论人为了感性的目的多么主动地采取复杂的手段，根据感性的爱好和冲动而行动在根本上都是被动的。最后，他律的行为中主体并没有真正发挥其主动性和能力，是无能的体现。在他律的行为中，理性不发挥它规定意志的主动的能力，而任由主体被感性决定，从而让有自由能力的主体处于不自由的状态。由于理性才是人的能动性的真正体现，所以康德认为，人"只是作为理智才是真正的自我"，这一理性自我是超越感性、作为行为的自由因的自我，因而是本体的自我。与此相反，作为感性的人"只是他自己的现象"（GMS 4：457-458）。"除了自律，即那种自身就是自己的法则的意志的属性之外，意志的自由还能是什么呢？"（GMS 4：446-447）因此，康德在《道德形而上学奠基》第三章断定，"一个自由的意志和一个服从德性法则的意志完全是一回事"（GMS 4：447）；亨利·阿利森恰当地指出，康德认为，"道德性（morality）与自由是交互性的概念"，阿利森将其称为交互性论题（The Reciprocity Thesis）。[1] 当然，康德在此并未否定，人的感性在很大程度上可以受到人后天努力的影响，他也认为人能够并且应当发展自身的道德情感，但这种后天的影响最终是也以理性为主导的，最终我们只能为我们对感性的主动反应负责，而不是为整体的感性因素负责，后者总是具有偶然性的。

康德借助本体与现象的区分，论证了自律所体现的**崇高性与权威性**。作为自律的自由体现了人的**崇高性和尊严**。人格性是"摆脱了整个自然的机械作用的自由和独立性"，是"服从于自己特有的也就是由他自己的理性给予的纯粹实践法则"的能力，它不仅仅是普遍有效的道德原则的根据，而且能够是和必然应当是经验世界的行为的原因；因而，"这个激起

---

[1]　Henry Allison, *Kant's Theory of Freedom*, Cambridge University Press, p. 201.

敬重的人格性理念让我们看到了我们本性（按其使命而言）的崇高性"（KGS 5：86-87）。在自律的行动中，人超越一切经验性事物之上，作为具有绝对主动性的本体而存在，并不仅仅作为现象、表象而存在，而是作为某种"在感官的对象背后，感官不可见的、自身能动的东西"，本源性地开启了经验界的实践事件序列（GMS 4：345；451）。基于此，康德断定："只有人及连同人在内的每个有理性的造物才是自在的目的本身。"（KGS 5：87）有自由意志、有自律能力的理性存在者的人格都有崇高性与尊严，都是值得敬重的。（康德认为，所有理性存在者在人格的崇高性与尊严方面是平等的，只不过那些品德恶劣的人的行为与其人格的尊严并不相配，只要他们没有丧失理性的能力，他们就仍然有向善的可能与尊严。）因此，我们应当出于对每个理性存在者的人格的敬重而行动，应当出于普遍的道德法则行动。

作为自律的自由的也体现出理性存在者无条件的**权威性**，而自由的崇高性也体现在这种权威性之上。首先，每个人的能动性与自由不仅仅在于能够决定自身，同时体现了他作为普遍立法者给所有理性存在者颁布道德法则时的权威性。"自律的原则就是：只能这样去选择，使自己选择的准则在同一个意愿中同时作为普遍的法则被一起把握。这个实践规则是一个命令，也就是说每个理性存在者的意志都将它作为条件而必然地受它的约束……"（GMS 4：440）其次，因为我们能够设立道德法则，我们颁布法则时具有权威性，所以我们有尊严、值得被尊重，出于对每个人的尊重，我们应当遵循普遍法则（道德法则）。因为我们能够设立道德法则，所以我们有权威性，因为我们有权威性，所以我们应当遵循道德法则——这里并没有循环论证。因为前者涉及设立法则，后者涉及遵循法则，前者涉及事实，后者涉及规范性。最后，人主要通过设立道德法则能力而具有崇高性，但是，在自我立法的前提下，遵循道德法则也具有崇高性。"尽到了自己一切义务的人，在某种意义上是崇高的、**有尊严**的。因为，虽然就他**服从**道德法则而言，实在谈不上崇高，然而就他同时是上面这个法则的立法者，并只是因此他才遵从这法则而言，他的确是**崇高**的。"（GMS 4：439-440）

人们会对康德的论证提出这样的进一步质疑：为何**崇高性**如此重要，以至于我们要把每个人人格的崇高性作为行为准则的最高根据？为何我们总要追求崇高的生活，而不能过一种舒适平和的生活？对此，康德可以合理地回应说，一个人可以不努力实现自身的崇高性，但必须尊重他人和自己人格的崇高性，而不能成为在自我和他人眼里可鄙的人。康德区分了积极义务和消极义务，并认为，履行积极义务值得赞扬，不履行积极义务也无可厚非，但我们必须履行消极义务。

第七节 基于自由作为内在价值的来源的论证

自由是**内在价值**的源泉和根据。只有自由与能动性才能带来内在价值；没有自由就没有内在价值。如果人没有意志自由，单纯服从于经验的因果律，那么，我们就只是经验界因果链条的一个被动的中间环节，如同机器或傀儡那样存在，被外在于意志的力量所决定，而无法成为自我及其活动的最终根据，就没有为自身的活动负责的能力，这样，人就不可能具有内在的价值和真正的意义。他律意味着在行为的根本层面上放弃发挥人的主动性，而把人降为单纯被决定的物，因而，如果人没有自律的能力，就没有真正的自由意志。康德明确指出："如果所有的造物都只有这种被感性冲动束缚的选择，这个世界就会是没有价值的。"（MC 27：344）如果这样，事物只能有相对性的、可以被替换的价格，而不能具有无可替换的、内在的、真正的价值。"但凡是构成某物能成为自在目的本身的唯一条件的事物，就不仅仅具有一种相对的价值，即价格，而是具有内在的价值，即**尊严**。……道德性就是一个理性存在者能成为自在目的本身的唯一条件。"（GMS 4：435）意志自由使人能够独立于整个自然界的经验因果律，自行开启因果链条，自己主动设定行为的原则，并以此规定自己的意志，并通过纯粹理性的普遍原则使各个理性存在者的原则和目的可以普遍地相容（乃至相互地促进），从而使得一个有意义的世界成为可能。可见，自由构成了世界的内在价值与真正意义的内在根源。因此，每个有自由意志、有自律能力的理性存在者都有内在价值与尊严，都是值得敬重的。因此，我们应当出于对每个理性存在者的人格的敬重而行动，应当出于普遍的道德法则而行动。

只有主体的**主动的因素**才能构成内在价值的根据，也只有主动的因素才能具有道德价值。由此，康德合理地提出道德动机论，认为应当诉诸人所能够支配的事物（意志与行为的内在准则）来进行道德价值评价，而反对道德后果论诉诸人所不能支配的事物（行为的外在后果）来理解道德。道德提供意志与行为的规范性标准，它只能在人的能力范围内提出要求、就人所能支配的事物来进行评价，而不能就人无法决定的事物进行规范和评价。人能够支配其意志与行为的内在准则，但无法支配行为的后果，尽管人能够影响行为的后果。因此，根据行为的动机、依据人的主动努力来评价行为的道德性才是恰当的。

在此，康德的意志自由观念并不会被种种现实**对自由的限制**所否定。康德所断定的是我们不被经验原因所决定——尽管人的自由的空间被现实的种种限制所限定，但我们到底选择其中的哪种可能性，这是不被限定、完全自由的。即使人只能在两个不同的行动可选项之间主动做出选择，人的自由意志仍然不能被否定。

根据自由的最高价值，我们可以进一步得出**道德法则的诸公式**，并为康德基于普遍性、人格一致性、义务确定性等的论证提供理由。首先，自由的能力（即自律的能力）是具有最高价值的自在目的，因而我们应当实现这种能力，自主地自己给自己设立原则。感性是被动性的，纯粹实践理性才能主动设立原则，而它所设立的原则是具有普遍性的，因此，我们应当"只是这样去行动，**这个意志能够通过其准则把自己同时看作普遍立法的**"（GMS 4：432；4，434）道德法则自律公式，也被康德称为"意志的自律原则"。其次，自我立法的能力使人格中的人性（即纯粹实践理性）拥有最高的尊严和价值，成为自在目的的根据，因此，**"你要这样行动，把不论是你的人格中的人性，还是任何其他人的人格中的人性，任何时候都同时用作目的，而绝不能只是用作手段"**（GMS 4：429）（道德法则人性公式）。最后，既然我应当以人格中的人性作为行动的目的和准则的根据，我们行动的准则就应当成为每个主体都能理性地接受和遵循的原则。而当我的准则被每个主体接受和遵循，这个准则就成为自然法则那样的普遍法则。因此，我们应当能够理性地愿意让行为的准则成为普遍的法则。因此，**"要仅仅按照你同时也能够愿意它成为一条普遍法则的那个准则去行动"**（GMS 4：421）（道德法则的普遍法则公式）。这样，自在目的就构成了客观法则"这个原则的根据"，也只有理性这一自在目的才能成为客观法则的依据（GMS 4：429）。

上述论证过程与《道德形而上学奠基》第二章的论证过程并不矛盾。在《道德形而上学奠基》中，康德通过道德法则的普遍法则公式推导出人性公式，进而推导出自律公式。这与上一段中三种公式的相反的推导顺序不同，但两种逻辑推导的过程并不矛盾，因为三种原则"从根本上说只是同一法则的多个公式而已，其中任何一种自身都结合着其他两种"（GMS 4：436）。

在三个公式中，**自律公式**在逻辑上具有基础性的地位，因为**自律能力**是自在目的的条件和普遍法则的规范性根据。在《道德形而上学奠基》中，康德首先基于义务的确定性来说明普遍法则公式，但为何要有确定的义务，这一点本身还有待解释，因而这个论证在逻辑上并不是自足的。其实，在规范性方面，义务的确定性最终是通过自律能力所具有的内在价值与尊严来确立的（而在事实方面，其确定性是通过证明人有意志自由来确立的）。因此，真正让普遍法则公式得以成立的，乃是理性的自律能力，因此，自律公式在逻辑上具有基础性的地位。

有人可能批评说，不应当以最高价值来说明道德法则的规范性。国际学界中一个有争议性的问题是，究竟是**实践法则**构成了**自在目的、最高的价值或善**的规范性根据，还是自在目的、最高的价值或善构成了法则的根据？

首先，康德指出，我们作为具有自律能力的存在者，构成了**自在目的**并具有**绝对价值**，我们才应当遵循普遍有效的法则。康德明确断定："然而，假设有某种东西，**其自在的存有本身**（*dessen Dasein an sich selbst*）就具有某种绝对价值……那么在它里面，并且只是在它里面，就包含某种可能的定言命令的、实践法则的根据。"（GMS 4：428）假如没有这种具有无条件价值的存在者的话，我们的行为目的都是有条件的、有限制的，我们就没有一种绝对的根据来设立某种具有普遍必然性的实践原则，也找不到最高的实践原则。人格中的人性（纯粹实践理性）是自在目的，因为其存在本身就是对普遍有效的目的；它构成了道德法则（最高的实践法则）的根据。

对此，奥利弗·先森（Oliver Sensen）认为，实践法则是价值或善的根据。关于上述引文，先森认为，在上述的文段中康德其实是在进行一个从结论逆溯前提的论证，其实实践法则才构成绝对价值的根据。[1] 但这种解读并不符合上文，其中康德指出，主观目的的"价值不能提供对所有理性存在者乃至对每个意愿普遍有效的和必然的原则，即实践法则。因此，所有这些相对的目的都只是假言命令的根据"（GMS 4：428）。根据语境我们可以推断出，客观目的的价值才提供了普遍有效的实践法则，否则，康德在此就没有必要说主观目的的价值不能提供这种法则了。

其次，在《道德形而上学奠基》的第一章中，康德就是通过**善（无条件的善）**说明了我们应当遵循普遍的法则（见第二节）。正如希尔斯·阿里森所说，也许第一章中关于普通人类理性的这些观念在哲学上是幼稚的，

---

[1] Oliver Sensen, "Kant's Conception of Inner Value", *European Journal of Philosophy*, 19(2009), p. 271.

"但康德从未暗示过常识在道德方面犯了实质性的错误"①。

再次，尽管康德在《实践理性批判》中确实认为，法则的概念应当先于善与恶的概念，我们应当用法则的概念来规定善与恶，而不是相反。但他在具体论证的时候，反对的只是我们借助**感性的因素**来规定善与恶的概念，但如果像他自己在《道德形而上学奠基》中所做的那样，以人格性及其绝对的价值来规定善与恶的概念，却不会出现用感性的因素来规定善恶的情况。

最后，一种**道德相对主义**的观点认为，所有的选择和行为最终都是无理由的，因为所有的价值论都有最基本的前提，而这个前提本身是没有理由的。笔者认为，尽管这里的论证有一定的力量，然而康德的理论可以积极应对这样的相对主义。即使人的选择根本说来是缺乏理由的，自由意志仍会有内在的价值。意志可以自由、自发地进行选择，而不被完全决定，在这种意义上，它没有任何外在的根据。但这种无外在根据的意志自由本身却构成了**自由意志本身的理由**。因为，被完全决定的事物不能为自身的活动负责，不能具有任何的**内在价值**，而纯粹的自发性与自由才使人们能够进行诸多主动的、促使人与人彼此协调的行为，才使得内在价值得以可能。人无法理性地认为无自由地活着比有自由地活着更好。因此我们应当以每个人的人格作为行为的目的，应当遵循道德法则。

第八节　对各种论证路径的综论

在此，笔者就以上对各种论证路径作一个反思性的综论，并试图说明，基于自由作为内在价值源泉的认证，是康德关于人的最高价值与尊严的最有力的论证，它为其他康德主义的论证提供了支持性理由与合理性辩护。笔者也就康德批判者的相关批评进行了讨论。

笔者以为，作为内在价值源泉的自由，是人的最高价值与尊严之所在，并构成了道德**最充分的理由**。首先，在本章前六节中每节的最后部分，笔者对这些证明进行反思性评论，并试图阐明，对人的价值与道德的尊严的前四个康德主义的论证（如基于价值标准确定性的论证）本身并不是自足的，都需要有其他的论证来补充。其次，基于自由的内在价值的论证和基于自由的崇高性与权威性的论证都是自足的、有说服力的基

———————

① Hills Alison, "Kantian Value Realism", *Ratio*, 11(2008), p. 190.

础性论证，在规范性方面不需要其他的论证来支持，然而前者比后者更为有力。因为，基于自由的崇高性的论证是关于**程度的论证**，而基于内在价值的论证是**关于质的论证**。崇高性更多是一个程度的概念，据此我们判定，某些存在者比较崇高，另外的存在者不那么崇高。而内在价值和相对价值的概念是质的概念，这两种价值的区别是质的区别。在康德哲学中，超越经验性法则的自律能力之所以如此重要，不仅仅因为它是崇高的，更重要的是，它构成了内在价值的基本源泉和根据。

康德最终以人的自由及其崇高性与内在价值作为道德的规范性基础，为道德提供了**牢靠的根基**。他并不借助于**外在**于道德的功利、完善性来建立道德，又不简单预设道德的规范性，而为道德设立了难以动摇的确定性基础。他要求以每个人的人格为目的，其伦理学不单纯是形式主义的，也是**人道主义**的。他并不像整体主义那样把个人看作群体的手段，又不囿于狭隘的利己主义，他的价值论是**自由主义**的。

康德的以自由作为内在价值的来源的论证并不依赖于关于人的具体心理结构的**经验性假定**，并不单纯从**事实**中推导出价值与规范性，在当代的伦理学思考中依然有着独特的意义。他并不事先预设道德价值的优先性，也不预设某种特殊的道德观念。就论证道德法则的最高规范性而言，可以说，除了自由之外，康德不需要其他的理由。通过这个论证，他也为其理论的其他论证提供了重要的支持，使得整个的相关理论独立完整。许多伦理学上的经验主义者基于人的某些经验性的情感性的心理特征来说明道德的规范性来源，但这其实需要大量的实证性研究作为基础，才能说明其理论前提并避免独断论；并且，如何从事实的心理结构说明价值论和规范性理论的基础，避免事实与价值、是与应当的混淆或者无效推理，是这样一种经验主义进路比较难以应对的难题。康德既未做出越界的独断论预设，又不拘于经验性的事实来建构他的伦理学，为了我们的伦理学思考提供了一个有意义的定向。

康德以其先验的进路，确立起每个人人格的**崇高尊严与内在价值**，又允诺了每个人人格的**平等性**，充分代表了启蒙时代的**自由、平等**的精神，对**主动性**的高扬。他认为，道德乃是在于自由，在于对感性欲望、盲从与偏见的独立，体现为在理性的独立思考、决断和公开运用中逐渐实现的自律。他不仅与亚里士多德——他并不认为人与人尊严是平等的——不同，也与许多之前的精英主义启蒙哲人不同，不再把希望寄托在精英的正确判断与决断，而是寄希望于每个人做出正确判断与决断的能力。正是一代代人不曾断绝的启蒙的声音，改变了原来封闭的世界。

此外，康德不会否定公共理性（公开运用的理性）重要性、（事实层面的）道德的历史性以及（规范层面的）道德具体规范的多样性，但他有力地指出，我们不能因此否定了在具体的规范之上，有一些基本的、绝对**不可侵犯的道德原则**，历史性、社会性的社群共识和个人的自由选择都必须是有边界的，至少不能是支持奴隶制和纳粹主义的。这种对道德确定性的坚持、对道德相对主义和虚无主义的坚定拒斥，对于理论和实践而言都十分重要。如邓晓芒教授所说，康德哲学体现了主动性的努斯精神与普遍性的逻各斯精神之统一。"所以，就努斯意义上的理性而言，理性与自由就具有了内在的同一性的关系，理性就是自由地超越，就是自由意志，或自律。……理性本身就是超越性和规定性的统一，也就是自由和必然的统一。"康德把主动性与普遍性内在地统一于理性之中，以严谨而并不浮夸的方式，肯定了每一个理性生命的价值与尊严。①

总之，康德全面展开了关于人的有意义的论证，为伦理学的价值论基础和规范性原理提供了深刻而充分的根据。康德从**原则一贯性、善的无条件性、价值的确定性、人格性的崇高性、理性立法的权威性和内在价值的源泉**等角度展开全面、丰富的论证，又围绕**意志自由**这一理性批判大厦的"**拱顶石**"，形成了一个紧密联系的整体，从而在理论上有力地确立起**人类道德的规范性**，以及人的**内在价值与道德的尊严**，这值得我们在当代的伦理之思中不断地反观与借鉴，对当代的伦理学生活仍然有独特的意义。

---

① 邓晓芒：《对自由与必然关系的再考察》，《湖南科技大学学报（社会科学版）》2014 年第7 期。

第四章 《道德形而上学奠基》及康德同时期作品如何论证对自由与道德法则理念的实在性

在写作《实践理性批判》之前，在《道德形而上学奠基》和同时期作品里，康德为了确证自由与道德法则理念的实在性，进行了富有意义的探究。① 康德通过回答道德法则何以可能的问题，说明了道德并不是单纯的幻影，而道德法则乃是我们必须无条件遵循的基本实践原则。康德把道德法则表述为一个先天综合命题：一个绝对善良的意志就是一个其准则总是能把自身视作普遍法则而包括在自身内的意志。这里的绝对善良的意志是一般意义上理性存在者的善良意志。康德通过自由所体现的人的崇高性与尊严，来说明自由的价值优先性；他又通过自由与行动之间的现实联系而确立了实践视角下的自由，进而提供了连接该先天综合命题主词与谓词的第三者，即纯粹意志的理念，从而表明了道德法则的现实的可能性。康德开辟了独断论形而上学和主观主义怀疑论之间的第三条道路，确立了批判的、建构性的实践形而上学。

康德《道德形而上学奠基》及同时期作品中对自由与道德法则的演绎可以概括如下。第一，《道德形而上学奠基》对我们对自由理念的普遍的理性肯定作了如下论证：

首先，人凭借理性而普遍认为，人有独立于、外在于经验性事物而自发形成观念并做出判断的理性能力，因而我们必然设想自身具有**自发性**（Spontaneität）或自主性（Selbsttätigkeit）。有健全理性的人们设想他们有做出合理判断的能力；肯定人有这种能力预设了肯定人有为判断提供充分理由的能力；而充分的理由是所有有健全理性的人能够普遍地通过理性而同意的理由，而普遍的同意则意味着人们能够独立于一切经验性偶然因素而同意。我们必然肯定这种独立性说明了，我们必然肯定人有消极意义上的先验自由（独立于一切经验性因素的能力），而我们必然肯定这种主动做出判断的能力，说明了我们必然肯定人有积极意义上的先验自由（自行开始因果序列的能力）。而感官世界中的事物（作为现象）服

---

① 先验自由理念的实在性意味着实践自由的现实性和实践眼光下的自由的现实性，道德法则理念的实在性意味着定言命令的现实的可能性（参见本书第一章第二节）。

从经验因果律，不具备自发性，因而我们必然肯定人在感官世界和（由理智者本体组成的）理知世界中的双重身份。其次，这种思考方式基于人的纯粹的、先验的理性，因而是普遍、必然的，所以它也作用于我们的实践，因此，我们必然在行动中设想我们是自由的，自由理念必然影响人的行动。

第二，《道德形而上学奠基》对我们对自由理念的普遍的情感性敬重作了如下论证：首先，凭借普通人类理性及其对道德法则的认同，我们在实践中都能意识到，人应当出于道德法则而行动。这是因为，一方面，在日常生活中，普通人类理性不怀疑，人有自由而不完全被决定，普通人类理性甚至不考虑理论上的先验自由存在与否的问题，它通常只考虑较为具体的行动的规范问题；另一方面，人们通过普通人类理性意识到，我们应该做道德的事，应当遵循道德原则，我们能够克服感性的欲望而遵循道德原则。其次，道德原则以纯粹理性为来源，以先天的纯粹法则为本质。道德法则是具有普遍性的原则，而所有基于经验对象表象引起的情感和欲求不能构成道德法则的基础。但普遍性却是理性的内在要求，因此，道德法则只可能以纯粹理性为来源。再次，实践理性批判表明了对道德法则的敬重的纯粹性，它揭示了这种敬重的纯粹来源——先验的人格性理念，而对道德法则的敬重根本上说是对人格性的敬重，它又阐明了为什么正是蕴含在人格性之中的道德法则才能够引起敬重。假如我们设想人没有独立的人格，而完全被经验因果律决定，人就无法为出于道德法则的行动负责，我们就不会对道德法则产生敬重。最后，人们普遍地具有对人格性和道德法则理念的情感性的敬重。

第三，基于普遍的对自由理念的理性肯定与感性敬重，自由理念普遍地影响人的实践活动，并普遍能够决定人的实践活动，因此，自由理念具有客观的**实践的实在性**。

第四，基于自由作为**自律**的本性，自由使道德法则理念的、实践的实在性成为可能，人能够根据道德法则而行动。

因此，尽管很多批评者认为康德在对理念的实在性的论证中，在自由和道德法则之间存在着**循环论证**，然而事实并非如此。对理念的理性肯定和对理念的感性敬重和理念影响实践的效力，作为独立于自由和道德法则理念的实在性的三个基本依据，打破了自由和道德法则理念之间的循环。在《道德形而上学奠基》中对自由和道德法则的论证中主要有以下因素：f 在实践中（基于理性的）对先验自由的存在的理性肯定；m 对有力量的道德感的意识；O 道德感的纯粹来源（自由与人格性的理念）；

E 自由理念影响实践的效力；F 具有现实性的实践上的自由（实践自由）；M 出于道德法则和定言命令而行动的能力。很明显，f 不同于 F，而 m 不同于 M。在《道德形而上学奠基》中，康德通过 f、m 和 O 而得出 E 和 F，进而通过 F 得出 M。可见，在 F 和 M 之间不存在循环论证。

在本章中，笔者根据康德论证自由与道德法则理念实在性的不同思路，分别通过两个章节来阐明康德对自由与道德法则的论证。在《纯粹理性批判》中，康德非常简短地通过普通人类理性来说明道德法则，并以此说明自由，在《舒尔兹的〈无分宗教适用于所有人的道德学说的一种指南尝试〉第一部书评》（1893 年）中，同时提出了后来体现在《道德形而上学奠基》和《实践理性批判》中的一些重要论证，这有助于我们发现康德相关思想的发展历程。而在《道德形而上学奠基》中，康德试图用理性来说明人的思维自由，从而说明实践自由，再说明道德法则的实在性。

《道德形而上学奠基》第三章的纯粹实践理性批判为**"实践理性的可能的综合运用"**划定了界限（GMS 4：445）。《道德形而上学奠基》以此提供了对"自由概念"与"道德性的最高原则"的"演绎"或辩护理由（GMS 4：448）。演绎意味着通过追溯一个事物的可能性条件，来确定其有效性的范围。康德的演绎并非笛卡尔所作的演绎，后者意味着任何由确定性的他物推导出来的东西被确然地认识，反之，在此"应阐明权限或合法要求的证明，称为演绎"；演绎并不关注事物是否可能的"事实问题"，而是关注事物的权限范围何在的"权利问题"，后一问题要通过理解事物的可能性条件或来源来解答。例如，法官关注谁拥有对某物的财产权，如果甲拥有它，即使该物现在事实上在乙手上，法官也要把该物判给甲。而要证明甲拥有该物的财产权，主要不是通过说明该物事实上是不是在甲手上，而是要追溯该物被拥有的过程（KrV A84/B116）。在《实践理性批判》中，康德又指出，演绎就是"提供辩护理由"（KpV 5：46）。《纯粹理性批判》的演绎也是基于"在理性的一切理论科学中都包含先天综合判断作为原则"，进而追溯这些判断在理性中的根源，从而为数学、自然科学中认识的普遍有效性奠定先验的基础，并给思辨理性划定运用的有效性范围（KrV A10/B14）。对于数学和自然科学来说，"由于这些科学现实地存在了，这就可以对他们适当地提出问题：它们是如何可能的；因为他们必定是可能的这一点通过它们的现实性已经得到了证明"（KrV A15-16/B20-21）。虽然我们在批判前已经知道了有"两点间直线距离最短""直角三角形两边平方之和等于第三边的平方"等先天综合判断，但只要知识的根基未被明确地阐明，这些认识毕竟具有一定的偶然性，为了说明数学和自然科学知识能够达到普遍有效性，对知识的可能性条件进行追溯、对范畴进行先验演绎就是必要的。在《道德形而上学奠基》和第二批判关于自由理念的敬重的论证中，康德同样运用了这种追溯可能性条件的方法。

第一节　关于舒尔兹的书评中对自由和道德法则的论证

康德在 1893 年发表了《舒尔兹的〈无分宗教适用于所有人的道德学说的一种指南尝试〉第一部书评》（以下简称《关于舒尔兹的书评》），该文章比较短，但作为对宿命论的一个反驳，它在此十分集中地处理了自由问题，并涵盖了在《道德形而上学奠基》和《实践理性批判》中提出的一些重要论证。这些论证不仅可以构成康德自由理论的有力支持，也有助于我们发现康德思想的连续性，具有独特的研究价值。与《道德形而上学奠基》类似，康德在此论证了人的思维自由和实践自由，而前者可以构成后者的重要根据之一；然而，他在此还对思维自由或思辨理性的自发性作了有所不同的有力论证，或许正是因此，《道德形而上学奠基》中通过人的判断能力对人的思维自由做出的论证非常简略。因此，为了充分理解康德在写作《道德形而上学奠基》时期的思想，我们有必要考察他在《关于舒尔兹的书评》中的论证思路。

思维自由（Freiheit zu denken，英译 freedom to think）是我们独立于外在因素而进行判断的能力（Rez. Schulz 8：14）。康德断言，我们总是**承认**人有思维自由，这并不等同于，他断言人确实有思维自由。思维自由和实践自由有着内在的联系。如果我们被设想为有理性的，思维自由是理性的必要条件，而理性又在理论领域和实践领域都有其运用，那么，我们在实践的时候必然把自身设想为自由的。这就意味着，我们必然按照自由的理念去行动，意味着我们有实践的自由。

第一，我们必然认为人有思维自由。自由是认识能力与知识的必要条件；理性存在者都认为我们具有一定的认识能力，即使怀疑论者也会认为，自己能够认识到认识的不可能性，并能对此提供符合（有规范性的）认识规则的论证，进而认为自己具有认识这种不可能性的能力。

康德以揭示宿命论者舒尔兹对思维自由的承认作为切入点，来肯定思维自由是一种人的普遍的思维方式。舒尔兹认为，尽管人的每个行为在别人看来都很无趣，但是如果某个别人处在那个行为者的处境中，他也必定做得一模一样的无趣，假如不然，他甚至"愿意失去能使我暂时和永久地快乐的一切，绝对的、毫无例外的一切"；对此康德指出，这种看法就意味着，即使将来舒尔兹的知识有进步，而处境也已然不同，但他的这种论断在将来对他也是有效的。"他在他灵魂的深处已经预设，知性有能力以永远有效的客观根据来规定他的判断，而不是服从于单纯主观地规定的原因的、随后会变化的作用机制；因而他就总是承认思维自由，没有它，就没有理性。"(Rez. Schulz 8：13-14)

知识基于严格的论证，任何有效的论证都要提供普遍有效的、各个主体能够共同认可的根据。由于人在自然中的状况是不断改变的，如果人没有自由，如果人的判断活动都只是偶然的物理活动的反映，个人对同一个事物的认识也总是根据这些偶然因素的改变而改变，不同人基于种种偶然的因素而对同一事物有不同的判断，那么我们无法以普遍有效的客观根据来对同一个事物做出判断，这样，我们就无法保证认识的普遍有效性，也无法说明哪些时间中的认识才是有效的。

只有在我们有自由的情况下，我们才有能力摆脱种种经验性的、感性因素对思维的干扰或影响，而能动地遵循（逻辑规则等）认识的规范，我们才能具有（逻辑思维等）认识的能力。在决定论的世界中，自然原因一方面决定了现实的经验世界，另一方面决定了我们的意识，作为自然结果的意识和作为自然结果的现实世界是否会恰好符合，这是无法确定的。或者说，假如人的思维和判断完全受各种偶然的自然原因所决定，那么，这些自然原因恰好导致我们形成了具有客观根据的判断，这是纯粹偶然的事情，无法得到可靠的保障。至少，我们就没有根据论证那些决定我们思维的因素如何使主体的认识与真实世界具有一致性，无法说明我们的认识具有任何有效性；即使这种一致性终究是有可能的，但仍然是无法被确证的。如果我们把自身看作仅仅是被自然决定而思维的，没有主动遵循逻辑规则的能力，那么我们的认识过程就只是偶然的自然活动过程的结果，是纯粹盲目的、被动的，我们就无法通过保持思维的逻辑性和提出普遍有效的根据来说明论证或认识的有效性，因而没有反思与批判的能力和自由，就没有什么可以充当真正有效的知识，就没有真正意义上的理性（KrV A738/B766）。我们不仅不可把自身总是看作被决定的，也不可随意采取自由或不自由的实践态度。如果我们在正面评价生活时把人看作自由的，却在负面地评价生活时把人看作没有自由的（这种设想毕竟是可能的），这是一种基于感性需要的自欺，是自相矛盾的。

独立性与自主性是理性判断能力的基本前提。"现在，人们不可能设想一种理性，它会在其判断上自己有意地从别的什么地方接受控制，因为这样的话，主体就不会把判断力的规定归于自己的理性，而是会归于某种冲动了。这种理性必须把自己看作其原则的创制者，独立于外来的影响。"(GMS 4：448)当然，这一论证对于说明自由的理论的实在性并不是有效的；这种人必然拥有自由的观念并不能从理论上说明人确实就是自由的，因为我们的对自由的普遍肯定也有可能是基于自然的原因。对此奥尼尔指出："如果我们是关于实践视角的怀疑论者，我们也必须是关于知识和科学的怀疑论者。"①因为知识和科学也以自由为条件。判断的最高法庭在于自我批判的理性，而自由构成了理性的条件；因而，如果我们毕竟认为人有判断的能力，至少有某种认识事物的能力（而不仅仅是幻想的能力），自由就必须被设想为理性存在者的属性。只有当我认为这些根据是可以被普遍认可的，我才会设想某个判断是有充分根据的。外在的政治自由（独立于其他理性存在者的束缚而独立进行批判的自由）对于理性尚且如此必要，更不必说内在自由（独立于内在的感性束缚的自由）了。理性没有先验的权威，它只能被批判所确证，而说批判本身归根结底无非是思想中的自律的实践（practice）。

> "理性必须在它所有的任务中自我批判；如果它通过任何禁令限制批判的自由，它将损害自身……没有任何东西能凭借它的效用变得如此重要，没有任何东西如此神圣，以至于可以免除这个摆脱对任何人的尊重的查究审视。建立在这种自由之上的甚至是理性的实存。因为理性没有专断的权威；他的审判永远只是自由公民的共识，他们每个人都必须没有被促使或阻碍，而被允许表达他的反对甚至他的否决。"(KrV A738/B766)

第二，自由的实践概念（即实践自由概念）具有客观的实在性。康德从实践的角度说明了设想自由的正当性和必要性，进而通过指出对自由的设想在现实中的原因来说明自由理念的实在性。

首先，我们在实践中有权利设定自由，而没有必要考虑自由的思辨概念的实在性问题。

---

① Orana O'neil, "Reason and Autonomy in Grundlegung Ⅲ", in *Grundlegung zur Metaphysik der Sitten—ein Kooperrativer Kommentar*, hrsg. von Orfried Höffe, Frankfurt am Main, 1989, S. 297.

> 自由的实践概念实际上与依然完全由形而上学家们决定的思辨概念毫不相干。因为我现在应当在其中行动的状态原初是从哪里来到我这里的，这对我来说完全无所谓。我只问我现在可以做什么，而在这里，自由就是一个必要的实践预设，是我唯有在其下才能把理性的诚命视为有效的一个理念。（Rez. Schulz 8：13）

这里自由的思辨概念就是在思辨哲学中才得到研究的先验自由概念（KrV A534/B562）。而在实践中，我们只是考察我们应当做什么，是应当根据理性的法则还是感性的冲动来行动。至于我们的行动最终是基于自我的本体层面，还是受到先行的经验事件的决定，这与实践无关。意志自由超出了我们认识能力所能达到的范围，而我们有自由，这毕竟是有可能的。

在有自由和没有自由的世界中，我们的实践过程完全可能以一模一样的方式向我们呈现，可见有没有自由，这并不直接影响我们的行动，它也不是我们能够影响的。即使没有自由，我们仍然可能像我们是自由的那样去行动（或按照对自由的设想而行动），具有和在自由世界中一样的目的和准则。可见，我们在实践中没有必要去追究自由的思辨概念的实在性这种玄深的问题，而集中地思考，假使我们有自由的话，我们的准则会不会具有真正的合理性。

对此，康德认为，我们的一个具体的行为多大程度上是出于自由意志，多大程度上受到经验原因的影响，这是很难确定的，严格说来是我们无法认识的，最终只能是基于对人的自由意志的假设，以及在这种假设之下的经验认识。假设有健全理性的正常人有自由，这并不排除，我们通过经验考察而确定，某些行为是人无法负责的（如癫狂、被催眠状态和夜游症）。

其次，我们在实践中有必要设定自由，因为只有自由才能使责任和实践法则得以可能。这体现了《纯粹理性批判》和《实践理性批判》中的论证方式：从道德法则来论证自由。

> 尽管如此，每一个没有成见的，尤其是在这种思辨方式上训练有素的读者都不会不觉察到：普遍的宿命论在这部著作中是主要的、刺激一切道德的、强制性的原则，因为它把人的一切行为都转化为纯然的木偶戏；它完全取消了责任的概念，与此相反，把实践法则与自然法则区别开来的应当或者命令式，却也在理念上把我们完全

置于自然链条之外，因为这种宿命论并不把我们的意志设想成自由的，它是不可能的和荒唐的……（Rez. Schulz 8：13）

在此，责任指道德责任，此文中这一概念的内涵与《道德形而上学奠基》和《实践理性批判》中是一样的。而在《道德形而上学》中，这个概念有另一个与此相联的内涵。"人格（Person）是其行为能够归责的主体。"（MS 6：223）没有实践意义上的自由，我们就没有负道德责任的能力，我们充其量只是寻求如何能够更明智地实现感性的目的。假如每个人根本上都是被感性的欲求所决定的，而没有实践自由，那么，人的行为的目的方向是被决定的，人所能自由选择的最多也只是如何采取手段去实现感性的个人幸福这种被给予的目的，人的活动最终是被动的，因而是无法为自己负责的，这样，这个世界在根本上说是无意义的。而如果没有先验意义上的自由，我们就无法为任何行为负任何方面的责任，世界是完全被决定的，没有内在价值的，是我们在实践中不需要去考虑的。

最后，也最为重要的是，自由的实践概念具有**实践的实在性**，因为它能够独立于感性的因素，而引起**与之相一致**的行为。

同样地，最顽固的宿命论者——就他沉湎于单纯的思辨而言他是宿命论者——就他不得不涉及智慧和义务而言，仍然必须那样去行动，就好像他是自由的那样，而这种观念也现实地产生了与之相一致的事件，并且能够单独地把它产生出来。（Rez. Schulz 8：13）

这里体现了三个重要的观点。第一个观点是，自由本来只是意味着一种必然的设想，然而这是一种具有现实性的设想，因为它能够对实践具有原因性，作为行为的根据而发挥实现的作用。因为我们能够像我们是自由的那样去行动，这种设想基于上述的理论的和实践的理由是必然的，因而对宿命论者也是有效的。第二个观点是，自由的观念在感官世界中引起了事件，而且是引起了与之相一致的事件，在此，与自由内在地关联的道德法则也会共同发挥作用，它们会影响我们的意志，甚至决定我们的意志。由于康德这里指的实践上的自由是内在的意志自由——理性独立于感性而规定意志的能力，因而，只要我们的意志是善良的，是以每个人的自由为目的的，这种行为就与自由理念和道德法则理念一致，无论行为是否达到了预期的经验性目的（而他的先验的目的——每个人的人格中的人性——的价值是既有的、不可比较或计算的）。他认为这种自由是非常重要的，因为先验自由仍然是一个问题，而我们通过身体而实现经验目的的能力是基于偶然因素的、通常被自然所限制的，而外在自由也是基于社会历史性和经验性的因素，只有实践自由是可把握的、可以体现出无条件价值的自由。第三个观点是，自由理念本身单独地就能够引起自由的行为。它不需要以经验性的东西为前提条件。从它本身就可以引出道德法则，引起敬重感而规定人的抉意和行动。由此可见，人有实践意义上的自由（即实践自由），自由的实践概念具有客观的、实践的实在性。

在此，思维自由和实践自由有着内在的联系，而康德在《道德形而上学奠基》中也是根据思维自由来说明实践自由的。我们的实践也是在思维的，我们总是根据思维来实践的，因此，如果我们必然以为自身是自由的，那么我们就必然按照自由的理念去行动。然而那种经验化理解的自由（如随心所欲、按照感性的欲望去行动的自由）并不是真正意义上的自由，因为在那些所谓的自由中，有自由能力的行动者任由自身处于不自由的状态，而让自身受到感性的束缚或偶然性的支配。只要我们发现和肯定自由与道德法则的内在关系，并出于道德法则去行动，我们在实践上就是自由的，而自由和道德法则的理念就具有实践的实在性。当然，我们不能排除，理性所具有的自发性可能只是"相对的自发性"，而最终被物理学等方面的经验性原因所决定，然而，只要我们总是把自身看作有认识能力的，因而总是把自身看作在思维上自由的，这对于保证我们实践上的自由而言就足够了。尽管康德对本源的自发性和相对的自发性的区分对应于先验自由和实践自由的区分，然而，既然实践自由是基于单纯理性而行动的能力，而这种能力可能以物理原因为基础，那么，其中的理性活动也就可能以自然为基础，那么，理论领域的理性活动也完全有可能如此，因为物理原因并不只是能够影响实践领域。但在自由无法被认识的处境下，只要我们总是按照自由的理念去行动，因而毕竟有能力出于道德法则而行动，自由就具有了实践上的现实性。

第二节 《道德形而上学奠基》中
对自由理念之肯定的论证

康德以从自由到道德法则的论证思路，来对自由和道德法则的理念的实在性进行论证，这主要体现在《道德形而上学奠基》第三章的主体论证部分。在此，我们试图表明对《道德形而上学奠基》论证的合理性的主要批评大多是无效的，这些批评者并未深入把握康德的思维方式。我们也试图表明，《道德形而上学奠基》和《实践理性批判》之间，康德从自由到道德法则的论证和从道德法则到自由的论证之间存在着怎样的内在关联。

笔者先说明康德在《道德形而上学奠基》第三章论证自由与道德法则时给自己提出的具体任务。这个任务就是要为道德法则这个先天综合判断找到判断得以确立的、把主词和谓词综合性联结起来的第三项（第三者）。

在此，康德是这样来表述道德法则这一综合命题的：一个绝对善良的意志就是一个其准则适合成为道德法则的意志。

康德认为，这个命题不等于以下命题：一个自由的意志就是一个服从道德原则的意志。尽管第二个命题与第一个的命题有所相似，却是一个分析命题。以此，康德说明了自由与自律的一致性。自由是意志的自由，是意志独立于一切外在于意志的事物而起作用的属性。逻辑上，独立于外在事物的意志有两种活动的可能：通过意志自身设立的原则来规定行动，不根据任何的行为标准或原则来行动。然而，假如意志不根据任何外在或内在的行为标准或原则来行动，那么行动就是没有任何原因的结果，那将是荒谬的。因此，自由的意志根据自身设立的原则而行动。但是，感性是接受性的，如果不受到外在事物刺激，它就不能提供行动的原则，因此，我们假如根据感性而行动，就受到外在事物的决定，而不是自由的。而理性能主动地通过内在的概念先天地设立普遍法则，因此，自由意志自身设立的原则就是理性的普遍法则。而根据《道德形而上学奠基》前两章，道德原则就是意志自身设立的普遍法则。因此，自由的意志就是服从道德法则的意志。[①]

道德原则本身则是一个综合命题：一个绝对善良的意志就是一个其准则适合成为道德法则的意志。意志的准则适合成为道德法则，这是一个事实判断；一个意志是绝对善良的，这是一个价值判断，两者隔着事实与价值之间的鸿沟。至少，假如我们不知道意志是自由的，我们就无法知道意志能否通过道德法则来规定自身，就无法知道道德法则的现实的可能性。单纯分析道德原则的主词"绝对善良的意志"，我们得不出谓词"准则适合成为普遍法则的意志"。因此，我们需要寻找在主词与谓

---

① Orana O'neil, "Reason and Autonomy in Grundlegung Ⅲ", in *Grundlegung zur Metaphysik der Sitten—ein Kooperrativer Kommentar*, hrsg. von Orfried Höffe, Frankfurt am Main, 1989, S. 297.

词之外的第三项，来确立道德法则的可能性。

康德在《道德形而上学奠基》第三章中主要回答了，对有限理性存在者而言，道德法则是如何可能的问题，由此，他解答了在一般意义上道德法则如何可能的问题。康德在第三章开始的地方指出了道德法则的一般形式。但是，他在后文中主要回答的是定言命令（道德法则对人的表现形式）如何可能的问题。康德要解决的是人是否具有真正的道德能力的问题，从而解决人为何应当具有道德的基本实践哲学问题，而且，只要道德法则对于一部分理性存在者而言是现实地可能的，那么，道德法则就能够被有效地运用到行动中，从而是现实地可能的。而只要上帝存在，道德法则对他而言就不仅仅是现实地可能的，而且也是必然的，但无限的理性存在者是否存在，这在理论上是无法认识的。在实践视角下，上帝理念在道德法则实在性的基础上，基于其对于实现至善的必要性才是可能的。

康德所证明的定言命令的可能性是其现实的可能性，而非逻辑的可能性。一个概念具有实在的可能性，意味着它具有客观有效性，能在某领域中被普遍有效地运用。相对地，只要一个概念不自相矛盾，它在逻辑上就是可能的。"但为了赋予这样一个概念以客观有效性（实在的可能性，因为前面那种可能性只是逻辑上的可能性），就还要求某种更多的东西。但这种更多的东西恰好不一定要到理论知识的来源中去找，也可能存在于实践知识的来源中。"（KrV B XXXVI）康德说明了，他是这样回答"一个定言命令将如何可能这个问题"的：他指出了"唯一使它成为可能的条件，即自由的理念"，并证明了确信德性法则的有效性（GMS 4：461）。可见，他所证明的不仅仅是定言命令的逻辑的可能性。

康德对定言命令可能性的论证可以归结为以下三段论：

大前提：如果人类的意志的准则能成为普遍法则，那么人类的行为准则应当成为普遍法则。

小前提：人类的意志的准则能够成为普遍法则。

结论：人类的意志的准则应当成为普遍法则。

在此，论证定言命令可能性的大前提是规范性判断，小前提是事实判断。在《道德形而上学奠基》第三章中，康德着力证明了其事实前提。他首先说明自由与自律的一致性，进而证明人的意志自由。但只要我们考察康德在第二章中已做出的论证，我们会发现那个规范性的大前提。

在具体阐释康德对自由与定言命令的论证之前，笔者试图先澄清**"绝对善良的意志"**这一有争议性的重要概念。笔者试图证明，这个在道德法则表达式中的概念，指的是一般意义上理性存在者的善良意志，而非上帝的善良意志。康德把道德法则表述为一个先天综合命题：一个绝对善良的意志就是一个其准则总是能把自身视作普遍法则而包括在自身内的意志。这里的"绝对善良的意志"究竟指什么，是一个重要而复杂的问题。这是十分重要的问题，因为它牵涉到道德原则和定言命令的内涵、《道德形而上学奠基》第三章的任务。这问题是复杂而富有争议性的，康德在不同的地方，对绝对善良的意志的理解是不同的。

在《道德形而上学奠基》第二章的最后一节和第三章的第一节，康德提出了《道德形而上学奠基》第三章的基本任务：回答道德原则这一先天综合判断何以可能的问题。而对于道德原则，康德在第三章第一节中明确地做了一个表述：

> 所以如果预设了意志自由，那么仅仅分析它的概念就能从中得出道德性及其原则。然而，后者毕竟还是一个综合命题：一个绝对善良的意志就是一个其准则总是能把自身视作普遍法则而包括在自身内的意志，因为通过对绝对善良意志概念的分析，不可能找到准则的那种属性。（GMS 4：477）①

引文中的综合判断（我们称之为善良意志公式）是道德原则的以下普遍法则公式的一个变式："因而，定言命令只有唯一的一个，这就是：**你要仅仅按照你同时也能够愿意它成为一条普遍法则的那个准则去行动。**"（GMS 4：421）善良意志公式（表达式）也关涉准则与法则的关系，但其形式是判断句的形式，其实是一个价值判断句，而普遍法则公式才是祈使句的形式，是规范性的判断。

在此，有必要考察这一问题：上述道德原则表达式的内涵是什么？其中的主词"绝对善良的意志"是指什么？

对于这一问题，国际上的一些著名研究者（如阿利森、玄耐克、田莫曼）的立场都比较一致，基本上都认为绝对善良的意志是指有限理性存在者的善良意志。

笔者的解释比较接近上述几位专家的阐释，不过认为绝对善良的意志是指一般意义上（或一切的）善良意志。这基于以下理由：

---

① die Sittlichkeit 表示事物的道德的性质（与不道德的性质相对），我们将其翻译为"道德性"，而 die Tugend 指道德品性，即意志根据道德法则而行动的力量，我们将其翻译成"德性"。

第一，康德在《道德形而上学奠基》中在不同意义上理解绝对善良的意志。一方面，康德诚然在《道德形而上学奠基》第二章指出，绝对善良的意志是神圣的意志，其准则必然符合道德法则："其准则必然符合自律法则的意志，是**神圣的**、绝对善良的意志。一个并不绝对善良的意志对自律原则（道德强制）的依赖就是**责任**。"（GMS 4：439）另一方面，康德也在《道德形而上学奠基》的其他地方，在另外的意义上来表述绝对善良的意志，而该意志也可以指有限的理性存在者的善良意志。我们现在可以在我们开始出发的地方，即一个无条件的善良意志的概念这里结束了。这个意志是**绝对善的**，不可能是恶的，所以它的准则，如果变成一条普遍法则，绝不会与自身冲突。所以这样一个原则也就是它的最高法则：总要按照这样一条准则行动，你同时也能愿意其普遍作为法则；这就是一个意志在其下能够永远不与自身相冲突的唯一条件，并且这样一个命令就是定言的（GMS 4：437）。首先，这里所说的开始出发的地方，就是《道德形而上学奠基》的第一章的开始，其中有著名的关于善良意志的无条件的善的论述，该章的第一句话就是："在世界之中，一般地甚至在世界之外，唯一除了一个**善良意志**（*guter Wille*）以外，根本不能设想任何东西有可能无限制地被视为善的。"（GMS 4：393）而这句话中所说的善良意志并不仅仅指上帝的意志，因为康德接着指出善良意志有可能不会实现自己的经验性的意图，而上帝如果存在的话，显然不可能如此。因此，这里所说的善良意志至少包括有限存在者的意志："……假如它竭尽所能仍然无所创获，只剩下这个善良意志（当然不是一个单纯的愿望，而是用尽了一切力所能及的办法）；然而它毕竟会像一颗珠宝一样独自闪闪发光，它是某种本身独自就拥有其完全价值的东西。"（GMS 4：394）我们在本段的第一处引文中所说的无条件的善良意志因而包括了有限的理性存在者的善良意志。其次，这里所说的善良意志也包括上帝的意志。因为上帝的意志（如果有的话）不会不是绝对善良的（GMS 4：439）。最后，康德认为，无论是外在的财富、权力，还是内在的聪明、勇敢、节制，它们都有可能是恶的，必须以善良意志为条件，它们才会真正是善的；但善良意志无论在什么情况下都是善的，不可能是恶的，在这种意义上，康德认为它是绝对善的，是无条件地善的。

第二，假如道德法则表达式中"绝对善良的意志"仅仅指某一类理性存在者的善良意志，那么，道德法则就不会适用于一切理性存在者，而那显然是康德无法接受的结论。康德指出，一个自由的意志和一个服从德性法则的意志完全是一回事，但是，一个自由的意志和一个服从定言命令的意志并不完全是一回事，因为定言命令只是对有限的理性存在者的要求，而不适用于神圣的理性存在者；毕竟，上帝的实在性是无法被证伪的。在这一语境中，与自由的意志完全一致的那种意志的道德法则，其主词"绝对善良的意志"就不能只是指有限的理性存在者的善良意志，而是指一切理性存在者的善良意志，否则，这种意志就不会与自由的意志完全一致了。在此，康德断定"意志是自由的"是"意志是服从道德法则的"的充要条件（该论断被阿利森称为"交互性论题〔Reciprocity Thesis〕"），说明自由实质上等同于自律、等同于道德能力。指出一个自由的意志和一个服从德性法则的意志完全是一回事，从而通过解决自由问题来解决道德基础问题，证明道德具有实在性而不是虚幻的。事实上，对于康德来说，不仅仅定言命令是综合命题，而且一般意义上的道德法则也是综合命题。因此，康德上述引文中并没有使用之前以"应当"来联结的诸种道德法则的表达式，而是特别地使用了以系词"是"来联结的新的表达式。他在此不是在作规范性判断，而是在作价值判断：具有绝对善良性质的意志是那种其准则适合成为法则的意志，换言之，他表明自律的意志是绝对善良的。

第三，假如上述引文所指的绝对善良的意志仅仅是指上帝的意志的话，那么，后面的所有论述就与第一节所提出的要解决的问题无关，而这显然不是康德想要的。康德在《道德形而上学奠基》第三章第一节中，首先提出了本章要解决的问题，这就是作为先天综合判断的道德法则何以可能的问题。他又在第二节到第四节对此进行了相关论述，然后在第五节中，通过一个第三者回答了这一问题：定言命令是如何（现实地）可能的，而定言命令只对有限的理性存在者提出要求。① 但是，他并没有专门回答这一问题：在上帝那里，道德法则是如何可能的（即是否存在这样一个上帝，他必然遵循道德法则）。因此，假如第一节所说的"绝对善良的意志"专指上帝的意志，而这个意志构成了道德法则的主词，那么，康德在《道德形而上学奠基》第三章中主体部分的讨论都是离题的，离开了实践性的先天综合判断何以可能这一问题。但是，这种荒谬的情况不太可能在以理论建筑术著称的康德这里存在；因此，康德这里所说的"绝对善良的意志"并不是指特指上帝的意志。

对此，玄耐克断言："人们必须相信'一个绝对善良的意志的概念'这

---

① 康德确实按照他在第一节中的思路对这个问题进行回答，即通过积极自由所提供的第三者，将待证明的综合命题的主词和谓词先天地联结起来，由此确立了这个命题的现实的可能性和必然的有效性。

里并不指称一个完美的理性存在者的意志；因为如果人们分析这一概念，它**确实**推出'其准则能够被设想为普遍法则而包含在它自身之中'。"①他在注释中又说："然而，他也把一个不完美的意志称为'绝对善的'：'这个意志是绝对善的，不可能是恶的，所以它的准则，如果变成一条普遍法则，绝不会与自身冲突。'（GMS，437，6）在这一段落和语境中，康德显然不是在谈完美地理性的（神圣的）存在者。他仅仅是在这种意志的（特殊的）准则能够被普遍化的意义上，把它称为'绝对善良的'。"②玄耐克正确地认为，在那个段落和语境里，康德不是在专门谈论上帝，然而，他也没有把上帝排除在外。

对此，阿利森认为，康德在《道德形而上学奠基》第三章第一节中所说的绝对善良的意志指有限理性存在者的意志。"康德之前已把一个绝对善良的意志定义为不能成为恶的（GMS 437，6-7），我们却不能认为，他在此把它等同于神圣意志的；他说意志的原则必须是一个定言命令，而康德一贯否认神圣的意志服从诸命令。因此，看来一个康德必定通过一个'绝对善良的意志'来表示一个有限的理性存在者的意志，它被设想为依据定言命令而行动。"③

确实，康德在《道德形而上学奠基》第二章最后一节中讨论了绝对善良的意志："所以，绝对善良的意志，它的原则必定是一个定言命令，它就在一切客体方面不受规定，而只包含一般的意愿的形式，也就是作为自律，即每一个善良意志的准则使自身成为普遍法则的适应性，本身就是每一个理性存在者的意志提供给自身的唯一法则，不必以任何动机或兴趣作为它的基础。"（GMS 4：444）诚然，既然康德在文段相连、语义连续的两处文本中都讨论了《道德形而上学奠基》第三章的任务（即回答先天综合判断何以可能），而其中道德法则的内容都涉及绝对善良的意志，那么我们有理由认为，这两处所说的"绝对善良的意志"是同义的。然而，我们毕竟可以回应说，康德在此是指，如果绝对善良的意志的原则是命令的话，那么，它只能是绝对命令，而不是说它不能成为命令以外的东

①　Dieter Schönecker, "How is a Categorical Imperative Possible? Kant's Deduction of the Categorical Imperative", in Christoph Horn, Dieter Schönecker (ed.), *Groundwork of Metaphysics of Morals*, Berlin, Walter de Gruyter, 2006, p. 307.

②　Dieter Schönecker, "How is a Categorical Imperative Possible? Kant's Deduction of the Categorical Imperative", in Christoph Horn, Dieter Schönecker (ed.), *Groundwork of Metaphysics of Morals*, *Berlin*, *Walter de Gruyter*, 2006, p. 307.

③　Henry Allison, *Kant's Groundwork for the Metaphysics of Morals：A Commentary*, Oxford University Press, 2011, p. 279.

西。这种表达方式也是常见的，例如，我们可以说，某个人只能算作二流的艺术家，而这不表示他不能有其他的身份，不能被看作一流的父亲或丈夫。而上述道德性的原则就是道德法则，这对于无限的和有限的理性存在者来说都是有效的。①

对此，田莫曼作了一个简要的评论："这个句子简要概括了第一部分和第二部分的结论；参照在 Ⅳ 437.6-7 的总结。因而 Ⅳ 447.11-12 中'绝对善良的意志（ein schlechterdings guter Wille）'是善良的人的意志。正如玄耐克所表明的，这才是要被演绎的综合原则。"②然而，他在此处和前文都没有提供较具体的论证。

综上所述，我们认为，《道德形而上学奠基》第三章中的道德原则是适用于一切理性存在者的道德原则，这就是：如果一个有限存在者意志的准则适合成为普遍法则，那么，这个意志是绝对善良的。仅仅对人来说，道德原则对他们就表现为这一定言命令：应当这样行动，使意志的准则适合成为普遍的法则。

以下，笔者阐明《道德形而上学奠基》第三章从自由到道德法则对定言命令可能性的基本论证过程：

在第一节中，康德指出了自由概念与道德法则概念的分析性关系。"如果预设了意志自由，那么仅仅分析它的概念就能从中得出德性及其原则"——"一个绝对善良的意志就是一个其准则总是能把自身视作普遍法则而包括在自身内的意志（ein schlechterdings guter Wille ist derjenige, dessen Maxime jederzeit sich selbst, als allgemeines Gesetz betrachtet, in sich enthalten kann）"（GMS 4：447）。

在第二节，康德开始对自由进行演绎，此处的基于判断力的论证只是要说明，在实践的视角下自由具有现实性，或人现实地拥有实践自由。

在这里，康德通过理性在判断上的主动性所证明的只是理性存在者"在实践的眼光中是现实地自由的"，它只意味着"只能在自由的理念下行动"的属性，即理性存在者在行动中总是把自由看作行动的根据，换言之，康德只是"把自由仅仅当作由理性存在者单纯**在理念中**为自己的行动所提供的根据"［von vernünftigen Wesen bei ihren Handlungen bloß *in der Idee* zum Grunde gelegt］"，即在实践中凭借自由的理念，把自由权

---

① 道德法则对上帝而言也有效；因为道德法则对一切理性存在者都有效，而上帝也是理性存在者。康德指出，上帝的意志的准则"必然符合自律法则"。

② Jens Timmermann, *Kant's Groundwork of the Metaphysics of Morals：A Commentary*, New York, Cambridge University Press, 2006, p. 125.

且当作行动的根据(GMS 4：448)。而根据第一节，道德法则与自由"不可分割"，因而实践自由同时也意味着，道德法则必然对理性存在者有效；我们作为实践上现实地自由的存在者，就受到了道德法则的约束。

他以"自由必须被预设为一切理性存在者的意志的属性"为小节标题讨论意志自由的问题，这只是意味着，理性存在者"仅在理念中把自由当作其行动的根据"，即先验自由被他们当作行动的根据，我们把这一理念运用于实践；先验自由本身却不一定就是行为的根据，因为自由的理论实在性问题"依然悬而未决"(GMS 4：448)。当康德说，"现在我提出：每一个只能按照自由的理念去行动的存在者，正因此而在实践的眼光(Rücksicht)中是现实地自由的……"这时他并没有陷入独断论，他并非要通过先验自由的观念来说明先验自由的实在性，而只是要通过它来说明自由实践上的实在性。因为，人在实践上是自由的，这只是意味着，对于行为者的意识而言，"一切与自由不可分割地结合着的法则对它来说都有效"，就"好像"在理论哲学中自由已被论证了一样；或者说，由于先验自由的理念被"当作"根据而现实地影响行为，因而先验自由理念具有了单纯实践上的实在性(GMS 4：448)。康德如此来说明实践实在性的含义是合理的，因为他指出，在实践活动中，人们没有必要考虑人没有自由的情况。既然"在实践中"人以先验自由作为思考的出发点，"首先只向理性求得行为的规范"(geht uns im Praktischen, da wir nur die Vernunft um die Vorschrift des Verhaltens zunaechst befragen)，因而，对于先验自由的问题，"我们完全可以在讨论实践时把它作为毫不相干的问题置之不顾"(welchel wir als ganz gleichgültig beiseite setzen koennen)(KrV A803/B831)。然而，康德并非认为我们根本不考虑人是否有先验自由，而是把理知世界看作人必然要"采取"的"立场"，因而是站在先验自由的立场上来思考实践问题的——因为人毕竟要出于实践的意图而设想有自由的情况应当采取何种行动的规范。

人在实践的视角下是自由的，就意味着人有实践自由。"当根据道德法则的行为和它的反面是可能的，一个人在行动的视角下就是自由的(Iemand ist frey in Ansehung einer Handlung)。实践地自由的，要么是法权上的要么是道德上的。道德的自由要求得最多。而当我是实践地自由的，我却是在道德上受约束的(moralisch verbunden)。"(Refl 19：258)"in Ansehung…"与"in… Rücksicht"相类似，前者表示在……的眼光下、在……的视角下。从引文可见，人在行动的视角下是自由的，就意味着人有行动上的自由，包括道德上的自由和法权的自由；类似地，康德在《道德形而上学奠基》中说，人在实践的视角下是自由的，就是说人有实践上的自由（Praktische Freiheit），即有实践自由。康德接着宣称，人有理性意味着人必然在主观上按照自由的理念而行动，因而人的实践自由是有根据的。我们必然会在思维中肯定自由的存在；独立性与自主性是理性判断能力的基本前提。"现在，人们不可能设想一种理性，它会在其判断上自己有意地从别的什么地方接受控制，因为这样的话，主体就不会把判断力的规定归于自己的理性，而是会归于某种冲动了。这种理性必须把自己看作其原则的创制者，独立于外来的影响。"（GMS 4：448）

值得注意是，尽管康德在后文中，肯定了理性的纯粹的自发性，并通过这个自发性来论证人的超经验的自由，但这种超经验的自由的现实性只是在实践的眼光下才具有现实性，因为首先，康德在前文中已经说明，有意志的理性存在者只是在实践的眼光下才是现实地自由的，而我们无法在理论上证明其现实性。其次，根据康德之后的论述，知性世界只是一个立场，以便纯粹理性"**把自身思考为实践的**"，使得实践的规范性思考和决定得以可能。这也与我们的实践主义的解释相一致（GMS 4：458）。

在这一章第三节到第五节，康德具体讨论了自由如何通过影响实践而具有了实践的实在性。每个人都会设想：我们确实有形成理性观念的能力，这种理性的表象是人自己产生的，它们"证明了我们的能动性（Thätigkeit）"，但在现象界中不可能有自由，因此我们不仅仅作为现象而属于感官世界，必然也作为本体而属于理知世界（GMS 4：451）。因而，我们设想自己具有理知世界成员的身份，具有本体的层面和自由的属性。

在此，康德论证了理性具有纯粹的自发性，这意味着理性具有独立于感性而自行引起思维因果序列的能力。理性是主体的很高级的能力，它有一种逻辑上的推理功能，即间接地凭借既有的判断得出新的判断的功能，此外，它还有一种独特的创造力，能够不以任何感性因素为条件，单纯通过自身而先验地形成纯粹的、抽象而普遍的理念和原则，这些理念和原则在理论与实践中都能产生影响，"它本身包含有既非借自感官，亦非借自知性的某些概念和原理的起源"（KrV A299/B355）。后一种能力在康德哲学中具有举足轻重的地位，这体现了理性纯粹的自发性，它不以经验因素为条件，它的自发性不是运用于经验因素、局限于经验领域的自发性，而是独立地、先天地形成理念和原则的能力。它在理论上可被用于纯粹理性批判，因而具有纯粹的自发性，是康德把理性的存在者看作自由的存在者、人的理智层面看作本体层面的重要原因。就此而言，人不仅仅是拥有理性概念、在时间中和在被意识到的理性概念活动中的存在者，而且是先验地使理性概念和表象中的理性概念活动得以可能的本源。理念是理性的"能动性所能够产生的概念"，理念和理性原则"完全不是通过刺激感官，而是直接达到意识的东西"，它不是通过感官能力所提供的任何一种直观而形成，而是先验地由理性本身所建构的，因而，在纯粹理性的活动中，理性自身为自身提供根据，从而引起（理论和实践中的）因果序列。"一切无需我们的抉意（ohne unsere Willkür）就获得的表象（如感官的表象）"，不是基于我们的自由活动而可能的，而是通过感官被刺激而被给予我们的（GMS 4：452）。可见，理性作为主动形成观念和根本性的先天原则的能力，与接受性的感性截然不同。而且，理性与知性也不相同：知性范畴只能用来把感性表现统摄于规则之下，超出了经验领域，这些范畴就没有客观性和有效性；理性自发产生的理念可以用来把感性世界和知性世界彼此区别开来，而不是把理性限制于对感性世界的运用，并且，它能够给知性划定界限（当然，理性也能通过理念和悬设对经验知识起范导性的作用，然而它并不被限制于这种运用）。

理性在其"最重要的事务"中体现了自身的独特的能动性和重要作用。康德认为，纯粹理性区别感性世界和知性世界，或区分现象和本体界，由此反思性地展开对纯粹理性的批判，这是理性最重要的事务。通过这种区分，理性揭示了一切先天综合判断的根源和有效性范围，使得一切未来作为科学的形而上学得以可能，并通过悬置了关于本体的知识而为道德和宗教的信念留下地盘。当然，由于康德在这里要论证实践中的自由，因此它并不通过理性在实践中的自发性来展开论述。理性先天地发现，在表象中的感官世界是先天的感性形式和知性原理整理感官质料的结果，我们无法断定我们的表象与物自身相符合，时空形式和范畴只是运用于可能的经验才有效，而现象背后的本体界是知性只能思维却不能认识的"知性世界"。没有合理地做上述的区分，是理性陷入二律背反而不能自拔的基本根源，而只有通过这些区分，我们才能揭示一切的先天综合判断何以可能，并为一切科学奠基知识论的基础。（另外，在实践中，通过两种世界的区分，我们才意识到我们更高的存在层面，后者不会被经验的现象所否定，而赋予了我们更高的使命，使得对道德法则的认同与敬重得以可能。）

理性的纯粹的自发性说明了，人作为理智属于理知世界，超越了感官世界，因而具有自由。理性具有纯粹的自发性和对感性的独立性，而经验世界中的一切对象都是被动的、被决定的，因此，人作为理性的存在者属于本体界，属于理性（包括知性能力）才能思维的理知世界。由此，人作为本体就能够独立于一切的经验性原因，自主地成为行动的原因。由于理性本身并不能提供准则的质料，它不包含任何感性的杂多，因而，理性如果独立于感性而成为意志的根据，那么它就会提供行为准则的形式。对于总是为有条件者寻求无条件者的理性来说，它当然要求准则具有普遍性的形式。理性不以任何经验条件为条件，而作为无条件者自己为自己设立根据。

于是，康德在《道德形而上学奠基》第三章第五节对其关于定言命令的演绎做了重要的总结，说明了他之前所说的连接道德法则的主词与谓词的**第三者**，乃是**自由**这一指向**知性世界**的理念：

> 而这样一来，定言命令就是可能的，因为自由的理念使我成为一个理知世界的一员，因此，如果我只是这样一个成员，我的一切行动**就会**在任何时候都符合意志的自律了，但由于我同时直观到自己是感官世界的成员，所以这些行动**应当**符合意志的自律；这个**定言的**应当表达出一个先天综合命题，因为在我的被感性欲望刺激的意志之上，还加上了同一个意志的理念，而这个意志却是属于知性世界的、纯粹的、对其自身来说实践的，它按照理性包含着前一个意志的最高条件……（GMS 4∶454）①

据此，在理念中的意志是人作为理智的本体层面的能力，它是完全自律的，并且作为本体构成经验世界行为的根据。一方面，理念是理性的纯粹概念，它不包含任何经验内容，而指向最高的无条件整体，如上帝、世界、（不朽）灵魂、自由、道德法则。在理念中的意志就"完全属于知性世界"，而不属于经验世界，因而是独立于一切经验性事物的纯粹意志；作为理智，理性存在者的意志是完全与道德法则相一致的，必然意愿道德法则："……他意识到一个善良意志，这个善良意志按照他自己的认可，构成了他作为感官世界的成员的恶的意志的法则，他通过冒犯这一法则而认识到了这一法则的权威。所以，道德的这个应当是他自己作为理知世界的成员的必然的意愿……"（GMS 4∶455）另一方面，它又是

---

① 理知世界亦即知性世界，是我们只能被设想而无法获得知识的本体界，它由理性存在者的理智（人的最高级的纯粹理性）组成，它没有时空的属性，总是保持为同一个世界。

"实践的"，它作为本体构成了经验世界行为的根据；因为，它被设想为理知世界中的本体，而有着"先验自由"：独立于一切经验性因素而自发引起因果序列的能力。阿利森由于这一意志完全属于知性世界，而把它等同于单纯的理性立法的能力，这值得商榷。① 因为纯粹意志本身作为本体只属于理知世界，这并不意味着它只能影响知性世界却不能影响经验性行动。而在此语境中，康德指出，意志是"一个与单纯欲求能力仍然不同的能力（也就是说作为理智，从而按照理性的法则独立于自然本能去规定自己的行动的能力）"（GMS 4：459）。此外，康德认为，我们不能形成关于纯粹意志的理论知识，纯粹意志并不具有本体论上的实在性，我们只是在实践的视角下才有自由、有纯粹意志。引文中"被感性欲望刺激的意志"指的是属于感官世界的意志。因为在引文的下一段，康德继续阐述定言命令如何通过两种世界与两种意志的区分而可能，并指出了理知世界中的善良意志与之感官世界中的恶的意志的区别，而前者恰好与引文中所说的属于理知世界的意志相对应。如果用康德在语段中的表达方法来述说意志，就可以得出：如果我的意志只属于理知世界，我的一切行动**就会**在任何时候都符合意志的自律，但由于我同时直观到自己的意志也属于感官世界，所以这些行动**应当**符合意志的自律。这样，定言命令这一综合命题就可通过意志概念表述为：被感性欲望刺激的、同时属于理知世界的意志的准则应当能够成为纯粹意志的法则。这样，属于理知世界的、纯粹的意志（可称为纯粹意志）与这个意志就是"同一个意志"，因为"一个知性世界的概念只是一个**立场**"，两个意志其实是在理知世界的立场和经验世界的立场（或视角）中得到思考的同一个意志（GMS 4：458）。

使定言命令成为可能的第三者就是**纯粹意志**的理念。首先，我们对第三者的把握应当从《道德形而上学奠基》第三章第三节（标题为"一种定言命令如何可能？"）中寻找线索，因为这节是对此章开始提出的任务（解决实践的先天综合命题如何可能的问题）的解决。其次，康德认为，理论的先天综合判断成为可能和实践的先天综合判断成为可能，其方式是一致的。在理论中，知性范畴（它蕴含着自然的普遍法则形式）加到了感官世界的质料之上，而使得关于自然的先天综合判断成为可能，使得必然的、真正意义上的理论知识成为可能。最后，康德在第一节提示说，

---

① Henry E. Allison, *The Deduction of the Categorical Imperative and the Outermost Boundary of Practical Philosophy*, in *Kant's Groundwork for the Metaphysics of Morals: A Commentary*, Oxford University Press, 2011, p. 9.

积极自由提供了这第三者，而在后文中，康德确实通过积极自由来说明了人在理知世界的成员身份和人在其中的意志能力。由此，我们可以推断出，类似地，蕴含着道德的普遍法则形式的纯粹意志的理念加到了受感性刺激的意志之上，从而使得关于自由的先天综合判断成为可能，使得必然有效的定言命令成为可能。

第三节　《道德形而上学奠基》
中关于对自由理念的敬重的论证

《道德形而上学奠基》第三章中也有对普遍的、强有力的道德动机的论证，而这一论证与之前对关于自由的理性肯定的论证是相互独立的。该论证与第二批判中的论证类似，因为它的路线也是从对道德法则的实在性的主观意识到自由的理念，再到道德法则的客观实在性。

既然关于道德动机的强度问题是经验性的，在《道德形而上学奠基》和《实践理性批判》中康德首先诉诸普通人类理性对道德法则的实在性的主观意识（或对根据道德法则行动的能力的主观意识），来表明我们能够拥有纯粹的、主动引起的和足够有力的道德动机，进而通过把这种意识追溯到自由的理念，来阐明道德法则的客观实在性（或我们独立于感性的爱好而根据道德法则行动的能力）。据此，根据道德动机而行动——每个人都能如此行动——并不是被动的而是自律的，并且在价值论上优先于其他任何行动。《道德形而上学奠基》在上升至对纯粹实践理性的综合运用的反思性批判之后，又"回到它在其中得以应用的普通知识"，来对自由和道德法则的实在性进行辅助性的说明（GMS 4∶392）。

康德借助于但并不依赖于普通人类理性。普通人类理性有一个致命的弱点：它有陷入那种混淆德性与幸福的自然辩证论的倾向；这是由于人的自爱和对道德法则和道德动机在理性中的纯粹来源的意识的缺乏。康德援引普通人类理性，但又对其进行了彻底的批判，并揭示出对道德法则的意识（包含对它的关切与敬重）的纯粹来源，来说明作为道德动机的敬重的纯粹性和普遍性。

普通人类理性主观地意识到我们应当出于道德法则而行动。因为，一方面，普通人类理性并不对人的自由作形而上学的怀疑，它认定人是自由的，而只是考虑我们应当如何自由地确立实践规范，并由此而行动；另一方面，由于道德法则对于自由存在者而言显然的有效性，普通人类理性能够意识到理性对于准则的普遍有效性的要求，对于能够战胜感性的爱好和冲动的感性的敬重。

接下来，我们具体展开康德在《道德形而上学奠基》中对于道德动机的论证，后者构成了康德对自由与定言命令的证明的一个基本内容。

第一，我们事实上所具有的对道德法则的关切说明了自由和道德法则在实践中的现实性。

《道德形而上学奠基》中关于道德动机的论证开始于第三章第三节，在此，康德提出了解释道德原则现实性的问题："到底为什么我应当服从这个原则，而且是作为一般的理性存在者服从它，从而还由此使所有其他被赋予了理性的存在者也服从它呢？"(GMS 4：449)为什么从自由理念引出来的理性原则对于有限的人类来说也是必然有效的？但在提出这个问题之后，康德马上指出，我们确实意识到，我们对定言命令有一种独立于感性利益的关切、关心，道德法则对我们确实有约束力，我们应当遵循道德法则。"我愿意承认，没有任何利益[关切]**驱使**我这样做，因为那不会给出任何定言命令；但我还是必须对此**抱有**某种关切……"(GMS 4：449)"我们确实发现(Zwar finden wir wohl)，我们会对一种根本不具有任何状态的利益关系的人格的性状(einer persönlichen Beschaffenheit)抱有某种关切。"(GMS 4：450)所以，问题就不在于，我们应当遵循道德法则，这是否可能，而**只是在于**，我们应当遵循道德法则，应当根据对道德法则的关切而行动，这是"如何可能"的(GMS 4：451)。

关切是理性存在者通过选择的能力而对被欲求事物的关心，"关切就是理性由之而成为实践的，即成为一个规定意志的原因的那种东西"，它构成了理性决定意志的力量(GMS 4：460)。《判断力批判》提供了关于关切的明确定义："被称为关切(Interesse)的那种愉悦，我们是把它与一个对象的实存的表象结合在一起的。所以一个这样的愉悦又总是同时具有与欲求能力的关系，要么它就是这种能力的规定根据，要么就是与这种能力的规定根据必然相联系的。"(KU 5：204)这就是说，当我们在内心中把一个对象的实存表现出来、呈现出来，我们就会对这种被设想的实存产生某种愉悦。在他律的行为中，这种关于对象实存的愉悦构成了意志的规定根据，我们因为这种愉悦而欲求某个对象，而在自律的行为中，道德法则引起了关于某对象的愉悦，从而规定我们的欲求能力。邓晓芒教授指出，在词源上，拉丁文"interesse"(关切)中的"inter"意味着在某种之间、在某物之中，而"esse"指存在。① 因此，interesse 就是把事物联系起来、使之发生关系的东西。中文词"关切"比"兴趣"更能表达"interesse"所意指的对各种设想对象（包括道德行为等严肃对象）的实存的关心。而"兴趣"一词往往表示是爱好、某些不严肃的关心；这个概念所表达的是一种内心状态，而不是对象与主体的关系，因此，翻译成"关切"比翻译为"利害"更为恰当。根据道德法则和人格而产生的关切才是"纯粹的"关切（GMS 4：460）。

人对道德法则的关切，一方面基于理性的能动的、设立普遍性原则的能力，另一方面基于人有主观方面受到道德法则或义务观念影响而产生道德情感的能力，"我们把这种关切在我们之中的根基称为道德情感"（GMS 4：460）。关切与道德情感有着紧密的关联，由于我们有这种道德情感，我们会对道德法则有关心、关切，希望其现实地构成经验现象的运行法则。对道德法则怀有关心或敬重的先天禀赋或能力被称为道德情感："对法则怀有这样一种关切（或对道德法则本身的敬重）的能力真正说来也就是道德情感。"（KpV 5：80）正是因此，康德才认为道德的行为就是出于道德法则而做出的行为，而在道德行为中，"对一个单纯的理念的敬重，却要来充当意志的一丝不苟的规范"（GMS 4：439）。

根据上文，定言命令已经可能，这是《道德形而上学奠基》"有关道德性的最高原则的演绎"的前提；需要解决的问题并非定言命令是否可能，而只是定言命令如何可能，这是一个追问其可能性条件的问题——这符合康德对演绎的一贯理解（GMS 4：463）。在此，康德没有引入先验自由和理知世界，而直接指出，基于健全的理性能力，我们必然有对道德法则的理性肯定和关切的情感，以此展开了对道德动机的论证。"因为这个应当真正说来是一种意愿，这意愿对每一个理性存在者都会有效，只要理性在它那里没有阻碍地是实践的；那些像我们一样还通过作为另一类动机的感性而受到刺激的存在者……对他们来说行动的那种必然性就只叫作应当……"（GMS 4：449）道德法则在有限的存在者身上体现为命令，它是一种无条件的命令，因此不是假言命令，而是定言命令。普通人类理性不同于纯粹实践理性，它也会受到感性的影响；然而，人们通过健全的普通人类理性便能意识到，人应当根据定言命令而行动，这意味着，他们有根据定言命令而行动的意愿。人们虽然没有清楚地意识到道德法则的最抽象的形式，然而，在日常生活中，人们"将其用作自己评判的准

---

① 对此，中文词"关切"比"兴趣"更能表达对多种对象（包括道德法则等严肃对象）的关心。

绳"(GMS 4∶403)。

接着康德开始**追溯**这种已被广泛发现的道德关切的**真正根源**。他指出,我们对人格有纯粹的关切这个判断"实际上只是那已经预设的道德法则的重要性的结果"(GMS 4∶450)。然后他又进一步指出,"我们仍应坚持服从某些法则,以便发现一种只在我们自己人格中的价值"(GMS 4∶450)。人格中的价值是服从道德法则的价值的条件,而道德法则的价值又是对人格的关切的条件;自由人格和自律的独特价值引起人的情感性关切。因此,康德并没有陷入道德法则与人格之间的混乱循环。

在第四节中康德借助于普通人类理性来阐明对道德法则的关切的纯粹性和普遍性,说明关切最终来源于自由的理念。"普通人类理性的实践应用证实了这一演绎(指基于理性能动性的对定言命令的演绎——引者注)的正确性"(GMS 4∶454)。他以一个极端的例子作为论述的切入点:只要平时习惯运用理性,哪怕是最坏的恶棍在道德的榜样面前,也有道德的**愿望**(Wunsche),希望自己同样也是如此倾向的(so gesinnt)。他意识到自己应当同样成为道德的人,即使受到爱好和冲动的束缚,并未选择道德的行动,他也会希望自己能够摆脱这些束缚,做一个道德的人。这种愿望是一种纯粹的道德关切,"为从那个希望中,他不能指望欲望的任何享受,从而不能指望任何一种使他的某个实际的或者想象得出来的爱好得到满足的状态"(GMS 4∶454)。现实的经验界中人的行为都是有经验性原因的,但在这种意向或关切中,他意识到一种道德的要求,意识到应当道德地行动,由此他把自己设想为能够独立于经验性因素而行动。这样,人就把自身置于经验领域以外,"把自身置于知性世界一员的立场";而一旦他设想自身具有这个本体的层面时,他就意识到了理性存在者超越经验世界及其因果律的崇高与尊严,意识到"人格的更大的内在价值",所以说,"当他把自己置于知性世界一员的立场上时,他相信自己就是这个更善良的人格",他作为理知世界的成员而具有这种人格(GMS 4∶455)。由于人意识到人格的非凡价值和人格相对于"爱好得到满足的状态"的优先性,他就意识到人应当根据"自由的理念"、根据(源于理性的)道德法则而行动;于是,那个人就"通过冒犯这一法则而认识到了这一法则的权威"(GMS 4∶455)。康德举这个案例并非随意性的,而是要表明,即使在似乎没有道德性的极端情况中,道德关切依然在起作用,并且这种关切或意向作为一种认识理由,使我们发现了,现实存在的道德关切根源于我们的理性的自由人格,而人格中的人性或纯粹实践理性是先验性的,是每个人都拥有的。由此,基于自由人格的道德关切也是普遍的。据此，我们应当普遍地遵循自由的法则、理性的道德法则（GMS 4：455）。

关于自由人格的价值为何会引起强烈的崇高感与敬重，《道德形而上学奠基》已经进行了大量的论证，笔者在本书第三章亦已进行了详细的讨论。

于是，我们能够形成对道德法则和自由的**纯粹而强有力**的敬重与关切，后者构成了人能够根据自由理念和道德法则而行动的基本条件。假如对道德法则和人格的敬重与关切是被动的、是基于感性的爱好而被引起的，而幸福构成了它们的最终根据，那么，它们就失去了道德的意义。但现在，我们发现对道德法则和人格的敬重与关切来源于自由的理念和纯粹理性，是人主动地通过自由理念和自我立法而形成的，是纯粹道德的，而不是基于任何感性的爱好和冲动。因此，我们对道德法则和自由的敬重与关切是纯粹的，而且是强有力的。

在规范的意义上，自由在实践上的现实性也来源于它的实践必要性。基于"实践的意图"，基于道德法则决定意志的必要性，我们设想人有纯粹实践理性和意志自由是正当的、有根据的，因为定言命令和对道德法则的关切依赖于纯粹实践理性或先验自由的**立场**，自由的最高价值构成了道德法则的根据（GMS 4：455）。康德认为，我们应当根据道德法则而行动，而自由和理知世界的理念才能引起我们对道德法则的关切，因此，我们预设自由和知性世界就是必要的。而由于我们必然有对道德法则的关切，必然应当遵循道德法则，所以，我们也必然地在实践中设定（作为其条件的）自由和理知世界——无论我们对此是否有清晰的意识。而且，我们普遍具有的道德关切虽然必定能够影响我们的意志，但不一定就能成为我们意志的动机，不一定能有效地规定我们的意志，因而对自由和知性世界的思考或设想同时又是必要的。由此可见，自由和知性世界的理念通过理性的必然肯定及普遍的道德关切能力而具有了**实践的实在性**。纯粹理性假定知性世界的**"立场"**，**"以便把自身思考为实践的"**，而理性把自身思考为实践的，无非意味着理性把自身思考为自由的、能够单纯以道德法则来规定意志，意味着道德法则能够通过引起关切而本身成为行动的动机（GMS 4：458）。但是自由在理论上的实在性悬而未决，纯粹理性**如何**能够是实践的，或道德法则本身如何可能引起关切，我们归根结底是无法认识的，因此，我们也无法认识定言命令理论上的可能性。然后，当剥离感性知识，

> 剩余的是一个纯粹知性世界的理念……这个理念为一种理性的信仰起见，始终是一个有用的并且可以允许的理念……为的是通过**自在的目的本身**（理性存在者）的一个普遍王国的美好理想……在我们里面引起一种对道德法则的活生生的关切。（GMS 4：462-463）

自由和知性世界理念的正当性通过道德关切而确立，我们之所以要假设这些理念，是因为它们在实践中必然会引起对道德法则的关切，因而是有用的、必要的。类似，上帝、灵魂不朽以及道德世界的理念，也都是由于它们在实践中的必要性，由于它们对于自律行动的作用而具有实践上的实在性。

总之，基于对自由与道德法则理念的理性肯定和感性的敬重，这两个理念能够影响和决定我们的行动，因而，在实践的眼光中，我们就是现实地自由的，而定言命令（道德法则对我们的显现方式）也是可能的。作为理性的存在者，我们必然也把自身设想为自由的，必然也采取理知世界的立场，而这种必然的设想就会在我们的一切活动中发生影响，包括在我们的行动中发生影响；而且这种影响还体现为情感活动，理知世界成员的身份所引起的敬重构成了道德行为的动力，即构成我们按照自由或自律理念去行为的动力。由此，自由的理念（以及与之不可分割的道德法则的理念）必然会在实践中影响我们的行动，并能规定我们的行动，因此，定言命令就是可能的，道德法则也具有了实践的实在性。

我们能够出于道德法则，出于道德而行动，这样的行动具有内在的价值，因此，我们应当出于道德法则而行动。自由的理念、在知性世界中的成员身份使人意识到，理性存在者纯粹的能动性、普遍立法的权威性和自由本体的崇高性与基于自由而来的内在价值。我们意识到，纯粹实践理性作为人格中的人性，就是世界中的自在目的，具有最高的尊严和价值，对此，我们在实践中必然能引起理性的认同和感性的最高敬重；而这种对人格的认同和敬重使道德法则能同时成为我们行为的客观根据和主观动机，从而使自由和定言命令得以可能。当理性自主立法则并规定意志，生命就体现出一种纯粹的自发性和能动性，不以任何经验的条件为条件，而作为无条件者为自身设立存在方式的根据，并构成了经验因果序列的根据。理性先天设立的纯粹形式法则，不以任何偶然性的因素为依据，因而必然对于所有有理性的存在者都有效，由此理性存在者体现出作为理知世界立法者的权威性。在实践的意义上，我们确实有自由，这样，人就能够作为某种"在感官的对象背后……不可见的、自身能动的东西"，摆脱经验因果律的链条的束缚，成为独立于感官世界而由理智构成的理知世界的成员（GMS 4：452）。于是，人尽管在感性世界是一个微不足道的组成部分，然而他作为理知世界的成员，却超越了整个的感官世界，体现出对其中具有普遍必然性的自然因果律的彻底超越，构成了感官世界背后作为一种本源的根据和原因，充分地体现出自由存在者的崇高性与尊严。通过"理性存在者的世界（*mundus intelligibillis*），作为一个目的王国"这一观念（GMS 4：438），我们把理性的存在者看作人格，看作目的王国的立法者。"……**自律**（*Autonomie*）是人性以及每个理性的本性的尊严之根据。"（GMS 4：436）通过人格中的人性，个人就成为具有无上尊严的自在目的。"现在，道德性就是一个理性存在者能成为自在目的本身的唯一条件，因为只有通过道德性，理性存在者才可能成为目的王国中的一个立法成员。德性和人性（就其能够具有道德性而言），就是那种单独就具有尊严的东西。"（GMS 4：452）我们于是意识到，我们对定言命令的认同基于我们对人格价值的认同，我们对道德法则的敬重源于对本体人格的敬重，因此，人作为有感性的自由存在者，应当为了自由、出于自由的法则而行动，应当出于理性的定言命令而行动。

最后，康德实践哲学揭示了"一切道德研究的最终界限"：先验自由理念具有了实践上的实在性，人具有纯粹实践理性和实践自由，并且，定言命令是可能的。但是，我们仍无法在理论上证实或证伪我们的先验自由，而对于先验自由理念的实在性、纯粹实践理性、实践自由以及定言命令是如何可能的，我们也无法形成理论认识（GMS 4：462）。"但规定这一界限就已经具有极为重要的意义了"，因为一方面，理性不必"在感官世界中到处搜寻最高的动因"，从而有损道德的纯粹性；而另一方面，理性借此也可以不在理知世界的概念空间中"无效地拍打自己的翅膀，却仍在原地不动"（GMS 4：462）。

第四节　对相关研究的讨论

康德的自由思想采取了**实践化的道路**，把自由的现实性建立在实践的基础上。缺乏对康德自由在理论上的现实性和实践上的现实性之间的区分的充分理解，是大量无的放矢的对康德的批评和对两种世界、人的两种属性无谓的调和的根源。基于对康德在《道德形而上学奠基》中所理解的自由，我们将与国际研究者进行一些商榷。关于《道德形而上学奠基》中的自由现实性问题的解释，国际研究者主要采取了两种阐释的道路：一种是**本体主义的道路**，把自由理解为本体所具有的先验自由（独立于一切经验性因素而引起因果序列的能力），另一种是**主观主义的道路**，把自由理解为在一种主观立场下的被设想、设定的属性。

第一，帕通、亨利希、阿利森、武德、阿美里克斯、里斯（Andrews Reath）、田莫曼等研究者采取了本体主义的解释之路，他们认为《道德形而上学奠基》要论证我们有这样一种自由，它能够使我们独立于经验性因素而自主决定自身的行动，他们通常由于先验自由的问题而把《道德形而上学奠基》第三章从自由到定言命令的演绎看作**失败**的。我们以为，这种批评是无的放矢的，因为他们的批判建立在对自由概念含义的误解的基础上。

其中，阿美利克斯是比较激烈的康德的批评者，他认为，康德试图基于先验自由来论证道德，而这种自由是无法说明的。

> 我们思想中对自发性的表象不能产生关于自我本身的知识，对这一点的明确坚持第一次构成了康德关于自我知识的批判理论，又同时妨碍了《道德形而上学奠基》演绎的第一步和第三步：现在理性不能使我们获得一个本体自我，而自我能够拥有的本体层面是什么都好。把任何人格特征归于自我的这一限制，使得在（理论性地）被认识为"真正自我"的东西的基础上，从自由论证来道德法则也不可能。所以，在他写最后著作的时候……康德不仅放弃了《道德形而上学奠基》中的一些弱点，也放弃了其中有效的观点，没有为忽视这一点给予任何理由：自由应在理论上被论证，没有反面的理由也不是充分的。①

盖耶也提出了类似的批评。这是基于他们没有理解康德两种实在性的区分，没有理解康德要指明的是自由只具有在实践上的实在性，因而实践哲学只能证明定言命令在实践上的实在性，而不能证明定言命令在理论上的实在性。

阿利森的理论有不太一致的地方：一方面，他对康德的自由思想作了主观主义的重构，另一方面，他又对康德的自由思想作了本体主义的解释——他认为，《道德形而上学奠基》的演绎是失败的，因为这里有一个致命的错误，认为我们拥有理性这一点不仅能够证明知性世界（Ver-

---

① Karl Ameriks, *Interpreting Kant's Critiques*, Oxford, Clarendon Press, 2003, p. 182.

standwelt)（这是正确的），而且能够证明理知世界（intelligibelen Welt），"前者要被消极地理解为包含任何非经验的和'单纯理智'的东西……后者要被积极地理解为一个由道德法则支配的超经验的领域"①。他认为，有一段话明显地显示出这个问题，对此康德也有所意识，康德首先说，理知世界只是一种立场，然后紧接着说这样一种立场又带来了不同于感官世界的秩序和立法（GMS 4：458）。

首先，如果把我们作为理性的存在者**设想**为能够独立于感性世界而属于知性世界，而（根据康德的基本立场）知性世界是经验世界的根据，我们就必然把自身的理性**设想**为能够独立于感性的（因为我作为理智不属于感官世界），并能够成为经验事物（如我的行为）的原因，从而自身建立起形式性的道德法则，进而把理性所构成的世界看作服从理性道德法则的——而阿利森认为这种积极的规定"在**知性世界**中的成员身份"是无法提供的。②

其次，康德也并不认为拥有理性就能证明以道德法则为秩序的智性世界的存在，因为我们没有对本体界的认识，他只是认为我们在实践中设想这样一个世界存在是有效的、合理的。我们只是由于能够根据自由和道德法则的理念去行动，而在实践上是自由的，因此在实践中设想人有自由，这有着正当性和合理性，但我们有这种实践上的设想并不意味着我们以为自己有关于它们的思辨性的认识，我们在实践中如此设想的同时，又意识到这种设想不是一个对世界的认识，这并不矛盾。因此我们可以在实践中有效地设想自身是自由的、具有本体层面的，人作为理智和本体服从道德法则，而智性世界就是"由所有作为物自身的理性存在者的总体"，因而会是一个由道德法则支配的世界（GMS 4：458）。在阿利森提到的这一段话中，康德还补充了一句话：理性"没有丝毫妄想在此走得更远，除了仅仅按照其**形式**条件，即依照作为法则的意志准则之普遍性，从而按照唯一可与意志自由并存的意志自律来思考它"，因此，理性要求的只是通过法则的形式去**思考**理知世界，以便形式性的法则通过理知世界理念引起的关切而规定意志。

最后，就康德文本而言，知性世界并非阿利森所说的消极概念。知性世界中的成员被看作完全符合道德法则的，"因此，仅仅作为知性世界

---

① Henry Allison, *Kant's Theory of Freedom*, Cambridge, Cambridge University Press, 1990, p. 227.

② Henry Allison, *Kant's Theory of Freedom*, Cambridge, Cambridge University Press, 1990, p. 228.

的成员,我的一切行动就会完全符合纯粹意志的自律原则……"(GMS 4:453)而知性世界是有法则的,这种法则是理性的法则:"**由于知性世界包含着感官世界的根据,从而也包含着其规律的根据**,因而就我的意志来说(它完全属于知性世界)是直接立法的……我却仍然把自己看作服从知性世界的法则,即服从在自由理念中包含着这种法则的理性……"(GMS 4:453-454)

根据迪特·亨利希对康德的解释,自由和道德最终都是不可论证的理性的事实;因此,《道德形而上学奠基》并没有对定言命令进行强的演绎,而只是要表明道德法则不是单纯主观武断的,并完善我们对道德和我们自身的通常理解,保留普通知性对道德的健全理解而避免对它们的偏离。亨利希指出:

> 演绎本身分为两种基本形式:强的和弱的。强形式的演绎从认识原则在理性中的根源派生出认知的原则,而这些原则和认知本身并不需要已经以这样或那样的形式成为可信的或已经被认识的。一个弱的演绎从一个被给定的认知出发,这种认知人们可以作为已经被知道的或甚至无疑的认识来援引。它把自身表现为在理性本身之中有其根源。如果这个认识是事先被知道但尚未可信的,那么它就诉诸它的来源而获得正当性。①

亨利希认为,尽管康德在《道德形而上学奠基》中试图论证超经验的意志自由,但这种论证是失败的。为了证明我们是理知世界的成员,我们需要三个条件:"理性形成观念的主动性""两个世界的区分",和"我们拥有一个意志"。第二个条件是第一个条件的"产物",而第三个条件康德难以证明,他无法说明我们有超越经验世界的层面,因为这无法从前两个条件得出;因为,即使人属于本体界、属于理知世界,人可能只有(能动的)理论理性,却没有实践理性和意志。② 因此,康德做出关于自由的现实性和定言命令的可能性之演绎。由此,他指出,除非我们借助"对道德法则的有效性断言的意识",我们就"没有对于拥有一个意志的断言的

---

① Dieter Henrich, "The Deduction of Moral Laws", in Paul Guyer (ed.), *Groundwork of the Metaphysics of Morals—Critical Essays*, Lanham, Rowman & Littelfeld Publishers, 1998, p. 327.

② Dieter Henrich, "The Deduction of Moral Laws", in Paul Guyer (ed.), *Groundwork of the Metaphysics of Morals—Critical Essays*, Lanham, Rowman & Littelfeld Publishers, 1998, pp. 337-338.

充分根据"——康德只是"在结论中以引人误解的单纯总结的伪装"承认了这一点。① 在《实践理性批判》中，"康德断定没有任何对这一事实（指理性的事实——引者注）的演绎的尝试有成功的希望（KpV 5：47）。这一表达和《道德形而上学奠基》中的基本承诺之间有直接的对立"②。因为，"显然，《道德形而上学奠基》不可能对这样的一个演绎感兴趣，它直接从假定一个在'纯粹实践理性批判'中有待演绎的原则的有效性出发。它被指派了'建立'这一原则的任务。承担这一任务并不是为了澄清其他的、可疑的知识，而仅仅是为了道德原则本身的基础。"③

亨利希认为，凭借理性的主动性和两个世界的区分，我们不足以证明人在理知世界中的成员身份，这一点并不正确。亨利希说："但我们已经说明，在我必须设想自由这个事实中，我们没有任何根据和机会来把自由归于我自己。类似地，我的理性的主动性的自足性——对此我们有直接的意识——并未给我任何能够推导出我在理知世界中的地位的根据，而这个世界的观念正是我通过理性的主动性而得出的。"④亨利希认为，为了说明人在理知世界的成员身份，康德不仅要说明理性在形成观念过程中的自发性的自足性（指理性凭自身就足以形成观念），而且要说明人有一个意志。⑤ 在此亨利希认为，康德逐渐从一般的欲求能力意义上的意志概念转向了一个按照理性的法则而独立于自然本能去规定行动的能力的意志概念："这只是逐渐地显现：'意志'只是'一种与单纯的欲求能力还不同的能力。'（G，459）通过这种能力，我们将自身设想为理知世界

① Dieter Henrich, "The Deduction of Moral Laws", in Paul Guyer (ed.), *Groundwork of the Metaphysics of Morals—Critical Essays*, Lanham, Rowman & Littelfeld Publishers, 1998, pp. 337-338.

② Dieter Henrich, "The Deduction of Moral Laws", in Paul Guyer (ed.), *Groundwork of the Metaphysics of Morals—Critical Essays*, Lanham, Rowman & Littelfeld Publishers, 1998, p. 310.

③ Dieter Henrich, "The Deduction of Moral Laws", in Paul Guyer (ed.), *Groundwork of the Metaphysics of Morals—Critical Essays*, Lanham, Rowman & Littelfeld Publishers, 1998, p. 326.

④ Dieter Henrich, "The Deduction of Moral Laws", in Paul Guyer (ed.), *Groundwork of the Metaphysics of Morals—Critical Essays*, Lanham, Rowman & Littelfeld Publishers, 1998, p. 337.

⑤ Dieter Henrich, "The Deduction of Moral Laws", in Paul Guyer (ed.), *Groundwork of the Metaphysics of Morals—Critical Essays*, Lanham, Rowman & Littelfeld Publishers, 1998, p. 337.

的自足的成员。"①

　　笔者认为，首先，康德并没有首先预设了普通的道德意识以及道德法则本身的真正的有效性，而是通过普通的道德意识和实践理性批判来说明道德法则，这种论证并非循环论证。在道德动力方面，康德确实首先借助于普通人类理性对道德法则和道德动机（即敬重）的意识来说明道德意识的力量，然而，他又对其进行了彻底的批判，追溯了道德意识的先验来源，说明了它的纯粹性。其次，在对理念实在性的理性肯定方面，康德并不肯定亨利希所说的第一个条件，他并没有通过对理性的主动性的设想来说明理性的主动性和人的自由本身，而是通过对人的主动性和自由的必然的主观设想与实践的联系来说明人在实践意义上的自由（人根据自由理念而行动的能力）。再次，亨利希所说的前两个条件足以说明我们在理知世界的成员身份。现象界中没有任何主动性，具有主动性的理性就不可能属于现象界，而属于本体界；人有理性，因此人属于由理智者所组成的（本体层面的）理知世界。最后，思辨理性的主动性（如果有的话）不仅体现在它本源性地、自发地生成观念（理念）的能力，而且体现在（对理论理性和实践理性的批判中）形成普遍的先天综合判断能力，其主动性奠定了人类知识体系的基础。

　　确实，亨利希合理地指出了道德动机（敬重感）对于说明人的意志能力与自由有着不可或缺的意义，并引起了康德研究界对道德动机的意义的重视。

　　然而，我们又未能同意他的某些具体观点。笔者以为，首先，在道德动力方面，康德确实借助普通人类理性对道德法则和道德动机（即敬重）的意识来保证道德意识的力量，然而，他又对其进行了彻底的批判，追溯了道德意识的先验来源，笔者认为，凭借亨利希所说的前两个条件，康德足以说明我们在理知世界的成员身份。鉴于现象界中的事物是没有任何主动性的，具有主动性的理性不可能属于现象界，而是属于本体界、属于由理智者所组成的理知世界。其次，康德并非要通过对理性的主动性的设想来说明理性的主动性和人的自由本身，而是通过对人的主动性和自由的必然设想与实践的联系来说明人在实践意义上的自由（人根据自由理念而行动的能力）。再次，思辨理性的主动性（如果有的话）不仅体现在它能够本源性地、自发地生成观念（理念），而且体现在能够在对理论

① Dieter Henrich, "The Deduction of Moral Laws", in Paul Guyer (ed.), *Groundwork of the Metaphysics of Morals—Critical Essays*, Lanham, Rowman & Littelfeld Publishers, 1998, p. 338.

理性和实践理性的批判中形成普遍有效的先天综合判断的能力，从而奠定人类知识体系的基础。最后，凭着理性的主动性和两个世界的区分，康德尚不足以能够说明人有纯粹实践理性或根据道德法则行动的能力或亨利希所说的意志，后者还需要通过说明人的道德动机来证明。

亨利希又认为，康德无法通过对自由的必然设想来说明自由本身，《道德形而上学奠基》其实最终依赖于人们对道德法则有效性的意识。然而，康德确实借助于普通人类理性对道德法则有效性的意识，但他并不依赖于对道德法则的意识，并不首先预设这种意识完全的有效性，而是对其进行了彻底的批判，并揭示出对道德法则的意识（包含对它的关切与敬重）的纯粹来源，来说明作为道德动机的敬重的纯粹性和普遍性，进而说明在实践视角下的人的自由。另外，《实践理性批判》的论证也不依赖于对道德法则的意识，它毕竟为道德法则实践的实在性（道德法则独立于感性的爱好和冲动而规定意志的效力）提供了证明，尽管它并不是要说明道德法则理论的实在性（这就是说，人不一定有独立于一切经验性因素而根据道德法则行动的能力）（参见 KpV 5：48）。

与此不同，考尔巴赫（Friedrich Kaulbach）、普劳斯（Gehold Prauss）、阿利森和科斯戈尔德、里斯（Andrews Reath）等人采取了主观主义的道路来解释康德的自由思想。然而，单纯立足于主观的意识，仍然难以确立起自由的现实性（关于这种解释的评论，参见本书第一章第二节第四小节）。

总之，康德实践哲学揭示了"一切道德研究的最终界限"：先验自由理念具有实践上的实在性，人具有纯粹实践理性和实践自由，并且，定言命令是可能的。但是，我们无法认识我们是否确实有先验自由，而对于先验自由理念实践上的实在性、纯粹实践理性和实践自由，以及定言命令，它们是如何可能的，我们也无法认识。"但规定这一界限就已经具有极为重要的意义了"，因为一方面，理性不必"在感官世界中到处搜寻最高的动因"，从而有损道德的纯粹性；另一方面，理性借此也可以不在理知世界的概念空间中"无效地拍打自己的翅膀，却仍在原地不动"（GMS 4：462）。我们认为，康德对先验自由的思考提供了实践哲学无法回避的重要问题和崭新的理论道路，他通过对自由的实践实在性和理论实在性的区分，在为道德性确立了必不可少的稳靠根基的同时，也摆脱了关于自由理论的实在性的形而上学预设，从而避免了哲学迷宫中的种种难题，这是康德实践哲学的一个光辉成就。

第五章　《实践理性批判》如何论证自由与 道德法则理念的实在性

在《实践理性批判》及之后的著作中，康德首先论证了道德法则的实在性，然后再论证自由理念的实在性。在这一时期，他在《实践理性批判》中具体论证了自由与道德法则理念的实在性。他通过理性追求无条件的本性，和理性通过道德法则所引起的敬重感，说明了道德法则具有实践的实在性，进而说明了自由理念也具有实践的实在性。他指出，实践理性批判"可以不受指责地从纯粹实践法则及其现实性开始，并且必须从这里开始"，根据此"理性的事实"来论证自由，因为我们没有理智的直观，不能直接意识到自由，也不能从经验中推出这个超验理念的实在性（KpV 5：46）。

理念实在性的论证中的一个难点，是阐明人普遍拥有这样的道德情感，它既是纯粹的，又是有力的、可以规定意志的。在论证这种动机的过程中，人们通常是先说明动机的先验来源及其纯粹性，然后再论证它具有能够战胜感性的爱好和冲动的力量。但动机的力量是一个经验性问题，无法单纯通过先验的推理来说明。笔者认为，康德先借助普通人类理性来说明其力量，然后对普通人类理性进行批判，揭示道德动机的先验来源及其纯粹性。

以下我们首先说明康德在《实践理性批判》中的论证思路。《实践理性批判》对道德法则实践的实在性的证明通过这两个因素得以可能：一是（基于理性本性的）道德法则对自由概念的"积极的规定"，或对"直接……规定着意志的理性"的肯定性设想，二是这些观念或设想对"经验领域"中行动的影响（KpV 5：48）。理性理念在实践中的影响体现在我们对道德法则与人格价值的理性肯定，我们对道德法则与自由人格的敬重，以及自由理念对至善的实现的影响。

在本章的导言中，笔者总结了《实践理性批判》中对自由与道德法则的实在性的论证过程是基于康德对《实践理性批判》思路的明确说明：首先，康德对道德法则是有论证的，而他所论证的只是其实践的实在性。因为康德指出，道德法则对于自身作了"即使思辨理性批判也会感到满意的证明"，它通过说明理念是感性世界现实中"起作用的原因"，来说明自身的"实践的实在性"(KpV 5：48，56)。其次，既然康德说明《实践理性批判》的论证思路是从道德法则到自由，而他通过理性对必然性的要求和理性自我立法引起的敬重来说明道德法则，我们就不应当把自由或道德法则看作《实践理性批判》中的论证起点或基本前提，而应当把理性看作这种起点。因为康德断言，我们意识到自由，是由于我们意识到道德法则，而我们意识到道德法则，是因为我们意识到理性颁布道德法则的"必然性"和它对"经验性条件"的剥离(KpV 5：30)。康德又说，经验性的和理性的规定根据的不同质性，通过理性"对一切混合的爱好的抗拒"和"敬重的情感"而变得明显，道德法则由此得到了先天的"验证和辩护"，这种论证构成了运用道德法则的有效性前提(KpV 5：91-92)。再次，康德通过敬重感来说明我们遵循道德法则的能力。康德认为，对道德法则的敬重是道德法则成为人的"行动的主观的规定根据"的条件，尽管这种敬重又是以理性为基础的，因而只是构成理性规定意志的中介性前提(KpV 5：75)。这是由于，我们的道德行为有来自感性的"内部的阻碍"，因而通过敬重的情感来推动道德行动是必要的(KpV 5：79)。最后，康德指出我们对道德法则的敬重最终是基于对我们"超感性实存"的敬重，尽管由于道德法则是理性的事实，我们在行动中直接意识到的是对道德法则的敬重(KpV 5：88)。

在本章中，笔者首先在第一节阐明关键概念"理性的事实"的内涵与外延，因为人们往往误以为康德预设道德法则的实在性，从而陷入了独断论；其次，笔者在第二节指明《实践理性批判》论证道德法则与自由理念之实在性的基本进路；最后，笔者将在第三节阐释《实践理性批判》对道德法则与自由理念的客观实在性的论证过程。

第一节　康德是否因"理性的事实"陷入独断论？

"Faktum der Vernunft(理性的事实)"是康德实践哲学中的核心概念之一，也是学界争论的一个焦点。关于这一概念的内涵，国际学界主要有两种解释，一种是把它解释为"理性的事实"，另一种则解释为"理性的行动"。前一种解释又分为两种类型：第一种类型的解释较多，把这种事实解释为确定无疑的事实；而第二种类型的解释基于康德对法律的类比，认为这种事实上能够支持某种对权利的要求，但又不足以确证权利的事实。笔者对第一种解释的第一种类型进行辩护。

就理性的事实的外延而言，该事实既是道德法则，又是对道德法则的意识。道德法则是康德实践哲学的最高原则，在《实践理性批判》中，道德法则构成了自由得以确证的根据，由此，纯粹理性体系的大厦得以确立。但道德法则作为理性的事实是不可被证明的，许多著名的研究者据此批评康德的道德哲学退回了独断论。笔者回应了这种批评，认为道德法则理论的实在性是不可被证明的，但它在**实践上的实在性**是可以被证明的，并且已被证明。

一、"理性的事实"概念的内涵

就其内涵而言，"Faktum der Vernunft"是理性的事实与理性的行为的统一，但它主要是指确然无疑、不可否定的事实，然而又是通过理性的行为而建构的事实。在这种意义上，"Faktum"兼有行为和事实这两种不同的含义。

关于"Faktum der Vernunft"这一术语的内涵，国际学界主要有两种解释：一种是把它解释为"理性的事实"（这是目前的主流解释），另一种则将其解释为"理性的行动"。前一种解释又有两种类型，第一种类型的解释较多，即把这种事实解释为确定无疑的事实，而亨利希和普鲁普斯则认为，这种事实为能够支持某种对权利的要求，但又不足以确证权利的事实。

笔者认为，"Faktum der Vernunft"中的"Faktum"主要是指一种事实，但这里的事实并不是与行为无关的事实，而恰恰是作为行为结果的事实。

第一，根据词源学的考察，"Faktum"兼有行为和事实这两种不同的意义。根据邓晓芒教授的解释，"康德所用的'事实'（Faktum）一词，来自拉丁文 Factum（行为、行动；事业、成就），其词根为动词 facio（做，作，完成、实现）。"①苞琳·克莱格尔说明了，拉丁文动词"facere"表示"做""制作"，而其完成时"factum"表示所做的行为或所制作的事物；"在18世纪末，'factum'既可以表示行为（That），又可以表示事实（Thatsache）"②。

而根据康德对"Faktum"的解释，确实它也兼有事实与行为这两种含

---

① 邓晓芒：《从康德的 Faktum 到海德格尔的 Faktizität》，《武汉大学学报（人文科学版）》2013 年第 2 期。

② Pauline Kleingeld, "Moral Consciousness and the 'Fact of Reason'", in *Kant's Critique of Practical Reason: A Critical Guide*, Jens Timmermann & Andrews Reath, Cambridge, Cambridge University Press, 2010, pp. 62-63.

义，但仍以事实这一含义为主。因为，康德对这个术语的使用做了明确的说明：在解释"Faktum der Vernunft"为何是一个"Faktum"时，康德清晰地指出，这是因为道德法则的意识是一种**强加**于我们的事实，道德法则是**被给予**我们的事实：

> 我们可以把这个基本法则的意识称为理性的一个事实，这并不是由于我们能从先行的理性资料中，例如，从自由意识中（因为这个意识不是预先给予我们的）推想出这一法则来，而是由于它本身独立地作为先天综合命题而强加于我们，这个命题不是建立在任何直观、不论是纯粹直观还是经验性直观之上……然而我们为了把这一法则准确无误地看作被给予的，就必须十分注意一点：它不是任何经验性的事实，而是纯粹理性的唯一事实，纯粹理性借此而宣布自己是原始地立法的。（KpV 5：31）

我们对康德该术语的解释就应当遵循康德自己对该术语的解释。康德认为，这一点是不可论证的，即理论上我们能够独立于一切的经验性因素而根据道德法则行动，这就是说，道德法则的理论实在性是不可论证的，不能被任何来自理性或感性的证据所确证，例如，它不能凭借对自由或上帝的意识而得到确证。道德法则理论上的实在性是无法被论证的，但它有着显而易见的合理性，"本身不需要任何辩护理由"，它仍然构成了确定无疑的先天综合判断（KpV 5：47）。在这种意义上，道德法则只是纯粹实践理性的一个事实。这个事实如此明显，以至于即使普通人类理性也能明显地意识到，我们对道德法则本身有一种独立于感性欲求的关切，而且理性的道德法则在实践上具有现实的影响，但我们不知道这种道德法则在理论上是如何可能的。

然而理性的事实并不是与行为无关的事实，而恰恰是作为行为结果的事实。因此，这里的"Faktum"也兼有行为的意思。康德强调，道德法则并非我们被动接受的事实，我们不能认为，我们被动地受到道德法则的约束，而应该把自身看作道德法则的设立者和道德要求的来源：

> 然而我们为了把这一法则准确无误地看作被给予的，就必须十分注意一点：它不是任何经验性的事实，而是纯粹理性的唯一事实，纯粹理性借此而宣布自己原始地就是实践的，它提供（给人）一条我们称之为德性法则的普遍法则（sic volo, sic jubeo[我如何想，

便如何吩咐])。(KpV 5：31)

　　道德法则是理性的活动设立的，道德法则又是被直接给予我们的事实，这两者并不矛盾。道德法则是理性本性的必然结果，它是理性必然根据其本性而先验地设立的，它植根于我们的本性，而且必然在实践中被我们(清晰或模糊地)意识到。基于这种意识的必然性，对于经验性的个体而言，道德法则又是被直接给予我们的，其规范性是不可否认的。它不是某种被经验性地设立、可被经验性因素否决的原则。从另一个角度看，如果人有本体界的意志自由，那么我们在本体界超经验地设立道德法则，这种原则的作用会贯穿于各种经验性的实践活动中，对于经验性的人来说，道德法则就是先天地被给予的。而即使一个人没有明确地意识到理性的这种必然要求，没有清晰地意识到道德法则的规范性，它仍然起着约束作用。

　　第二，"Faktum der Vernunft"的"Faktum"主要不是指行动，而是指作为理性的行为之结果的事实。

　　马尔库斯·维拉夏克(Marcus Willaschek)、斯蒂芬·恩斯托姆(Stephen Engstrom)、保罗·弗兰克(Paul Frank)等人认为，"Faktum der Vernunft"的"Faktum"指的是行为，而不是事实。[①] 如彭文本教授所说，马尔库斯·维拉夏克的解释最有力的根据在于，康德在一处文本中，把"Faktum der Vernunft"中的"Faktum"等同于道德的意志决定，而且"Faktum der Vernunft"确实不是与行为无关的某种现成的事实，而是基于理性的行为的事实。

　　然而维拉夏克的这种解释仍然是值得商榷的。首先，康德对这个术语的使用做了明确的说明：在解释"Faktum der Vernunft"为何是一个"Faktum"时，康德明晰地指出这是"由于它本身独立地作为先天综合命题而强加于我们"，而且也是由于我们可以把它"看作被给予的"(KpV 5：31)。显然，在这里，"Faktum der Vernunft"指的是某种强加于我们、直接给予我们的事实，而非某种行动。一个行动无法强加给我们，也不会是先天综合判断。其次，尽管康德把"Faktum der Vernunft"中的

　　① 见 Marcus Willaschek, "Die Tat der Vernunft: Zur Bedeutung der KantischenThese vom 'Factum der Vernunft'", in G. Funke (ed.), *Akten des Siebenten InternationalenKant-Kongresses*, Bonn, Bouvier, 1991. Stephen Engstrom, "Introduction", in *Critique of Practical Reason*, Werner Pluhar trans., Indianapolis, Hackett, 2002. *All or Nothing: Systematicity, Transcendental Arguments, and Skepticism in German Idealism*, Cambridge MA, Harvard University Press, 2005.

"Faktum"等同于道德的意志决定，我们也可以把意志决定这个活动本身看作一个事实，于是这一文段并不能说明我们不能把"Faktum"解释为事实。最后，如果把"Faktum der Vernunft"中的"Faktum"解释为行动，那么康德的某些文本就难以解读。例如，康德声称，"与此相反，道德律尽管没有提供任何展望，但却提供了某种感官世界的一切材料和我们理论理性运用的整个范围都绝对不可解释的 Faktum，这个 Faktum 提供了对某个纯粹知性世界的指示，甚至对这个世界做出了**积极的规定**，并让我们认识到有关它的某种东西，即某种法则"（KpV 5：43）。正如克莱格尔指出的那样，如果把"Faktum"解释为行动，那么这段话就太让人费解，因为道德法则是无法提供行为的，而只能规定行为。

第三，笔者认为，理性的事实应被解释为确定无疑的事实，而非像依安·普鲁普斯等人认为的那样，是有待确证的事实。

迪特·亨利希和普鲁普斯认为，康德的"Faktum"概念应被理解为一种能够支持某种对权利的要求，但又不足以确证权利的事实，而非无可置疑的事实。亨利希认为，法律程序构成了康德整个第一批判的范式。在第一批判中，康德表明："法学家在谈到权限和越权时，把一桩法律诉讼中的权利问题（quid juris[有何权利]）和涉及事实的问题（quid facti[有何事实]）区别开来，而由于他们对两方面都要求证明（Beweis），这样，他们把前一种证明，即应阐明权限或合法要求的证明，称为**演绎**。"（KrV A84/B117）这意味着涉及权利的问题需要证明，涉及事实的问题也需要证明，而非某种无须证明之物。而在关于权利演绎的过程中，人们通常会追溯某种主张所依据的法律行为或事实。

普鲁普斯进一步发挥了亨利希的解释，他认为"Faktum"概念应该通过法律的类比而得到理解。在他看来，关于法权的判断是规范性前提和事实性前提的共同结论；而法权问题的解决，则是通过把规范性的法律运用到具体事实的方式，而在这种运用过程中演绎推理的形式可以被加以采纳。具体事实构成了关于权利的判决的部分根据，因此，"Faktum 构成一个与最终的判决相关，但不足以导致判决的事实"①。他具体解释说："我们断言，正如先验演绎的 factum 在于范畴有纯粹的或非经验性的来源这一事实，关于自由的演绎的 factum 在于道德法则有纯粹来源这

---

① Proops, Ian, "Kant's Legal Metaphor and the Nature of a Deduction", *Journal of the History of Philosophy*, 41 (2003), p. 215.

一事实。"①普鲁普斯认为,康德以化学试验为比喻,来说明道德法则能够在每个人的普通人类理性中得到验证。

> 我们自然可以怀疑这些关于道德法则来源的纯粹性的"证据"是否具有决定性的意义。但是康德明显相信它们应该有一定的论证力量——也许,法律证据以这种方式有可被取消的、非充分确证的力量。但目前事关紧要的,是康德设想这种证据这一事实。他确实这样做了,这支持了这一观点:关于理性的事实构成一个关于自由演绎的 factum;因为我们已经看到,一个 factum 就是一个需要在演绎过程中被证明的事实。②

他认为,对自由的演绎的事实是:基于道德法则有纯粹的来源这一事实。由于康德将一个法律的隐喻移植在这里,把理性的事实看作某种事实,因此,我们不能将前者解读为行动。因为关于这一点,他认为理性的事实是某种需要进一步确证的事实,而且他也不同意这样一种对理性的事实的传统解释,即"根据关于理性的事实的一种传统解释,这事实如此根本,以至于不能有任何依据"③。

然而普鲁普斯的这种解释并不真正符合康德的观点。因为康德明确解释了他把道德法则称为理性的事实的原因,其并非在于它构成了演绎的证据,而在于它直接被给予我们、被直接强加给我们。在这方面,克莱格尔正确地指出,"然而,这种解读的问题在于,康德对'factum'这一术语的选择与演绎的论证结构无关,而与"被给予"的对纯粹实践理性的基本法则的意识相关。而且,《实践理性批判》中并没有其他这样的段落,它在不含糊的技术性意义(technical sense)上使用'factum',并能直接确证这种解读"④。

第四,就其本体论地位而言,理性的事实不一定是**本体界**的事实,

---

① Proops, Ian, "Kant's Legal Metaphor and the Nature of a Deduction", *Journal of the History of Philosophy*, 41 (2003), p. 228.

② Proops, Ian, "Kant's Legal Metaphor and the Nature of a Deduction", *Journal of the History of Philosophy*, 41 (2003), p. 227.

③ Proops, Ian, "Kant's Legal Metaphor and the Nature of a Deduction", *Journal of the History of Philosophy*, 41 (2003), p. 229.

④ Pauline Kleingeld, "Moral Consciousness and the 'Fact of Reason'", in *Kant's Critique of Practical Reason: A Critical Guide*, Jens Timmermann & Andrews Reath, Cambridge, Cambridge University Press, 2010, p. 64.

并不是**经验性**的事实——它是**先验的**事实。这一先验的事实不以经验性因素为条件，却必然在经验性行为中产生影响。当康德断言，道德法则是理性的事实的时候，一些疑惑便会产生：在何种意义上理性的事实是一种事实？理性的事实是本体界的事实，还是经验性的事实？在康德看来，理性先验地设立了这一法则，并通过设立该法则而必然意识到了该法则（包括意识到其内容和规范性），这是一种先验的事实，而非经验性的事实。理性先验地为理性存在者设立的道德法则，就如同知性先验地为自然设立因果律一样。理性基于其本性而必然地设立法则，这两种法则也都是先验的。在这里，康德坚持了他的先验主义的道路：他认为，道德法则不一定就构成**超经验**的本体界的因果性法则，但它的作用并不会被**经验性**的现象界的自然因果律排斥，它作为**先验性**的法则总是能够也应当必然地影响现实的行动。当他认为道德法则是理性的事实的时候，他并不是指道德法则真的在本体界构成了起决定作用的法则，而是指道德法则总是能够在实践中发挥作用，就仿佛它真的构成**超经验**的本体界的因果性法则那样。

　　道德法则尽管是一个规范性的原则，但也可以被看作一个事实。阿利森认为，道德法则还不足以被称为一个事实，而只能被看作"仿佛"是一个事实；因为它是一种有待在行为中实现的规范性原则，而对道德法则的意识（对道德法则的关切）才构成理性的事实。① 但是，道德法则作为理性必然设立的原则和理性在实践中必然意识到的原则，是同一个事实。换言之，道德法则作为一个事实，必然地存在于纯粹实践理性的本性与它的意识中。② 在此，道德法则作为理性的事实并不是指它总是决定着经验中的意念和准则，而是指它作为纯粹实践理性活动的必然结果和必然的意识内容，约束着纯粹实践理性。道德法则是理性基于其内在的本体必然地设立的，只要我们在实践中凭借理性清晰、一贯地思考，我们就会发现它是不可否认的。康德说，有一种因果性原理"不需要作任何寻求和发明[Erfindung；英译 invented]；它早就存在于一切人的理性中且被吸纳进他们的本质，它就是德性的原理"（KpV 5：105）。此外如邓晓芒教授所说，对道德法则的关切是一种感性的情感（敬重感），会涉

---

① Henry Allison, *Kant's Theory of Freedom*, Cambridge, Cambridge University Press, 1990, p. 46.

② 这并不否认，有些人可能没有清晰地意识到道德原则，而且更没有清晰意识到作为该原则内核的形式性法则。

及经验性的事实，其无法被看作理性的事实①；而且康德说道德法则仿佛是一个事实，只是说它与经验事实颇为相似，就仿佛一个经验事实那样②。

二、"理性的事实"概念的外延

就"理性的事实"概念的外延而言，"理性的事实"既是道德法则，又是道德法则的意识，在某种意义上还是（作为自律的）自由。在《实践理性批判》中对理性的事实的八处论述中，康德分别将理性的事实等同于道德法则、对道德法则的意识、对自由的意识与道德法则中的自律。这种做法似乎不很严谨，然而它们在康德思想中是内在统一的。

第一，基于道德法则和对道德法则的意识的内在联系，康德把两者都看作理性的事实。对道德法则的意识是一种体现人的创造性的事实，它基于理性的自我立法。首先，理性的事实首先是对道德法则的意识，而对道德法则的意识则包含着设立道德法则的意识；道德法则之所以存在，是因为能够先天立法的理性意识的存在，而且若不是理性有意识地设立道德法则，它就根本不会存在。道德法则并不独立于理性的意识，它作为一种实践原则，指向主体意志的某种可能的活动方式，它是理性的意志自身给自己提出的关于行为方式的规范，而不是外在于意识的东西。"……我们（一旦为自己拟定意志的准则就）直接意识到的那个道德律，它是最先向我们呈现出来的……"（KpV 5∶30）因此，尽管道德法则独立于人的主观意识，独立于我们基于主观因素的种种设想和情感，但并不独立于自我意识的理性。由此，我们之所以能够意识到道德法则，是因为我们必然先验地设立了道德法则，因而我们就必然能意识到道德法则，并意识到它对于我们的有效性。道德法则是理性的活动内容，也是它的结果。在某种意义上，康德哲学体现出一个原则，即我们真正先天地认识的只是我们自己创造的：认识领域的先天综合判断是可能的，因为是人为自然界立法；实践领域的先天综合判断（道德法则）之所以可能，是因为人的自我立法。格哈特指出，"这个"事实"，当然不会不是一个意识的事实，他称之为道德性的认识理由（ratio cognoscendi）；因

---

① 康德对关切有明确的界定："对法则怀有这样一种关切（Interesse）（或对道德法则本身的敬重）的能力真正说来也就是道德情感。"（KpV 5∶80）

② 邓晓芒：《从康德的 Faktum 到海德格尔的 Faktizität》，《武汉大学学报（人文科学版）》2013 年第 2 期。

此，借助于它，我们可以认识到，什么东西可以说是道德的。① 克莱格尔恰当地表明："……既然道德法则是被给予我们的，它当然是以我们意识到它的形式被给予的。在这种意义上，康德也可以说，道德法则提供了这事实(CpV 5：43)。"②

第二，基于自律与自由的一致性，康德把对道德法则的意识与对自由的意识都看作理性的事实。康德说："这一事实是和对意志自由的意识不可分割地联系着的，甚至与它是毫无二致的……"(KpV 5：42)对道德法则的意识，与对(作为自律的)自由的意识是相统一的。"至于对道德法则的这种意识，或者这样说也一样，对自由的意识，是如何可能的，这是不能进一步解释的……"(KpV 5：46)理性不可能提出我们力所不能及的不合理要求，因而"应当"意味着"能够"。进一步而言，我们应当遵循道德法则，意味着我们能够遵循道德法则，即意味着我们能够自律，而自由就是自律，因此，对自由的意识与对道德法则的意识是一致的。

三、道德法则的根据与独断论

笔者以为，康德尽管有"理性的事实"的观念，但他关于自由和道德法则理念的实在性思想并非**独断论**的体现。根据康德的《实践理性批判》，道德法则是理性的事实，它是不需要证明也不可被证明的，它构成了关于自由的演绎的主要根据。许多著名研究者据此批评康德的道德哲学退回了独断论。但康德其实只是认为，道德法则理论的实在性是不可被证明的，但它在**实践上的实在性**是可以被证明的，并且已被证明：它能够通过普遍地引起理性肯定和道德关切影响人的现实实践，所以才具有了实践上的实在性。而对道德法则为何构成了最高实践原则，康德同样有充分论述。因此，《实践理性批判》与《道德形而上学奠基》一样，也以理性作为基础，在理性的法庭中对理性进行批判，从而确证实践哲学能够提供先天综合判断和知识。这首要地体现在，在《实践理性批判》中，道德法则构成了自由、上帝和灵魂不朽等理念的实在性的前提，而康德对道德法则的实在性做出了论证。因此，关于独断论的指责只是误解康德思想内核的表现。

---

① Volker Gerhardt, *Immanuel Kant. Vernunft und Leben*, Stuttgart (Reclam), 2002, p. 218.

② Pauline Kleingeld, "Moral Consciousness and the 'Fact of Reason'", in *Kant's Critique of Practical Reason: A Critical Guide*, Jens Timmermann & Andrews Reath, Cambridge, Cambridge University Press, 2010, p. 60.

首先，康德不仅对道德法则的纯粹性进行了"检验"或"验证"，还对道德法则的实在性进行了"证明"和"有效性辩护"；道德法则的实在性并不是无根据的(KpV 5：91)。康德认为这种验证对于在实践科学中道德法则的运用而言是必要的。凭借对道德法则纯粹性的说明，道德法则的实在性也最终得到了论证。

> 纯粹理性不掺杂任何一种经验性的规定根据，而自身单独也是实践的，这一点我们却必定可以从最日常的实践理性运用(dem gemeinsten praktischen Vernunft gebrauche)中做出阐明，因为我们把这个至上的实践原理认证为这样一条原理，即每个自然的人类理性都会认为它作为完全先天的、不依赖于任何感性材料的原理是人的意志的至上法则。我们首先必须对这条原理按照其起源的纯粹性，甚至在这个**日常理性的运用**中进行验证和合理性证明，然后科学才能够把这条原理把握在手，以便对它加以运用……(KpV 5：91)

只有通过对道德原理进行理性验证和合理性证明，前者作为实践哲学才能够将这种原理运用于实践推理中。实践哲学不是自然科学，但是定言命令等命题在实践的意义上被认证为先天综合判断，实践哲学构成了实践领域的、广义的知识和科学。接着，康德把实践哲学与化学类比，认为可以在每个人的普通人类理性层面进行实验，来验证道德法则能够普遍地规定(尽管往往不现实地规定)人的意志。此外，康德又说："即一个客体，它是远在道德法则首先自己得到证明并作为意志的直接规定根据而得到有效性论证以后，才能对那个从此就按其形式而被先天地规定了的意志表现为对象的，这件事我们将在纯粹实践理性的辩证论中尝试一下。"(KpV 5：64)在此，证明道德法则能够成为意志的规定根据，就是证明道德法则具有实践的实在性，基于它的实在性，至善才能被规定为实践理性的客体之总体。当然，定言命令，对自由、上帝和灵魂不朽的肯定，都只在实践的意义上是有效的，是指本体理念必然能够影响行动，并必然应当影响行动，它们并不是指存在着自在的、与这些理念相对应的本体。

其次，道德法则理论的实在性固然不可论证，但是它的实践实在性可以被理性地论证，而康德论证了后者。康德在第二批判第一章论"纯粹实践理性原理的演绎"时，首先指出我们不可能成功地对道德法则的客观实在性进行演绎和合理性论证①（rechtfertigen），但在紧接着的下一段中却肯定道德法则获得了客观实在性，然后又在之后的一段中具体说明了这种方式，并明确断言道德法则得到了令人满意的证明。可见，他前后所指的实在性其实是有不同含义的。纯粹实践理性这种"基本的能力"是超时空的能力，它的理念（包括道德法则、自由等理念）指向超经验的世界，它们都是无法通过经验证实的，"所以道德法则的客观实在性就不能由任何演绎，任何理论的、思辨的和得到经验性支持的理性努力来证明"（KpV 5：47）。但在接下来的两段话里，他又断言"道德法则以下述方式对于自己的实在性做出了即使思辨理性批判也会感到满意的证明"（KpV 5：48）。事实上，在断言道德法则的实在性不可演绎或证明的时候，康德指的是道德法则的理论实在性不可演绎或证明；在他主张道德法则的实在性得到了证明的时候，他讨论的是其实践的实在性。

康德认为，对理念的客观实在性可以有两种不同的理解。对于本体理念的理论实在性，我们无法证明，我们可以证明的只是理念的实践实在性。"……我们能够否认在思辨中诸范畴的超感官运用有客观的实在性，却又承认它们在纯粹实践理性的客体方面有这种实在性。"（KpV 5：5）假如一个理性的理念具有理论的实在性，这个理念就与自在之物或其属性相符合，关于其实在性的观念就构成理论知识——但这都是不可能的。如果一个理性的理念具有实践的实在性只是指理念能够影响或决定行动，那么关于其实在性的观念并不能构成理论知识。②

可见，当康德认为，道德法则和对道德法则的意识是不可论证的理性事实的时候，只是指它们在理论上不可论证，但这并不否定它们在实践上可以被论证。康德断言，

> 我们可以把这个基本法则的意识称为理性的一个事实，这并不是由于我们能从先行的理性资料中，例如，从自由意识中（因为这个意识不是预先给予我们的）推想出这一法则来，而是由于它本身独立地作为先天综合命题而强加于我们，这个命题不是建立在任何直观

---

① "Rechtfertigung"，英译"justification"，不仅仅是对某种观点或要求的正当性可能受到的批评而做出辩护，它首先是指对观点和要求的正当性的论证。

② 当康德说某个理念或原则决定意志和行动的时候，他并不是指理念或原则能够决定意志和行动的每个层面，而是指它们能够决定某个意志决定和某个行动的最高原则（其准则）。经验界中的意志和行动有很多的层面，具体的层面会受到经验性因素的影响，但这一点并不影响理念或原则对意志和行动的规定。即使一个人竭尽全力去实现一个道德原则，但事与愿违，这个行为仍然是道德的。

之上的，不论是纯粹直观还是经验性直观……(KpV 5：31)

尽管我们无法认识道德法则独立决定意志的原因，但我们可以通过道德法则本身的原因性（它在因果关系中构成行动的原因的属性）而确证它的实在性。康德在第二批判中承认，道德法则如何单独地构成意志的动机，这是不可认识的；然而，某物何以可能这个问题的不可解决，并不意味着该物的实在性不可证明。第一，在第二批判中康德也断言，我们无法认识自由如何可能、定言命令如何可能，但他依然对道德法则的实在性做了论证。第二，即使我们无法通过某物的根据来认识它的可能性，但我们可以通过它的原因性而认识它的可能性。《道德形而上学奠基》中对自由演绎就采取了这种（论述）方式，在此，康德通过理性的自发性来论证自由理念以及道德法则能够影响和规定人的行动，来说明我们在实践上的自由和定言命令的可能性。在第二批判中，康德也是通过说明道德法则能够在实践中起到的作用，来说明道德法则能够构成行为的动机。

> 因为一条规则如何能独自地直接就是意志的规定根据（这毕竟是一切道德性的本质），这是一个人类理性无法解决的问题，它与一个自由的意志是如何可能这个问题是一样的。所以我们将必须先天地指出的，不是道德法则何以会在自身中充当一种动机的那个根据，而是就其作为这样一个动机而言在内心中所起的（更准确地说，必然起的）作用。(KpV 5：72)

道德法则如何造成经验的情感和行动，这根本上说是无法认识的，因为这可能是基于本体的原因，而本体的原因是不可认识的；但是它能够决定意志，这一点却可以被说明。第三，我们可以确认它能够影响和决定行动的准则，尽管我们无法确定道德法则起作用的具体过程。这种具体过程可能涉及本体界，也涉及许多隐微的心理活动和生理活动，超越了具体的人的认识能力。但这并不妨碍我们把握道德法则的普遍性力量。

再次，《实践理性批判》确实从意识到道德法则的普通人类理性出发，但是，康德并不是简单地和完全地接受它的所有内容，而是要对其进行批判，分离、过滤出其中纯粹的、先天的因素，说明这些因素的来源和实践理性的有效性及其限度。《实践理性批判》的思路与《纯粹理性批判》有许多一致的地方。这正如康德在理论（认识）方面，一开始就承认思辨理性能够在数学和物理学中形成先天综合判断和普遍知识，但他并不是简单地、完全地接受思辨理性和自然科学中的所有因素，而是要对其进行批判，并指出我们确实有关于对象的先天综合判断，但这些综合判断只是对现象界的经验对象才有效，并不适用于本体。

实践理性批判从普通人类理性对道德法则的主观意识出发，通过追溯道德法则和对道德法则的意识在纯粹理性中的来源，来说明道德法则的**客观的实践的实在性**。第一，每个有普通人类理性的人都能意识到，我们有对必然性的理性要求、对道德法则的敬重感，因而意识到能够并且应当遵循道德法则的意识，道德法则能够决定我们的行动；然而，道德法则是否普遍地具有决定人的行动，这仍然是不清楚的。第二，实践理性批判对道德法则的纯粹性进行了"验证"和辩护，并揭示了对法则的敬重感的纯粹来源——先验的人格性理念，从而进一步阐明，为什么只有（蕴含在理性或人格性之中的）道德法则，而不是任何其他的因素，才能够引起敬重。这样，我们出于对道德法则的敬重而行动，就不会有任何感性的动机掺杂进来，因为这种敬重不会由于感性的爱好而产生（KpV 5：91-92）。由此，我们有这样一种实践理性：它既是纯粹的，又足以决定我们的意志，而道德法则具有客观的实践的实在性，它能够构成行动先验的根据；但这并不意味着道德法则具有理论的实在性并能构成行动超经验的根据。在论证的第一个步骤中，对道德法则的关切及其力量是无法通过先验的方式来证明的，只能诉诸普通人类理性和它也能把握到的道德法则。普通人类理性表明，理性要求我们遵循具有必然性的道德原则，而作为法则的道德原则能够引起关切或敬重，这种关切或敬重能够战胜感性的爱好，而使我们能够出于道德法则而行动，由此我们意识到我们应当遵循道德法则。

最后，康德并不直接地预设我们对道德法则的意识，更不预设道德法则的客观实在性；他并不基于"理性的事实"来说明道德法则与自由理念的实在性与规范性。由于道德法则的有效性是显而易见、难以否认的，康德断言它是被直接意识到的"理性的事实"，因而它是人们（自觉或不自觉地）实际运用的价值标准；每个人只要清楚地反思道德法则，就会认同道德法则这个"理性的事实"。在此，值得注意的是，做出正确的道德评价和做道德的行为是两回事。即使某人往往不根据道德法则而行动，但他通常意识到自己应当出于道德法则而行动。具有普通人类理性的人们就能（不自觉地）通过道德法则很好地做出合理的道德判断，甚至能判断得比哲学家更可靠，因为哲学家们容易被"一大堆陌生的、不相关的考虑

所扰乱"，在过多玄思中误入歧途（GMS 4∶404）。道德法则是每个人都
会承认的事实，因为每个人都有理性，尽管并不是每个人都已经明确地
意识到了它的纯形式性的最高原理，就好像每个人只要运用理性，都会
承认逻辑学的原理，但不是每个人都在意识中明确思考这种原理，并对
其有清晰、充分的知识。"我认为实践上是有纯粹的道德法则的……而且
我认为这些规律绝对地……发出命令，因而在任何方面都是必然的。我
有权假定这一命题，这并不只是因为我援引了那些最明察秋毫的道德学
家们的证据，而且是因为我依据的是每一个人的道德判断，如果他愿意
清楚地思考这样一条规律的话。"（KrV A807/B835）康德断言道德法则无
需论证，它正如基本的逻辑原理的合理性那样显而易见，可以直接被意
识到。然而，某物无需论证并不意味着它不可被论证。

　　事实上，康德最终把道德法则以及整个道德哲学建立在理性的法庭
上，把"理性的事实"的意识建立在理性之上。人对道德法则的意识是直
接的，但对理性的意识比对道德法则的意识更为本源。作为对道德法则
的意识，其并不是没有理由的；故此，《实践理性批判》并未陷入独断论。
为何我们只要清楚地思考道德法则，就会认同道德法则呢？

　　　　我们能够意识到纯粹的实践法则，正如同我们能够意识到纯粹
　　的理论原理一样，是由于我们注意到理性用来给我们颁布它们的那
　　种必然性，又注意到理性向我们指出的对一切经验性条件的剥离。
　　一个纯粹意志的概念源于前者，正如一个纯粹知性的意识源于后者
　　一样。（KpV 5∶30）

对道德法则的意识由于扎根于理性，是普遍被人们根深蒂固地接受了的
基本原则，所以能够在意志设立准则时直接显现出来，然而，对理性的
意识比对道德法则的意识更为本源，道德法则无非是理性出于其本性的
要求。正是由于人已经基于理性的理由或前提而先验地设立了道德法则，
所以我们在选择准则的时候总能马上意识到它。这正如某些数学公式在
人们进行数学思考时能够直接被意识到，但这种意识其实是基于人们对
这些公式的根据的理解。而普通人类理性作为理性，必然能够意识到理
性对必然性的要求和理性对感性规定意志的拒斥。

　　我们对道德法则的规范性的意识之所以可能，也是由于普通人类理
性注意到，理性对一切经验性条件的剥离，而理性拒斥经验性因素作为
意志的最高规定根据，这一点通过理性引起的敬重表现出来。

我们能够意识到纯粹的实践法则，正如同我们意识到纯粹的理
论原理一样，是由于我们注意到理性用来给我们颁布它们的那种必
然性，又注意到理性向我们指出的对一切经验性条件的剥离。（KpV
5：30）

理性的和感性的规定根据的不同质性，通过理性对感性的拒斥和敬重感
"而得到这样的辨认、变得这样的突出和显著"，以至于最日常的人类知
性也能够意识到道德法则（KpV 5：91-92）。

总之，事实上，康德最终把道德法则以及整个道德哲学建立在理性
的法庭上。通过"理性的事实"这一关键概念，康德一方面强调了道德原
则明显的、不可否认的合理性和它的道德力量，让其玄深的哲学思想与
普通人类理性相接近，彰显了道德法则对实践生活的现实意义；另一方
面坚持了其哲学一贯的批判性立场，为其伦理学主张提供了严格的（尽管
不是无瑕疵的）论证，为整个实践哲学提供了一种具有普遍意义的确定性
基础。

第二节　《实践理性批判》论证道德法则与
自由理念之实在性的进路

自由是康德实践哲学的精神和核心，道德法则是康德实践哲学的基
本原则。然而，康德关于自由理念实在性的思想，却是他历来被诟病最
多的地方之一：许多研究者认为，在实践哲学中，康德一直都对实在性、
因果性这些知性范畴进行了超越的运用，将它们运用于本体领域，由此，
《道德形而上学奠基》通过说明人必然肯定自由来说明自由本身的现实性，
这种论证是失败的，而在《实践理性批判》中，康德退回了独断论，他预
设了道德法则这一"理性的事实"，以便说明自由。当然，也有不少康德
的追随者认为他的这种独断论和超越的运用是无可厚非的。

对道德法则的论证是《实践理性批判》中的基础性工作。因为，在《实
践理性批判》及其之后的著作中，康德先论证道德法则的实在性，然后再
论证自由理念的实在性，后者构成了道德的必要条件。在这一时期，他
在《实践理性批判》中具体论证了自由与道德法则理念的实在性。他通过
理性追求无条件性的本性，和理性通过道德法则所引起的敬重感，说明
了道德法则具有实践的实在性，进而说明了自由理念也具有实践的实在

性。他指出，实践理性批判"可以不受指责地从纯粹实践法则及其现实性开始，并且必须从这里开始"，根据此"理性的事实"来论证自由，因为我们没有理智的直观，不能直接意识到自由，也不能从经验中推出这个超验理念的实在性（KpV 5∶46）。

在理念实在性的论证中的重要困难，在于阐明人普遍具有这样的道德情感，它既是纯粹的，又是有力的、可以规定意志的。在论证这种动机过程中，人们通常是先说明动机的先验来源及其纯粹性，然后再论证它具有能够战胜感性的爱好和冲动的力量。但动机的力量问题是一个经验性问题，无法单纯通过先验的推理来说明。笔者认为，康德先借助于普通人类理性来说明其力量，然后对普通人类理性进行批判，揭示道德动机的先验来源及其纯粹性。

以下我们首先说明康德在《实践理性批判》中的论证思路。《实践理性批判》对道德法则实践的实在性的证明通过这三个因素得以可能：一是对自由和道德法则理念的理性的认同，二是对道德法则与自由理念的敬重，三是理念对实践活动的影响。

由此，在本节中，笔者试图依次说明，康德并未预设自由和道德法则的理念的实在性。康德借助普通人类理性来论证道德法则，但他在论证中对普通人类理性进行了反思和批判。普通人类理性就能够自我反思，并确证道德法则的实在性。

我们这样来把握《实践理性批判》的理路，是基于康德对《实践理性批判》思路的明确说明：首先，康德对道德法则是有论证的，而他所论证的只是其实践的实在性。因为康德指出，道德法则对于自身作了"即使思辨理性批判也会感到满意的证明"，它通过说明理念是感性世界现实中"起作用的原因"，来说明自身的"实践的实在性"（KpV 5∶48，56）。其次，既然康德说明《实践理性批判》的论证思路是从道德法则到自由，而他通过理性对必然性的要求和理性自我立法引起的敬重来说明道德法则，我们就不应当把自由或道德法则看作《实践理性批判》中的论证起点或基本前提，而应当把理性看作这种起点。康德又断言，我们意识到自由，是由于我们意识到道德法则，而我们意识到道德法则，是因为我们意识到理性颁布道德法则的"必然性"和它对"经验性条件"的剥离（KpV 5∶30）。再次，康德通过敬重感来说明我们遵循道德法则的能力。康德说，经验性的和理性的规定根据的不同质性，通过理性"对一切混合的爱好的抗拒"和"敬重的情感"而变得明显，道德法则由此得到了先天的"验证和辩护"，这种论证构成了对道德法则的运用的有效性前提（KpV 5∶91-92）。

康德认为，对道德法则的敬重是道德法则成为人的"行动的主观的规定根据"的条件，尽管这种敬重又是以理性为基础的，因而只是构成理性规定意志的中介性前提（KpV 5：75）。这是由于，我们的道德行为有来自感性的"内部的阻碍"，因而通过敬重的情感来推动道德行动是必要的（KpV 5：79）。因此，为了说明道德法则实践的实在性，就应该先说明人能够具备纯粹而强有力的道德动机。最后，康德指出我们对道德法则的敬重最终是基于我们对"超感性实存"的敬重，尽管由于道德法则是理性的事实，我们在行动中直接意识到的是对道德法则的敬重（KpV 5：88）。

一、康德借助普通人类理性来论证道德法则

为了说明道德法则理念的实在性，实践理性批判必须借助普通人类理性，和普通人类理性对道德法则及其规范性的主观意识。

康德认为，哪怕最普通的人类理性也会意识到道德法则和它的规范性。在此，实践理性批判需要借助普通人类理性，这是因为，一方面，道德关切对于道德法则规定意志是必要的，道德法则也能成为意志主观的规定根据，因为它能够引起敬重，或能唤起"**愉快**或者愉悦的**情感**"即"精神快乐"（KpV 5：75；GMS 4：460；MMr 29：900-901）。而且，这种道德关切必须能够战胜感性的内部阻碍，使我们能够出于道德法则而行动。另一方面，纯粹的道德法则为何会引起敬重的情感，这在根本上是无法解释的，更重要的是，对道德法则的关切（或敬重）能否战胜感性的爱好，从而引起自律的行动，这在根本上是一个关于情感的经验问题，因而也不可能被单纯先验地加以说明。因此，实践理性批判必须要诉诸普通人类理性，来说明构成自律能力的道德的情感。

如果我们无法先验地认识人的本性在何等程度上是脆弱的，人心在何等程度上是不纯洁的，那么，我们就无法先验地断言，我们的道德法则是否能够通过敬重战胜感性的爱好。康德在《纯然理性界限内的宗教》中指出，人性中有三种趋恶的先天倾向：脆弱（die Gebrechlichkeit）、不纯洁（die Unlauterkeit）和恶劣（die Bösartigkeit）（Religion 6：29）。脆弱指人性中的道德动机力量的缺乏。"第一，人的本性的脆弱（Fragillitas）早在一位使徒的抱怨中得到了表述：我所愿意的，我并不做。"（Religion 6：29）如果抉意不是根据主观或客观的原则而将感性或理性的动机并入自己的原则，使得这些原则成为抉意原因遵循的规则，那

么，"它能够不为任何导致一种行动的动机所规定"（Religion 6：24）。① 作为有感性的理性存在者，人的意志会把道德法则和幸福的动机都纳入自身的准则中，而行为的善和恶的区别在于我们是把道德法则的纯粹动机还是基于自爱的动机置于优先地位（Religion 6：36）。人的脆弱在于，即使我"把善（法则）纳入我的任性的准则中"，并在客观上设想善是"不可战胜的动机"，但是在主观上，善"却（与爱好相比）是较为软弱的动机"（Religion 6：29）。人心的不纯洁是指人有一种倾向，在行为中除了法则自身之外还有别的动机，因而只是做出合乎法则的行为。康德在此表明，即使我们意识到我们有遵循道德法则的必要性，我们也有可能在现实中由于动机力量的不足而无法出于道德法则而行动，或有可能动机并不纯正，而假如人心极端地脆弱和不纯洁（这在逻辑上毕竟是可能的），那么，我们就无法具有自律的能力。因此，要不是我们通过普通人类理性在现实生活中意识到人性并非极其脆弱和不纯洁，我们就无法断定我们是否能够出于对道德法则的敬重而行动。因此，如果我们最终能对道德法则进行某种"证明"或"辩护"，那么，这种证明只能如此进行：实践理性批判从普通人类理性开始，从普通人类理性也能意识到的道德法则开始。

对此，一个可能的反驳是，即使事实上没有出于对道德法则的敬重行为，道德法则依然是有效的，它依然能够通过引起敬重规定我们的意志；据此，说明敬重感的力量及纯粹性就并不是必要的。不过，这里的问题不在于人们事实上（在过去、现在或未来）**是不是**出于对道德法则的敬重而行动，而是人们究竟**能不能**出于对道德法则的敬重而行动，或者道德法则能不能通过引起敬重而规定我们的意志。假如人性过于软弱，人没有能力出于对道德法则的敬重而行动，那么，道德法则就是对不可能的东西的要求，就无法具有普遍有效性。

二、康德在论证中对普通人类理性进行了反思和批判

虽然对道德法则的论证需要借助普通人类理性，但对普通人类理性的反思和批判又是必要的。因为普通人类理性并未清楚地意识到道德的形式性的最高原理、道德法则的根源和人的更高使命，因而没有意识到道德法则的纯粹性和普遍有效性，于是在得到培养时往往会出于爱好而

---

① "ausnehmen"指把某物归并于它物之中的活动，它不仅仅是"结合"，而且是主动的活动，在此也不宜把它译作"采纳"，我们只能说采纳某种准则，而不能把某种东西采纳入准则之中。

在玄思中陷入关于德性和幸福的辩证论，从而产生对道德法则的纯粹性和严格性的怀疑，以使德性的要求与自爱相一致。《实践理性批判》指出，我们必须对一般的实践理性进行批判，以防止一般实践理性由于陷入玄想中的僭越和辩证论，而怀疑道德的严格性，并危害我们的道德实践。

> 这样一来，我们将要探讨的就不是一种纯粹实践的理性的批判，而只是一般实践的理性的批判。因为纯粹理性一经被阐明了有这样一种理性，就不需要任何批判了。纯粹理性是本身包含有对它的一切运用进行批判的准绳的。所以，一般实践理性批判有责任阻止以经验性为条件的理性想要充当唯一对意志进行规定的根据的僭妄。（KpV 5：15-16）

这种僭妄体现在实践理性的辩证论之上。辩证论是以感性作为根源的，是一般实践理性通过实践理论的诡辩所导致的，或者说，是以不纯粹的、一般的实践理性为基础的纯粹理性（对实践哲学进行的思考的理性）的僭妄的玄想所导致的。在《实践理性批判》中，康德说，"……自以为具有独裁地位的、以经验性为条件的纯粹理性运用则是超越的，它表现出完全超出自己领域之外去提要求、发命令的特点，这与在思辨的运用中的纯粹理性所能说出的东西是恰好倒过来的关系"（KpV 5：16）。在实践领域，纯粹理性的超验运用产生辩证幻象，纯粹理性的辩证论体现了这种错误的运用：为有条件者的内部要求无条件者，试图在现象界找到某种绝对的东西。这种纯粹理性的活动是以经验性为条件的，它对实践领域进行纯概念的哲学思考（而不是进行实践），因此，它可以说是纯粹的，但是这种僭越的理性又试图基于有条件的幸福、感性的自爱的要求来解释无条件的道德，因而在根本上是以经验性为条件的，是基于一般的、普通的人类理性的感性倾向。

> 但从这里就产生了一种**自然的辩证论**（*natürliche Dialektik*），即一种对义务的严格法则进行玄想、对其有效性至少是其纯洁性和严格性加以怀疑，并且尽可能使义务更加适合于我们的愿望和爱好的偏好（Hang），也就是说，从根本上败坏它，取消它的全部尊严，这种事情即便是普通的实践理性最终也不能将它称为善的。（GMS 4：405）

道德法则是人们实际上采取的道德判断标准，人们通过普通人类理性对具体的事件进行评价的时候，通常能够做出合理、有效的判断，但人们并未对这种标准有非常清晰、明确的意识，并未分离出一种最为抽象的、最高的道德原理，因而它对道德法则和道德动机的根源和纯粹性并没有清楚的意识。而且，它又往往受到感性的爱好的影响，因此，普通人类理性在逐渐得到培养的过程中，往往会在玄想中由于辩证论而对道德的纯洁性和严格性产生怀疑。因此，我们必须对普通人类理性进行批判。一般实践理性批判"应当完备地指出一般实践理性的可能性、它的范围和界限的诸原则，而不与人的自然本性发生特殊的关系"（KpV 5：8）。

　　实践理性批判总是必要的，因为实践理性也有辩证论，理性就总是会陷入辩证论，把自在的事物（至善）与有条件的事物（幸福）相混淆，因此，必须要对实践理性做出彻底的批判。首先，实践理性普遍有一种产生实践理性的辩证论的倾向。理性进行哲学思考时，总是倾向于混淆现象和自在之物，而在有条件的经验事物中寻找无条件的东西，它在实践哲学中倾向于通过幸福来理解至善，"……从条件总体（因而无条件者）这一理性理念在现象上的应用中就产生出一个不可避免的幻象，似乎这些现象就是自在的事物本身（因为在缺乏一个警戒性的批判时它们总是被认为是这样的）"（KpV 5：107）。这里说的有条件者是指基于爱好和自然需要之上的东西，而无条件者是指至善。理性产生辩证论是一种自然的倾向，除非人们对一般的实践理性进行彻底的批判，对其本性、有效性范围及其限度形成充分的理解，否则，这种辩证论和幻想就总会出现。其次，实践理性批判也要确定作为无条件者的至善的内涵，但至善概念应当在道德法则和德性的基础上建立起来。德行是最高的善，而至善被看作最完满的善，是德行与幸福的整体；我们不能断定道德法则属于感官世界，因而我们也不能断定至善是属于感官世界的。

> 它作为纯粹实践的理性，同样要为实践上的有条件者（基于爱好和自然需要之上的东西）寻求无条件者，而且不是作为意志的规定根据，而是即使在这个规定根据（在道德法则中）已被给予时，以至善的名义去寻求纯粹实践理性之对象的无条件的总体。（KpV 5：108）

最后，理性有一种把德性与幸福等同起来，从而也就把有条件的幸福等同于无条件者的至善的倾向，这种倾向体现在两个基本的思想流派中。"在古希腊各学派中，真正说来只有两个学派……伊壁鸠鲁派说：意识到自己的导致幸福的准则，这就是德性；斯多亚派说：意识到自己的德性，就是幸福。"（KpV 5：111）在康德看来，这两派不仅是古希腊两个典型的伦理学流派，而且基本上涵盖了所有的古希腊伦理思想。

"在规定至善的概念时，虽然就它们不让德行和幸福被看作至善的两个不同要素，因而是按照同一律寻求原则的统一性而言，遵循着同样的方法，但在它们从两者之中对基本概念作不同的选择上看，它们却又是有分歧的。"

这两个学派都犯了一个严重的错误：混淆德性与幸福；作为两个错误的极端，"这两个学派都力图挖空心思地想出德性和幸福这两个实践原则的等同性"，他们"按照同一律寻求原则的统一性"。

即使提出义务的严格要求的斯多亚派，也把道德动机建立在感性之上，产生实践上的错位。"把意志的动机和真正的规定根据建立在思维方式的提升中，即超越于低级的、只是通过精神脆弱来主宰的那些感性动机。"（KpV 5：127）因此，我们必须要对实践理性进行彻底的批判，以消除辩证论（KpV 5：107）。

《道德形而上学奠基》指出，普通人类理性往往在得到培养时，会在玄思中陷入辩证论，这一点在《实践理性批判》中仍然被承认。《道德形而上学奠基》中"**自然的辩证论**"与第二批判中纯粹理性的辩证论的内容是内在一致的。首先，自然的辩证论是指理性会自然而然地产生的辩证论，而康德在《道德形而上学奠基》和第二批判中都强调实践理性必然有它的辩证论。在《纯粹理性批判》中，康德指出，"在这个世界上一直都有某种形而上学存在，并且今后还将在世上遇见形而上学，但和它一起也会碰到一种纯粹理性的辩证论，因为辩证论对纯粹理性是自然的"（KrV BXXXI）。思辨理性的自然的辩证论是一种必然的倾向。同样，正如《道德形而上学奠基》所说，在实践领域，普通人类理性也"会在得到培养的时候不知不觉地产生出辩证论"，即"产生**自然的辩证论**"（GMS 4：405）。其次，《实践理性批判》中的以下这段话暗示着纯粹理性的实践的运用中也存在自然的辩证论：

> 在纯粹理性的思辨的运用中，那种自然的辩证论应如何来解决，以及应如何防止另外来自某个自然幻象的错误，我们可以在那种能力的批判中得悉详情。但理性在其实践运用中的情况也是半斤八两。它作为纯粹实践的理性，同样要为实践上的有条件者（基于爱好和自然需要之上的东西）寻求无条件者……（KpV 5：108）

从这段话可以看出，在纯粹理性的实践的运用中，也有自然的辩证论，而这种自然的辩证论应如何来解决，以及应如何防止另外来自某个自然幻象的错误，我们也可以在对纯粹理性能力的批判中得悉详情。最后，尽管《道德形而上学奠基》中自然的辩证论的原因是非思辨的，但和《实践理性批判》中的辩证论一样，这种辩证论的内容本身是思辨性的，是在它"得到培养的时候"，也就是逐渐具备思辨能力的时候，"不知不觉地"产生的、在"对义务的严格法则进行玄想"，即进行纯粹理性的思辨的辩证论（GMS 4∶405）。而如上所述，与《道德形而上学奠基》中的辩证论一样，《实践理性批判》中的辩证论也是"以经验性为条件"的（KpV 5∶16）。根据《道德形而上学奠基》，虽然自然的辩证论是在玄想中进行的，但是，它是一种"尽可能使义务适合于我们的愿望和爱好的偏好"，也是基于感性的爱好和冲动的。

这种形成自然辩证论的倾向，与《纯然理性界限内的宗教》中所说的"根本恶"的倾向也是内在相通的，都意味着在准则中把幸福的动机置于道德法则的动机之上的倾向。这种倾向实质上是为了自利而自欺又欺人的倾向。对此，邓晓芒教授深刻地指出，"康德对伪善的批评则是从人性和人格中生来就伴随着的自欺结构入手的"，在康德哲学中，"所谓人性中的根本恶从本质上说就是伪善"。① 确实，康德认为，趋恶的倾向包含三个层次：人性的脆弱、动机的不纯和人心的恶劣或败坏。而这第三个层次的败坏就意味着"把出自道德法则的动机置于其他（非道德的）动机之后"的倾向（Rel. 6∶30）。这种败坏是"蓄意的罪"，意味着基于自利的动机，有时把符合道德法则的行为作为手段，并"欺骗自己"，把不违背道德法则就看作出于道德法则的动机而行动，"把没有恶习就解释为意念与义务的法则相符合"，进而"还向外扩张成为虚伪和欺骗他人"（Rel. 6∶37-38）。因此，伪善与欺骗是具有自我意识的人对实践理性的一种基本的误用，这种倾向无法根除，只能借助重建人性三重向善的禀赋，不断在内在的灵魂斗争中进行克服。

除了道德法则本身之外，康德认为有必要澄清作为道德动机的对道德法则的敬重是纯粹的。康德反对把道德情感看作道德评判的标准，他通过实践理性批判，通过说明对道德法则的敬重不是基于"法则的任何一个客体"，而是由于"法则的形式"，来澄清对道德法则的敬重的先验来

---

① 邓晓芒：《论康德哲学对儒家伦理的救赎》，《探索与争鸣》2018 年第 2 期。

源，并由此表明道德的纯粹性和道德法则的客观实在性（KpV 5：80）。人们对道德法则有一种关切，除了理性之外，这种关切也有道德情感作为其基本条件，这种情感"曾被一些人错误地说成是我们的道德评判的准绳，其实，它必须被视为法则作用于意志的主观效果，只有理性才提供了它的客观根据。"（GMS 4：460）我们确实发现，理性及其道德法则对情感的这种影响是无法通过知性来解释的，我们不得不满足于我们看出这样的情感是与每个人心中的道德法则表象不可分割地结合着的。然而，"假如这种敬重的情感是病理学上的，因而是一种建立在内部感官上的愉快情感，那么想要揭示出这愉快与任何一种先天理念的关联就会是白费力气了"（KpV 5：80）。

需要说明的是，康德既断言，真正的道德动机在于对道德法则的敬重，又声称，道德法则本身构成道德动机（KpV 5：75）。这两者并不矛盾，在一种笼统的意义上，道德法则本身构成了道德动机，而在一种更具体、更严格的意义上，道德法则，通过它所引起的敬重感起作用，即它所引起的这种敬重感构成了具体的道德动机。

由此，康德的实践理性批判采取了对道德法则的实在性的弱的演绎，这种演绎也是纯粹思辨理性批判所运用的演绎。实践理性批判并不是简单地接受普通人类理性直接提供的原则，而是要对其纯粹性进行验证，并由此对其实践的实在性进行证明。康德揭示出道德原则中蕴含的具有普遍形式的法则，说明道德法则和道德关切都以纯粹理性及其自由理念为必要条件，从而验证了道德法则和道德关切是纯粹的，并对道德法则实践的实在性做出证明，以及对理性进行警戒性的批判，来消除理性总是会陷入的辩证论。由于我们必然设想自身具有先验自由，因而具有崇高的人格性和尊严，因此，出于道德法则而行动必然是人的更高使命。由此，纯粹的道德法则具有实践的实在性。因为纯粹的道德法则能够引起理性的认同和感性的敬重，从而使人出于道德法则而行动。

三、普通人类理性能够确证道德法则的实在性

普通人类理性尽管不够纯粹，往往受到感性的影响，但是它作为理性，又能够进行自我反思和批判，从而对道德原理进行验证和辩护，将其认证为先天的纯粹法则，从而为理性的有效的实践运用奠定基础。首先，实践理性批判之有效性的一个根据是它能够以具有普遍性的方式、通过每个人的实践理性进行试验，从而排除感性的、偶然性的因素，而验证纯粹的、先验的因素是否存在。这种实验的普遍可检验性保证了其

结论的一般有效性。在理论学科方面，"在这些科学上，由于它们对自己的原则以各色各样的方式通过按一定的方法运用而加以检验，人们就不必担心如同在日常知识那里一样，轻易地把经验性的认识根据暗中掺杂进来"，由此，纯粹理性批判把经验性因素排除出去，对纯粹的先验因素加以考察，进而有效地证明纯粹思辨理性的能力（KpV 5：91）。类似，对哲学家来说，"他几乎像化学家一样任何时候都可以用每个人的实践理性来做实验，以便把道德的（纯粹）规定根据与经验性的根据区别开来；当他把道德法则（作为规定根据）加在从经验性上被刺激起来的意志（例如，那种由于凭借说谎而有所获就会愿意说谎的意志）之上时就是这样"（KpV 5：92）。例如，在道德判断中，对于是否应当为了个人的好处而说谎，正派的人的实践理性可以马上意识到，我们应当合乎道德地行动，应当出于对自己人格的敬重而保持诚实，而那种好处就"被分离和清洗出来"（KpV 5：93）。由此可见，道德法则是理性的内在要求，"道德法则是永远不离开理性，并且是与之最密切地结合着的。"（KpV 5：93）

其次，正是因为欲望受到刺激时所引起的情感是明显而可辨认的，我们可以有效地通过普通人类理性来对自身的道德原则进行反思，验证在没有感性的爱好和冲动作为动机的情况下，我们是否足以通过对道德法则的理性肯定和感性敬重而行动。

这是因为，对道德原则作为纯粹理性的诸原理的辩护可以通过援引日常人类知性的判断而很好地并且以足够的可靠性来进行，因为一切有可能作为意志的规定，根据混入我们的准则中来的经验性的东西，通过它在激发起欲望时必然附着在意志之上的快乐或痛苦的情感，马上就成为可辨认的，但那个纯粹实践理性却完全拒绝把这种情感作为条件纳入自己的原则中来。（KpV 5：91）

道德哲学总会涉及经验性的内容，例如，人具有感性的层面，有爱好和冲动，但这些都是最起码、最普遍且显而易见的前提，而这些前提是先天就可以认识到的，不需要很具体的经验。但是康德道德哲学中最基本的层面，即道德的最高原理的内容、理性的最高法则等内容则是纯粹的、先验的。

第三节 《实践理性批判》对道德法则与
自由理念的实在性之论证过程

在本节中，笔者首先讨论《实践理性批判》对道德法则与自由理念的实在性之论证过程，其次讨论《实践理性批判》对道德法则规范性之论证过程，最后根据"应当意味着能够"的原则，说明《实践理性批判》对自由理念的实在性之论证过程。

一、《实践理性批判》对道德法则与自由理念的实在性之论证过程

基于上述对康德论证思路的说明，我们在此具体阐明康德对道德法则的实在性的论证过程：

第一，凭借普通人类理性及其对道德法则的认同，我们在实践中都能意识到，人应当出于道德法则而行动。这是因为，一方面，在日常生活中，普通人类理性不考虑理论上的先验自由存在与否的问题，普通人类理性不怀疑，人有自由而不完全被决定，其通常只考虑较为具体的行动的规范问题。另一方面，人们通过普通人类理性意识到，人有对道德法则的理性的认同和感性的敬重，而这种认同和敬重能够战胜感性的爱好和冲动，因而我们能够独立于感性的爱好和冲动，并出于道德法则的敬重而行动。对此，道德法则的合理性是显然的，对道德法则的意识是理性的事实。

在日常生活中，普通人类理性不考虑理论上的先验自由存在与否的问题。如上文所说，根据《纯粹理性批判》，我们在实践中无须考虑人在理论上是否有先验自由的问题，而要确定行动的规范。根据《道德形而上学奠基》，普通人类理性是"天真无邪"的，普通人不像许多哲学家一样，由于过多的玄想而误入歧途，普通人类理性不反思自身"原则的来源及其真正使命"，但也因此而容易被诱惑并陷入辩证论，进而产生对一切道德原则的怀疑。因此，普通人类理性要"从自己的范围走出来，迈出进入**实践哲学**领域的步伐"，"对其原则的来源及其真正使命，获得了解和清楚的指示，理性由此而将摆脱由双方的要求产生的困境，不致面临由于它容易陷入的模棱两可而丧失一切真正道德原理的危险"（GMS 4：404-405）。在此，第一批判认为我们在实践中无须思考自由问题与第二批判要求思考自由问题并不冲突。因为，一方面，康德要悬置自由理念的理论实在性问题；另一方面，他要阐明自由理念的实践的实在性问题，把

定言命令建立在其实践的实在性之上。而根据《实践理性批判》，人们通常只考虑较为具体的行动的规范问题，他们平时并没有意识到自身的自由。一个人的生命受到他人的威胁，而被要求作伪证时，无论他是否选择屈从，他还是意识到，他应当拒绝这个要求，"所以他断定，他能够做某事是因为他意识到他应当做某事，他在自身中认识到了平时没有道德法则就会始终不为他所知的自由"（KpV 5：30）。由于道德和幸福发生了冲突，普通人类理性才清楚地意识到道德法则的普遍性要求，并意识到我们能够完全独立地根据道德法则而行动。

对道德法则的意识是理性的事实，因而道德法则也能够被普通人类理性（作为理性）所意识到。对道德法则的意识是一种创造性的意识，它基于理性的自我立法；基于道德法则和对道德法则的意识的内在联系，康德把两者都看作理性的事实。

首先，理性的事实首先是对道德法则的意识，而对道德法则的意识首先是设立道德法则的意识；道德法则之所以存在，是由于存在能够先天立法的理性意识，而要不是理性有意识地设立道德法则，它就根本不会存在。道德法则并不独立于理性的意识：它就是主体的意志的某种可能的活动方式，它是理性的意志自身给自己设立的、要求自身普遍遵循的活动方式，而不是外在于意识的东西。因此，尽管道德法则独立于人的主观意识，独立于我们基于主观因素的种种设想和情感，但并不独立于自我意识的理性。在某种意义上，康德哲学体现出一个原则：我们真正认识的只是我们自己创造的。认识领域的先天综合判断是可能的，因为是人为自然界立法；实践领域的先天综合判断（道德法则）之所以可能，是因为人的自我立法。由此，我们之所以意识到道德法则，是因为我们必然先验地设立道德法则，这样，我们就必然能意识到道德法则，并意识到它对于我的有效性。"我们（一旦为自己拟定意志的准则就）直接意识到的那个道德法则，是最先向我们呈现出来的……"（KpV 5：30）格哈特指出，"这个"事实"，当然不会不是一个意识的事实，他称之为道德性的认识理由（ratio cognoscendi）；因而借助于它可以认识到：什么东西可以说是德性的。"①

其次，正是通过对道德法则的意识，道德法则构成了对所有理性存在者必然有效的法则，并且，它的理论的实在性是不可论证的，康德也把道德法则看作理性的事实。道德法则理论上的实在性是无法被论证的，

---

① Volker Gerhardt, *Immanuel Kant. Vernunft und Leben*, Stuttgart (Reclam), 2002, S. 218.

但仍然构成了确定无疑的先天综合判断，它不需要任何辩护理由。

> 我们可以把这个基本法则的意识称为理性的一个事实，这并不
> 是由于我们能从先行的理性资料中，例如，从自由意识中（因为这个
> 意识不是预先给予我们的）推想出这一法则，而是由于它本身独立地
> 作为先天综合命题而强加于我们，这个命题不是建立在任何直观、
> 不论是纯粹直观还是经验性直观之上……（KpV 5：31）

即使普通人类理性也能明显地意识到，我们对道德法则本身有一种独立
于感性欲求的关切，理性的道德法则在实践上具有现实的影响，但我们
不知道这种道德法则在理论上是如何可能的。这种意识让我们把握到道
德法则实践上的必要性，它对我们确实有一种约束力，但我们只能意识
到道德法则实践上的实在性而不是理论上的实在性，我们只能认识定言
命令的可能性却无法认识定言命令何以可能，因此，道德法则也是一种
理性的事实。①

再次，道德法则是理性的事实，这并不是指，理性的存在者在事实
上必然遵循道德法则，而只是指，纯粹理性必然对每个理性存在者提出
遵循道德法则的要求。

最后，我们之所以必然先天立法，是由于理性的本性。这种立法是
先验的，而不只是先天的，因此，道德法则能够普遍地伴随我经验中对
准则的考虑；我们出于充分的理由和内在根据而建立道德法则，来对我
们的准则提出普遍的要求，我们在设立准则的时候就不会不意识到这个
原则，而我们意识到这个原则的时候，我们就能够意识到它的根据和有
效性。对道德法则的意识，是与对（作为自律的）自由的意识相统一的。
"至于对道德法则的这种意识，或者这样说也一样，对自由的意识，是如
何可能的，这是不能进一步解释的……"（KpV 5：46）应当意味着能够，
我们应当遵循道德法则，这意味着我们能够遵循道德法则，即意味着我
们能够自律，而自由就是自律，因此，对自由的意识与对道德法则的意
识是一致的。"这一事实是和对意志自由的意识不可分割地联系着的，甚
至与它是毫无二致的……"（KpV 5：42）《实践理性批判》在对理性的事实
的八处论述中，分别将理性的事实等同于道德法则、对道德法则的意识、
对自由的意识、道德法则中的自律，而它们在康德思想中是内在统一的。

---

① 参见朱会晖：《如何理解康德的"理性的事实"？》，《四川师范大学学报》2018 年 2 月。

　　尽管普通人类理性并未意识到道德法则形式性的表达式，但是普通人类理性所认同的道德原则中蕴含了理性的普遍法则。在处理人与人之间的关系中，明智的劝诫通过实用的考虑而可能、法律通过外在的强制而可能，而道德的原则却通过行为的合理性而可能。基本的道德原则总是具有普遍性的，即使在日常的道德评价中也是如此，因为，我们站在主体间的道德立场去要求某种行为，意味着我设想自己的要求有着充分的理由，而这些理由以及我的要求能够被各个主体普遍地认同。每个人只要清楚地反思最高的、作为原理的道德法则，就会认同这个道德法则。

　　　　每个人都必定会同意，一条法则，如果要被看作道德的，即看作责任的根据，它自身就必须具有绝对的必然性；像"你不应该说谎"这样的诫命（Gebot），并不仅仅只是对人类有效，而其他理性存在者却可以对之不加理会；其他真正的道德法则都是如此。（GMS 4：398）

如果某个实践原则是有条件的原则，只能提出有条件的命令，这种命令的有效性就不是基于行为本身，而是基于外在于行动的目的，那么，这种原则只能是基于自爱的实用性的原则，而无法成为道德的原则。如果一个实践原则不能在一个普遍的视角下被论证为有效的，那么，我们就无法完全正当地要求他人或自身遵守这个原则，它就无法建立起道德的义务。普通人类理性意识到我们应当出于道德法则而行动，而应当意味着能够，所以普通人类理性意识到我们能够出于道德法则而行动。而且，普通人类理性也能够意识到，我们应当出于道德法则而行动。我们不应当以履行义务、遵循道德法则作为满足自爱的手段，这种行动的规定根据是自爱，它的准则只是有条件的主观准则，而无法成为普遍的法则，只有出于义务，即出于道德法则的行动才是道德的。

　　普通人类理性能够对具体的事件（通常不自觉地）运用道德法则来进行道德判断，因而能够有效地分辨善与恶。人们显然普遍具有对道德法则的意识，即使在那些极端的情况下，我们还是明显地意识到我们应当遵循道德法则。但如果有人问：究竟什么才真正是我们必须用作试金石来检验任何行动的道德内涵的纯粹德性，那么我就必须承认，只有哲学才能使这个问题的决断成为可疑的；因为在普通的人类理性中，这个问题虽然不是凭借抽象的普遍公式，但却通过日常的习惯而早已仿佛是左右手之间的区别一样地被决断了（KpV 5：155）。

这一点康德已经在《道德形而上学奠基》中指出，"这样，我们就在普通人类理性的道德知识中获得了它的原则，虽然这理性并未以这样一个被分离出来的普遍形式来设想这个原则［nicht so in einer allgemeinen Form abgesondert denkt］，但实际上总是念兹在兹，将其用作自己评判的准绳"（GMS 4：403）。道德法则是人们在道德判断中实际运用的标准；尽管人们没有反思最高的具有普遍形式的道德原则，而主要是借助于社会规范和习惯，但他们总是将其用作自己评判的准绳。康德指出，即使在那些极端的情况下，我们还是明显地意识到我们应当遵循道德法则，意识到我们有一种遵循道德法则的意愿。就主体而言，一个耽于欲望的人在面临死亡的威胁时意识到自己其实能够独立于这些欲望而行动；就情境而言，当一个人坚持道德原则就会被杀的时候，他虽然未必选择舍生取义，但仍然意识到他应当那样做。

另外，对普通人类理性而言，道德法则会引起敬重的情感，我们有能力通过道德动机战胜感性的爱好和冲动，这都是显而易见的。普通人类理性也是理性，它能够意识到人应当出于道德法则而行动，这是理性的事实，而应当意味着能够，因此，人能够出于道德法则而行动。而道德关切能够战胜感性的爱好和冲动，这对于有限的人的道德行动是必要的，道德关切真正说来就是对道德法则的敬重，可见，人必定设想自身能够通过对道德法则的敬重战胜感性的爱好和冲动。如上所说，欲望被刺激而引起的情感的明显性能够比较容易地被觉察到，并且能够通过每个人的普通人类理性来进行检验，因此，道德法则的这种影响可以被普通人类理性有效地看出。每个人确实有对道德法则的关切，这种关切是"不可分割地与每个有限的理性存在者心中的道德法则表象结合着的"（KpV 5：80）。

康德说，对道德法则的敬重是普遍存在的，哪怕把某个道德实例交给一个十岁男孩去作评判，他也能够不经过老师的指导就做出正确的判断。某人劝一个无辜而又无权势的正直的人进行诽谤，首先许以好处，即送以重礼或封以高位，其次在遭到拒绝后又以失去友情、失去继承权，甚至失去生命相威胁，最后，这个正直的人被极度困苦和贫穷所威胁的家庭恳求他让步，但他仍然坚持道德的原则，毫不动摇或怀疑，"那么我这位年轻的听者就会一步步从单纯的赞同上升到钦佩，从钦佩上升到惊奇，最后一直上升到极大的崇敬，直到产生一种自己能够成为这样一个人（当然并不是在他那种情况下）的强烈的愿望……"（KpV 5：155-156）对此康德评论说，我们对这个德性高尚的人的敬重，不是因为他的行动带来多大程度的幸福，而是因为他为道德的非比寻常的付出，因为他单纯出于道德原理而行动，而没有其他的动机混杂进行动的准则，从而体现出极大的道德的纯粹性。

> 整个钦佩，甚至要与这种品格相似的努力，在这里都完全是基于道德原理的纯粹性，这种纯粹性只有通过我们把一切只要是人类能够归入幸福之中的东西都从行动的动机中去掉，才能够相当引人注目地表现出来。所以，德性越是纯粹地表现出来，它对于人心就必定有越多的力量。（KpV 5：156）

只有道德性才引起我们的敬重。我们都会对有高尚德性的个体及其行动产生敬重感，并在他们面前产生效法他们的愿望，而这种敬重感其实来源于对道德法则的敬重。只有道德性才是真正可以归于人的属性，只有道德法则才能保证意志的一致性和行动的无条件的善。我们对高山、大海等自然事物，只能产生喜爱、恐惧、惊奇甚至惊叹，但并不能产生敬重（KpV 5：76）。[①] 类似地，一个人的审美情趣、才能和地位，也无法引起我们内心的敬重。所有这些因素都或多或少受到经验性条件的影响，并受到感性的爱好的约束，因而都具有偶然性，并不能完全归于人自身。人对自身才能的促进只有在被用于道德的目的的前提下才在道德上是善的，只有在合乎法则的前提下才是好的，因而经验性的才能和完善性是有条件的，并不能激起无比的敬重或崇敬。基于感性的准则只能提出有条件的命令，以此为根据的行动只是有条件的善的，只有道德法则才提出无条件的定言命令，根据道德法则本身的行动本身就是善的，只有道德法则才能够赋予行动以无条件的价值，无条件地引起人的敬重。只有道德法则才能使人保持意志的一致性，而不会使得前后的准则彼此冲突，也不会在被普遍化时导致自我矛盾。道德法则就是理性存在者最高的实践原理。

---

①　在严格的意义上，自然对象并不能引起敬重感；只是在派生的、不严格的意义上，它们也唤起我们的敬重。但这只是因为，非常大或有力的对象让我们感觉到自身的渺小或无力的时候，激起了我们对自身崇高的人格性的敬重。在此，对象构成了敬重感发生的契机，我们只是把对人格性的敬重转移到自然对象上去了。"所以对自然中的崇高的情感就是对于我们自己的使命的敬重，这种敬重我们通过某种偷换而向一个自然客体表示出来（用对于客体的敬重替换了对我们主体中人性理念的敬重）……"（KU 5：257）

> 丰特奈尔说：**我在贵人面前鞠躬，但我的精神并不鞠躬**。我可以补充说：在一位出身微贱的普通市民面前，当我发觉他身上有我在自己身上没有看到的那种程度的正直品格时，**我的精神鞠躬**，不论我是否愿意，哪怕我仍然昂首挺胸以免他忽视了我的优越地位。这是为什么？他的榜样在我面前树立了一条法则，当我用它来与我的行为相比较，并通过这个事实的证明而亲眼看到了对这条法则的遵守、因而看到了这条法则的可行性时，它就消除了我的自大。（KpV 5：76-77）

只有当我们采用某种道德的标准，我们才有可能把某个人的人格看作崇高的、可敬重的，对某个个体的敬重源于对道德法则的敬重。

> 对一个人的一切敬重其实只是对（比如正直的）法则的敬重，他在这方面给我们提供了一个榜样。因为我们也把增长自己的才能作为一种义务，所以我们把一个能干的人仿佛也当作一个**法则的榜样**（我们要在这方面通过锻炼变得跟他一样），而这就构成了我们的敬重。（GMS 4：401）

法则的榜样使得法则变得直观。此外，理性的道德法则引起的敬重感为何能够战胜感性的爱好和冲动，这最终是无法先验地认识的，因为感性的爱好和冲动是经验性的，不同情感之间的力量对比也是经验性的。而我们意识到道德法则能够引起敬重这一点，最终是以普通人类理性为根据的，正如我们有摆脱种种障碍而习得和运用逻辑或数学运算的能力，这是我们通过普通人类理性在对经验性活动的观察进行反思而发现的。

第二，道德原则以纯粹理性为来源，是先天的纯粹法则。道德法则是具有普遍性的原则，要求每个理性存在者普遍地遵循。而所有基于经验对象表象引起的情感和欲求都具有偶然性，因而基于这些情感和欲求的原则都不可能具有真正的普遍性，不可能是道德法则，因此，这些感性的情感和欲求都不可能构成道德法则的基础。但普遍性却是理性的内在要求，因此，道德法则只可能以纯粹理性为来源。

我们已经说明，普通人类理性所认同的基本的道德原则是具有普遍性的原理（具体规则的最高根据），因而是道德法则。我们站在主体间的道德立场去要求某种行为，意味着我设想自己的要求有着充分的理由，而这些理由以及我的要求能够被各个主体普遍地认同。

　　所有基于经验对象表象的情感和欲求都不可能构成道德法则的基础。因为，不仅具有实际被经验的经验对象能够引起情感和欲求，而且在单纯观念中被设想的经验对象也能够引起情感和欲求。但是，基于不同人在不同时间中的感性状况（身体与环境状况），所有感性的爱好和冲动，所有经验对象表象所引起的情感和欲求，都具有个体内的可变性（都可能在时间中不断变化），和个体间的差异性（在不同个体间存在差异），因此，都具有经验的偶然性，因此，通过这些感性因素而建立起来的原则，其适用范围必定是有限的，而无法具有真正的普遍性。在此，康德并不否定"**客观的**实践法则"中可以包括经验性内容，但是他否定这种内容构成这种法则的根据（KpV 5：34）。康德认为，"要发展你的才能""要帮助他人"（即要促进他人的幸福）这两个原则都可以构成道德法则，而这些原则中包括自我的才能（完善性）和他人的幸福（GMS 4：423-424）。但他们之所以能够成为法则，并不是因为其中的感性的质料，而是因为它们所具有的普遍性形式，即因为它们能够被意愿为普遍的法则。这样，尽管以这些原则为根据的具体目的对象是经验性的，但是原则的最终根据是先验的，因而这些原则仍然具有普遍性。

　　根据本章第一节，独立于感性因素的纯粹理性必然设立道德法则来要求意志，普遍性是纯粹理性的必然要求。因此，纯粹理性是道德法则的唯一来源。因而基于先天的纯粹理性的道德法则就是纯粹的、先验的实践原则。

> 　　我们能够意识到纯粹的实践法则，正如同我们意识到纯粹的理论原理一样，是由于我们注意到理性用来给我们颁布它们的那种必然性，又注意到理性向我们指出的对一切经验性条件的剥离。一个纯粹意志的概念源于前者，正如一个纯粹知性的意识源于后者一样。（KpV 5：30）

要求普遍必然性的理性先天地颁布了道德法则，要求意志以这种法则作为规定根据，而由于经验性条件无法建立起普遍法则，因此，理性也拒斥所有的经验性因素作为准则的最高根据。要不是如此，就不可能有纯粹的、先天的实践法则，也不会有对道德法则的意识。（如果不是我们意识到我们应当遵循道德法则，我们也不会意识到我们要有纯粹意志，即纯粹实践理性，这一点我们将在下面进行讨论。）

　　第三，实践理性批判论证了道德法则能够独立地引起敬重的情感，它通过揭示道德法则独立引起敬重的根据（即这种敬重的纯粹来源）——先验的人格性理念，来进一步阐明，为什么只有（蕴含在理性或人格性之中的）道德法则，而不是任何其他的因素，才能够引起敬重，而且，只是道德法则的单纯形式，而不是任何法则的客体，才构成了敬重的根据。

敬重构成了我们的自律能力的主观条件。我们已论证，普通人类理性意识到，人应当遵循道德原则，而道德原则是具有普遍性的规则，因此，普通人类理性肯定，我们应当遵循道德法则，我们能够遵循道德法则。而情感性的动机对人的行为而言是必不可少的，因此，普通人类理性肯定，我们能够出于道德动机而行动。现在，对敬重的意识是道德法则所引起的情感和道德动机，因此，敬重构成了我们的自律能力的主观条件。我们对道德法则的规范性的意识之所以可能，也是由于普通人类理性注意到，理性对一切经验性条件的剥离，以及理性拒斥经验性因素作为意志的最高规定根据，这一点通过理性引起的敬重表现出来。

康德认为，对道德法则的敬重（作为道德动机）具有纯粹性，人们普遍地具有对道德法则的理性的认同和感性的敬重，道德法则具有客观的实践的实在性。在此，意志被激起的情感是明显而易分辨的，而敬重感作为道德动机是一种完全独特的情感，因而普通人类理性也能够有效地对道德法则和道德动机的纯粹性进行验证。即使普通人类理性也能意识到，我们能够出于对道德法则的敬重而行动，由于敬重感作为独特的情感与其他情感截然不同，而这种敬重又不会由于感性的爱好而产生，因此，当我们出于对道德法则的敬重而行动，就不会有任何感性的动机掺杂进来。敬重感是一种完全独特的情感，因而特别容易辨认。敬重感必然伴随道德法则的表象，"但现在，这是一种仅仅面向实践的情感，并且它只是按照法则的形式、而不是由于法则的任何一个客体而与法则的表象相联系的，因而它既不能算作快乐，也不能算作痛苦"（KpV 5：80）。对道德法则的敬重是人通过意志才得以可能的，"通过一个理性概念**自己造成的**（*selbstgewirktes*）情感"，它不是受对象刺激而被给予的情感，而是体现主动性的、实践的情感（GMS 4：401）。快乐和痛苦是基于经验对象对感官的刺激，但是道德法则作为理念通过其先天形式而引起敬重，所以这种敬重感与一般的快乐和痛苦都是不同的。普通人类理性可以有效地对行为动机的纯粹性进行验证。对法则的理性肯定和对法则的敬重情感这两种因素，能使普通人类理性明显地意识到，理性的规定根据和感性的规定根据是不同质的：一方面，我们的理性要求我们只根据具有普遍必然性的法则而行动，因而拒绝感性爱好的要求；另一方面，我们只会对人格性和道德法则产生敬重，而不会对出于感性的爱好产生敬重。通过普通人类理性，我们发现，理性的法则和敬重感也构成了道德行动的客观规定根据和主观规定根据（动机），使道德法则本身决定意志得以可能，我们能够仅仅出于道德法则而行动，而"一切有可能作为意志的规定根据混入我们的准则中来的经验性的东西"在此都被排除了（KpV 5：91-92）。

康德进一步解释了，道德法则引起情感的方式。他指出，道德法则通过拒斥感性爱好和冲动成为意志的规定根据，从而通过引起谦卑的情感，引起敬重的情感。

道德活动之所以能够从先验领域跨越到经验领域，重要的原因在于，理性拒绝任何感性因素成为意志的最高规定根据。理性通过道德法则对意志做出命令（在此是定言命令），要求它无条件地以道德法则为最高的规定根据，而感性爱好的偶然性要求不可能与这种不容例外的命令永远保持一致。因此，对于我们而言，道德法则本身就是要用来限制感性的，因而就是与感性发生关系的。因为，假如没有感性的障碍，道德法则对于我们而言就不会是命令，理性不必命令或强制意志服从道德法则，而将会必然地出于本性而遵循道德法则。那么，当我们的心灵内部发生了理性与感性的内在冲突，当感性不仅在抉意中被一般地限制，而且被拒绝成为准则的最高规定根据时，感性就会产生出某种否定性的、接近于痛苦的情感。当我们一方面出于理性而认同自律的最高价值，另一方面又意识到自身的与道德法则相冲突的感性冲动和有限的本性，我们就会对自身作一种否定，并产生出谦卑的情感来。

道德法则和敬重的关系是间接的，我们并不直接对法则有敬重感，"对于这种法则根本没有任何情感发生"（KpV 5：72）。敬重只是通过谦卑而间接成为可能的。因为，道德法则是理性的、排斥感性的，人对它并没有直接的爱好。"意志作为自由意志，因而并非仅仅是没有感性冲动参与的意志，而是甚至拒绝一切感性冲动并在一切爱好有可能违背这法则时中止这些爱好的意志，它是单纯由这法则来规定的。所以就这范围而言，道德法则作为动机的作用只是否定的。"（KpV 5：72）

道德法则通过谦卑感而使敬重得以可能。作为有感性的存在者，人都有感性的欲求（康德称之为爱好），其总和构成了自私。自私包含对自身超出一切之上地关爱的"自重"，和对自身感到称意（Wohlgefallens）的"自大"；道德法则不仅要求自重以自身为限制性条件，而且"完全消除自大"，除非我们遵循道德法则，否则我们甚至没有任何自我尊重的资格（KpV 5：73）。道德法则要求所有情感都不能成为最高行动原则的根据，当有感性的人把自己与道德法则比较的时候，就意识到自身的有限性，产生谦卑的情感，而自大就得以消除（KpV 5：87）。这种包含痛苦感的谦卑之所以会由道德法则产生，"因为一切爱好和任何感性的冲动都是建立在情感上的，而对情感（通过爱好所遭到的中止）的否定作用本身也是情感"，因此，"道德法则在损害我们一切偏好的同时，就必定会造成一种可以被称为痛苦的情感"（KpV 5：73）。当道德法则使人谦卑的时候，道德法则的相对地位也就提高了，因此，自我的谦卑在与道德法则的关系中也可以说是敬重，谦卑和敬重是一体两面的，"因此，这种情感（指谦卑——引者注]）也可以被称为对道德法则的一种敬重的情感"（KpV 5：75）。"由于它（指道德法则——引者注）甚至消除了自大，亦即使之谦卑，所以它是一个最可敬重的对象"（KpV 5：73）。

就目的性关系而言，敬重不应是遵循道德法则的目的，相反，促进自律的行动是敬重之所以具有道德价值的原因。而就存在的关系而言，道德法则才是道德行动的根本原因，敬重不是道德行动最终的规定根据与根本原因，而只是中介性原因。因而，道德法则之所以有力量决定我们的意志，还是由于它能够引起我们的敬重，通过这种中介性环节而规定行动的准则。"所以这种（冠以道德情感之名）的情感仅仅是由理性引起的。它并不用来评判行动，也根本不用来建立起客观的德性法则本身，而只是用作动机，以便使德性法则自身成为准则。"（KpV 5：76）动机是"存在者意志的主观规定根据"，即意志主观地据以行动的依据（KpV 5：72）。敬重的情感以理性的自我立法为条件，是"某种特别的，但并非先行于实践理性的立法，反倒是唯有借助这种立法，即作为一种强制而产生出来的感觉方式"（KpV 5：92）。

在此，道德法则之所以能够成为人的意志的规定根据，或纯粹理性之所以能够是实践的，是由于道德法则能够通过激起敬重感来决定意志，而非由于它以感性为依据，更不是由于它与情感无关。道德法则不仅仅是行为的客观的规定根据，"它也是该行为的主观的规定根据，因为它对主体的感性有影响，并产生一种对法则影响意志有促进作用的情感"（KpV 5：75）。他在下文指出这种情感就是对法则的敬重。关切与敬重具有一致性，人对道德法则的关心、关切以敬重的方式体现出来，敬重是人对道德法则的关切的具体化，对道德法则怀有关心或敬重的先天禀赋或能力被称为道德情感："对法则怀有这样一种关切（或对道德法则本身的敬重）的能力真正说来也就是道德情感。"（KpV 5：80）在《道德形而上学奠基》中，康德认为，行为的道德价值在于理性本身决定意志，然而，理性以"应当"的形式，要求人出于道德法则而行动，而道德法则要成为被意愿的，理性就必须能够引起某种道德的情感。"理性单独为之通过那个应当而对受感性刺激的理性存在者加以规范的东西，要成为被意愿的，无疑还需要理性的一种**引起**（*einzuflößen*）对履行义务的**愉快**或者满足的**情感**的能力，因而需要一种理性的原因性，来按照理性的原则规定感性"；但如果情感独立于道德法则作为动机，那将会导致他律；因而，这种应当"需要一种理性的原因性，来按照理性的原则规定感性"（GMS 4：460）。既然道德法则确实能够直接规定意志，这必定是由于道德法则本身就能引起人情感上的关切。"关切就是理性由之而成为实践的，即成为一个规定意志的原因的那种东西。"（GMS 4：460）根据《实践理性批判》，对道德法则的敬重同样是道德行为的动机。"这敬重也必须被看作活动的主观根据，即看作遵守这法则的动机，以及与这法则相符合的生活作风的准则的根据。"（KpV 5：79）

既然存在着对道德行动的感性障碍，对于根据道德法则的行动来说，作为行为动机的敬重的存在就是必要的。意志是按照某些规则的表象去行动的能力。如果人的理性确实属于本体层面的话，那么意志就体现了人的本体和现象层面的因果性关系，这样，理性（本体）能够通过规定人的意志而引起经验性行动，但意志又会受到感性（现象）的影响。因此，道德法则本身能够独立于感性因素而规定意志，这并不意味着在这种行动中我们没有或完全消除了感性的欲求，而是指存在这些欲求时意志不考虑它们，而仅仅根据道德法则行动。这也不意味着道德法则要一味排斥情感，而是要在确定根本行为原则时不考虑情感，从而为情感设定限制性条件。既然存在着这种感性的障碍，对于根据道德法则的行动来说，作为行为动机的敬重的存在就是必要的。

由于人的抉意并不自发与道德法则一致，而对道德法则的承认或认同往往"由于主观原因（病理学上的原因）对它的阻碍才没有在行动中表现出自己的作用"，因而"这就有一种通过什么而被推动得活动起来的需要，因为某种内部的阻碍是与这种活动相对抗的"（KpV 5：79）。可见对有限的理性者而言，情感性的道德动力是必要的，它作为先验的纯粹理性的经验结果，又使得纯粹理性能够规定行动；这是因为，它能够使得意志超越（但不可能完全消除）感性欲求。构成这种道德活动推动力量的动机就是"道德关切"，即敬重这种"道德情感"（KpV 5：80）。道德法则产生谦卑的情感，这种情感在某种意义上也是敬重，通过这种情感理性消除了它的阻力，而这种情感"对一个障碍的消除就等于对这因果性的一种肯定的促进"，因此，谦卑或敬重能够促进理性对意志的影响（KpV 5：75）。因此，敬重所起的道德作用主要是对感性障碍的消除，首先是否定性的作用。敬重感是我们可以先天认识的，因而才可以先天地说明道德法则的实在性。敬重是以先验的理性为根据的，因此，"这种情感是我们能完全先天地认识并看出其必然性的唯一情感"（KpV 5：73）。不过，敬重是否在各种情况下都能战胜感性的爱好和冲动，却不能先天地被认识。

没有独立于道德法则的（普遍的）形式的道德动机；道德关切或敬重也是以道德法则为根据的，所以道德法则是善良意志的充分规定根据。因为，没有独立于道德法则的道德动机，而普遍性形式（不是对象）才是一个法则成为法则的根据，道德法则的对象的总体是至善，意志的目的对象只是基于形式才能成为道德法则的对象。"只有当行动的准则的普遍有效性就是意志的一个充分的规定根据的时候，理性才对行动有一种直接的关切。只有这样一种关切才是纯粹的。"（GMS 4：460）如果理性不以道德法则作为前提，而以它作为导致感性对象、满足感性爱好的手段，这种爱好就构成了意志的规定根据，意志对道德法则的关切就只是间接的。

理性构成了道德行动的最终根据。没有任何独立于理性的道德动机，感性的敬重（作为道德动机）也是由理性引起的。理性的自我立法及（作为其结果的）道德法则引起了敬重，而敬重又是人的道德行为的必要动力。在敬重与自律的关系上，一方面，自我立法和道德法则在逻辑上优先于敬重，道德法则却不是敬重建立的；另一方面，敬重在逻辑上优先于我们出于道德法则而行为的能力，构成了服从道德法则的基本动力。通过拒绝一切爱好作为意志的最终根据而把法则看作绝对有效的，纯粹理性就确立了法则的尊严并引起敬重。但如果仅仅为了法则引起的敬重我们才遵循它，关切就成了法则的规范性根据，理性就成了感性的工具，就会摧毁道德的纯粹性和无条件性。在《道德形而上学奠基》中，康德强调，"只有一点是肯定的：法则之所以对我们具有效力，不是**因为它引起关切**"，相反，它引起关切，是因为它对我们有效，人必然能够和应当遵循法则（GMS 4：461）。当康德这样说的时候，他指的是一种目的性的关系，他要说的是，我们不应为了愉快而遵循法则，当我们道德地遵循道德法则时，我们不是为了产生某种愉快的情感或关切；而法则对我们有效，是由于它"从我们的真实自我中产生出来"，它体现了理性的必然要求。但在事实性关系中，关切是道德法则影响意志的中介性条件和力量。上述两种关系并不矛盾。

第四，康德指出，对人而言，只是人格性的这一纯粹理念构成了敬重感的来源；道德法则之所以能够引起敬重，是由于人格性的先验理念。因此，敬重作为道德动机是纯粹的，是人主动引起的，是人普遍具有的；出于对道德法则的敬重感而行动，这并不是他律，而是自律。只有当我们设想人具有崇高的人格性，我们才会对人和道德法则产生敬重。康德说："义务！你这崇高伟大的威名！"（KpV 5：86）为什么义务以道德法则为根据，这个法则并不以某种幸福诱惑人，也不以某种不幸来威胁人，这个法则绝不容许任何例外，但这个法则为何甚至能违背意志而为自己赢得普遍的敬重呢？什么东西赋予了自律以价值？敬重只能基于人格性的理念。

事实上，如果人要真正具有为行为负责的能力，真正具有道德的能力，人必须有先验自由。因为，假如人只是独立于感性的爱好，但并不独立于一切经验性因素，那么，人终究是被决定的，而不能自我决定，不能为自身行为负责，那么，人的价值并不比会比一个精密的自动机高多少。而且，具有先验自由的人固然能够任由自身受到感性的爱好和冲动的束缚，并主动地选择促进个人幸福的手段，但这时人其实是让自身被经验性因素所决定，不能够通过自我决定或普遍立法而具有最高的尊严，仍然无法引起我们真正的敬重。因此，只有当某个存在者被人设想为能够为行为负责并能够自律的时候，也就是仅当某个存在者被人设想为能够独立于一切经验性因素而自律的时候，我们才会在内心中对人产生敬重。人格性是一种先验自由，是独立于一切经验性因素并通过自我立法而自我决定的能力，人格性"就是摆脱了整个自然的机械作用的自由和独立，但它同时却被看作某个存在者的能力，这个存在者服从于自己特有的，也就是由他自己的理性给予的纯粹实践法则"（KpV 5：86-87）。因此，只有当我们设想人具有崇高的人格性，我们才会对人和道德法则产生敬重。由此也可以看出，道德法则之所以引起我们的敬重，是因为它作为（被设想为能动的）理性的内在要求，是人格性的体现和理性存在者自我决定的基本方式，它指明了人"更高使命"即（本体意义上的）自由，因而构成了最高的实践原理，并严正地对每个有限的人提出无条件的定言命令（KpV 5：88）。

人格性本身是作为本体所具有的禀赋或性状，是超出人的认识能力范围之外的，人格性概念只是作为一个被设想为实在的理念而存在。普通人类理性总是在实践中把个体看作具有为行动负责的能力的人格，而康德指出，其实这种设想本身蕴含了先验自由的理念，因为，只有当我们把个人看作能够独立于一切经验性因素而具有先验自由的时候，我们才有可能把行动看作可以归于个人本身的。（当然，康德只是断言，对于行动的可归性而言，人不被任何经验性因素所决定并自主行动的能力是必要的，这并不否定人的行为总会受到种种经验性条件的限制并只具有有限的自由空间。）由于我们只是对被设想为能够独立于一切经验性因素而自律的理性存在者才会产生敬重，我们就只是对具有在人格性的理念的理性存在者产生敬重，因此，对人而言，只是人格性的单纯理念构成了敬重感的来源。

人格性概念作为指向本体界的自由理念，无法为准则提供任何的具体的质料，但人格性构成了每个人的尊严的根据，据此，理性要求人以每个人的人格性为目的，要求准则具有普遍的形式，能够被每个理性存在者的理性所认同，能够对每个理性存在者都有效。因此，基于人格性的对道德法则的敬重，只是对道德法则的普遍形式的敬重，而不是对法则的对象（以法则形式为根据的目的客体）的敬重。这种敬重是具有先验来源的纯粹的敬重，因而普遍地为人所具有，并构成了普遍的自律能力的条件。

总之，道德法则和对道德法则的敬重（道德动机）都有着先天的来源，都具有纯粹性，因此，它们能够具有普遍性，由此，道德法则具有客观的实践的实在性。

由此也可以看出，人格性理念通过道德法则的理念而影响行动，因而，这个理念也具有客观的实践的实在性。在道德法则和人格性之间，并不存在循环论证。道德法则是自由的认识理由，而自由是道德法则的存在理由。人格性理念就是与意志相联系的先验自由理念。通过追溯我们对道德法则的意识，我们发现这种意识源于对人格性的意识，即源于先验的人格性的理念。由此，我们对道德法则的意识是纯粹的，道德法则对于人有普遍有效性；普通人类理性意识到，道德法则有实践上的实在性，现在，它被验证为具有客观的实践的实在性。人格性理念作为道德意识的最终来源，通过道德法则的理念而影响行动，因而，这个理念也具有客观的实践的实在性。

二、《实践理性批判》对道德法则的规范性之论证过程

根据本章第一节，只要我们能够遵循道德法则，我们就应当遵循道

德法则，而根据第二节，我们确实能够遵循道德法则，这样，我们就确实应当遵循道德法则。由此，道德法则在实践上的客观实在性是可以证明的，并且已被证明。康德说，

> 但纯粹理性不掺杂任何一种经验性的规定根据，而自身单独也是实践的，这一点我们却必定可以从最日常的实践理性运用（dem gemeinsten praktischen Vernunftgebrauche）中做出阐明……我们首先必须把这条原理①按照其起源的纯粹性甚至在这个日常理性的判断中加以验证和辩护，然后科学才能够把这条原理把握在手，以便对它加以运用……这些（经验性的和理性的）规定根据的不同质性，通过一个实践上立法的理性对一切混合的爱好的抗拒，通过某种特别的但并非先行于实践理性的立法，反倒唯有借助这种立法，即作为一种强制而产生出来的感觉方式，也就是通过某种敬重的情感……而得到这样的辨认、变得这样突出和显著。

以至于任何人、哪怕只有最日常的人类知性的人，都会感到"永远不能指望他除了遵从纯粹实践理性法则外还遵从别的法则"（KpV 5：91-92）。这是对上文所阐明的康德对道德法则的论证思路的一个总结，说明理性在原则决定中对感性的拒绝和对法则的敬重是这两个论证中的基本要素。康德由此说明，纯粹理性也是实践的，就是说明我们独立于感性而根据道德法则行动的能力，因此就是要说明道德法则的实在性。

道德法则本身就是在经验领域中起作用的原因，它通过这种体现在经验世界的**现实性**，而具有了实践上的实在性。

> 道德法则由于本身是作为自由这种纯粹理性原因性的演绎原则而提出来的，它的这种信用状[Kreditiv]就足以代替一切先天的辩护理由来补偿理论理性的某种需要……这是由于，道德法则以下述方式对[自己的]实在性做出了即使思辨理性批判也会感到满意的证明，即它在一个曾经只是被消极地设想的、思辨理性批判无法理解，但不得不假定其可能性的原因性之上，加上了积极的规定，即一个直接地（通过意志准则的某种普遍合法则形式这个条件）规定着意志的理性的概念，这就第一次有能力做到赋予那在想要思辨地行事时总

---

① 指至上的实践原理。——引者注

是用自己的理念夸大其词的理性虽然只是实践上的实在性，而把理性的**超越的**运用转变成**内在的**运用［即通过理念而本身就是在经验领域中起作用的原因（wirkende Ursache）］。（KpV 5：48）①

道德法则理念首先通过对自由概念的积极规定，其次通过理念对经验领域的作用，而确立了自身的实践的实在性，从而使"纯粹实践理性获得了这种实在性"，使得理性超越的运用转变成内在的运用（KpV 5：136，另参见本书第一章第一节第一小节）。然而，理性及其理念能够决定经验领域中的行为，这并不能说明，理性就构成了人的本体层面，并具有先验自由的属性，在本体界按照道德法则而存在。毕竟，有可能有其他的经验性原因（如大脑的物理运动或先前的理性活动状态）规定了理性的活动。我们只是可以如此设想，并根据这种设想来规范我们的行动而已。确实，我们的实践是具有实在性的，而实践的实在性包含了经验的实在性；我们的实践涵盖了经验的维度，包含了经验活动、对先天的经验形式的运用。假如我们整个的实践过程都是虚幻的话，那么我们的经验现象也就是虚幻的，我们就没有任何依据可以确立经验世界的实在性，这样经验世界也就必然是虚幻的。我们的实践活动所具有的实在性无法被限制在现象领域，因为构成实践活动的原因环节可能是属于本体层面的，而且在某种意义上确实是属于本体层面的。

纯粹理念的实践的实在性是基于它能够对**经验因素**发生影响。根据上述引文，正因为其理念是在经验领域中起作用的原因，纯粹实践理性

---

① 博加劳斯基认为，康德是指"道德法则以下述方式对于自由的实在性做出了即使思辨理性批判也会感到满意的证明"，而非道德法则对自身的实在性做出了证明，其中的"seine Realität"应该改为"ihr Realität"（即把阳性或中性代词改为阴性代词），从而指"自由的实在性"；因为，道德法则是理性的事实，无须证明，而这段话的意思是，道德法则是自由的演绎原则，它通过填补自由的原因性的空的位置，而证明了自由的实在性（Bojanowski, Jochen, *Kants Theorie der Freiheit. Rekonstruktion und Rehabilitierung*, Berlin, Walter de Gruyter, 2006, S. 80.）。我们认为，不应当对康德原文那样的更改，康德在这里是指道德法则的实在性得到了证明。首先，康德认为道德法则不需要论证，并不意味着它不可论证，它的实践的实在性可以被论证。与此类似，康德认为，自由、上帝、灵魂不朽、至善等理念的理论的实在性无法证明，但它们的实践的实在性都得到确证。如上所述，康德还断言，"道德法则首先自己得到证明并作为意志的直接规定根据得到辩护"。其次，道德法则通过规定自由的原因性概念，成为经验领域中的行为的原因，由此具有了实践的实在性，从而也证明了自由的实在性，这种论证并非循环论证，也不与道德法则构成自由的实在性根据相矛盾。最后，如果道德法则（作为自由的认识理由）没有被论证，那么，康德哲学就会陷入独断论。另外，Mary J. Gregor、Werner S. Pluhar（2002），以及邓晓芒、李秋零和韩水法三位教授的翻译都没有采取博加劳斯基的译法。

才具有了实践的实在性(参见本书第一章第二节)。在《道德形而上学奠基》中,康德说,"我们确实发现",我们对自身的人格和道德法则有独立于感性欲求的关切(GMS 4∶450)。但关切有一个基本条件,就是"平时习惯于运用理性",因而"理性在他那里无障碍地是实践的",而能够独立于外在权威或自身感性的束缚(GMS 4∶449,455)。由此,约翰·史密斯指出,"他最终借助的法庭总是在运用于实践的理性,它构成了道德原则的来源。"①这种观点是有道理的,这与康德在《纯粹理性批判》中方法论的观点相一致,据此理性要通过训练,以理性作为最高法庭,凭借对他物和自身进行公共性批判,来达到普遍、合理的认识(KrV A738/B766)。因此,出于这种实在性,我们可以在哲学中甚至在普通人类理性中对道德法则进行辩护(KpV 5∶91)。与此相关,康德在《实践理性批判》中曾举出这样的例子:一个沉溺于欲望的人如果发现享受一次逸乐之后会被吊死,他就会意识到应当放弃这次享受,并会放弃这次享受;而一个可能为自保而作伪证的人能够意识到他毕竟是**可以**选择舍生取义的行为的,尽管他可能不**愿意**如此行为。在《道德形而上学奠基》中康德已指出,"普通人类理性的实践应用证实了这一演绎②的正确性"(GMS 4∶454)。只要平时习惯于运用理性,哪怕是最坏的恶棍在道德的榜样面前,也会希望自己能有道德的意向。尽管他没能为此摆脱爱好和冲动,他毕竟希望摆脱它们。他于是"意识到一个善良意志",这个善良意志对他的恶的意志也构成了法则,"他通过冒犯这一法则而认识到了这一法则的权威",认识到它对我们确实有"约束力"(GMS 4∶454,450)。在以上几个极端的例子中道德法则仍然有其运用,这有助于表明,道德法则的现实影响是普遍的,它具有实践上的现实性。

对此,需要说明的是,道德法则没有理论的实在性,与它具有实践的实在性,这两者不相矛盾;而且,道德法则在理论上无法证明,恰恰构成了这种道德法则观念富有说服力的地方。康德诚然指出,道德法则**理论上的客观实在性**确实是不可证明的。但这里康德说道德法则作为理性的事实,其客观实在性是不可证明的,只是指其理论的客观实在性是不可证明的,并不是指道德法则**实践上的客观实在性**是不可证明的,也并不是说它的内容是不可阐明的。

---

① John E. Smith, Kant, Paton and Beck, *The Review of Metaphysics*, Vol. 3, No. 2 (Dec., 1949), p. 234.

② 指对定言命令的演绎。——引者注

　　　　道德法则的客观实在性就不能由任何演绎，任何理论的、思辨
　　的和得到经验性支持的理性努力来证明，因而即使人们想要放弃这
　　种无可置疑的确定性，也不能由经验来证实并这样来后天地得到证
　　明，但这种实在性却仍是确凿无疑的。（KpV 5：47）

　　在《道德形而上学奠基》的最后康德也告诉我们，"这样，我们固然不
理解道德命令的实践的无条件的必然性，但我们毕竟理解这命令的**不可
理解性**(*Unbegreiflichkeit*)，这就是对一门力求在原则中达到人类理性的
界限的哲学所能公正地要求的一切"(GMS 4：463)。然而根据自由和必
然的相容性，他也毕竟指出对道德法则的这种意识理论上的可容许性，
"至于对道德法则的这种意识，或者换句话说，对自由的意识，是如何可
能的，这是不能进一步解释的，不过它们的可容许性倒是完全可以在理
论的批判中得到辩护"(KpV 5：46)。对自由，人们不能解释而只能辩
护，道德法则也由此得到了辩护(GMS 4：459)。当然，康德断言，道德
法则"本身不需要任何辩护理由"，但这并不意味着我们根本不能为其提
供辩护理由(KpV 5：47)。

　　关于先验自由的实在性，笔者认为，这种实在性并非这样一种强意
义上的实在性：我们的理性必然能够独立于感性而决定意志，对此我们
具有认识意义上的知识。实际上，正如思辨哲学所表明的那样，我们不
能真正认识意志对自然的独立性，我们其实也无法认识意志对于感性的
独立性，这两种独立性都只有实践的意义，即我们必然有对自由的观念
的信念，而这种信念必然影响我们的实践行动。

　　对于康德的这种观念，笔者试图提供这样一种辩护：即使我们天生
不能具有善良的意志，而只能具有趋向善良意志的意志，那么，后一种
意志仍然是具有内在价值的。而假如我们甚至没有具有趋向善良意志的
意志，那么，我们仍然有权利设想自身为自由的，因为，我们自以为自
由，这毕竟不会错过任何我们本能实现的内在价值。

　　首先，假如我们否定这一点：人尽管可能本质上是自私的，但毕竟
在一定范围之内有趋向自律的能力，换言之，假如我们认为人完全是被
决定的，那么人就完全没有自我负责的能力，人的一切活动在根本上是
无意义的，没有内在价值的，这样，一切关于价值和规范性的思考都是
多余的。然而，这时我们自以为自由，这毕竟不会错过任何我们本可以
主动实现的价值，因为根本没有可以主动实现的任何价值。

　　其次，只要我们在一定的范围内有自我决定的自由，那么那些向着

人的尊严而做出的努力本身同样是具有内在价值的。一方面，也许我们的意志最终无法摆脱感性欲求的束缚，而所有人根本上说都是自私的；也许如尼采、弗洛伊德或马克思所说，我们的生命最终是受到强力意志、潜意识本能或阶级社会中的阶级利益所决定的。另一方面，对于康德来说，具有内在价值的东西，只能是我们能够负责的因素；我们不能负责的因素是不能使我们获得或失去内在价值的。因而如果由于不可控制的原因，我们天生从总体上说是自私的，那么这种自私性是我们不能为之负责的，因而也不必受到指责的。也许最终我们的理性的认同和道德的敬重感无法使我们独立于感性而行动，从而无法做出哪怕一个道德行为。但是那些促使自身出于道德法则而行动的主动努力，即使最终全部都失败了，仍然是具有内在价值的。如果人面对这种最终无法超越的障碍，做出摆脱这种自私性的努力，这种活动与那些感性束缚较少的存在者的活动相比，甚至可以更加充分地体现自主性的力量，具有更高的内在价值。当然，这里有一个前提，就是这种自私性本性并不是个体人为造成的。例如，有一个天性没有同情心的商人，在以盈利为主要的目的的同时，也想帮助他人，他在一次销售中努力克制自己的私欲而少收了顾客一些钱，而另一个天生富有同情心的商人出于天生的同情心，不假思索、自然而然地做了同样的行为，那么前一个行为更具有道德价值；因为道德基于意志的能动性。可能有些天性自私的人虽然总是充满道德的信念，坚信自己应当道德，但内心深处的潜意识是自私的，是虚荣的，最终是以自己的完善性或名誉为目的的，然而他却没有意识到这些他背后的东西；在这种情况下，他仍然按照自己的道德信念去努力行动，意愿自己的准则能成为普遍的法则，那么，在实践的意义上，他仍然是在做道德的行动。这也是因为，我们毕竟无法认识一个人是不是完全被动的、被决定的，而他能动地使自身摆脱感性的束缚而趋向意志的纯粹性，这毕竟是可能的。然而这由于涉及自由的理论的实在性问题，超出了实践理性考虑的范围。在实践中我们只是考虑人是否出于道德法则的表象而行动，只要如此，那么他就是道德的，只要人能如此行动，道德法则理念就具有实践的实在性。

尽管道德法则也能被日常理性所验证，但它绝不以感性为基础，而是由人内在的理性所必然建构的，是基于理性的追求无条件性的本性。"但这条原理不需要作任何寻求和发明；它早就存在于一切人的理性中且被吸纳进他们的本质，它就是德性的原理。"(KpV 5：105)

关于这一点，帕通认为，尽管康德在《纯粹理性批判》中反对哲学家求助于自明的观念，他的实践哲学立场却需要通过自明的洞见（self-evi-dent insight）来论证道德的最高原则，因此《道德形而上学奠基》的论证是失败的演绎。[1]

关于理性的事实，约翰·史密斯批评说，"这里的回答取决于康德借助普通道德意识是否意味着任何关于自明性的断言，因为如上所述，我相信康德总是借助这种意识来说明他的道德哲学的合理性。"[2]我以为，一方面，康德确实认为道德法则是不需要论证的，它作为先天综合判断强加给我们，所以它在一定意义上是自明的；另一方面，康德曾对定言命令的内容及其实在性进行论证，自明的并不意味着是不可证明的，而通过对其存在理由的追溯，我们发现了定言命令在理性中的纯粹来源，合理性根据就明确了。因此，两人的观点都有一定的合理性，但他们都没有深入康德思想的真正主题。

三、自由理念的实践的实在性

我们能够遵循道德法则，意味着自由的理念具有实践的实在性。假如人把自身看作根本没有先验自由的，不能独立于一切外在的、经验的因素，那么他就把自身仅仅看作被决定的，看作自然因果序列中的一个事物。对于这个没有自我负责能力的存在者，就没有应当遵循的道德法则可言了，更谈不上对道德法则的敬重。

也正是对自由的本体人格及其更高使命的崇高性的意识，使得道德法则唤起关切或敬重成为可能。如上文所说，义务的来源在于人格，它体现了人在理知世界层面的存在，体现了人的崇高性与尊严，因而，人作为属于两个世界的人，不能不带有崇敬地在与他最高的使命的关系中看待自己的本质和体现这个使命的法则（KpV 5：86-87）。"纯粹实践理性的真正动机就是这样的情况；它无非是纯粹道德法则本身，只要这法则让我们发觉我们自己的超感性实存的崇高性，并主观上……引起了对于自己更高使命的敬重。"（KpV 5：88）

关于尊严作为道德关切的根据，康德在《道德形而上学奠基》中已经揭示出来。如果我们不把自身设想为属于知性世界的、具有尊严的，我们就无法通过敬重来摆脱感性欲求的影响，就无法把纯粹理性本身看作

---

① Herbert Paton, *An Examination of the Categorical Imperative: A Study in Kant's Moral Philosophy*, Chicago, University of Chicago Press, 1948, pp. 244-245.

② John E. Smith, *Kant, Paton and Beck*, *The Review of Metaphysics*, Vol. 3, No. 2 (Dec., 1949), p. 238.

是实践的。"因此，一个知性世界的概念只是一个**立场**（*Standpunkt*），理性发现自己被迫在现象之外采取这一立场，**以便把自己思考为实践的**，而如果感性对人的影响是决定性的，这就会是不可能的了。"（GMS 4：458）

这种行动方式的价值"应当是如此巨大，以至于任何地方都不可能有什么更高的利益"，"人们仅仅通过这些就相信他感到了他人格的价值（seinen persönlichen Wert），与这价值相比，某种快适或不快适状态的价值似乎都变得无足挂齿了"（GMS 4：449-450）。本体人格的尊严能够引起我们的敬重，进而使人希望把知性世界实现于感官世界，形成目的王国，即由作为自在目的的理性存在者组成的、通过普遍服从道德法则而达到普遍幸福的理想国度。于是我们也能够对目的王国的美好理想产生"一种对道德法则的活生生的关切"（GMS 4：462-463）。

由此可见，先验自由理念具有实践上的必要性和实在性。由于先验自由理念是对道德法则和道德法则的关切的存在的条件，所以我们意识到先验自由理念能够构成形式性的法则并引起敬重，在实践中规定人的意志，影响人们现实的行动，这个理念仅在这种意义上具有**实践上的实在性**。当康德说先验自由具有实践的实在性，只是意味着人在现实的实践中运用了先验自由的理念，因而这个理念具有了一种现实的影响，从而具有了有限意义上的现实性。而这并不排除我们按照自由理念行动本身有可能是被自然所决定的。

> 但现在，一个经验性上无条件的原因性的概念在理论上虽然是空洞的（没有适合于它的直观），却仍然还是可能的，并且是与某个不确定的客体有关的，但代替这客体被提供给这概念的却是在道德法则上，因而在实践的关系中的意义，所以我虽然并没有任何规定这概念之客观理论实在性的直观，但这概念依然有可以在诸意向和准则中有 in concreto［具体地］表现出来的现实应用，也就是有能够被指明的实践的实在性；而这对于这概念甚至在本体方面的合法权利来说也就足够了。（KpV 5：56）

先验自由具有实践的实在性，就意味着说**实践自由**也就具有实在性。因为我们具有实践自由意味着我们能够独立于感性欲求，而在意志中以道德法则作为自身的规定根据，而这无非意味着先验自由能够规定人的意志，具有实践的实在性。但是如果我们能独立于感性欲求，又能在意志中把道德法则看作自身的规定根据，那我们也**必然**把自身**看作**有先验自由的。

　　人有实践自由，也就意味着人有**纯粹实践理性**，因为纯粹实践理性就是理性独立于感性因素而规定意志的能力。这都是基于先验自由的理念确实能够引起对道德法则的关切，我们能够仅仅出于理性的道德法则而行动。纯粹实践理性具有客观实在性，也是由于"这个理想的纯粹理性"只涉及实践问题，它只是意味着，理性设立的法则"直接就是意志的规定根据"（KpV 5：72）。这并不否定人可能没有先验自由而被自然所决定。对于意志的规定而言，事情只取决于主体的意愿；因此，如果人能够在主体的意愿中单纯出于道德法则的理念而行动，他就具有纯粹实践理性，即使道德的意愿背后也有可能是未被意识到的自然原因。"因为理性在这里至少能够获得意志规定，并且在事情只取决于意愿时，总是具有客观实在性的。"（KpV 5：12）因为道德只涉及我们自身能够决定的事情，"行动的一切德性价值的本质取决于道德法则直接规定意志"（KpV 5：71）。

　　《纯粹理性批判》与《实践理性批判》及《实践理性批判》以后的康德著作的论证思路是基本一致的。在《纯粹理性批判》中，康德就开始首先用道德法则来说明自由，而不是首先通过自由来说明道德法则。这种思路并不是在《实践理性批判》中才出现的。他首先指出，道德法则的有效性是每个人都会承认的，只有他清楚地运用理性对其进行思考：

> 　　我认为实际上是有纯粹的道德法则的……而且我认为这些规律绝对地……发出命令，因而在任何方面都是必然的。我有权假定这一命题，这并不只是因为我援引了那些最明察秋毫的道德学家们的证据，而且是因为我依据的是每一个人的道德判断，如果他愿意清楚地思考这样一条规律的话。（KrV A807/B835）

因而，这种规律就是理性的事实，是健全的理性所不能否认的，它们构成了自由的认识理由。他根据"应当意味着能够"的原则来说明我们的自由，"因为，既然理性命令这些行动应该发生，那么这些行动也必定能够发生"，而要求那些不可能的行动，是不理性的；理性的道德原则"能产生自由的行动"，尽管它不能产生自然的法则。这里自由行动的能力，或者按照道德原则行动的能力，就是实践自由。道德原则能够引起自由的行动，"因此纯粹理性的这些原则在其实践的尤其是道德的运用中具有客观实在性"，而这也意味着自由理念具有实践的客观实在性（KrV A807-

808/A835-836)。后期的《判断力批判》和《道德形而上学》中的论证路线与此一致，在此不再赘述。

有许多研究者基于理性的事实而对康德的论证进行重构，但由于理性的事实是一个很强的预设，因此，这些重构的意义是有限的。

奥诺夫综合了阿利森和科斯戈尔德的重构中的优点，并做出了一定的修正，做了一个更有说服力的论证。他合理地认为，由于人受到感性的冲动的干扰，所以除了说明我们对道德法则的理性肯定之外，我们还必须先说明我们有某种道德的动机（incentive），这种动机能够使我们独立于感性的冲动，出于道德法则而行动。这一点是阿利森所忽视的。他通过人在理知世界中的成员身份和更高使命来说明这种动机的可能性。

奥诺夫说，他的论证，

> ……可以被总结为以下对从理性的事实而来的证据的合成性（hybrid）重构：
>
> (1)这个事实是一个理性的事实，因为道德法则只能有理性的根源。
>
> (2)因为行动者把道德法则看作规范着他的意志的，他在其中有着一种纯粹的关切。
>
> (3)这样一种关切的出现以这一点为前提：道德法则作为在纯粹的积极自由实践上的根据，是一种可能的动机。
>
> (4)消极自由通过观察到这一点而得到了证明：作为约束的对道德法则的意识以个人对自然因果性的独立性的意识为前提。
>
> (4")根据(3)和(4)，我们必须在实践上把我们自己看作先验的自由的（积极自由）。
>
> (5")根据(4")，我们必须把自身看作有着一个理知的维度，并假定作为有着这一维度的存在者的共同目的的至善，这一点说明了我们比服从爱好更高的使命。
>
> (6")根据(5")，我们有出于义务而行动的动机。
>
> (7)可互换性论题（The Reciprocity Thesis）对行动者有效，这以至善是理性的目的为前提：道德法则的充分性（sufficiency）是(6")的一个结果，而以道德性要求先验的自由的行动者，这是一个对终极的正当性证明（a final justification）的需要的后果。

(8)根据(4")和(7)，我们有必要根据这种动机而行动。①

奥诺夫在其对康德伦理学奠基的重构中，把作为"理性的事实"的对道德法则的意识作为论证自由和道德法则的前提，而在第六步才引出道德动机。

但是，如上所述，道德动机能否战胜经验性的爱好和冲动，这是一个经验性的问题，是不能先验地认识的，对此问题的回答，依赖于人格性禀赋和先天的感性爱好之间的力量对比，依赖于"人性的脆弱"的程度(Religion 6：29)。② 所以，奥诺夫试图通过理知世界的成员身份和人的更高使命，来说明人不仅仅有一种可能的道德动机，而且有一种"情境化的"现实的道德动机，这是不可行的。

然而，第六步的断言已经直接地蕴含在对道德法则的意识这个基本前提之中了。因为，既然我们认为自己应当出于道德法则而行动，那么，我们当然意识到，我们能够拥有充分的道德动机来引起行为，否则，我们怎么会认为，在一切的经验事件中，我们都应当无条件地、绝对地遵循道德法则呢？问题在于，这种动机是否普遍地为人所具有，从而能够普遍地引起行为。

对道德法则的意识意味着对道德法则的规范性的认同，它构成理性的事实，就是说，我们确信我们应当遵循道德法则，这一点是确定无疑的事实；这个事实蕴含了我们确信我们能够遵循道德法则。然而，如果在我们能否具有必要的道德动机上有疑问，我们怎么会相信对道德法则的意识是一个"不可否认的""作为先天综合判断强加给我们的""不需要任何演绎"的事实呢(KpV 5：31-32)？在对道德法则的意识中，我们已经明显地发现，理性对一切感性条件的有力拒斥，而不是没有考虑到人基于感性的有限性：

> 前面提到的这个事实是不可否认的。只要我们能分析一下人们对他们行动的合法性所作的判断：那么我们任何时候都会发现，不论爱好在这中间会说些什么，他们的理性却仍然坚定不移地、自我强制地总是在一个行动中把意志的准则保持在纯粹意志，即保持在它自己的方向上，因为它把自己看作先天实践的(KpV 5：32)。

---

① Christian Onof, "Reconstructing the Grounding of Kant's Ethics: a Critical Assessment", *Kant-Studien*, 2009 (4), p. 512.
② 参见本章第一节。

　　当然，笔者的论证说明，我们在实践上有必要假设一种出于道德法则而行动的能力，但这不同于（作为理性的事实的）对道德法则的意识，后者意味着每个人都确信道德法则具有普遍的有效性。实践性的假定或悬设只是出于实践的意图的主观的"认其为真"，对某物的假设并不排除对某物理论的实在性的怀疑。

　　而且，一开始就设定理性的事实无论是道德法则还是对道德法则的意识，都是一种比较强的预设，因而该解释很难说服众多的康德的反对者，并让采取其他立场的人们能够接受。

　　另外，奥诺夫和阿利森等一样，未能指出康德为自由和道德法则辩护的关键一步，在于说明这两个理念通过现实地引起与它们相一致的行动，而具有实践的实在性。

　　总而言之，康德在《实践理性批判》中的论证理路是，首先论证道德法则的实践的实在性，进而论证自由实践的实在性。道德法则的实在性并不以自由为认识理由或论证时的根据。康德指出，实践理性批判必须从道德法则开始，进而论证自由的实在性（参见本章第二节）。根据上述引文（KpV 5：91-92），理性在原则决定中对感性的拒绝和对法则的敬重，就已说明道德法则实践的实在性，可见这种实在性并不需要以自由为认识理由或论证的根据。而自由只是道德法则的存在理由，自由的优先性是在另外一种意义上的。因此，《实践理性批判》的演绎遵循从道德法则到自由的思路。

第六章　康德对至善、上帝与灵魂不朽理念的实在性的论证

康德认为，**至善**的理念能普遍合理地影响现实的实践，因此，这个概念连同**上帝和不朽**的理念，"都被赋予了实在性"（KpV 5：139）。没有至善的希望，道德就难以持久；而假定灵魂不朽能带来无限趋近神圣性和拥有永福的希望，假定上帝存在使人相信德福的一致。

第一节　康德对至善理念的实在性的论证

在康德哲学中，至善概念原初的含义是纯粹实践理性之对象的无条件的总体，其派生的具体内涵是道德和与之一致的幸福相结合的整体。在更具体的层次上，宗教的至善和尘世的至善这两种至善概念贯穿在整个康德思想中，都是富有实践意义的理念。至善的理念作为一种实践的理想，为道德行为提供了指导；作为一种信念至善能够促进道德意向，对持久的道德生活起必要的作用。

至善作为纯粹意志的无条件的全部对象是康德体系中一个重要的节点与理论张力的体现，这一概念贯穿康德一生的思考与写作的重要论题，也是近几十年在国际学界中备受关注且富有争议性的议题。前期的西尔伯指出，促进至善而不是获得至善才是我们的义务，从而认为至善是一个有实践意义的理念。而后期的西尔伯，以及贝克、奥斯特、里斯等学者，都认为，尘世的至善概念，而不是宗教的至善理想，才真正具有实践意义。本章通过对诸至善概念的梳理及其根据与作用的分析，与西方一些研究者进行了商榷，并相应提出自己的看法：至善（包括宗教的至善）的确为道德行为提供了指导，它能够促进人的道德意向，因而两个至善概念都是富有实践意义的理念，都通过影响经验世界的行动而具有实践的实在性。

一、诸至善概念的含义及其根据

在这一节中，笔者试图阐明不同层次的至善概念的含义，并对不同含义的至善的根据进行解释，进而指出两者的必要性和内在联系。

第一，至善（summum bonum）原初的定义是"纯粹实践理性之对象的无条件的总体"，是实践理性的"理念"（KpV 5：108）。至善是"一个纯粹实践理性，亦即一个纯粹意志的全部**客体**""意志的先天必然的客体"，作为纯粹意志的质料，它是与"形式上的"道德法则相对的（KpV 5：140）。

纯粹意志之所以有一个无条件的对象总体，是由于实践理性追求无条件者的本性。康德认为，纯粹理性的本性是追求无条件者，而理念是关于无条件者的最高的"纯粹理性概念"。纯粹实践理性同样要为实践上的有条件者寻找无条件者，即寻求"纯粹实践理性对象的无条件总体"，其名为"至善"（KpV 5：108）。

第二，至善更具体的内涵，是指完满的善，是道德和与之一致的幸福相结合的整体。里斯指出，关于至善，康德"在文中有两个层面的描述"，即"一般性的描述"和"更加具体的描述"，并认为，道德法则已经给至善提供了德福一致的要求，"至善是通过把不同类型的目的系统化而形成，但它们只是像道德法则所建构的那样"①。至善之所以有这一具体内涵，是因为纯粹理性通过实践的和理论的运用而寻求无条件者，并将德性和幸福协调地结合起来，从而形成这一最高理念。尽管道德是无条件的、至上的善，但单纯的道德和幸福一样都不是完满的善，而需要幸福，也配得上幸福，但却没有分享幸福，这是不合理的，这与无偏见的理性的要求不能共存；因此，德性体系和幸福体系就是不可分地结合着的。

第三，在更加具体的一个层次上，康德认为有两种至善：宗教的至善和尘世的至善。宗教的至善是在宗教意义的来世中达到的配得幸福与幸福的善的统一整体，或来世这一"最好的世界"（KpV 5：126），其中意志能在进向无限的进程中达到神圣性。宗教的至善有原始的至善即上帝（康德相对较少用"至善"来指上帝），和派生的至善即被悬设的来世、最好的世界，一个道德的世界是一个有着道德与幸福的必然联结的世界。这个"道德的世界"也就是来世，其中的至善是宗教性的，而不是世俗性的。因为"道德的世界"是抽象的"理知世界"，"其中抽象掉了里面的一切条件甚至道德的一切障碍（人类本性的软弱与邪僻）"，因而仅仅是一种"理想"，并且，而我们"必须假定那个世界就是一个对我们来说未来的世界"（KrV A808/B836）。因此，宗教的至善更具体的含义就是来世的至善。

---

① Andrews Reath, "Two Conceptions of the Highest Good", *Journal of the History of Philosophy*, 1988, Vol. 26, pp. 598-600.

《判断力批判》中，康德指出尘世的至善是"有理性的存在者的某种与遵守道德法则和谐契合的幸福"（KU 5：450）。在《纯然理性界限内的宗教》中，尘世的至善更具体地是指在"伦理共同体"中实现的"作为共同的善的一种至善"，在这个"遵循德性法则的普遍共和国"中，"每一个人的自由与其他每一个人的自由按照一个普遍的法则共存"（Religion 6：98）。这种观念在上述的《纯粹理性批判》中理性存在者的"神秘体"概念中已有体现。

第四，至善不仅是人应当追求的理念，而且它的实现应当成为人确信的信念，而这在康德哲学中是有根据的。至善作为一种道德信念，"它依据的是（道德意向的）主观根据"，是一种"确信"或"置信"，而不是基于认识上的客观根据（KrV A829/B857）。对自己属于至善现实的道德世界的信念只是基于上述的理性要求而设定，而且，这种设定也不能为经验所否认。此外，至善的理念在现实的实践中发挥其合乎理性的作用就具有了实践的实在性。"纯粹理性作为实践的能力，亦即作为使我们的原因性的自由运用通过理念（纯粹的理性概念）而得到规定的能力……"（KU 5：453）

第五，这两种至善概念贯穿在整个康德思想中，认为康德后期逐渐忽视宗教的至善（像奥斯特和里斯等那样），这并没有充分的根据。奥斯特认为，"前者（尘世的至善）主要出现在第二批判的分析论，后者（宗教的至善）主要出现在辩证论"①。但是，在第二批判的分析论中，奥斯特所看重的作为"摹本的世界"的尘世至善只出现了一次，而且其中同时论述了原型的世界和摹本的世界，原型的世界实际上就是来世，对应于宗教的至善。事实上，从《纯粹理性批判》《实践理性批判》，到《纯然理性界限内的宗教》，两种至善都是作为对应的概念而共同被论述的，有着紧密的联系；后期对也有不少对宗教的至善的讨论，并有比较重要的意义。《纯然理性界限内的宗教》中，康德指出有"不可见的教会"和"可见的教会"，宗教的至善体现在其中的"不可见的教会"，对应于第一批判的"道德的世界"或第二批判的"原型的世界"，它是"上帝的直接的，但却是道德的世界的统治之下联合体的纯粹理念，这种世界统治却是每一种由人所建立的世界统治的原型"；康德引用"上帝的国降临"，指宗教的至善实现为尘世的至善（Religion 6：101）。当然，康德后期讨论尘世的至善更多，这也可能是之前对宗教的至善已经阐释得比较充分，或是由于他从

---

① Thomas Auxter, "The Unimportance of Kant's Highest Good", *Journal of the History of Philosophy*, 1979, Vol. 17, p. 399.

抽象走向具体、现实的体系建构的顺序。但康德并未抛弃宗教的至善及其与尘世的至善的联系的观点。

宗教的至善和尘世的至善有紧密的联系，而宗教至善的世界为我们的意志树立了较为具体的楷模，是一个有意义的、必要的理念和最高的标准。它们分别是在理念的抽象世界和可能的经验世界中的两种至善，是统一的两个层面实践的理念。康德认为，两种至善的世界的关系，是"原型的世界"和"摹本的世界"的关系，而前者是后者的参照和最高标准（KpV 5：44）。"道德的世界"的理念"是一个实践的理念，它能够也应当影响感官世界"，它"指向感官世界"（KrV A808/B836）。因为道德法则要求人把原型世界的那种形式赋予感官世界，从而使得感官世界成为理性存在者的神秘体或摹本。

关于至善概念的根据，里斯认为对宗教信念的道德论证"出版了的解释中最好的一个"是"出于义务而行动，这对我们来说仍然是理性的（rational），我们悬设上帝的存在，他建立德性与有相应比例的幸福的必然联结……"①然而这种立场太强，因为缺少上帝的预设出于义务而行动仍是理性的，这时，即使未能履行义务，我们仍然会知道应当出于义务而行动，不过这样人就难以摆脱感性的束缚而采取道德的决断并坚持下去，道德法则缺少实践上的效力。因此，当里斯断言，"但我们可以仅仅通过谈论人的行为，来说明这种世俗的形式中至善会是怎样的——它包含了什么目的，而在这种事态中，这些目的如何被实现"，这是不恰当的，因为，尘世的至善可能性同样需要上帝的保障。里斯说，"但它（指至善的世俗版本）与宗教的版本有着不可消除的差异。后者并不会在任何情况下由人的行为所导致"②。对两种至善而言，人的努力都是必要的基本条件和上帝（如果有的话）赋予幸福的依据，两者都是人只可促进不能独立实现的，因而根本上说并没有这种差异。

由于这一来世的理念在实践过程中的必要作用和对现实世界发生的影响，它就具有了实践上的客观实在性。其客观性体现在，至善的先验理念对实践的影响是普遍合理的，对于每个理性存在者都是有效的。

二、诸至善概念对道德的必要性及其作用的限度

至善的理念的必要性源于有理性的人的有限性。作为一种实践的理

---

① Andrews Reath, "Two Conceptions of the Highest Good", *Journal of the History of Philosophy*, 1988, Vol. 26, p. 602.

② Andrews Reath, "Two Conceptions of the Highest Good", *Journal of the History of Philosophy*, 1988, Vol. 26, p. 602。

想，至善为道德行为提供了指导，作为一种信念能够促进道德意向，它对有限的理性存在者持久的道德生活起着必要的作用。

至善的理念应当影响人的意志，它对我们应当做什么提供了具体的指导，而这种指导和要求是以道德法则为最终根据的。它提供了一种不同于道德法则的理念，人有着通过行为尽量促进至善、实现德福一致的义务，就此而言，至善提供了理性的目的客体，即作为纯粹实践理性的客体整体。

第一，宗教的至善和尘世的至善都不是人能够通过自己力量达到的。

首先，宗教的至善是人们不可以通过自身力量达到的。这既是由于人的道德的有限性，未达到道德的"神圣性"，也是由于德福通过自然无法一致，"这种结合（指德性与幸福的结合——引者注）在一个仅仅是感官客体的自然中永远只能是偶然发生，而且不能达到至善"（KpV 5：115）。

其次，尘世的至善也不是人们可以通过自身力量达到的。一方面，这种至善是"在这个世界中所可能的"，并且以人的努力为必要条件，我们能够也应该"作为终极目的来促进"它（KU 5：450）。另一方面，它的实现也超出了人的能力，因为它要通过整个人类的努力来实现，而使整个族类都具有道德性从而联合起来实现共同的善，这是"一件不能期望由人来完成，而只能指望上帝来完成的工作"（Religion 6：101）。关于这一点，西尔伯恰当地认为，"康德通过把人的必然目的定义为**促进**（promote）而不是"**获致**"（attain）幸福，成功地使至善的观念内在于人的生活"①。

第二，宗教的至善和尘世的至善都是可以通过自己的力量来促进的；尽量促进这两种至善，都是人的义务。因此，两种至善概念都为我们的道德行为提供了指导。尽管在尘世达到终极目的，这是单凭人的力量不能实现的，但是尽量促进它，这却是人力所能及也应当做到的。② 康德认为，理性"于是，在我们的能力范围内（在涉及幸福时）促进这一目的就是道德法则向我们发出的命令；不管这一努力所具有的结果会是如何"（KU 5：451）。

康德认为，"这个理念（就实践而言）却不是空洞的"，因为它为我们

① John Silber, "Kant's Conceptions of the Highest Good as Immanent and Transcendent", *The Philosophical Review*, 1959, Vol. 68, p. 479.

② 格尔哈特·克勒姆林提出至善在实践的领域内获得的一种范导的意义，以及它在康德体系建筑术框架下对文化历史的作用，而我们基于两种至善的区分，继续对其道德必要性作出更充分具体的论证，并澄清道德纯粹性与至善理念必要性的相容性。

的所作所为在整体上设想了某种"可辩护的终极目的"（Religion 6：5）。
"这种与终极目的的协调一致，虽然不增加道德义务的数目，但却为他们
造就了一个把所有的目的结合起来的集中点。"（Religion 6：5）通过至善，
各种道德目的有秩序地统一于同一个体系中。

　　首先，就至善的世俗概念而言，"促进作为共同的善的一种至善"是
有理性的物种的义务（Religion 6：98）。因为，理性的理念中，有理性的
每个物种在客观上都要趋向一个共同的目的。促进至善这一义务，"无论
在品类上，还是在原则上，都与一切其他义务不同"（Religion 6：98）。
至善的理念与道德法则截然不同，因为，尽管道德法则不会要求我们超
出能力范围的事情（否则它就不会是道德的法则），至善的理念却"要致力
于这样一个整体，关于这个整体，我们无法知道它作为这样的整体是否
能够为我们所支配……"（Religion 6：98）。

　　而且，尘世的至善对个人的道德行为也有指导意义。促进尘世的至
善这种义务是"族类对自己的义务"，但也包含了个人的义务，因为个人
对族类也负有责任（Religion 6：97）。人不能"无所作为，听天由命"，把
人类的事务托付与上帝；反之，"他必须这样行事，就好像所有的一切
取决于他"，守持至善信念，尽力而为，也由此才能希望上帝"使他善意
的努力得到实现"（Religion 6：100）。

　　另外，尘世的至善为道德行为提供了相对比较具体的指导。康德阐
释了尘世的至善世界的具体内容，以此作为人们共同努力的方向，认为
我们应当建立一个基于道德法则的、其中每个人自由相容的"伦理共同
体"，它应具有"教会的**普遍性**"、教会的"**纯粹性**"、"**自由**原则之下的**关
系**"以及教会"就其**宪章**而言的**不变性**"（Religion 6：101-102）。

　　其次，对于宗教的至善，我们也是可以有所作为、可以尽量促进的。
我们要"假定那个道德世界是我们在感官世界中行为的一个后果"，这样，
我们必须在尘世里尽到自己的义务，才能希望上帝在来世赋予我们"永
福"（KrV A811/B839）。至善只在来世才能完成，但要达到一致的德性和
幸福并不仅仅指来世，而是指今生和来世的德与幸福的整体，否则今生
的幸福就被忽略了。宗教的至善同样要求我们，要通过自由"促进我们自
己和别人身上的世上至善"，这样，我们"才相信自己是服务于神的意志
的"（KrV A819/B847）。

　　宗教的至善还是一种对世界的信念，它的必要性来源于人的有限性，
而信念的意义主要在于实践上"某个理念给予我的引导"，这提供了一种
行为态度以促进人的道德行为，使人更好地摆脱感性的束缚，它能"促进

我的理性活动而使我执着于该理念方面的主观影响"，促使人的整个生活作风"在一切方面听从道德法则"（KrV A827-828/B855-856）。宗教的至善概念不是像尘世的至善概念那样具体告知至善义务的内容，而是作为实践的信念普遍地给每一时代、每种处境中的人以信仰和希望，并作为一种楷模而以其道德世界的形式给人指引，使人有自由将其理知世界的形式实现于经验世界。而在这里，实践的需要成为信念的前提，"理论理性就由此被授权去预设它们"（KpV 5：134）。

来世至善世界的信念很好地提供了一种"严格的、不宽纵的、尽管如此却也不是理想的理性诫命"，从而使人在道德上不停息地努力（KpV 5：123）。否则，人或者把道德法则矫饰为无限宽纵的，或者在道德方面将面临巨大的思想压力，即把自己的期望绷紧到某种不道德的规定，亦即绷紧到对神圣性的完全获得，从而消失在狂热的梦呓之中，因为这种自以为有的神圣性是有限个体在现实无法达到的，是与自我认识完全相矛盾的（KpV 5：123）。

至善的信念给予人一种令人慰藉的希望，一种行动的力量，能够促进人的道德意向，而且，它把这种希望普遍、平等地给每一时代、每种处境中的人。这种信念使人相信自己能在进向无限的进程中达到道德神圣性，并使人拥有一个永福的未来的前景（KpV 5：124）。没有了至善以及为之悬设的上帝和来世的信念，人就很可能由于面临尘世道德和幸福的不完满、不一致，而把至善（即"遵循道德法则时所关注的和所应关注的目的"）看作不可能的而放弃，这更会使得对道德法则的敬重"由于唯一与这种敬重的高尚要求相适合的终极理想目的的虚无性而遭到削弱"，从而"使道德意向遭到破坏"（KU 5：452-453）。尘世的至善对于还很不完满的现实中的人来说过于遥远，它对可以达到这种至善时代的人和其他时代的人不甚公平，之前的人只能是准备它，而不能分享它。

宗教至善的理念提供了崇高的指引，指出人应当把自身看作理知世界的自由本体，以此"原型的自然"为楷模，把支配这个道德的世界的自由法则和德福一致形式"赋予作为一个理性存在者整体的感官世界"，从而使自然界成为目的王国的良好摹本（KpV 5：143）。

此外，还有一种消极的至善信念，体现在对上帝和来世的可能存在的疑虑与畏惧，它即使不产生道德意向，也可以遏制邪恶的意向；这种**"消极的信念"**是基于上帝和来世不可证明，但也不可否证；这种恐惧没有否证是难以摆脱的（KrV A830/B858）。

由此，没有宗教上至善的来世的观念，遵循道德法则的目的对有限的人的意志就难以施加影响。道德法则如果不是把自身的规则和相应的必然后果(来世的幸福与痛苦)联系起来,"因而具有承诺和威胁作用的话,道德法则就不会是命令"(KrV A811/B839)。"有一个唯一的条件可以使这个目的(指听从道德法则——引用者)与所有的目的全都关联起来,并使之具有实践的效力,这就是:有一个上帝和一个来世。"(KrV A828/B856)预设作为本源至善的上帝来保证至善,这是道德法则出于"内部的实践必然性"引出的,"为的是赋予那些法则以效力"(KrV A818/B846)。

因此,奥斯特认为,"宗教的至善概念对道德意向没有积极作用",这是不正确的;他认为,"它对行为没有意义,除非我们把它当真并错误判断了我们的处境",这也是缺乏根据的结论。[1] 贝克认为,"这个至善概念(指宗教的至善概念)没有任何实践的意义",里斯赞同他的批评,并认为,根据这种观念,"一个人能够有意义地谈论的义务就是提高道德完善性的义务(而不是任何促进至善的义务)"。[2] 这就把道德的完善和至善割裂开来了,因为道德完善是至善的一部分,促进了道德也就促进了至善,而且通过上帝,人的某种幸福也同时被促进了。

一个人应当把自己看作道德世界的成员而将其中的形式赋予感官世界;在实践的意义上,如果他相信在尽自己义务(包括对自己幸福的义务)的同时,也在促进着自己的某种幸福,并有着至善的信念,则能够更好地摆脱感性的束缚,更坚定地进行道德生活,后者是人的自由的所在和尊严的根据。康德绝非不允许追求自我的幸福,只是认为应出于义务去追求合理的幸福。宗教的至善对大众来说有较大的文化力量,尽管这种理念有没有康德所说的必要和积极作用,还有待商榷,但几位批评者对康德至善概念理论上的质疑未能带来真正有力的冲击。康德在前后期的行文和在理论逻辑上,关于至善的观点都是比较融贯的。

至善对道德的必要作用与道德意向的纯粹性并不矛盾。尽管至善概念能够提供道德行为的指导,并促进我们的道德意向,但它并不是意志的最终规定根据。

至善客体并不是意志的最终决定根据。这是因为,对该客体的确定是以道德法则为依据的,它们是道德法则规定意志的具体环节和中介。道德法则是纯粹意志唯一的规定根据,道德法则进一步规定至善为意志

① Thomas Auxter, "The Unimportance of Kant's Highest Good", *Journal of the History of Philosophy*, 1979, Vol. 17, p. 3.

② Andrews Reath, "Two Conceptions of the Highest Good", *Journal of the History of Philosophy*, 1988, Vol. 26, pp. 659-660.

的目的对象总体。

至善是纯粹实践理性，亦即纯粹意志的全部对象，但"并不因此就能被视为意志的规定根据"，它不能优先于道德法则而规定意志（KpV 5：109）。首先，形式性的义务独立于至善的整体概念已经形成，只不过，至善把义务这种形式条件和与此相协调的有条件的东西（幸福）结合在一起并包含在自身之中，但并没有产生相对于道德法则的优先性。其次，"这一理念（指至善——引者注）产生自道德，而不是道德的基础"；因为"为自己确立一个目的，本身以道德原理为前提"（Religion 6：5）。至善"不是作为意志的规定根据，而是即便这个规定根据（在道德法则中）已被给予，以**至善**的名义寻找的纯粹实践理性**对象**的无条件的总体"（KpV 5：108）。客体只有在道德法则被证明并作为意志的直接规定根据得到辩护之后，才能成为意志的对象。

至善只是一个道德法则规定意志的具体的中介环节，是以道德为根据的。促进至善是由纯粹理性规定的义务的一种具体内容，而不是意志在遵循道德法则以外而追求的对象，而至善概念的内涵为道德法则所规定和限制。如上所述，一方面，以义务为根据的至善提供了道德行为的具体目的对象作为行为的指导，这是因为道德法则所允许的目的对象的整体为至善，而至善中的德福一致是道德法则的要求；另一方面，至善的信念对幸福的承诺是为了实践的道德意图而假设的，以图消除基于感性有限性的障碍，促进道德行为的持久性，而幸福不可独立于义务而规定意志。在事实上，至善会促进人的意志的道德性，这只是基于人的感性有限性，在应然的层面，意志不应受到至善的影响。只是有限的理性存在者才应通过至善的理念来消减道德行为的阻碍。

事实上，尽管至善中德性以外的幸福不可独立于义务而规定意志，人只是应当做使自己配得幸福的，但这并不排斥尘世中对幸福的促进。因为促进与道德相一致的幸福本身是义务，也因此，康德没有必要提供在履行义务之外促进幸福的余地。人应当追求幸福，包括自己的幸福，但这应当是出于纯粹实践理性或道德法则，而不应当出于感性欲求或客体；这是因为，促进幸福是"间接的义务"，否则对于在困苦之中的有限的人，其道德行为很可能会因面临"巨大的**违背义务的诱惑**"而难以持久，而且，自我和每个他人都平等地是最高目的（KU 5：399）。当然，人所应当追求的幸福的具体内容被道德法则所限制，只能是与道德相一致的幸福。穆尔荷兰认为，上帝外在于人的意志，其作用在于消除人的道德障碍，这种必要条件并未取消人的自律："就人性而言，采取好的准则(对普遍的罪的免除)的外在障碍的去除是为了让人自由，而不是决定人。"①这样看待宗教信仰的作用对于解释康德来说是恰当的。在《康德伦理学的程序形式主义》中，西尔伯断言："至善不再指导道德决定和行为；相反，程序形式主义是道德决定中的主导因素，绝对命令的诸公式指导我们的道德行动。"②但根据上述论证，至善仍能对道德行为进行指导，他后来这种观点的改变是没有充分理解康德思想张力的表现。

总之，至善理念对道德有着必要作用，但这与道德的纯粹性并不矛盾。康德充分地承认道德和幸福各自的地位，又强调道德的优先性，一方面突出道德的纯粹性和意志对幸福的独立性，另一方面又要给人对完满的善的希望，使之摆脱感性对道德的阻碍，从而把道德和幸福统摄在至善理念之中，充分体现了理论的张力。

第二节　康德对上帝与灵魂不朽理念的实在性的论证

由于上帝、灵魂不朽的理念构成了至善之实现的条件，它们通过至善的理念而具有实践的实在性。"于是，它们通过一条无可置疑的实践法则，作为这条法则要求当作客体的那种东西的可能性的必要条件，就获得了客观实在性……"(KpV 5：38)

首先，至善是纯粹实践理性的客体之总和，是道德法则所要求实现的，普遍能够并应当对实践有影响，因而具有实践的实在性(当然，这种对实践的影响未必意味着理念决定了行为的准则与后果，但它总是能够并应当产生影响)。其次，上帝、灵魂不朽的理念是实现至善的必要条件。因此，上帝、灵魂不朽的理念具有实践的实在性，而对它们的运用就不是超越的、越界的运用，而是内在的、正当的运用。

　　然而，虽然不是这些客体的，却是一般理性的理论知识却由此而在下述方面得到了扩展，即通过这些实践的悬设，那些理念毕竟被给予了客体，因为一个不过是悬拟的思想借此首次获得了客观实在性。在这里，这三个理念就成了内在的和构成性的，因为它们是

---

① Mulholland, A. Leslie, *Freedom and Providence in Kant's Account of Expiation*, in Philip J. Rossi and Michael Wreen (ed.), *Kant's Philosophy of Religion Reconsidered*, Indiana University Press, 1991, p. 99.

② John Silber, "Kant's Conceptions of the Highest Good as Immanent and Transcendent", *The Philosophical Review*, 1959, Vol. 68, p. 134.

> 使纯粹实践理性的那个必要客体（至善）成为现实的那种可能性的根据，除此之外它们就是超越的，是思辨理性的单纯调节性，这些原则交给思辨理性的任务不是超出经验之外去假定某个新的客体，而只是使它在经验中的运用接近完备。（KpV 5：136）

这种对理念的有目的的运用与在思辨中的运用不同，思辨理性为了经验知识的完整性，也会假定灵魂、世界、上帝这三个理念的实在性，但是在这个时候对理念的运用是超限的（transzendent），而不是内的。康德指出，这样的一些悬设在具体的实践中有着重要的作用。没有了上帝和来世的信念，对道德法则的敬重会因为无法实现终极的理想而被削弱，人们甚至会因而把德福一致视为不可能实现的目的而放弃，使得道德行为无法持久（KU 5：452-453）。

于是康德断言，上帝、灵魂不朽和至善的理念都是实在的。他认为，从理论上说，我们可以思考一个作为"纯粹知性"的存在者，但是无法获得关于他的知识，我们也不应该认为，在存在论上，这种完全被纯粹知性所规定的意志确实实存。但是，在实践上，道德法则要求，知性与意志有这样一种关系：有意志完全被纯粹知性所规定。这种纯粹知性为上帝和人所共有，但人除了在本体界中有纯粹知性之外，还在现象界有感性。由于道德法则具有客观实在性，因此这样的一种关系也具有了客观实在性。体现这样一种关系的就是上帝。上帝是德性与幸福统一的保证者，因而是本源的至善，而他又是"最高的派生的善（最好的世界）"的保证者，在这个最好的世界中，完满的道德和完满的幸福实现完全统一（KpV 5：126）。上帝、自由和灵魂不朽理念都是实现至善的必要条件，因而都具有了客观的、实践的实在性。对此康德说：

> 但在实践的方面从一个知性和意志的那些属性中毕竟还是给我们余留下了某种关系的概念，实践法则（它恰好先天地规定了知性对意志的这种关系）使这个概念获得了客观实在性。只要这种情况一旦发生，则一个道德上被规定了的意志的客体概念（至善概念），以及和它一起，这客体的可能性条件即上帝、自由和不朽的理念，也都被赋予了实在性，但永远只是在与这个道德法则之实行的关系中（而不是为了思辨的目的）赋予的。（KpV 5：138）

康德认为，我们需要在实践中假定上帝和灵魂不朽，这种基于实践需要而做的假设是一种悬设。

> 这些悬设不是理论的教条，而是在必要的实践考虑中的诸种前提，因而它们虽然并不扩展思辨的知识，然而却普遍地（借助于它们与实践的关系）赋予思辨理性的诸理念以客观实在性，并使思辨理性对于那些它本来甚至哪怕断言其可能性都无法做到的概念具有了权利。（KpV 5：133）

实践的悬设本身并不构成知识，也并不是为了扩展理论知识，不形成某种与对象相一致的认识，而是在实践之中起积极作用的信念。由于这些悬设以及相关的基本实践理念（包括自由、上帝、灵魂、至善等）普遍地能够在实践中促进行动的道德性，也广泛地在实践中影响着行动的内在准则，因此，这些理念尽管在理论上无法形成知识，但在实践上获得了其客观实在性。这样的悬设其实是一种主观的"视其为真（Fuerwahrhaleten）"，而不是客观的认识：

> 视其为真是我们知性中的一桩事情，它可以建立在客观的根据上，但也要求在此作判断的人内心中有主观原因。如果这件事对每个人，只要他具有理性，都是有效的，那么它的根据就是客观上充分的，而这时视其为真就叫作确信。如果它只是在主观的特殊性状中有其根据，那么它就称之为置信。（KrV A820/B848）

客观的根据指对每个理性存在者都适用、都有效的根据，确信是基于客观上充分的根据而视某物为真。而主观的根据是对某些主体及其主观意识有效的根据，置信是基于主观上充分的根据而视某物为真。上帝和灵魂不朽的悬设对于有限的理性存在者而言是必要的，我们有充分的主观根据来假定它们，以便我们能持续地做道德的行为；但这些悬设对于无感性的理性存在者而言并不是必要的，因此，它们并没有客观的根据。康德概括地说明了三大实践性悬设的必要性：

> 这些悬设就是不朽的悬设，从积极意义看（作为一个存在者就其属于理知世界而言的原因性）的自由的悬设，和上帝存有的悬设。第一个悬设来源于持续性要与道德法则的完整实现相适合这个实践上的必要条件；第二个悬设来源于对感官世界的独立性及按照理知世

界的法则规定其意志的能力，亦即自由这个必要的前提；第三个悬
设来源于通过独立的至善，即上帝存有这个前提来给这样一个理知
世界提供为了成为至善的条件的必要性。（KpV 5：133）

如果没有不朽的灵魂，主体不可能在不断的进步中完全与道德法则相符
合，如果没有自由意志，我们就无法独立于感官世界的原因，并根据道
德法则行动，如果没有上帝，德性与幸福就无法完全一致，至善就无法
实现。对自由、上帝、灵魂不朽的悬设"普遍地（借助它们与实践的关
系）赋予思辨理性的诸理念以客观实在性"，使得对这些理念的运用具有
了正当性。我们在理论上无法证明上帝等理念的实在性，甚至无法证明
它们的可能性，但是在实践之中，对它们的使用却获得了正当的权利。

在这方面，李秋零教授指出，康德排除了自然主义、机械论观点对
道德研究的干扰，突出了道德的主体性，一方面强调道德法则独立于宗
教的悬设就已经有效，另一方面也肯定宗教在道德行动中的积极作
用。① 谢地坤教授阐发了康德道德既导向宗教、又限制宗教的观点，指
出宗教的悬设是道德的必然要求，但宗教又并不构成道德的基础。②

总之，康德认为，我们在实践之中，需要假定上帝和灵魂不朽，这
两个理念由于能够普遍地在实践中起积极的作用，具有客观的实践的实
在性。

---

① 李秋零：《康德论人性根本恶及人的改恶向善》，《哲学研究》1997 年第 1 期。
② 谢地坤：《扬善抑恶的理性宗教学说——评康德的〈纯粹理性界限内的宗教〉》，《中国社
会科学院研究生院学报》1992 年第 5 期。

第七章　对康德实在性理论的拓展性研究

在本章中，笔者将对康德的实在性理论进行拓展性的研究。在第一节中，笔者将为康德对本体理念的实在性的理解提供一个支持性的论证，说明为何我们可以在实践中忽略我们在本体界是否有先验自由的问题。笔者认为，如果我们没有先验自由，在实践中我们误以为自己有先验自由，这也是我们无力改变的（而不是可以主动避免的）错误。因此，这种没有自由的情况不是我们在实践中需要考虑的情况。在第二节中，笔者提出，康德的实在论可以被视为实践的实在论。**经验概念、先验概念**和**理性的本体理念**的实在性都以（可能的）实践为基本条件。没有实践就没有实验活动，没有实验，经验科学就无法走上阳关大道；如果只有经验而没有实践能力，人就无法有效证明**经验概念**的实在性，无法确证经验世界不只是一场梦。没有（能通过实践被证实的）经验对象，**先验的直观形式与概念**就不会构成经验知识的条件，并具有客观实在性。

第一节　基于悬置自由意志的理论问题的实践问题的解决

现在，我们试图从康德的实践的实在性理论出发来得到一些推论，从而说明康德的道路："我认为把自由仅仅当作理性存在者单纯**在理念中**为自己的行动所提供的根据，对我们的意图来说就足够了，我之所以选择这样一条道路，是因为这样我就可以不必承担在其理论方面证明自由的责任。"（GMS 4：448）我认为，我们可以从《道德形而上学奠基》中的独特思路出发，避免承担论证先验自由的重负，而为道德哲学设立一个可靠的立足点。先验自由理念不仅仅对于道德法则（理性的事实）来说是必要的，而且对于实践领域本身就是必要的。

根据康德的理论，在实践中真正可以不予考虑的就是人没有先验自由的情况。因为，一方面，康德认为，在实践中我们可以不必考虑先验自由的问题；另一方面，我们又必然在先验自由的理念下行动，我们必须在实践中设想自身为自由的，因此，我们真正在实践中不必考虑的只是人完完全全被决定的情况。

为何在实践中我们可以悬置先验自由的问题，悬置人没有自由的情况，而只需要论证实践自由，或只需论证先验自由理念实践的实在性？在实践领域对先验自由问题的悬置，和人没有自由的情况的悬置，根本上说来是价值论的悬置，换言之，我们可以正当地如此悬置，是基于价值论的考虑。当然，这并不是一般意义上的实用主义的考虑。

一、弱化的双重视角说

我们延续康德的思路，从理论和实践这两种视角来考察自由，即思考自由理念思辨运用和实践运用。由此，我们的想法与阿利森等人的双重视角说是比较一致的，但也有重要的区别：我们只是认为，在理论的视角下人有可能有自由，而不是像他们那样认为在理论的视角下人是被决定的（因为自由没有理论的实在性），而无论人在存在论上是否有意志自由，在实践的视角下，我们有必要考虑人有意志自由的情况，而无需考虑人没有意志自由的情况，而这同样不需要设定在该视角下我们就是有自由的或者被决定的（因为考虑一种情况并不意味着这种情况就是现实的，也不意味着相反的情况是不现实的），更不需要设定相容论自由观或不相容论自由观，因而避免了莱布尼茨所说的哲学"二迷宫"之一的种种困难。

从实践的视角看，我们设想人有意志自由并据此而行动，这是正当的，也是有必要的，尽管从理论的视角看，我们无法证实或证伪自由的实在性，有自由的世界和没有自由的世界都是可能的。如果人有先验自由，道德法则将会对一个现实地自由的存在者形成约束，据此人可以实现道德价值；而如果人没有先验自由，如果所有的造物都只有完全被感性因素束缚的抉意，这个世界就会是没有内在价值的，这时道德法则无法对人形成约束，人不能为自身的行为负责。在实践的视角下，如果我们在没有自由的世界中错误地以为人有自由并据此而行动，这时我们固然无法错失关于自由的知识，然而我们只是被决定如此认为和行动，这并不会使我们错失任何实践上的内在价值。因为，在这种状态下我们思维和行为的方式是**必然地被决定**的，而实践上的内在价值以主动性为条件。反之，如果我们在有自由的世界中错误地以为人没有自由，并以此为理由而不以道德法则约束自身、不去发挥人的能动性力量以实现较高的目的，那么我们就会无法实现我们本可以**主动实现的价值**，就没有充分地为自我和他人负责、为人性的尊严负责。如果人有先验自由，道德法则将会对一个现实地自由的存在者形成约束，据此人可以实现道德价值；而如果人没有先验自由，没有自我负责的能力，道德法则就无法对人形成约束，人也无法实现任何的内在价值。对此康德说，"如果所有的造物都只有这种被感性冲动束缚的选择，这个世界就会是没有价值的"，这时，事物只能有相对的、有条件的"价格"，而没有内在的、真正的价值。在实践的视角下，我们没有必要考虑完全被决定的世界，因为这里没有任何我们能够主动达到的目的或实现的价值，因而也没有任何人应当遵循的规范，这是一个没有规范性的世界，对自我和他人不能提出任何真正意义上的要求（任何的要求都会只是幻像）。然而，这里只涉及基于实践的需要、基于可能的实践价值而作的一种设想，它并不排斥人没有自由的可能性。在两个视角中，我们都取消了前人的许多较强的设定，以此来给道德理论确立一个经得起挑战而又解释力充足的理论根基。

对于实践哲学而言，论证实践自由就足够了。首先，实践自由对于说明人的可能的道德行为能力是必要的，论证实践自由对于伦理学而言是必要的。先验自由不是实践自由的充分条件。即使人有先验自由，人能否出于道德法则而行动，仍然取决于能动的理性和敬重与感性的爱好和冲动之间的力量对比。这类似于，人有能动性，不意味着人能够举起一座山。如果没有实践自由，即使人有先验自由，人也可能没有道德行为的能力。

其次，只有实践自由得到证明，无论我们是否有先验自由，在实践中假定先验自由总是最后的设想。康德在实践哲学中论证了人有实践自由，如果实践自由背后的（部分）原因是先验自由，那么，人有为自己的行动负责的能力，有道德行为的能力，有主动实现内在价值的能力，这时人对先验自由的假定有积极意义；如果人没有先验自由，那么，人没有为自己的行动负责的能力，没有道德行为的能力，没有主动实现内在价值的能力，这时人对先验自由的假定和其他假定一样是没有意义的，因而它也没有消极意义。在此，我们的工作在于为把人设想为自由的、设想为主动的行为者提供根据：因为在实践的视角下，考虑人有自由的情况不仅是正当的，而且是必要的。关于这一问题，阿利森认为自由在实践的视角下才具有实在性。但是，除非实践视角是有充分根据的，否则我们的道德就缺乏可靠性基础。因为，如果无法知道这一点，那么我们无法排除这样一种可能：我们确实是被决定的，而实践视角下的世界只是幻象；如果是这样，我们的道德就仍然是幻象，我们应当按照道德来行动这一点就非常可疑了。因此，阿利森的解释依然无法为道德提供**有效性根基**。因此，如果我们认为道德毕竟是有效的，我们必须找到某种根据来说明，即使自由和道德有可能只是幻象，我们**仍然应当按照自**

由的概念来设想人，应当按照道德来行动。对此，阿利森说，他并不否定基于理性的事实对自由的论证只有尝试性的特征，而理性的事实和自由都可能只是幻影，"被否定的却只是在实践的视角下把它看作虚幻的可能性。"①因为，如果我们放弃这一视角，我们就会放弃"我们作为道德行动者的整个观念"，而且，理性行动者身份的观念"在归因和理性的正当性辩护中起作用"②。在此，阿利森要说明为何在实践的视角下，我们应当把人设想为自由的，而他的理由是我们应把自身看作道德的行动者。但道德行动者的概念和理性的正当性辩护的观念中已经蕴含了自由的概念，其论证的**前提包含在结论中**，因此是无效的。同样的批评也适用于科斯戈尔德，她认为实践的视角是基于我们在第一人称视角下对行动理由的需要。

根据上文，在《道德形而上学奠基》中，康德的实践哲学并不需要以对自由本体论地位的肯定作为前提，他并不断定，人确实有意志自由，确实属于知性世界，而是说，知性世界的假定只是基于实践的需要。我们也只是要进一步说明，我们考虑有意志自由的情况，并根据自由的理念而行动，这不仅是必然的，而且也是正当的、有必要的。在这样考虑的时候，我们完全不必排除没有自由的可能，不必证明人确实是有自由的。此外，有研究者认为，实践的视角本身意味着我们会把我们看作主动的行动者。但我们并没有如此强的立场，我们只是在此视角下对两种可能世界进行考察和比较，基于"实践的意图"而得出我们只应当考察有自由的世界的结论(KpV 5:134)。

双重视角说与双重层面说有着根本区别。根据对康德的双重层面说的解释，本体和现象分别是同一个事物的两个方面。两种视角的区分是基于思考者主体的区分，而两个层面的区分则是基于概念所指向的存在者的区分。双重视角说的独特主张在于：现象并不是客观地属于物自身的某个方面，而只是物自身影响我们感官而形成的一种表象。我们在实践中对本体的设想也只是基于主观的需要的设想，这种设想也不一定体现了物自身的属性。当然，当我们在实践中的设想能够规定我们的抉意、影响经验世界，因而才在某种意义上具有现实性，但这种现实性绝不是指设想与物自身相符合。

---

① Henry Allison, *Kant's Theory of Freedom*, Cambridge, Cambridge University Press, 1990, p. 247.

② Henry Allison, *Kant's Theory of Freedom*, Cambridge, Cambridge University Press, 1990, p. 247.

　　双重视角说可以自我一贯地解释道德和责任。说我们能够是道德的，就是说，理性本体能够通过规定意志，通过引起现象中的法则表象和敬重感来决定准则和行为，而不是任由其他的本体通过刺激感官而决定我们的抉意和行动；说我们能够是负有责任的，就是说，理性本体应当通过规定意志，通过引起现象中的法则表象和敬重感来决定准则和行为。根据康德的理论，感性的表象是自在之物影响我们的感性而引起的。对道德法则的敬重是理性本体引起的情感性表象，而感性的刺激和冲动则是其他的本体引起的情感性表象。在他律的行动中，我们的理性本体并不构成抉意的最终规定根据，而感性的刺激和（根本上说）引起这种刺激的其他本体构成了抉意和行为的根据。在实践中，如果我们通过感性去把握自我，我们就会把行为看作被情感表象以及其他的经验原因所决定的，而如果我们通过理性去思考自我，我们就会把行为看作由自我的理性或其他本体所造成的。说我们受到双重身份的影响，其实就是说，理性既可能构成行为的最终根据，又可能不构成最终根据，而让其他的本体（通过感性冲动）构成行为的最终根据。当然，在此，本体界只是一种立场，理性本体和其他的本体都只是可能的存在，而且是我们所不能认识的存在，因而上述对本体的设想也只是具有实践意义的设想。

　　设想自由世界的必要性不同于宗教悬设的必要性，自由的理念不会使我们错过人能主动实现的价值，并且对于实践领域而言是根本的。如果人没有自由而人以为有，他们不会错过任何他能实现的价值，因为他们已经被决定；但如果上帝不存在而人以为他存在，那么他们有可能错过种种本能实现的价值，因为他们所以为的上帝的诫命和要求可能是不合理的。对意志自由、上帝和不朽灵魂这些理念，我们都无法获得确切的知识，但是，上帝和不朽的灵魂这些理念只是提供至善的希望，给予人们在德福不一致的现世履行义务、实现德性的动力，而自由是规范性和内在价值的来源。没有对上帝和灵魂不朽的信念，我们就会认为德福无法一致，减少了道德行为的动力，然而没有意志自由，我们的世界就是没有意义的，没有任何人能够主动促进的目的，没有任何内在价值，我们只是被决定获得或不获得欲求的满足。没有了自由的理念，我们就根本无法知道，我们应当做什么，就无法确定什么是我们应当追求的最高目的。而且，我们要论证的是考虑自由世界并据此行动的必要性，而不是假定自由世界、相信自由世界并据此行动的必要性，这与对上帝和来世的信念的必要性是不同的。

　　相容论者的一个可能的反驳是，在没有自由意志的情况下，人也可能有为行动负责的能力，自由和必然是可以相容的。在这里，我们是指，如果人在根本层面没有自由，那么，人就没有为行动负责的能力。关于人的自由，有三种可能的情况：人在任何层面都没有自由，都完全是被决定的；人在某个派生的层面有自由，但在根本的层面上是被决定的；人在根本的层面上有自由，但在某个派生的层面没有自由。第一种情况是极端的宿命论者所设想的情况。第二种情况有许多类型。心理学的自由属于第二种情况中的自由，它只是一种主观的、相对的自由，人的行为只是不直接被外在的因素所决定，而被内在的观念所决定，但内在的观念本身是被外在的因素所决定的，也是被先行的观念状态所决定的。康德所说的先验自由是第三种情况中的自由，尽管在现象层面人是根据经验因果律而被先行的事件的总和所决定的，但人在本体层面是自由的。康德认为，自由既不能被证实，也不能被证伪，第二种和第三种情况都是可能的。无论如何，显然的是，如果人在根本的层面没有自由，哪怕人在派生的层面有自由，人也是无法为自己的行为负责的。

二、对阿利森等强意义的双重视角说的评论

关于康德自由思想的重构，许多当代康德主义者（如迪特·亨利希、怀特·贝克、亨利·阿利森、克里斯汀·科斯戈尔德）大多试图通过淡化康德哲学中先验自由的形而上学意义来赋予康德主义以当代的生命力，却往往在自由与必然的关系等具体的理论问题上面临困难。

亨利·阿利森教授提供了一个对康德成熟思想的著名解释。他认为，康德的自由观念并不体现为关于两个世界的本体论上的肯定，康德试图确立相容论和不相容论之间的相容性，他的自由观体现在这样一种概念区分上：从**理论的视角**看，我们是自然的一部分，而**从实践的视角**看，我们是理性的行动者。"我们有两种根本不同的与对象的认识关系，它们中没有一个在**本体论上**具有优先地位。"①（参见本书第一章第四节）类似，科斯戈尔德睿智地指出，在"理论的和解释性的视角下"我们经验到，人是自然的一部分，是被动的，在"实践的和规范性的视角下"我们把自身看作主动的存在。②

阿利森"把经验性的品格和理知的品格的对立解释为关于理性行动者

① Henry Allison, *Kant's Transcendental Idealism*, New Haven and London, Yale University Press, 2004, p. 47.
② Christine Korsgaard, *Creating the Kingdom of Ends*, New York, Cambridge University Press, 1996, p. 173.

身份的两种模型或两种观念";经验性的品格模型"用于人的行为的观察、因果性解释和(在一定程度上的)预测",它预设人的经验性的品格是行为的经验条件,而理知的品格模型则"诉诸作为理性的慎思者(deliberator)的诸行为的自发性"。① 意向性行为不仅仅是心理学状态的结果,而且需要以自发性为条件(参见本书第二章第二节)。② 与上帝或灵魂的理念不同,"自由却没有类似的实用人类学的功能"。我们无法把系统性秩序引入对行为的解释,把它们看作仿佛都是自发决定的行为,因为"甚至不存在这种与理性行动者的经验性格相联的自由思想的空间"③。

首先,从理论的视角下,人并不是被经验条件决定的,因为我们没有关于自由的理论上的知识。因此当阿利森等相容论者把自由与必然的区分对应于实践的视角和理论的视角之间的区分时,他们已在较大程度上偏离了康德的理路。康德认为他的理论哲学的任务在于,

> 正如同我们限制理性,使得它不离开经验性条件的线索而迷失在超越的和不能作任何具体描述的解释根据之中那样,我们也在另一方面限制单纯经验性的知性运用的法则,使得它不会对一般物的可能性做出裁断,也不会把理知的东西,即使它不能被我们运用来解释诸现象,就因此而宣布为不可能的⋯⋯(KrV A562/B590)

对康德而言,在理论的视角下,我们并非只能像事物的现象那样去考虑人,却需要把他们设想为可能是自由的,并为了知识的系统性而把人设想为就是(在本体层面上)自由的;在理论哲学中否定自由的可能性,这恰恰是康德在辩证论中要批评的独断论,而康德的主要努力就在于通过本体和现象的划分,统一自由和自然,为信念留下地盘。因为先验自由毕竟是可能的,而且永远不会是不可能的,因为它超出了我们认识的范围;因而,道德法则的有效性在理论上来说也不是不可能的,而并不必然只限于实践的领域。其实康德对经验必然性和自由之间的区分对应于经验世界的视角和知性世界的视角之间的区分,而非理论的视角和实践

---

① Henry Allison, *Kant's Theory of Freedom*, Cambridge, Cambridge University Press, 1990, p. 5.

② Henry Allison, *Kant's Theory of Freedom*, Cambridge, Cambridge University Press, 1990, p. 32.

③ Henry Allison, *Kant's Theory of Freedom*, Cambridge, Cambridge University Press, 1990, p. 46.

的视角之间的区分。在理论和实践的视角下，我们都会采取经验世界的立场或视角，因为我们在这两个领域都会运用先验的感性形式，就此而言，经验世界都具有实在性，我们都有经验属性；在理论的视角下，我们采取理知世界的立场，这只是可能有效的，而在实践的视角下，这是必然有效的，因为自由和道德法则具有实践的实在性。

其次，在实践的视角下，我们并不仅仅把事物设想为物自身，也要把事物设想为现象，这样才能使义务和道德行为成为可能。没有经验性的行为，就无所谓人的义务和道德，而没有先验直观形式等"认识论的条件"，没有"经验性的品格的模型"，就没有在自由的因果性中的那些结果——经验性的行动及其后果；因此，在实践的视角下，认识的那套规范依然有效——但只是在现象层面有效，而这个层面以（具有实在性的）本体层面作为根据。单纯的经验性品格或理知品格，都无法使人的道德行为成为可能；单纯的理知世界的立场或感性世界的立场，都无法确立起道德上的规范性。人的经验性品格和理知品格都构成了人的义务和道德行为的必要条件；"应当"是基于我们有双重层面的存在，是由于我们双重身份的关系。

对于定言命令而言，人的经验性的品格和理知品格都是必要的。当我们采取感性世界的立场，或者当我们从经验性品格的视角或模型去理解人时，定言命令是不可能的，因为在此人是完全被经验条件所决定的。而当我们采取理知世界的立场，当我们从理知品格的视角或模型去理解人时，定言命令是毫无必要的，因为在此我们只是单纯的自发性主体，是不具有感性层面的。

> 因此，他具有两种立场，从这两种立场出发他可以观察自己，并认识他的能力应用的、他的全部行动的法则。第一，就他属于感性世界而言，他服从自然规律（他律）；第二，就他属于理知世界（intelligiblen Welt）而言，他服从独立于自然的、非经验性的、只是建基于理性的那些法则。（GMS 4：451）

反之，只有当我们把人看作有限但又是理性的存在者的时候，定言命令和规范性才得以可能。

> 因为现在我们看到，如果我们把自己思考为自由的，我们就把自己作为其成员放进了知性世界，并认识到意志的自律连同其结果，

即道德性；然而，如果我们把自己设想为负有义务的，我们就把自己看作既属于感官世界，同时却又属于知性世界的。(GMS 4：453)

如果我们认为存在着某种规范，如果我们把自身看作有义务的，那么我们既不把自身看作完全遵循自由律的，也不把自身看作必然自然律的，而是看作有本体层面和现象层面的人，受到两个层面约束的人，而本体层面构成了现象层面的根据。由于这两种身份同时存在，又由于知性世界的身份才能赋予我们以最高价值，我们一方面可能自律地行为，也可能他律地行为；另一方面我们又必然应当遵循道德法则。

同样，对于人的道德行为而言，人的经验性的品格和理知品格都是必要的。人的每一次具体的自由决定，包含两个层面的判断。在先验层面上，理性主动形成作为大前提的价值判断和规范性判断，例如，"要把每个人的人格中的人性永远当作目的"。在经验层面上，感性提供经验，形成实践推理的事实性的小前提，例如，"张三是一个人"。由此，理性综合两种前提而进行推理，形成具体的价值评判和规范性准则，例如"要把张三人格中的人性当作目的"。人的每一次具体的道德行为，都包含了两个层面的活动：理性自主地形成准则的形式，感性提供感觉和刺激，进而，我们再通过形式作为限制性条件而规定准则的质料，确定具体的经验目的、行动对象和手段。

假如两种品格只意味着两种模型或视角，那么，这两种品格作为两种独立的视角下的因素，相互之间为何会存在着对应性的因果关系，这是难以解释的。因为仅仅在实践的意义上，两种品格存在着自由的因果性，或先验的因果关系——或者说，我们会按照这种因果关系的观念而行动。在这种因果关系中，经验性的品格不是任何经验原因的结果，而是理知品格的结果，而理知品格独立于任何经验原因而构成了经验性品格的根据。

科斯戈尔德把本体与现象的区分看作"我们从两种立场得出的两个对世界的看法"，这同样导致了道德评价上的困难。"经验世界的法则是描述和解释我们行为的法则"，而本体世界的法则是"支配我们所做的事情"的法则。① 她认为，"在本体论的观点下，这两个世界如何彼此联系的问题是一个无法回答的问题。在主动/被动的视角下，这是一个不能被自我

---

① Christine Korsgaard, *Creating the Kingdom of Ends*, New York, Cambridge University Press, 1996, p. 204.

一贯地提出来的问题。"①因为我们无法找到这样一个立场，据此我们既能描述、解释行为，又能论证行为的正当性，因而没有余地来提出一个能包括这两个概念在其答案中的问题。

科斯戈尔德的这一观点是可以商榷的。在康德看来，经验世界的法则并不是支配我们所做的事情，我们所做的事情也是完全受到经验世界的法则支配的；只是在实践的视角下，我们的行为不仅仅受到经验世界的法则，还以本体为更高的根据。如果本体世界的法则是道德法则，那么，人的行为未必受到这种本体世界法则的支配，只是应当受这种法则的支配。

笔者不同意她通过第一人称和第三人称的区分来理解康德关于自由与必然的区分。首先，我们也可以以第三人称的立场或视角来对他人进行价值评价、提出规范性要求。例如，某人甲可以对乙声称，丙的某个行为在道德上是不正当的，丙本应做某事。其次，我们也可以以第一人称的立场或视角来对自身的行为进行事实性解释。我们可以对自己说，我们的行为完全是受到出身环境、运气、身体状况等经验性原因所决定的。

科斯戈尔德这一观点是值得商榷的。首先，尽管科斯戈尔德认为我们要么把自身设想为理知世界的成员，要么把自身看作感官世界的成员，而没有第三种可能性，但康德认为，我们可以同时设想我们是两种世界的成员，"然而，如果我们把自己设想为负有义务的，我们就把自己看作既属于感官世界，同时却又属于知性世界的"（GMS 4∶453）。

其次，我们认为，科斯戈尔德忽视了价值评判的立场，这一立场可以既描述和解释行为，又对行为的合理性进行论证。一方面，对行为是否合理的评价一定是始于对行为事实的解释，人们先要对行为加以描述和解释，然后才能判定行为的正当性或不正当性；另一方面，任何对行为正面或负面的价值评价都预设了人的自由，否则人们无法把行为看成是合理的或不合理的、正当的或不正当的。因而，对行为的描述和解释不一定是把人描述为被动的存在者，也可以描述和解释为主动的，认为某个行为是基于人的自由意志做出的，进而人们才论证它是正当的或不正当的。科斯戈尔德说，"处于社会劣势地位有时可能是自私行为的一个原因，却不是一个这样做的人用来支持它的理由"；一个解释者无可避免

---

①　Christine Korsgaard, *Creating the Kingdom of Ends*, New York, Cambridge University Press, 1996, p. 204.

地把这种劣势看作原因，而一个"决定进入与这个人的相互关系之中的人"会把他看作能负责的，因而认为是由他自己来决定是否把这种劣势看作理由。[①] 但一个评价者完全可以把他解释为有能力负责任的，把他描述为能够自己决定是否把这种劣势看作理由，否则，他就无法做出道德评价，因而，对行为进行解释并不意味着把人看作被动的自然物。

最后，从现象的可预测性角度看，这些持经验决定论的相容论者的观点也是值得商榷的。如果人在经验界必然遵循自然的因果律，一切的经验现象都有其原因，那么我们的行为至少在理论上是可以预测的。这就是说，假如我们能够知道过去发生的所有相关的经验事件，我们就能够预测未来的事件，或者说，从关于过去的经验事件的全息性的诸判断能够推导出关于未来事件的判断。如果人的行为是可以预测的，那么即使意志的活动本身是不能推测的，至少意志对行为的影响本身还是可以预测的，但这种可预测性是和意志自由相矛盾的。因为如果人有意志自由，那么，无论在技术上还是理论上，人的行为（作为自由意志的结果）是根本不可预测的（在一个机械的、一切都在理论上可被预测的世界里，甚至也不存在偶然现象，如果偶然地被理解就是没有根据或原因而随机发生的）。

第二节　重构康德的实践的实在论

在此，笔者试图借助康德的相关文本，重构康德和康德主义者尚未提出的"实践的实在论"（实在论问题上的实践一元论），并对当代康德实在论相关阐释做出回应。实践的实在论（Realismus der Praxis）意味着这样一种理论立场，它断定，关于诸事物（包括可感事物、超感性事物）的概念以及诸先验形式具有普遍可承认的实在性，肯定经验对象（包括心灵和物质）具有独立于经验性想象和思考的现实性，但它们只是在我们能通过实践（以及相关的实验方法）获得的直观的限度之内是现实的。

康德提出了经验性的实在论，认为经验对象独立于我们的经验性意识而存在，但只是作为现象而存在，但他对此的论证并不充分，实践的实在论为其提供了补充和支持，弥补了它的不足。首先，康德认为，对内部对象现实性的证明依赖于对外部对象现实性的证明，而所有对外部对象的想象和幻觉都来源于实在的外部直观，鉴于我们确实有外部直观，

---

① Christine Korsgaard, *Creating the Kingdom of Ends*, New York, Cambridge University Press, 1996, pp. 204-205.

存在着与外部直观相一致的现实的外部对象，也存在着现实的内部对象。其次，亨利·阿利森（Henry Allison）等人恰当地指出，这些论证只能表明存在着现实的外部对象和内部对象，却无法证明这些对象与直观相一致而非幻影。但他诉诸内部经验和外部经验的相互依赖，这也并不能真正确立经验性的实在论。最后，要证明经验性实在论，实践（以及相关的实验方法）会起到关键的作用，因为实践能力使人能够主动获取关于特定对象的直观，形成关于普遍性的经验法则的知识，并使诸多经验形成合法则的知识系统，从而能够区分现实与幻影，确立经验对象乃至经验世界的现实性，证明经验概念、先验认识形式和理性理念的客观实在性。这是一种现象学式的理论建构过程：我们首先通过对身体的直观，和意识与身体的实践性关联确证身体的现实性，由此意识到行动者灵魂的现实性，进而通过实践和直观确证其他事物的现实性。

关于理性理念的实在性，本书第一章已对其展开了详细的论述，兹不赘述。简而言之，笔者提出实践论的解释，认为一个理念具有"实践的实在性"，只是指这个概念能够影响我们实践中的行为准则和行动，从而影响现实的经验世界；这个理念通过这种影响现实的活动过程而具有实践的实在性。

在哲学方法上，康德不再像之前的传统哲学那样，去追问自在本体的本质是什么，我们如何能与独立于人的活动的实在本体相符合。康德的重要工作是通过批判性反思来划界，要求我们的思辨理性在认识能力无法达到的地方保持沉默，为人的尊严、道德宗教留下地盘，然后又在实践活动的实在性基础上承诺了本体理念的实在性，为伦理学和宗教学奠基。诚然，在康德的体系中，经验确实比实践更本源，实践的概念是在经验基础上建构起来的，然而，不是单纯的经验，而是直观性、主动性、现实性的实践活动，才真正确证经验对象的实在性；实践是康德实在论的秘密和立足点。

目前已有不少对康德的实在论的有意义的当代重构。海德格尔独创性地采取了现象学的方式来解释康德哲学，给康德哲学带来了新的面相。他认为，在康德哲学中，想象力这种非理性的能力不仅构成了两种能力的中介，而且构成了两种能力的真正源泉。确实，知性与感性无法脱离想象力而起作用，然而，这并不意味着两者本身就以想象力为根源，事实上，想象力其实也无法脱离另外两者而起作用。汤姆·洛克摩尔（Tom Rockmore）认为，在胡塞尔之前，康德和黑格尔对一种认识论导向的现象学做出了突出的贡献。洛克摩尔说，康德有表象主义（representationalism)和建构主义这两种不相容的立场。洛克摩尔质疑康德的表象主义，却认同他的建构主义，但他的理解并不真正符合康德的文本。现象依赖于本体，正如显象依赖于自在之物。康德只是认为，我们无法形成关于自在之物和本体的知识。格候尔德·普劳斯（Gehold Prauss)认为，无论在理论领域还是在实践领域中，人的活动都具有实践性（die Praktizität)的特征，这体现为它们的意向性（die Intentionalität)或目的性。这种理解确实解释了理论与实践的共同点，具有一定的合理性，不过这种理解一定程度上把主体的实践性主观化了。笔者的理解与洛克摩尔的理解有一定的相似，都认为直观（而非自在之物）才是康德体系中本源性的概念，但笔者以实践活动作为立足点，试图阐明康德如何回到具有直接性的事情本身，展现康德的现象学意义，而洛克摩尔的理解与康德的文本有某种不符合之处。

一、实在性、现实性概念的内涵

对康德而言，实在性和现实性都意味着（时空、概念等）表象与表象之对象的符合，意味着某物按照经验性法则而与知觉相关联。一般而言，某物具有现实性，意味着该物的表象具有客观的实在性。

实在性（die Realität）概念是质的三个范畴中的第一个，与肯定判断相对应。就其一般的意义上说，一个表象的实在性意味着这个表象与在时间中存在的表象的客体相符合。康德如此界定实在性范畴：

> 实在性在纯粹知性概念中是和一般感觉相应的东西；因而这种东西的概念自在地本身表明某种（时间中的）存在；否定性的概念则表现某种（时间中的）非存在。所以这两者的对立是在同一时间是充实的时间还是空虚的时间这一区别中发生的。（KrV A143/B182）

康德这样定义现实性（die Wirklichkeit）范畴："由于可能性只不过曾是该物在与知性（即与知性的经验性运用）的关系中的一种定位，那么现实性就同时是这物与知觉的一种联结。"（KrV A235/B287 Anm.)"如果它与知觉（作为感官质料的感觉）处于关联之中，并由这种知觉借助知性得到规定的话，该客体就是现实的……"（KrV A234/B286)

现实性概念与实在性概念十分相似，都意味着对象与直观相关联，一般而言，一个经验性事物是现实的，意味着该事物的表象是实在的。据笔者考察，实在性与现实性两个概念之间的重要区别在于外延方面，前者主要用来述说时空、概念、直观、知识等认识形式和表象，而后者主要用来述说这些形式和表象的对象。① 例如，康德说，"即使一定空间或时间的整个直观都是逐点实在的"（KrV A172/B214），他在肯定"那么现实性就同时是这物与知觉的一种联结"之后，在下一句说："我们总是必须手头有一种直观，以便在它上面摆明纯粹知性概念的客观实在性。"（KrV A235/B287-288）

康德这样界定经验对象之现实性的标准："凡是按照经验性的法则而与一个知觉相关联的就是现实的。"（KrV A377）该对象要么被直接知觉到，要么其现实性可凭借经验法则从其他知觉中推断出。一般而言，康德哲学中的"实在性"指经验概念的实在性。首先，这种实在性以感性直观为条件。康德认为实在性意味着观念与对象的直接相关性，意味着观念的对象被直观，在感觉、直观中直接对主体呈现，通过这种呈现，对象的表象就不再只是空虚的观念，而与实际的经验联系起来了；感性直观作为"第三者"使对象被给予我们，关于对象的观念因而拥有了内涵与外延，具有了客观实在性。没有直观，表象就只是空洞的，也不存在某种所指与之对应。

> 如果一种知识要具有客观实在性，即与某个对象相关，并通过该对象而拥有含义和意义，那么该对象就必须能以某种方式被给予出来……一个对象的给出，如果不再只是间接地被意指，而要在直观中直接呈现出来的话，那无非就是将对象的表象与经验（不管是现实的经验或者至少是可能的经验）联系起来。（KrV A155-156/B194-195）

其次，实在性与否定性都有其程度，在两者之间有一个连续的区间，实在性程度视乎对象在哪种时空区间内被直观的程度。从我们能够有效地直观到某个概念对象，直到我们不再能够感觉到它，是从实在性到否定性之间的连续区域（KrV A143/B182）。

康德认为，经验概念、先验认识形式和理性纯粹理念都可以具有客观实在性。经验概念的实在性体现在概念对象在直观中对主体显现，由此经验表象与客体相符合；先验的（感性、想象力与知性的）认识形式的实在性在于这些形式构成可能经验的条件，由此经验对象与先验形式相

---

① 康德偶尔也会用"实在性"来述说现象，如"现象自在地本身并不具有任何客观实在性"（KrV A120）。

符合；纯粹理念的实在性在于这些理念能够影响甚至决定人的实践，由此理念与经验行动相符合。

康德也讨论了先验形式、先验知识的实在性。他把时空、范畴等先验形式的实在性设想为某种有效性；由于时空对于感官对象而言总是有效的，所以时空总是与对象相符合。但时空并不独立于主体。"因此，我们的主张表明了时间的经验性的实在性，即对每次可能给予我们感官的一切对象而言的客观有效性……反之，我们反驳一切对时间的绝对实在性的要求……"(KrV A35/B52)这种有效性也体现了对象与主体表象的形式与符合性。

关于纯粹理性理念的实在性，如果一个理念具有"理论的实在性"，意味着这个概念指向某种超出经验世界而实际存在的事物或其存在方式。一个理念具有"实践的实在性"，只是指这个概念能够影响我们实践中的行为准则和行动，从而影响现实的经验世界；这个理念通过这种影响现实的活动过程而具有实践的实在性。道德法则的理论实在性不可论证，但是它在实践的意义上"得到了证明"。自由、上帝、不朽灵魂这些理念都具有实践的实在性。例如，说诸如自由、上帝、不朽灵魂这些超验理念具有理论的实在性，就是说这些理念确实指向某种超出经验世界而存在的本体或其属性，这些本体分别具有自由的属性、知性直观的能力和永恒性。据笔者统计，"实践的实在性"一词（"Praktische Realität"或"Praktischen Realität"）在康德著作中共出现了近30次，它们在科学院版全集中的页码分别是 A807-808/ B835-836，5：48，5：56，5：175，5：453，5：456，5：457，6：5，6：6，6：251，6：253，6：338，6：406，8：297，8：306，8：333，8：416，18：673，18：682，18：718，20：300，20：341，20：428，21：21，21：421，23：315，23：403。通过逐一考察我们发现，康德对这一概念的用法是基本一致的。康德对实践自由和先验自由的区分，与对自由的理论的实在性和它的实践的实在性的区分是相对应的。在康德把先验自由和实践自由相对举的时候，人有先验自由是指自由理念具有理论的实在性；而实践自由就是"在实践的理解中的自由(Die Freiheit im praktischen Verstande)"，人有实践自由，就是说自由的"实践概念（der praktische Begriff)"具有实在性，就是说自由理念（或概念）具有实践的实在性(KrV A533-534/B561-562)。

在理论认识中，实在性范畴不能用来有效述说上帝、自由意志等超经验的自在之物或本体。自在之物"既不能作为量，也不能作为实在性，还不能作为实体等被思维（因为这些概念永远要求它们借以规定一个对象的那些感性形式）"（KrV A289/B344）。出于严谨性的考虑，康德甚至在第一批判的第二版中删除了以下断言："现在，我们应当想到，经过先验感性论所限制的现象概念已经由自身提供了本体的客观实在性……"（KrV A249）康德说，一个关于作为一切经验存在者的先验基底的理念"无非是关于实在性的一个大全的理念"，这个理念指向自在之物，但这个被设想的理念并不构成知识，而只有范导性的意义（KrV A575/B603）。理性"并不会去预设这样一个符合这一理想的存在者的实存，而只会预设它的理念，以便从通盘规定的一个无条件的总体性中推导出那有条件的规定，即对受限制的东西的规定"（KrV A578/B606）。

在理论认识中，直观构成了有某种自在之物或本体的真正根据。首先，自在之物是直观的存在理由，直观是自在之物的认识理由。我们无法认识自在之物，只是被给予了感性的直观，而康德根据"显现必有显现者"的原则，推断出直观背后必然有某种自在之物作为其根据。即使现象背后再无别物，因而现象本身就是自在之物，在这种情况下，现象仍然以自在之物为根据，它就是自己存在的根据。因此，康德的这种推断是恰当的。而康德也承认，这种推断并不能带来严格意义上的知识，只是通过类比把因果性概念运用于超感性的领域。其次，在理论上，认识理由先于存在理由。我们一开始无法确定有无自在之物，事实上也永远无法获得关于它们的知识，我们只是通过现象推断出有自在之物。因此，我们是通过直观这个认识理由，推断出自在之物这种存在理由，推断出它以自在之物作为其存在的根据。

二、实践与经验概念的客观实在性

就实践与经验性概念（包括经验主体与经验对象的概念）的关系而言，实践构成经验概念的实在性的重要条件，因为经验概念的实在性意味着经验对象在直观中被给予，而实践可以使人们主动地、现实地、普遍可重复地获得关于对象的直观。实践的实在论可以统摄经验性的实在论；它并不反对经验性的实在论，却为之提供了必要的补充与支持、弥补了它的不足。显然，这种实在论只承认对象作为经验现象的现实性，而非作为自在之物的现实性。

（关于经验对象的）科学知识以实验为条件，而实验以实践活动为条件，因此，实践活动（如先验形式一样）构成了经验概念实在性科学知识的条件。实验方法真正地把自然科学作为严格的科学建立起来。"自然科学首先经由这里（指实验方法——引者注）被带上了一门科学的可靠道路，因为它曾经许多个世纪一直都在来回摸索，而没有什么成就。"①（KrV B ⅩⅢ）实践也构成了关于经验概念的普通认识的条件，使得我们能够主动走向自然，分辨现实与幻影。

第一，实践能力和实验方法提供了认识经验概念实在性的关键条件。

首先，实践能力使人能主动、充分地获得所需的对对象的直观，使认识能够具有实在性，否则，我们无法充分证明经验世界的现实性。康德指出，作为经验学科的物理学之所以踏上"科学的阳关道"（即成为"经验性的原则上建立起来的自然科学"，而非先验自然科学），是由于人们采用了实验的方法，通过主动性的行动来拷问自然，要求自然显现自身的事实（KrV BⅫ）。② 他举了伽利略与托里拆利的物理实验和施塔尔的化学实验为例，来说明实验方法如何改变人类认识的基本模式；他由此凸显了实验方法的重大意义，强调物理学的"思维方式的这场带来如此丰厚利益的革命"是基于从被动性向主动性的转向，即"依照理性自己放进自然中去的东西"（先验的自然法则等形式），而到自然中去寻找"它单由自己本来会一无所知，而是必须从自然中学到的东西"，后者则包括先验的和经验性的知识（KrV BⅫ-ⅩⅣ）。③ 对于获得自然知识而言，实验以及与实践紧密联系的经验性观察是真正可靠的途径，比形而上学可靠得多：

> 人们发现，有众多人士迄今为止研究过形而上学并将继续研究它，并不是为了由此扩展自然知识（做到这一点，通过观察、实验和把数学运用于外部显象要容易和可靠得多），而是为了达到对完全超出经验的一切界限的东西的知识，亦即关于上帝、自由和不死的知识。（MAN 4：477）

---

① 类似地，康德强调，是实验方法把我们带入"批判的时代，即对所有断言之基础进行精确判断的时代"："在古人一无所知、而只是习惯于不稳靠的意见的事物方面也能如此精确判断，而凭借多年经验，和通过观察与培根所开启实验的对自然的认真考察，我们被带到了这个时代。"（Refl. 18：287-288）

② 在此，需要说明的是，在科学实验中的行动也属于实践，尽管这种行动并非实践自由的真正体现，而科学实验规范属于理论哲学的范围。康德区分了技术上的实践和道德的实践，区分了技术上实践的原则和道德上实践的原则："……因为如果规定这原因性的概念是一个自然概念，那么这些原则就是技术上实践的；但如果它是一个自由概念，那么这些原则就是道德上实践的……"（KU 5：172）"因为即使它们的原则[哲学的原则]完全是从自然的理论知识那里拿来的（作为技术上实践的规则），它们也可以是实践的。"（KU 5：173）

③ 对此，康德说："因此在我们称之为自然的那些现象上的秩序和合规则性是我们自己带进去的，假如我们不是本源地把它们、或者把我们内心的自然放进去了的话，我们也就会不可能在其中找到它们了。"（KrV A125）

这里所说的观察主要体现的是感官的接受性，但很可能也包括借助实践能力而进行的经验性考察（如围绕一个房子进行观察），而实验则体现了实践的主动性，如同法官要求证人呈现事实。康德之所以在这里强调外部显象，是因为他认为，内部对象的实在性要通过外部对象的实在性才能得到证明。关于数学的运用，康德认为，"在任何特殊的自然学说中，所能发现的本真的科学和在其中能发现的数学一样多"（MAN 4：470）。本真的自然科学是其"确定性无可置疑"的学说，它们展示具有必然性的规律，而经验性规律不具有绝对的必然性，因此，本真的科学，尤其是本真的自然科学，"要求一个纯粹的部分，来作为经验性的部分的基础"，它们必须包含关于必然性规律的先天的认识（MAN 4：468；4：470）。而要先天地认识自然事物，建立科学的纯粹部分，不仅仅要求先天的范畴，"还要求被给予与概念相应的先天直观"；而关于先天直观的知识是数学的知识，因此，本真的科学以数学能够在其中运用为条件（MAN 4：470）。

在实验方法中，理性的主动性和行动的现实性被结合起来了，超越了感性的被动性和主观性：

> 理性必须一手执自己的原则（唯有按照这些原则，协调一致的现象才能被视为法则），另一手执它按照这些原则设想出来的实验，而走向自然。虽然是为了受教于她，但不是以小学生的身份复述老师想要提供的一切教诲，而是以一个受任命的法官的身份迫使证人们回答他向他们提出的问题。（KrV BⅫ）

于是，通过主动的实践所获得的充分的感觉材料，我们建构起一个现实的感官世界，它不等同于模糊的印象，不是一场凌乱的梦境；否则，我们只是凭借被动、偶然的印象，难以区分幻觉与真实感觉。

其次，实践能力与实验方法是有效获得对自然法则知识的必要条件，并借助经验形成统一性的知识系统，使人得以有效区分现实与幻相、真正确证各个对象的实在性，推断出未被直接知觉到的对象之实存，并提供预测未来、进行决定的重要依据。理性必须根据自己的计划和关于法则的猜测，在自然中发现"理性所寻求且需要的"一条必然法则，并使得观察在"在一条必然法则中关联起来"；我们需要"强迫自然回答自己的问题"，而不能依赖于偶然的观察（KrV BⅫ）。要区分现实与幻相，我们不能单纯依靠直观，还要按照经验性法则来考察，被直观的对象的存有是否与其他的诸多知觉相一致。"……在这些虚假表象那里，错觉有时必须归于想象的幻觉（在梦中），有时必须归于判断的失误（在所谓感官的欺骗中）。"（KrV A376）这里所说的感官的欺骗，是指"把我们只是推论出来的某种东西当作直接知觉到的东西"（KrV B359-360）。

> 然而，真实与梦幻之间的区别并不是通过与对象相关的表象的性状来发现的，因为表象在这两者之中都是一回事，而是通过这些表象按照在一个客体的概念中规定表象之联系的种种规则的联结，以及它们在一个经验中如何能够或者不能够遥远地共存来发现的。（Prol 4：290）

例如，我们要通过主动的行动和观察，来辨识仿佛是"新大陆"而实际是"海市蜃楼"的"幻相"（KrV A235/B295）。由此也可以看出，观察必须凭借实验方法的支持，才能真正带来可靠的经验知识。而且，孤立的直观无法证明对象的现实性；仅当对象能够被我们直观到，而且在经验的前后关联中、符合经验性法则地被我们直观到，对象才会具有现实性；因此，整个相互关联的经验世界就构成一个对象现实性的必要条件。

> 于是实际上除了感官对象外没有任何对象能够被给予我们，并且只能在一个可能经验的前后关联中被给予我们，所以如果不是把一切经验性的实在性的总和预设为一个对象的可能性条件的话，对我们来说就没有任何东西是一个对象。（KrV A582/B610）

此外，我们还能通过已有的知觉和经验性法则，推断出未被直接知觉到的对象的存有。例如，尽管我们无法直接直观到磁性事物的存有，但我们可以通过铁屑被吸引，和第二个经验性类比的法则（因果性法则），推断出磁性物质的存有。

> 但我们也可以先于对该物的知觉，因而比较性地先天认识该物的存有，只要它是按照某些知觉的经验性结合的诸原理（按照诸类比）而与这些知觉关联在一起的。因为这样一来，该物的存有毕竟与我们在一个可能经验中的知觉发生了关联。（KrV A225-226；B273）

　　再次，实践能力与实验方法使得认识活动具有普遍可重复性，以保证认识的普遍有效性。"通过观察和实验，以及一种频繁、经常重复的经验，人们获得了感官（Sinne）的确定性。"康德在讨论伦理学时说，哲学家"能够几乎像化学家一样，在任何时候都用每个人的实践理性来做实验，以便把道德的（纯粹的）规定根据与经验性的规定根据区别开来……这就好像是化学家在盐精中把碱加给石灰溶液似的；盐精马上就脱离了钙而与碱结合，而钙则沉淀到底下"，这种实验构成了"对作为一种纯粹理性的原理的道德原则的辩护"（KpV 5：92）。可见，普遍可重复的实验是保证化学等自然科学认识的普遍有效性的关键途径。对于贝克莱的这一质疑——当没有人在某个房间的时候，先前在里面的桌子还存不存在——康德可以回答说，我们可以通过实践能力和实验性方法形成一般性的知识。因为只要满足一定的相关条件（如某人在这房间附近、有行动能力、可以进入房间），任何人可以在任何时候、从任何具体的地点对那个桌子的存在进行检验。这样，尽管有很多时候没有人在那个房间，但是，一般的可检验性保证了认识的一般的有效性。基于行动能力和实验方法，任何具有相关实验条件的不同的人在任何时空对同一经验对象进行认识和验证，获得关于它的充分的、全面的和持久性的印象，从而避免认识的偶然性，有效地建构起具有实在性的经验对象，并且获得具有客观实在性的经验知识。但是，偶然的印象无法真正建构起具有实在性的经验对象；被动地、偶然地获得的感性印象通常是片面的、表面性的、不持久的、范围有限的。但理性可以强迫自然回答它的问题。通过在实践的基础上的观察，我们能够持久地获得具有一致性的经验印象，从而建构起持存的实体，我们能够获得具有固定联系的现象，从而建构起具有稳定性的经验对象的属性，和各种经验现象的合规律性，由此，它们不仅符合经验因果律等先天的法则，而且有种种具体的、固定的规律（如牛顿三定律，建构这些规律是以质料为条件的）。通过历史中人们持久的检验，我们知道，经验性事物的存在并不依赖于我们对它们的直接感知。尽管这种一般性只是较大的概然性，而不是绝对的普遍性，但人们——包括康德在内——都承认经验性的自然学科是能够提供关于对象的知识的科学。尽管先天的认识形式也构成了经验事物的基本条件，然而它们无法为我们提供具体的科学知识，后者需要人们主动的实验观察。而且我们通过实践中的经验发现，实践具有合规律性：我的意愿和我的行动有持久的对应性，和对象与身体的作用和感觉有持久的对应性。

　　最后，实践使得认识具有可沟通性和可合作性；只有凭借实践能

力(包含言说能力),我们才能形成理性的认知共同体,而在相互交流和
理解中获得间接经验,摆脱个体的感官印象所受的偶然性因素的影响,
达到有效的认识。没有实践能力,我们甚至无法言说,就无所谓社会共
同体了。而在共同体的社会性和历史性的认识过程中,偶然性因素才能
够逐渐被排除,而一般性的、能够被普遍肯定的经验对象被建构起来。
例如,我们可以逐渐认识到月食不需要以人格神为根据,认识到南极洲
的存在,认识到引力是存在的。事实上,只有当我认为我的认识有充分
的理由,我才会认为我的认识是有效的;而只有当我认为其他人也能够
通过理性认同我的理由时,我才会认为我的认识有充分的理由。行动能
力也是主体间交往的重要条件,没有行动的能力,就难以进行有效的主
体间的交流,难以实现公共性的理性反思、批判与共识,我们就难以有
效地保证判断的有效性,难以建构起客观的经验对象。在现实的社会中,
自由公民的共识是理性知识的必要条件,只有当我认为这些根据是可以
被普遍的认可的,我才会设想某个判断是有充分根据的。① "建立在这种
自由之上的甚至是理性的实存。因为理性没有专断的权威;他的审判永
远只是自由公民的共识,他们每个人都必须没有促使或阻碍而是被允许
表达他的反对甚至他的否决。'"(KrV A738/B766) 需要注意的是,康德
所说的客观性通常是指主体间的普遍有效性,而不是指与客体的符合性,
因为客体本身就是被主体共同建构的。

实践在主体有效建构经验客体中起着重要的作用,充分体现了认识
过程中的建构性,因此,实践构成经验概念的实在性的重要条件。

在康德的体系中,主体建构对象,认识就是不断重新建构对象的过
程。经验对象并不是物自体,具有经验实在性的感性对象是通过先天认
识形式和感性质料而被建构起来的,经验对象的客观实在性是通过主体
间具有共同性的感性质料和先天形式而可能的。认识的先天形式固然是
内在的,质料也是主观的,它只是感官被刺激而在主体内部产生的,而
不是从某种物自体转移到我们内部的。自然界的建构至少包括三个阶段:
先验对象的建构(以先验自我为条件),先验法则的建构(以先验自我和
十二个先天范畴为条件),经验对象和经验法则的建构(以先验自我、先
天认识形式和感性质料为条件)。经验现象的具体的合规律性是我们通过
质料建构现实的自然界整体的一个条件,而主动的实践能力是经验科学

① Orana O'neil: *Reason and Autonomy in Grundlegung III*, in Grundlegung zur Metaphysik der Sitten—ein Kooperrativer Kommentar, Hrsg. von Orfried Höffe, Frankfurt am Main, 1989, S. 289.

的基本条件，是关于经验对象的一般性知识的基本根据。

第二，在著名的"对观念论的驳斥"中，康德对其经验性的实在论展开了论证，但该论证并不充分，需要实践的实在论提供补充和支持。实践的实在论断定，关于诸事物（包括可感事物、超感性事物）的概念以及诸先验形式具有普遍可承认的实在性。

首先，康德的经验性的实在论肯定被知觉的可感对象不是单纯的幻相，却（作为现象）现实地存在于时空中、在主体的意识之内，肯定时空对所有经验对象的有效性；据此，经验对象并不独立于主体的先验形式和先验综合，却独立于主体的经验性想象和思考而实存，其现实性对所有人而言都是有效的。"所以就此而言经验性的实在论就摆脱了怀疑，就是说，与我们的外部直观相应的就是空间中的某种现实的东西。"（KrV A375）它和康德的先验的观念论是一体的两面，后者否定经验对象独立于时空的现实性，否定时空独立于主体的实在性。在此，"先验的"是独立于经验的，"经验性的"是就经验而言的、基于人的立场的："这样，我们就只有从人的立场才能谈到空间、广延的存在物等"，而如果独立于经验的主观条件，"空间表象就失去了任何意义"（KrV A25/B42）。与此不同，先验的实在论肯定时空和经验对象独立于主体的现实性。经验性观念论与经验性实在论也不同，前者"否定了广延的存在物在空间中的存有"，而后者肯定它们的存有，前者"肯定空间的特有的现实性"，而后者否定这种现实性（KrV A491/ B519）。因此，经验对象对两人而言都是依赖于主体的，但是，对于康德来说，就经验而言，按自然法则而被直观到的对象是现实的。

其次，康德指出，对内部对象现实性的证明依赖于对外部对象现实性的证明，而所有对外部对象的想象和幻觉都来源于现实的外部直观，鉴于我们确实有外部直观，存在着与外部直观相一致的现实的外部对象，也存在着现实的内部对象。但这些论证只能表明存在着现实的外部对象和内部对象，却无法证明这些对象与直观相一致而非幻相。实践的实在论认为，实践（以及实验）能够提供充分的直观和关于经验性法则的知识，来区分现实与幻相。

康德指出，笛卡尔的"我思故我在"这一观点是合理的，只要这里的"我"指的是作为现象之经验自我，而非自在之我或先验自我；而对内在对象现实性的证明以对外部对象现实性的证明为前提。因此，经验性的观念论者内在对象的现实性是确定的，而外部对象现实性是可疑的，这是错误的。康德有条件地接受"我思故我在"的观点。他说，反之，先验的观念论者却可以是一个经验性的实在论者，因而如人们对他所称呼的，可以是一个二元论者，就是说，他可以承认物质的实存，而并不超出单纯的自我意识，也不假定除了我里面的表象的确定性，也就是除了 cogito，ergo sum（拉丁文：我思，故我在）以外的更多的东西。（A370）

康德认为，自在之我无法认识，而先验自我只构成了经验性的自我实体的先验条件，它没有具体的时间规定，无法被认识为在某个时间区域之中的实存，因为关于它的表象"没有任何内容，因而没有任何杂多"、没有与之相应的直观（KrV A381-382）。对内在对象现实性的证明以对外部对象现实性的证明为必要前提。一切变动的东西都要以不变的东西为基础。在经验性的灵魂之中，一切表象都在不断地流动，而在外感官面前的现象却拥有某种固定的或常驻的东西，它提供了一个为那些变动不居的规定奠定基础的基底……相反，作为我们内部直观的唯一形式的时间却不拥有任何常驻的东西，因而只有诸规定的更替，却不提供确定的对象来认识（KrV A381）。

而且，在心灵之中的无非是表象，我们需要找到在其之外、与之相对的、非纯主观的东西作为衡量实在性的参照。因此，"对我自己的实存的单纯的但经验性的被规定了的意识证明了在我之外的空间中诸对象的实存"（KrV B275）。

再次，康德驳斥了彻底的怀疑论的这一观点：关于对象的表象也许"完全只是想象力（在梦幻和妄想中）的结果"——无论内部表象还是外部表象都是如此。康德声称，想象力形成梦幻和妄想"只是凭借对以前的外部知觉的再生"才是可能的；如果不是我们已经有过相关的外部知觉，如果没有"外部对象的现实性"，甚至梦和幻想都是不可能的（KrV B278-279）。因为，"我们根本不可能先天地想出直观的实在东西来"（KrV A375）。而且，康德认为，关于空间中外部对象的知觉不会是单纯的内心活动所带来的；"如果我们被自己所刺激，那么，我们只会在直观中发现时间的形式；而我们无法表象任何空间（在我们之外的存在）"（Refl. 5653；18：308）。由此，既然我们确实有关于空间对象的外部直观，而这些直观基于现实的对象，因此，存在着诸多现实的外部对象。而不断被这些对象刺激并形成诸多直观的主体也是现实的实体。因此，经验世界是现实的。

又次，康德对怀疑论的这个驳斥有一定的合理性，但仍然需要实践的实在论来补充和完成。但他的论证只能表明，必然有外部于经验性的心灵的现实对象作用于我们的感官、形成我们的外部知觉，但这不能证明，我们的直观确实符合现实的对象，而不是像海市蜃楼那样的幻相，而我们的直观与刺激我们的事物相符合。阿利森恰当地指出："即便出于论证的考虑，把这些主张接受下来，也依然存在着如下的可能性，即我们对外物的表象乃是某种我们所不知道的'隐秘官能'的结果。我要提醒一下，笛卡儿在'第三个沉思'里就提到了这个可能性，它与他对上帝实存的论证有关。"①在此，笔者并不是在质疑现象是否能符合自在之物，而是在质疑我们的直观是否符合现实的经验对象，这些对象是被我们先天形式所建构的、时空中的对象。

笔者认为，实践的实在论完成了对经验性实在论的论证。根据康德的经验性的实在论，符合经验性法则而被知觉到的对象是现实的，它们存在于时空中。但是，没有实践能力，我们无法分辨现实与幻相；我们无法确认，经验对象是否符合经验性法则而被知觉到，对该对象现实性的肯定是否与其他认识系统一致。面对怀疑论的质疑，实践的实在论能够提供更为有效的证明方法——通过实践去让自然告诉我们关于对象和法则的真相。例如，就海市蜃楼而言，我们可以凭借实践能力主动走向自然，凭借身体的机能去考察在我们之前目光所及的范围内，是否存在见到过的那个城市，并由此发现原来在沙漠上所见的海市蜃楼其实是一种幻想，但通过触觉、视觉等，我们也会发现，我们原来所占领的沙漠是现实的。这种认识的普遍性是基于，任何有相关条件的人都可以做类似的考察。反之，如何我们毫无行动能力，我们难以确证，我们知觉到的整个世界是否都只是幻相——尽管我们知道，有空间中的对象刺激了我们的感官。

最后，无论如何，世界仍然可能完全是普特南所说的"缸中之脑"产生的幻相，我们无法完全有效反驳怀疑论对经验世界现实性的质疑，在理论和实践上，我们毕竟有理由相信它的现实性。从理论的视角看，在实践能力和实验方法的支持下，世界虚幻性的概率已经降至极低。毕竟，我们确实有海量的关于外部对象的直接经验和间接经验，并且通过人类漫长历史的实践和科学研究，表明这些繁多的直观是相互一致的，并且符合诸多我们已经发现的经验性法则，因而，这个经验性世界极有可能

---

① Henry Allison, *Kant's Transcendental Idealism*, New Haven and London, Yale University Press, 2004, pp. 293-294.

是现实的。从实践的视角看，我们有必要相信世界的现实性。这既是基于经验世界极有可能是现实的，也是基于，实践生活迫使我们不断做决定，因此，我们不可能等到我们完全能够证明世界的现实性才采取行动。我们发现，人的主动性、自发性的发挥和其所带来的知识、道德和幸福是紧密相关的。

实践的实在论意味着一种现象学式的理论建构：我们首先通过对身体的直观，和意识与身体的实践性关联确证身体的现实性，由此意识到行动者的灵魂的现实性，进而通过实践和直观确证其他事物的现实性。实践在建构经验性的实在论中起着关键的作用，这也体现在它如何首先确立起身体以及经验性灵魂的现实性上。自我的身体的现实性可被原初地证明，这个证明是其他物体现实性得到证明的前提。因为，假如身体是虚幻的，那么，我们就无法获得关于其他物体的直观，并证明它们的现实性。"在我之中，我使我之内所有其他东西以及与之关联的外在直观在于我的身体。因而，作为一个外在直观的主体，我必须有一个身体。"（Refl. 5461；18：189）对我们身体的感觉是非常直接的、随时可主动检验的，如手指移动时产生的触觉。在外在显象的合法则的统一性关联中，我的身体得到了确证，而我们通过他人的语言等推测他人也有类似的知性和对其身体的直观，并间接地推断出他人（与心灵作用的）身体的实在性。

> 就我自身而言，诸身体的实在性是外在显象彼此之间的相互关联，就他人而言，是这些事物的外在显象之关系中的一致性，通过它们，他人凭借对我的知性的指认而指认他们的直观，因而，这实在性也是所有外在显象彼此之间的一致性。身体的实在性不是自在之物的实在性，而是显象的实在性……（Refl. 5461；18：189）

而由于内部经验和外部经验是彼此结合的，身体的现实性得到确证，我们经验性的心灵的现实性也可以得到确证。

由此，康德的经验性实在论就通过实践的实在论得到了补充和有力的支持。

三、实践与先验认识形式的客观实在性

在康德看来，如果没有实践能力，没有可能的实践活动，就没有可能的经验知识，也不会有关于诸先验认识形式的知识的客观实在性。

在具体的论述中，康德分别论述了先验认识形式的实在性和（关于这些形式的）先天知识实在性，但其实两者是彼此对应的，先验认识形式具有实在性意味着关于这些形式的先天知识具有实在性。为了呈现充分的文本依据，笔者将分别阐述康德基于这两个角度的论证。

第一，对先验认识形式的实在性以实践能力为条件。

就先验认识形式而言，如果这些形式不能够构成经验对象的可能性条件，它们就没有什么所指和客观的实在性。先验的想象力提供关于时间的规定性（如时间的不可逆性）的先验图形，以此，经验性的想象力再现过去的感觉，预测未来的感觉，并把不同的表象统一起来形成经验对象；经验对象以感性的感官质料和先验图形为必要条件。"即使是空间和时间……如果它们没有被指明在经验对象上的必然运用，它们就是没有客观效力、没有意义和所指的"（KrV A156/B195）。

康德指出，没有经验对象，就不会有（时空、范畴等）先验认识形式的客观实在性与有效性。康德呈现出两个有所不同的具体观点，它们分别认为先验认识形式的实在性基于经验对象的现实性与经验的可能性；两者都可以支持实践的实在论。

首先，他认为，先验形式的实在性基于经验对象的现实性，"没有这些对象"，时空、范畴等先验形式也"不会有什么意义"。要确证先验形式的实在性，就需要确证经验对象的可能性。如果经验对象的实在性不具备现实的可能性，如果"没有这些对象"，也就无所谓表象与对象的符合，无所谓知识，时空"不会有什么意义"，而且，"一切概念的情况也是如此，没有两样"（KrV A156/B195）。换言之，被确证的经验对象之现实性是先验知识实在性的基本条件。

其次，康德又认定，先验形式的实在性基于经验的可能性、基于可能的经验对象，"所以，经验的可能性就是赋予我们的一切先天知识以客观实在性的东西"（KrV A156/B195）。他甚至断言，一个对象的给出"无非就是将对象的表象与经验（不管是现实的经验或者至少是可能的经验）联系起来"（KrV A156/B195）。这第二个观点是基于，先验认识形式不仅仅构成了当下现实对象的条件，而且构成了过去、未来的所有可能经验的条件。另外，这里所说的可能性是现实的可能性，而非逻辑的可能性；某个事物只要并不自相矛盾，在逻辑上就是可能的。

最后，这两个观点都可以支持实践的实在论。根据前一个观点，先验认识形式的实在性基于可能的实践活动；根据第二个观点，其实在性基于现实的实践活动（基于实践能力）及其所确证的经验对象。

如上所述，因为人有实践能力、能确证经验对象的现实性，因此，时空、范畴、先验图形、先验原则等先验认识形式具有客观实在性。

第二，我们需要实践能力来证明先验认识形式的知识之实在性。

首先，要确证先验知识的实在性，就要证明（关于认识形式的）先验知识构成可能经验知识的条件。否则，这些观念就只能与观念本身发生关系，而无法与对象符合，无法构成客观有效的知识。[①] 在此，经验知识是先验认识形式（其实在性）的认识理由，先验认识形式是使经验知识得以可能的存在理由。没有可能的经验知识，就不会有（关于先天认识形式的）先天知识的客观实在性。因为，关于某种对象的经验概念的实在性基于该对象在经验中被直观，而先验的认识形式没有任何经验性的内容，其概念的实在性无法通过这种方式得到证明。

> 所以，经验的可能性就是赋予我们的一切先天知识以客观实在性的东西。而经验是基于诸现象的综合统一之上，即基于按照一般现象的对象之概念所作的综合之上的，舍此它就连知识都不是，而会是知觉的某种梦幻曲……所以经验拥有为它的先天形式奠基的诸原则，这就是那些在现象的综合中的统一性的普遍规则，它们的客观实在性，作为必然的条件，任何时候都可以在经验中，甚至在经验的可能性中指出来。（KrV A156-157/B195-196）

引文中所说的"经验"是指经验知识、关于经验对象的知识，而非指人们日常所说的感觉经验。因为，当康德在这里说"经验是基于诸现象的综合统一之上……舍此它就连知识都不是"的时候，他把经验看作一种知识。在此语境中，康德也指出，"经验，作为经验性的综合，在其可能性中是唯一赋予其他一切综合以实在性的知识类型"（KrV A158/B197）。类似，康德也说，"经验就是通过结合诸知觉而来的知识"（KrV B161）。引文中的"先天知识"包括了关于先天认识结构的理论知识，包含关于感性形式、图形、范畴、先验法则等先天认识形式的理论知识，它们表现为先天综合判断。而在引文的语境中，康德所论述、所肯定的也包括了"时间与空间"和"一切概念"和"纯粹的综合判断"的所指和客观实在性（KrV A156-158/B195-197）。

---

① 知识与真理意味着表象与客体的符合关系。"……知识和客体的一致即是真理……"（KrV A191/B236）先天知识的真理性"即与客体相符合"（KrV A157/B197）。相应地，"如果一种知识要具有客观实在性，即与某个对象相关，并通过该对象而拥有含义和意义，那么该对象就必须能以某种方式被给予出来……"（KrV A155/B194）

　　只有当这些形式构成经验（即关于对象的经验性知识）的可能性条件时，这些先天综合判断才有客观的有效性，否则它们只有主观有效性，而这些先天知识只是单纯主观性的：

　　　　因此，尽管我们在综合判断中对于一般空间，或对于生产性的想象力在它里面所描绘的形状，先天地知道很多，以至于我们为此实际上不需要任何经验；但如果空间不是必须被看作构成外部经验的材料的那些现象的条件的话，那么这些知识仍将什么都不是，而只是沉迷于幻影；所以那些纯粹的综合判断，哪怕只是间接地，是与可能的经验，或不如说是与这些经验的可能性本身相关的，并且只有在这之上它们的综合的客观有效性才建立起来。（KrV A158/B197）

　　正是由于先验哲学中的先天综合判断（例如，关于因果性原则的先天综合判断）构成了经验知识的可能性条件，所以必然与经验对象相符合，必然能够有效地被运用于经验对象，并构成具有实在性的知识。如上所述，实践能力构成了经验对象实在性知识形成的条件，因此，它也构成了诸先天知识客观实在性的条件。

　　由此可见，康德的经验性的实在论肯定时空等先验认识形式的实在性，他的经验性实在论得到了实践的实在论的补充和支持。"所以我们主张空间（就一切可能的外部经验而言）的经验性的实在性，虽然同时又主张空间的先验的观念性，也就是只要我们抽掉一切经验的可能性这个条件，并把空间假定为某种给自在之物提供基础的东西，空间就什么也不是了。"（KrV A28/B44）他的实在论也肯定时间的实在性："空间和时间的这种实在性并不影响经验知识的可靠性。"（A39/B56）只有当人有实践能力，才可能有被确证的经验对象，才有可能有自然科学的经验知识，而只有当经验知识是可能的，经验性的实在论才得以确立。

四、关于相关研究成果的讨论

　　笔者试图讨论考尔巴赫、普劳斯、海德格尔、洛克摩尔等人若干对康德体系之重构的得失，来展现康德思想统一性之独特性与合理性。

　　考尔巴赫认为，"行动可以被描述为理性的自我实现的场所（Ort）。理性自身无非是（自主的）行动，而这既是知性的综合，又是意志规定要求的实现"①。基于此，考尔巴赫认为，康德所说的在自由的理念下行动只是指采取自由的立场，这里的行动是一种特殊的"基本行动"，而不是一般意义上的伴随身体活动的行动。"'在自由的理念下'行动表示，在一种实践性思考的基本行为中将其自身置于法则设立者的立场，由此理性变成了'自身就是实践的'。"②

笔者的解释与考尔巴赫有相通之处，都诉诸实践来说明自由；然而，他们又对实践作了主观化的理解。考尔巴赫所说的对立法者立场的采取毕竟只是发生在意识之中的活动，并未直接与感官实践发生联系，并未进入感官实践中，因而，采取立场并不足以建立自由的现实性。只有当我们根据立法者的立场采取了行动，自由理念成为行动的根据，自由才具有了现实性。

类似地，格霍尔德·普劳斯在对康德哲学的阐释中，为理论与实践的统一性做了富有意义的努力，并把自由（der Freiheit）、自发性（die Spontaneität）、主体性（die Subjektivität）、实践性（die Praktizität）、意向性（die Intentionalität）、目的性（die Absichtlichkeit）等都等同起来。首先，他认为无论是在理论领域还是在实践领域中，人的活动的基本特征都在于意向性或目的性，每个人都有对某物——成功（die Gelingen）——的目的，有对它者的意向或"对成果的意向"（Intention von Erfolg）。而实践是典型地具有目的性的，因此，人的活动都具有实践性的特征。③ 意向对象是否能被实现，这依赖于具有偶然性的现实，因此，对成功的意向实际上是对它者（die Anderen）的意向。④ 就康德而言，正如《判断力批判》所表明的，思辨理性也有指向（通过原则的统一性的）理论知识的完整性目的（KU 5：186）。⑤其次，他进而认为，这种实践性或意向性是人的自由、自发性的真正体现。

---

① Klaus Konhardt, *Faktum der Vernunft. Zu Kants Frage nach dem "eigentlichen Selbst" des Menschen*, In *Handlungstheorie und Transcendental Philosophie*, Hrsg. von Gehold Prauss, Frankfurt am Mein: Klostermann, 1986, S. 164.

② Klaus Konhardt, *Faktum der Vernunft. Zu Kants Frage nach dem "eigentlichen Selbst" des Menschen*, In *Handlungstheorie und Transcendental Philosophie*, Hrsg. von Gehold Prauss, Frankfurt am Mein: Klostermann, 1986, S. 164.

③ Gerhold Prauss, *Kant über Freiheit als Autonomie*, Frankfurt: Vittorio Klostermann, 1983, S. 174.

④ Gerhold Prauss, *Kant über Freiheit als Autonomie*, Frankfurt: Vittorio Klostermann, 1983, S. 174.

⑤ Gerhold Prauss, *Kant über Freiheit als Autonomie*, Frankfurt: Vittorio Klostermann, 1983, S. 351.

　　尽管普劳斯强调人的活动的成功或成果，他所说的实践性或能动性仍然并非真正现实的能力。因为意向或目的与其对象之间的关系终究只是在意识内部的联系，因而仍然是主观性的。而对于康德而言，人的主体性或实践性不仅仅体现在形成或拥有意向和目的的能力，更体现在意向与现实世界的联系中。

　　海德格尔认为，康德对人的诸先验能力的分析，属于关于此在的存在论阐释。他认为，想象力构成了感性与知性的真正根源："然而，上述被刻画的本源的揭示表明，这些能力的结构以如下方式植根于先验想象力：后者只能通过它与其他两者的结构性统一才能'想象'某物。"①康德肯定了知性与感性的同源性："在这里，我们满足于……从我们的认识能力的总根分叉并长出两个主干的那个点开始，这两个主干的一个就是理性。"（KrV A 835/B 863）就与感性的关系而言，康德的确断言，如果我们总是"思想中丢失了"先前的表象，如果不是想象力"把先行的表象再生出来"，"那就永远不会产生出一个完整的表象，也不会产生上述思想中的任何一个，甚至就连空间和时间这两个最纯粹和最初的基本表象也不可能产生出来了"（KrV A102）。在海德格尔看来，康德在第一批判 A 版先验演绎中，三重演绎都在想象力中发生，这是合理的，但是康德在 B 版演绎中认为一切的综合都源于知性，并宣称"在先验想象力名义下的自发性与在知性的名义下的自发性是同一个东西"（KrV B164），这种取消想象力独立性的做法并不恰当。他认为，尽管康德在《纯粹理性批判》中讨论的已经是此在的存在论结构，但在此，"存在论上起决定作用的东西仍始终隐而未露，那就是主体的，亦即此在的基本建构——在世界之中存在"②。笔者认为，想象力确实在康德的理论哲学中有关键的作用，知性与感性确实无法脱离想象力而起作用，然而，这不意味着两者本身就以想象力为根源，事实上，想象力其实也无法脱离另外两者而起作用。海德格尔深邃的思想确实揭示了存在的非常深刻的方面，但难以帮助我们区分在具体认识中的实在之物与幻相。康德充分阐明了实验科学的认识论意义，并为之赋予了先验的哲学基础。

　　汤姆·洛克摩尔在《康德的现象学》中，断言康德的哲学中有现象学的维度，并且其现象学比许多现象学思想更有合理性。首先，洛克摩尔宣称：

---

① Martin Heidegger, *Kant and the Problem of Metaphysics*, trans. by James S. Churchill, Bloomington: Indiana University Press, 1965, p. 145.

② 〔德〕海德格尔：《存在与时间》（修订译本），陈嘉映、王庆节译，北京，生活·读书·新知三联书店，2006，第 235 页。

康德展现了两种不同的、不相容的通向知识的进路，这一点经常没有被注意到。他采纳再现主义（representationalism），后来又转向建构主义（constructivism），转向一个我们可以不正式地陈述的、有影响力的观点：我们只认识我们所建构的现象。所有主要的后康德的德国观念论者，包括典型地被误读为抛弃哲学的马克思，都追随康德走向现象学的路径。他们都在某种意义上是现象学家，认同关于知识的现象学进路。①

洛克摩尔把"再现"（Vorstellung，representation）和显象（Erscheinung，appearance）看作同义的，它们是物自体的再现；而现象只是现象自身，它不一定是对那些超越它们自身的现实的再现。再现主义认为，我们能够通过再现而认识被再现者，而柏拉图主义却认为，我们通过感性无法认识被再现的理念。康德一方面是再现主义者，但又类似于柏拉图，承认一个独立于显象与心灵的世界，它构成了显象的不可知的根据。因而洛克摩尔反对这样一种解释：显象和物自体是同一事物的两个层面，一个作为显现于主体的那样，一个是独立于显象而作为事物自身那样。其次，洛克摩尔批评了康德的再现主义，却认同康德的建构主义，据此，认识主体建构认识对象。被建构的对象是现象，我们建构现象，所以能认识现象（而非再现或显象）。尽管显象必有物自体作为其对立面，现象却不是如此。康德的认识论现象学只关涉现象而非显象的知识。

弗洛德（Frode Kjosavik）批判了洛克摩尔对康德的显象和现象概念的解释。他恰当地指出，康德其实说过，显象是"经验直观的不确定对象"，而现象是确定的、被范畴整理过的显象。② 现象依赖于本体，正如显象依赖于自在之物，"现象"有着更多而非更少的存在论内涵。但他认为，洛克摩尔能促使人们避免忽视胡塞尔的现象学的认识论维度及其对康德和黑格尔意义上的现象的关联。

笔者以为，洛克摩尔的重构有一定的合理性，确实，尽管胡塞尔不同意康德的很多观点，但胡塞尔关于现象的理解与康德关于现象的理解

---

① Tom Rockmore, *Kant and Phenomenology*, the University of Chicago Press, 2011, p. 4.

② Frode Kjosavik, "Tom Rockmore: Kant and Phenomenology", *Archiv für Geschichte der Philosophie*, 94.2 (July 2012), p. 242.

有许多重要的相似性。然而，对现象学的理解和胡塞尔对现象学的理解都主要是在认识论的论域内展开的。

德国学者迪特·亨利希对康德的解释比较成熟且具有代表性。他认为，自由和道德最终都是不可论证的理性的事实；因此，《道德形而上学奠基》无法从独立于定言命令的前提，来对定言命令进行演绎，而只是要表明道德法则不是单纯主观武断的，并完善我们对道德和我们自身的通常理解，保留普通知性对道德的健全理解而避免对它们的偏离（参见本书第四章第四节）。在《实践理性批判》中，"康德断定没有任何对这一事实[指理性的事实——引者注]的演绎的尝试有成功的希望（KpV 5：47）。这一表达和《道德形而上学奠基》中的基本承诺之间有直接的对立"①。因为，

> 显然，《道德形而上学奠基》不可能对这样的一个演绎感兴趣，它直接从假定一个在"纯粹实践理性批判"中有待演绎的原则的有效性出发。它被指派了"建立"这一原则的任务。承担这一任务并不是为了澄清其他的、可疑的知识，而仅仅是为了道德原则本身的基础。②

在英美学界，亨利·阿利森教授提供了这一对康德思想的著名解释：康德的自由观念并不体现为关于两个世界的本体论上的肯定，他的自由观体现在这样一种概念区分上：从理论的视角看，我们是自然的一部分，而从实践的视角看，我们是理性的行动者。"我们有两种根本不同的与对象的认识关系，它们中没有哪个在本体论上具有优先地位。"③"要点在于，从实践的视角看，凭借作为纯粹理性法则的道德法则的确证，我们对自由的假定是有理性的根据或保证的。相应的，从理论视角看——在此被关注的是解释而不是行动——我们有理由，或有必要把所有事件都

① Dieter Henrich, "The Deduction of Moral Laws", in Paul Guyer (ed.), *Groundwork of the Metaphysics of Morals—Critical Essays*, Lanham, Rowman & Littelfeld Publishers, 1998, p. 310.

② Dieter Henrich, "The Deduction of Moral Laws", in Paul Guyer (ed.), *Groundwork of the Metaphysics of Morals—Critical Essays*, Lanham, Rowman & Littelfeld Publishers, 1998, p. 326.

③ Henry Allison, *Kant's Transcendental Idealism*, New Haven and London, Yale University Press, 2004, p. 47.

看作服从因果性法则的，这种法则是对事件认识的可能性条件。"①他说，这两种视角和考虑方式相互独立。这种二元论是规范性的，而不是本体论的，并没有独立于语境的真理或事实。

笔者认为，康德诚然也区分了理论的视角和实践的视角，并通过这种基本的区分来解决自由问题，然而他的立足点在于主观视角、立场与现实行动的联系。而且康德认为，在理论的视角下，人并非就是被经验条件所决定的，因为我们没有关于自由的理论上的知识。因此当阿利森等相容论者把自由与必然的区分对应于实践的视角和理论的视角之间的区分，他们已在较大程度上偏离了康德的理路（KrV A562/B590）。在理论和实践的视角下，我们都会采取经验世界的立场或视角，因为我们在这两个领域都会运用先验的感性形式。此外，我们认为，阿利森等英美研究者以人的主动的行动者的身份作为论证的前提，这是一种独断论的体现。阿利森主要的工作是通过预设行动者的身份，来引出两种视角的区分，从而说明自由与必然的相容性。无论如何，主动的行动者身份仍是一个很强的设定，而康德实践哲学的重要努力就是确立自由的现实性。

五、康德实践的实在论之意义

实践的实在论乃是实在论问题上的实践一元论，体现了认识与实践的统一、思辨理性和实践理性的统一，体现了经验概念、先验范畴和理性理念实在性的统一。

首先，康德认为，确证自由理念的实在性，意味着理性体系的两个部分之间被填上了拱顶石，两种理性运用获得了某种统一。是否相信自由、不朽灵魂等的超经验事物的存在，这本是理论理性的事务；但出于实践的理由，理论理性持有了对它们存在的信念——尽管它同时清楚，这些信念并不形成知识。以这种方式，理论理性和实践理性形成了某种统一。"自由的概念，一旦其实在性通过实践理性的一条无可置疑的规律而被证明了，它现在就构成了纯粹理性的甚至是思辨理性的体系的整个大厦的拱顶石……"（KpV 5：4）这是康德在实践理性批判中对三大理念的进一步论述，是对二律背反解决的进一步完成。理性"就通过自由的概念使上帝和不朽的理念获得了客观的实在性和权限，甚至获得了假定它

---

① Henry Allison, *Kant's Transcendental Idealism*, New Haven and London, Yale University Press, 2004, p.48.

们的主观必要性（纯粹理性的需要）……于是，理性的实践运用就和理论运用的诸要素联结起来了"（KpV 5：4-5）。

其次，对自由等理念的实在性之确证，为生活世界提供了希望，引导人们的认识和实践向着人类的至善（德福合乎比例的统一）而努力。"一切兴趣最后都是实践的……"（KpV 5：121）意志的设立目的的能力也构成了人认识活动的重要根据，因而认识过程是与实践过程互相渗透的。我们对经验世界进行把握的活动，并不是单纯被动的，也需要我们对选择的能力的运用，来决定我们的把握方法和过程，并由此体现了欲求能力和实践兴趣的作用。对象的显现以对认识活动的选择为前提，因此，经验性的实在性以实践的实在性为可能性条件。因此，认识活动和实践活动具有统一性。

最后，在实践的眼光下，自由理念的实在性得到了确证，至少在此眼光下，我们的认识活动可以具有独立于因果律的自发性，人的认识过程的有效性也得到了某种间接的保证。而在理论的眼光下，我们本来无法获得关于主体自由的知识，这意味着，我们无法认识，我们哪怕在进行认识活动的时候，是否在根本上被自然的因果律所决定，而我们认识的自发性是否只是相对的自发性。而自由是认识能力与知识的必要条件；在《道德形而上学奠基》中康德明确断言，没有（先验的）自由和自发性，就没有判断力和理性（GMS 4：448）。如上所说，只有当我们有自由，我们才有能力摆脱种种经验性的、感性因素对思维的干扰或影响，而能动地遵循（逻辑规则等）认识的规范，我们才能具有（逻辑思维等）认识的能力。如果我们把自身看作仅仅是被自然决定而思维的，而没有主动遵循逻辑规则的能力，那么我们的认识过程就只是偶然的自然活动过程的结果，是纯粹盲目的、被动的，我们就无法说明论证或认识的有效性，因而没有反思与批判的能力和自由，也就没有什么可以充当真正有效的知识，就没有真正意义上的理性（KrV A738/B766）。当然康德也肯定，正如行动一样，知性和思辨理性都具有某种自发性，这体现在其形成概念和规则、理念和原则的能力，但这有可能只是"相对的自发性"，如果这样，"主体仍只是被通过物理学的汇集而起作用的原因所决定"（Refl. 6077；18：443）。因此，认识活动的自由在理论上是无法被确证的，而在实践的视角下，我们的认识活动的有效性条件在一定意义上可以被满足。

就实践与本体理念的关系而言，无论是自由人格理念，还是上帝与不朽灵魂这两个理念，它们的实在性都是通过在实践中的作用过程而得以可能，都只能是实践的实在性，而不是理论的实在性。本体理念的实在性体现在实践之中，体现在我们对理念的实践运用之中。在实践的视角下，不是实践理念的实在性基于本体的实在性，而是本体理念的实在性基于实践活动的实在性。本体理念不具有某种自在的实在性，不具有某种脱离我们生命活动的实在性；它们的实在性只在实践活动之中体现，在活动过程之中体现。

结　语

总而言之，在实践哲学的基础性层面，康德为关于本体的理念之思提供了崭新的理论道路，他通过对自由的实践实在性和理论实在性的区分，在为道德性确立了必不可少的稳靠根基的同时，也摆脱了关于自由理论的实在性的形而上学预设，从而避免了哲学迷宫中的种种难题，这是康德实践哲学的一个光辉成就。康德指出，我们不一定有超经验的意志自由，但我们有先验性的实践自由，我们无法认识本体、无法证实或证伪本体理念的实在性，但是我们确实能够独立于感性的爱好和冲动、根据自由本体的理念而行动，我们可以证明自由等本体理念的实践的实在性。① 理性不必"在感官世界中到处搜寻最高的动因"，从而有损道德的纯粹性；而理性借此也可以不在本体界的概念空间中进行无谓的争辩，"无效地拍打自己的翅膀，却仍在原地不动"（GMS 4：462）。康德的道德哲学并不完美，然而其博大深邃的省思却不断激发着人们的灵感，其中的进路显示出持久不息的生命力。

康德一方面充分体现出哲学的批判性和论证的严格性，另一方面又为整个实践哲学提供了一种具有普遍意义的确定性基石，并以此超越了独断论与相对主义。康德并不预设道德法则与自由理念的实在性，但也并不让道德立足在具体的经验研究的基础之上。经验主义难以获得普遍有效的伦理学原则，这需要大量的经验性研究基础上的具体事实才能成立。而不同时代、不同社会中的人们可能有不同的心理结果和状态，在此基础上难以形成普遍性的结论。如何从经验性事实中得出规范性原则，也是一个很大的理论困难。康德却通过对理念的理性肯定、对理念的道德情感和理念对实践的影响，论证了理念的实践的实在性和人的道德能力，并基于自由作为内在价值的源泉来论证道德的规范性。康德建构的先验人类学一方面超越了经验主义和相对主义，另一方面又摆脱了超验

---

① 康德固然认为，我们必然设想，显现的现象对应于某种显现者、自在之物，但他阐明了，这个观点并不构成知识，而说自在之物是显象的根据，只是对经验性的因果关系进行类比的结果。我们其实不能把"实在性"的概念运用于自在之物。这样，自在之物存在的观念与自在之物不可知的原则之间并不无真正的矛盾，因为，前面的观念并不是在严格意义上说的。

主义独断论的影响。他所开拓的先验主义道路，为哲学这一思辨性的学科提供持续可行的方向。

当然，康德的理论并非天衣无缝，例如，他在实践哲学中把本体和现象的区分与理性和感性的区分对应起来，就造成了一定的理论困难。但这并不影响他的理论基础和具体的伦理学说的合理性，也可以在不影响理论大厦根基的条件下得到修正。

而就康德关于自由的绝对价值和道德法则的规范性思想而言，他通过人先验凭借普遍法则的自律来确立人的尊严，建构了先验主义价值论，在理论上实现了人的超越性与平等性的统一，充分地体现了古典哲学中思辨的张力，具有极深远的理论意义。康德把最高价值诉诸作为先验本体的人格中的人性，因而他在理论上赋予了个人以能动性与自由，高扬了人类的超越性与崇高性，指出人应出于理性先天本有的尊严而行动，使自身配有崇高的本性；他又承诺了每个个体平等的道德地位和尊严，要求对每个理性存在者无例外的尊重。最后，现代社会仍然需要理性精神的力量，尤其是价值理性与公共交往理性的作用，从而实现自由精神和平等精神的统一，使社会更为公平正义、和谐有序，建构更具有开放性和平等性的生活世界，更充分地实现每个人的自由。

康德建构了先验主义价值论，把最高价值归于人格中的人性或自律的能力，体现出其义务论独特的理论品格。在此，最高的价值在于人性先验本有的价值，而非经验中任何已经实现或有待实现的价值、只有少数精英所能实现的价值。当然，康德绝非要否定经验中道德行为的价值，而是将这种价值统摄在先验的价值之下，认为人应当通过在经验界中的行为使自身与本性的尊严相配，"那些尽到自己一切义务的人，在某种意义上是崇高的、有尊严的"（GMS 4：440-441）。

此外，在康德实践哲学中，先验的本体人格又并非与后天性没有关联，先验性作为对经验的优先性，就在于不依赖经验而同时能作为经验的条件。人格先验并不是指时间上的在先性，而是指逻辑上的在先性；先验人格是能动的先验存在，是作为经验行为的前提条件而存在的，我们不能用时空去把握，而人格对经验的作用或影响处在某个时间序列之中。

通过对这种先验普遍具有的尊严的揭示，康德哲学同时允诺了每个个体——无论是自我和他人——在尊严上的平等性，从而实现了对个体主义与整体主义的超越，以及对利己主义和利他主义的超越。

由于每个人普遍地具有绝对的价值和尊严，每个人在行动时不仅仅要对某些个人平等地尊重和关切，而应对每个人有平等的尊重与关切，绝不允许任何人受到忽视。每个人都必须平等地受到尊重，这种义务是无条件的、绝对的，是以每个个体内在的绝对价值和尊严为根据的。不侵犯每个人的人格，这不是一般性的劝诫，后者被遵循会更好、不被遵循也是可允许的。尊重也并不建立在对有感受痛苦能力的生命的同情上(何以我们应表示同情而非感官欲求要求的行为，却要以理性的理由为根据)，最终也不是建立在他人有待实现的德性活动的完善性、崇高性上；我们在帮助中不仅仅要付出同情，更要有敬重。对于康德，每个人先天地具有理性本性，而这种本性就构成了最高的自在目的和其他一切价值的基础；换言之，康德以普遍处在每个个体之中的先验本性作为价值上的基础，把它的价值看作绝对的价值，而不是仅仅以自我或他人的某种因素为价值基础；因而，我们既不应仅仅把自我视为最终目的，也不应仅仅把他人视为最终目的，而是普遍地把每个人看作终极目的，尽管人也可以被看作手段，但要同时把他看作目的，即只能为了他自己本身而把他用作手段。由此，康德提出"人是目的"的伟大命题，从根本上超越了以自我或群体价值为基础的个人主义和整体主义，也超越了一般意义的利己主义和利他主义(GMS 4：429)。

　　此外，就实践意义而言，我们生活在消费主义的时代。市场经济、大众媒体与大众文化、现代技术等循环作用，无限制地生产着人们的消费欲望；在传统思想与理想主义信念逐渐淡化以后，在较大的现实压力下，人们对物质利益的看重达到前所未有的程度。在特定的时空背景下，消费主义加剧了技术主义与工具理性的张扬，强化了人与人之间的手段性关系、消减着人们对他人与社群的关切。它使人关注私人生活而导致对公共生活的淡漠，它使人更多关心个人的经济地位而更少关心合理的社群关系的维系，它是当代社会信用缺失与伦理失范的重要来源。我以为，时代问题需要方方面面的努力，也需要公共理性，需要知识分子通过深入思考、对话与共识来建构积极性的话语，进而影响社会教育、公共政策、大众媒体，逐步建构一种合理、健全的现代社会文化与价值观念形态。对此，康德绝不反对消费，但一定反对消费主义。他给我们的启发是，他律的生活的问题首先不在于它的自私或庸俗，而是放弃自我决定而任由自身受到自然本能的束缚、受到自然因果律的束缚。然而，没有自主性、创造性的生活是没有内在价值的；不是通常具有排他性的消费活动，而是建立起尊严和平等性的自由活动过程本身，真正赋予了世界以意义。

康德呼唤自由，但绝不是拒斥感性的自由，而是呼唤以感性目的为具体内容、以道德性情感为重要动力、赋予感性合理性根据的自由，是使我们能够超越自私与盲从的自律，是在普遍的尊重与公共意识中的自我独立性与能动性。在此，与黑格尔不同，康德的自由观立足于个体主义基础上，由此建立对他人的尊重与对社群的关切，并警惕整体的名义下对个体权利的侵犯，而共同体文化对社会成员的塑造的合理性，也只是建基于民众自主参与和理性的自由公开运用。

如张志伟教授所说，康德以他特有的方式证明了无论作为自然存在物的人多么渺小，他却敢于以其精神的力量向不可抗拒的自然法则挑战，尽管在现实生活中我们不可能因为良好的意愿而改变自然法则，但是它却有可能将我们带入无限的自由境界，那虽然是人有生之年无法企及的理想，但是却可以作为理想成为我们追求的目标，正是在这一追求之中，我纯洁了自己的人格，体现了人之为人的尊严，将自己有限的生命融入到了无限的理想境界之中。① 在璀璨的星空下，个人是如此的渺小，唯有心中的律法能将我们带入永恒……

---

① 张志伟：《康德哲学的现代意义——兼论哲学与哲学史之间的关系》，《德国哲学论丛1999》，北京，中国人民大学出版社，2000。

康德著作引用方式说明

由于本书中有大量对康德著作的引用，按照国际惯例，本书凡引康德著作一般只在文后注明著作简称及其在科学院版《康德文集》(Immanuel Kant：*Kants Gesammelte Schriften*，Band Ⅰ- ⅩⅩⅨ，Herausgegeben von der Königlich Preußischen Akademie der Wissenschaften，Walter de Gruyter，Berlin，1902)中的卷码和页码，唯独关于《纯粹理性批判》的引文不采用科学院版《康德文集》，而采用 Felix Meiner 出版社 1993 年的版本(Immanuel Kant，*Kritik der reinen Vernuft*，Hamberg：Felix Meiner Verlag，ed. R. Schmidt，1993)，其第一版和第二版分别用页码前的"A"和"B"来表示。本书在引用康德著作时也在德语页码后面标明中译本页码。

出自康德作品的引文标准码前简称及其卷号的列表如下：

KrV：Kritik der reinen Vernunft

Prolegomena：Ⅳ：Prolegomena zu einer jeden künftigen Metaphysik，die als Wissenschaft wird auftreten können

GMS：Ⅳ：Grundlegung zur Metaphysik der Sitten

KpV：Ⅴ：Kritik der praktischen Vernunft

KU：Ⅴ：Kritik der Urtheilskraft

Religion：Ⅵ：Die Religion Innerhalb der Grenzen der blossen Vernunft

MS：Ⅵ：Metaphysik der Sitten

Anthropologie：Ⅶ：Anthropologie in pragmatischer Hinsicht

Rez. Schulz：Ⅷ：Versuch einer Anleitung zur Sittenlehre für alle Menschen，ohne Unterschied der Religion，nebst einem Anhange von den Todesstrafen

Logic：AA Ⅸ：Logic

Refl.：ⅩⅧ-ⅩⅨ：Handschriftliche Notizen（Reflexionen）aus dem

Zeitraum 1765-1800

Nachlaß：XXIII：Handschriftlicher Nachlaß Metaphysik

MC：XXVII：Moralphilosophie Collins

MK₃：XXVIII：Metaphysik K₃

ML₁：XXVIII：Vorlesung über Metaphysik，Nachschriften-Kompilation，L1

MMr：XXIX：Metaphysik Mrongovius

本书参考了邓晓芒、李秋零、韩水法等教授的多个著作译本，三大批判主要依据以下邓晓芒译本，其余康德著作主要依据以下李秋零译本，细节有改动：伊曼努尔·康德：《纯粹理性批判》，邓晓芒译，杨祖陶校，北京，人民出版社，2004年；伊曼努尔·康德：《实践理性批判》，邓晓芒译，杨祖陶校，北京，人民出版社，2003年；伊曼努尔·康德：《判断力批判》，邓晓芒译，杨祖陶校，北京，人民出版社，2002年；康德：《康德著作全集》，1—9卷，李秋零译，北京，人民大学出版社，2003—2010年。

参考文献

康德著作：

1. *Kants gesammelte Schriften*，Band Ⅰ-ⅩⅩⅨ，Herausgegeben von der Königlich Preußischen Akademie der Wissenschaften，Berlin：Reimer，spaeter Berlin und New York：de Gruyter，1900 ff.

2. *The Cambridge Edition of the Works of Immanuel Kant*，Cambridge：Cambridge University Press，1992.

3. *Grundlegung zur Metaphysik der Sitten*，Hamberg：Felix Meiner Verlag，1999.

4. *Kritik der Urteilskraft*，Hamberg：Felix Meiner Verlag，1993.

5. *Kritik der reinen Vernuft*，Hamberg：Felix Meiner Verlag，1993.

6. *Kritik der praktischen Vernuft*，Hamberg：Felix Meiner Verlag，1974.

7. *Metaphysik der Sitten*，Hamberg：Felix Meiner Verlag，1966.

8. ［德］康德：《纯粹理性批判》，邓晓芒译，杨祖陶校，北京，人民出版社，2004 年。

9. ［德］康德：《实践理性批判》，邓晓芒译，杨祖陶校，北京，人民出版社，2003 年。（［德］康德：《实践理性批判》，韩水法译，北京，商务印书馆，1999 年。）

10. ［德］康德：《判断力批判》，邓晓芒译，杨祖陶校，北京，人民出版社，2002 年。

11. ［德］康德：《康德三大批判合集》，邓晓芒译，杨祖陶校，北京，人民出版社，2009 年。

12. ［德］康德：《康德著作全集》，第 1—9 卷，李秋零译，北京，中国人民大学出版社，2003—2010 年。

13. ［德］康德：《道德形而上学奠基》，杨云飞译、邓晓芒校，北京，人民出版社，2005 年。

14. *Groudwork of the Metaphysics of Morals*，translated by H. J. Paton，London：Routledge，2002.

15. *Foundations of the Metaphysics of Morals*，translated by Lewis White Beck，London：Macmillan Publishing Company，1989.

16. *Groundwork for the Metaphysics of Morals*，edited and translated by Allen W. Wood，London：Yale University Press，2002.

17. *Critique of Practical Reason*，translated by Lewis White Beck，London：Macmillan Publishing Company，1993.

18. *The Metaphysics of Morals*，translated by Mary Gregor，Cambridge：Cambridge University Press，1991.

相关研究作品：

1. Alexander Gottlieb Baumgarten, *Metaphysica/ Metaphysik*, 4. Aufl. （Halle im Magdeburgischen, 1757）, historisch-kritische Ausgabe, hrsg. Gawlick, Günter / Kreimendahl, Lothar, Stuttgart-Bad Cannstatt, 2011.

2. Allen Wood, *Kant's Ethical Thought*, Cambridge: Cambridge University Press, 1999.

3. Allen Wood, "Kant's Compatibilism", in Allen Wood (ed.), *Self and Nature in Kant's Philosophy*, New York: Cornell University Press, 1984.

4. Altmann Amandus, *Freiheit im Spiegel des rationalen Gesetzes bei Kant*, Berlin: Duncker & Humblot, 1982.

5. Andrews Reath & Jens Timmermann (ed), *Kant's Critique of Practical Reason. A Critical Guide*, Cambridge: Cambridge University Press, 2010.

6. Ameriks & Karl, *Interpreting Kant's Critiques*, Oxford: Clarendon Press, 2003.

7. Baummans & Peters, *Kants Ethik: die Grundlehre*, Würzburg: Königshausen & Neumann, 2000.

8. Banham & Gary, *Kant's Practical Philosophy: from Critique to Doctrine*, New York: Palgrave Macmillan, 2003.

9. Baron Marcia M, "Love and Respect in the Doctrine of Virtue", in Mark Timmons (ed.), *Kant's Metaphysics of Morals: Interpretative Essays*, New York & Oxford: Oxford University Press, 2003.

10. Bernd Ludwig, "Kants Bruch mit der schulphilosophischen Freiheitslehre im Jahre 1786 und die Consequente Denkungsart der speculativen Critik", in Stefano Bacin, *Kant und die Philosophie in weltbürgerlicher Absicht. Akten des Ⅺ. Internationalen Kant-Kongresses. Band 3. Berlin, Boston, 2013.

11. Reinhard Brandt, *Immanuel Kant- Was Bleibt?*, Hamburg, 2010.

12. Barbara Herman, *The Practice of Moral Judgment*, Cambridge, MA: Harvard University Press, 1993.

13. Chris Naticchia, "Kant on the Third Antinomy: is Freedom Possible in a World of Natural Necessity", in *History of Philosophy Quarterly*, Vol. 11, No. 4.

14. Chris Naticchia, *Human Welfare and Moral Worth*, Cambridge: Cambridge University Press, 2002.

15. Chris Naticchia, "Kant's Argument for the Rationality of Moral Conduct", in Paul Guyer (ed.), *Kant's Groundwork of the Metaphysics of Morals: Critical Essays*, Lanham: Rowman and Littlefield, 1998.

16. 陈嘉明：《建构与范导——康德哲学的方法论》，北京，社会科学文献出版社，1992 年。

17. 陈嘉明：《康德哲学的基础主义》，《南京大学学报》，2004 年第 3 期。

18. David Cummiskey, *Kantian Consequentialism*, New York & Oxford：Oxford University Press，1996.

19. Dieter Henrich, "The Deduction of Moral Law：The Reasons for the Obscurity of the Final Section of Kant's Groundwork of the Metaphysics of Morals", in Guyer & Paul (ed.), *Kant's Groundwork of the Metaphysics of Morals：Critical Essays*, Lanham：Rowman and Littlefield.，1998.

20. Dieter Henrich, *Grundlegung zur Metaphysik der Sitten—ein Kooperrativer Kommentar*, Frankfurt am Main：Vittorio Klostermann，1989.

21. Dieter Henrich, *The Unity of Reason：Essays on Kant's philosophy*, Cambridge, MA：Harvard University Press，1994.

22. Dieter Henrich, "The Concept of Moral Insight and Kant's Doctrine of the Fact of Reason", translated by Manfred Kuehn, in Dieter Henrich, *Unity of Reason*, Cambridge, MA：Harvard University Press，1994.

23. Dieter Schönecker, *Kant：Grundlegung III. Die Deduktion des kategorischen Imperativs*, Freiburg, München，1999.

24. Dieter Schönecker, Stefanie Buchenau, Desmond Hogan, *Kants Begriff transzendentaler und praktischer Freiheit*, Berlin：Walter de Gruyter，2005.

25. Dieter Schönecker, Allen W. Wood (ed.), *Immanuel Kant Grundlegung zur Metaphysik der Sitten：ein Einführender Kommentar*, Paderborn：Ferdinand Schöningh，2007.

26. 邓安庆：《启蒙伦理与现代社会的公序良俗——德国古典哲学的道德事业之重审》，北京，人民出版社，2014 年。

27. 邓安庆：《从"形而上学"到"行而上学"：康德哲学哥白尼式革命的实质》，《复旦学报(社会科学版)》，2009 年第 4 期。

28. 邓安庆：《康德道德神学的启蒙意义》，《哲学研究》，2007 年第 7 期。

29. 邓安庆：《伦理神学与现代道德信念的确证》，《文史哲》，2007 年第 6 期。

30. 邓晓芒：《对自由与必然关系的再考察》，《湖南科技大学学报(社会科学版)》，2014 年第 7 期。

31. 邓晓芒：《关于 Person 和 Persönlichkeit 的翻译问题——以康德、黑格尔和马克思为例》，《哲学动态》，2015 年第 10 期。

32. 邓晓芒：《康德〈纯粹理性批判〉句读》，北京，人民出版社，2010 年。

33. 邓晓芒：《康德〈道德形而上学奠基〉句读》，北京，人民出版社，2012 年。

34. 邓晓芒：《康德道德哲学的三个层次》，《云南大学学报》，2004 年第 4 期。

35. 邓晓芒：《康德和黑格尔的自由观比较》，《社会科学战线》，2005 年第 3 期。

36. 邓晓芒：《康德哲学讲演录》，桂林，广西师范大学出版社，2005 年。

37. 邓晓芒：《人论三题》，重庆，重庆大学出版社，2008 年。

38. Ernst Tugendhat, "Der Begriff der Willensfreiheit", in Tugendhat, Ernst, *Philosophische Aufsätze*, Frankfurt a. M. , S. 334-351, 1992.

39. F. W. J. Schelling, *Über das Wesen der menschlichen Freiheit*, hrsg. von Horst Fuhrmans, Stuttgart, 2008.

40. Friedrich Kaulbach, *Immanual Kants Grundlegung zur Metaphysik der Sitten*, *Interpretation und Kommentar*, Darmstadt: Wissenschaftliche Buchgesellschaft, 1988.

41. Galston William, *Kant and Problem of History*, Chicago: University of Chicago Press, 1975.

42. Gerhold Prauss, *Kant über Freiheit als Autonomie*, Frankfurt: Vittorio Klostermann, 1983.

43. Georg Geismann, "Kant über Freiheit in spekulativer und in praktischer Hinsicht", in *Kant-Studien*, 2007, 98 (3).

44. Georg Geismann, *Kant und kein Ende. Band* 2: *Studien zur Rechtsphilosophie*, Würzburg, 2010.

45. 韩水法：《论康德批判的形而上学》,《哲学研究》, 2003 年第 5 期。

46. 韩水法：《启蒙的第三要义：〈判断力批判〉中的启蒙思想》,《中国社会科学》, 2014 年第 2 期。

47. 韩水法：《理性的启蒙或批判的心态———康德与福柯》,《浙江学刊》, 2004 年第 5 期。

48. Johann Heinrich Schulz, *Versuch einer Anleitung zur Sittenlehre für alle Menschen*, *ohne Unterschied der* Religionen. *Nebst einem Anhange von den Todesstrafen*, Berlin, 1783.

49. Heiner F. Klemme, "Kant's anlysis of obligation: the argument of Groudwork I", in Pasternack & Lawrence, (ed.), *Kant: Groundwork of the Metaphysics of Morals in focus*, London: Routledge, 2002, pp. 121-153.

50. Heiner F. Klemme, "Kant's Formula of Humanity", in Chadwick & Ruth, (ed.), *Immaneul Kant: Critical Essays*, London: Routledge, 1992.

51. Heiner F. Klemme, Manfred Kühn, Dieter Schönecker (Hg.), *Moralische Motivation: Kant und die Alternativen*, Hamburg: F. Meiner Verlag, 2006.

52. Heiner F. Klemme, *Kants Philosophie des Subjekts. Systematische und entwicklungsgeschichtliche Untersuchungen zum Verhältnis von Selbstbewußtsein und Selbsterkenntnis*, Hamburg, 2006.

53. Heiner F. Klemme, *Kants "Grundlegung zur Metaphysik der Sitten". Ein systematischer Kommentar*, Stuttgart: Reclam, 2016.

54. Heiner F. Klemme, "Kants Erörterung der 'libertas indifferentiae' in der Metaphysik der Sitten und ihre philosophische Bedeutung", in *Internationales Jahrbuch*

des Deutschen Idealismus，2013（9）.

55. Henry Allison，*Kant's Theory of Freedom*，Cambridge：Cambridge University Press，1990.（《康德的自由理论》，陈虎平译，沈阳，辽宁教育出版社，2001 年。）

56. Henry Allison，*Kant's Groundwork for the Metaphysics of Morals：A Commentary*，New York & Oxford：Oxford University Press，2011.

57. Henry Allison，*Idealism and Freedom：Essays on Kant's Theoretical and Practical Philosophy*，Cambridge：Cambridge University Press，1996.

58. Herbert Meyer，*Kants transzendentale Freiheitslehre*，Freiburg：Breisgau；München，Alber；1996.

59. Herbert Paton，*The Categorical Imperative*，Philadelphia：University of Pennsylvania Press，1971.

60. Howard Caygill，*A Kant Dictionary*，Blackwell Publishers Ltd.，1995.

61. Höffe & Otfried，*Immanuel Kant - Kritik der praktischen Vernunft*，Berlin：Akademie Verlag GmbH，2002.

62. 黄裕生：《时间与永恒》，北京，社会科学文献出版社，2002 年。

63. 黄裕生：《真理与自由》，南京，江苏人民出版社，2002 年。

64. Jochen Bojanowski，*Kants Theorie der Freiheit*. Rekonstruktion und Rehabilitierung，Berlin：Walter de Gruyter，2006.

65. Jochen Bojanowski，"Kant und das Problem der Zurechenbarkeit"，in *Zeitschrift für philosophische Forschung*，2007（61）.

66. John Hardwig，"Acting from Duty but not in Accord with Duty"，in Chadwick & Ruth（ed.），*Immaneul Kant：Critical Essays*，London：Routledge，1992.

67. Katsutoshi Kawamura & *Spontaneität und Willkür*，*Der Freiheitsbegriff in Kants Antinomienlehre und seine historischen Wurzeln*，Stuttgart-Bad Cannstatt：Frommann-Holzboog，1996.

68. Klaus Konhardt，"Faktum der Vernunft. Zu Kants Frage nach dem eigentlichen Selbst des Menschen"，in *Handlungstheorie und Transcendental Philosophie*，Gehold Prauss（hrsg.），Frankfurt am Mein：Klostermann，1986.

69. Klaus Steigleder，*Kants Moralphilosophie. Die Selbstbezüglichkeit reiner praktischer Vernunft*. Stuttgart：Weimar，2002.

70. Korsgaard & Christine，*The Sources of Normativity*，New York：Cambridge University Press，1996.

71. Korsgaard & Christine，*Creating the Kingdom of Ends*，New York：Cambridge University Press，1996.

72. Korsgaard & Christine，"Kant's Formula of Humanity"，in Ruth Chadwick（ed.），*Immaneul Kant：Critical Essays*，London：Routledge，1992.

73. Langthaler &. Rudolf, *Kants Ethik als System der Zwecke*, Berlin: Walter de Gruyter, 1990.

74. Lawrence Pasternack (ed.), *Immaneul Kant: Groundwork of the Metaphysics of Morals in Focus*, London: Routledge, 2002.

75. Leonhard Creuzer, *Skeptische Betrachtungen über die Freyheit des Willens, mit Hinsicht auf die neuesten Theorien über dieselbe*, Gießen, 1793.

76. Lewis White Beck, *A Commentary on Kant's* Critique of Practical Reason, Chicago: University of Chicago Press, 1960.

77. Lewis White Beck, *Essays on Kant and Hume*, New Haven: Yale University Press, 1978.

78. Lewis White Beck, *Das Faktum der Vernunft*, Kant-Studien, 1961(52).

79. 李秋零:《康德论人性根本恶及人的改恶向善》,《哲学研究》,1997 年第 1 期。

80. 李秋零:《康德论哲学与神学的关系》,《江苏行政学院学报》,2008 年第 1 期。

81. Lee Ming-huei(李明辉), *Das Problem of maralischen Gefuhis in der Entwicklung der Kritischen Ethic*, Taipei, 1994.

82. 卢雪昆:《意志与自由》,台北,台湾文史哲出版社,1997 年。

83. 卢雪昆:《实践主体与道德法则——康德实践哲学研究》,香港,志莲净苑文化部出版社,2000 年。

84. Manfred Baum, "Kants Replik auf Reinhold", in Bondeli, Martin / Heinz, Marion/ Stolz, Violetta (Hrsg.): *Wille, Willkür, Freiheit. Reinholds Freiheitskonzeption im Kontext der Philosophie des* 18. *Jahrhunderts* (= Studia Reinholdiana, Bd. 2), Berlin, New York, 2012.

85. Marcus Willaschek, Jürgen Stolzenberg, Georg Mohr, &. Stefano Bacin (hrsg.), *Kant-Lexikon*, De Gruyer Press, 2015.

86. Marcus Willaschek, "Die Tat der Vernunft: Zur Bedeutung der KantischenThese vom 'Factum der Vernunft'", in G. Funke (ed.), *Akten des Siebenten InternationalenKant-Kongresses*, Bonn: Bouvier, 1991.

87. Marcus Willaschek, *Praktische Vernunft. Handlungstheorie und Moralbegründung bei Kant*, Stuttgart, Weimar, 1992.

88. Mary Gregor, *The Laws of Freedom*, Oxford: Basil Blackwell, 1963.

89. Nelson Potter, "Kant on Ends that at the Same Time Duties", in Chadwick &. Ruth F. (ed.), *Immaneul Kant: Critical Essays*, London: Routledge, 1992.

90. Nelson Potter, "The Argument of Obligation", Chapter I, in Paul Guyer (ed.), *Kant's Groundwork of the Metaphysics of Morals: Critical Essays*, Lanham: Rowman and Littlefield, 1998.

91. Oliver Sensen, *Kant on Human Dignity*, Berlin, Boston, 2011.

92. Onora O'Neill, *Acting on Principle*, Columbia: Columbia University Press, 1975.

93. Onora O'Neill，*Constructions of Reason*，Cambridge：Cambridge University Press，1989.

94. Onora O'Neill，"Reason and Autonomy in Grundlegung Ⅲ". in von Orfried Höffe（hrsg.）. *Grundlegung zur Metaphysik der Sitten—ein Kooperrativer Kommentar*. ［Groundwork of Moral Metaphysics-a Cooperative Commentary.］ Frankfurt am Main：Vittorio Klostermann，2000.

95. Onora O'Neill，"Reconstructing the Grounding of Kant's Ethics：A Critical Assessment"，in *Kant-Studien*，2009（04）.

96. P. S. Lake，*Kant*，*Duty and Moral Worth*，London：Routledge，2004.

97. Paul Guyer，*Kant and the Experience of Freedom*，Cambridge：Cambridge University，1993.

98. Paul Guyer，*Kant and the Claims of Taste*，Cambridge：Cambridge University Press，1997.

99. Paul Guyer（ed.），*Kant's Groundwork of the Metaphysics of Morals：Critical Essays*，Lanham：Rowman and Littlefield，1998.

100. Paul Guyer，"The Possibility of the Categorical Imperative"，in Paul Guyer （ed.），*Kant's Groundwork of the Metaphysics of Morals：Critical Essays*，Lanham：Rowman and Littlefield，1998.

101. Pauline Kleingeld，"Moral Consciousness and the 'Fact of Reason'"，in Jens Timmermann & Andrews Reath，*Kant's Critique of Practical Reason：A Critical Guide*，Cambridge：Cambridge University Press，2010.

102. Rawls John，*Lectures in the History of Ethics*，Cambridge，MA：Harvard University Press，2000.（《道德哲学史讲义》，张国清译，北京，生活・读书・新知三联书店，2003 年）

103. 罗尔斯：《正义论》，何怀宏、何包钢、廖申白译，北京，中国社会科学出版社，2001 年。

104. Robert Louden，*Kan's Impure Ethics*，New York & Oxford：Oxford University Press，2000.

105. Röttges H. Frankfurt，"Kants Auflösung der Freiheitsantinomie"，in *Kant-Studien*，1974，65（1）.

106. Roger Sullivan，*Immanneul Kant's Moral Theory*，Cambridge：Cambridge University Press，1989.

107. Ruth F. Chadwick（ed.），*Immaneul Kant：Critical Essays，Vol III，Kant's Moral and Political Philosophy*，London：Routledge，1992.

108. S. J. Kerstein，*Kant's Search for the Supreme Principle of Morality*，Cambridge：Cambridge University Press，2002.

109. 舒远招：《完美神圣的理性存在者的意志：定言命令之第三者——〈道德形而上

学的奠基〉中一个重要问题的解答》，《山东科技大学学报（社会科学版）》，2012 年第 5 期。

110. Simon Shengjian Xie, "What Is Kant: A Compatibilist or an Incompatibilist?", in *Kant-Studien*, 2009 (1).

111. Smith, John, "Kant, Paton and Beck", in *The Review of Metaphysics*, Vol. 3, No. 2 (Dec. , 1949).

112. Stephen Palmquist, *Comprehensive Commentary on Kant's* Religion *within the Bounds of Bare Reason*, Chichester: Wiley, 2016.

113. Steffi Schadow, *Achtung für das Gesetz. Moral und Motivation bei Kant*, Berlin, Boston, 2012.

114. Thomas Wyrwich, *Moralische Selbst- und Welterkenntnis. Die Deduktion des kategorischen Imperativs in der Kantischen Philosophie*, Würzburg, 2011.

115. Thomas E. Hill, *Dignity and Practical Reason in Kant's Moral Theory*, Ithaca: Cornell University Press, 1992.

116. Thomas Pogge, "The Categorical Imperative", in Guyer & Paul (ed.), *Kant's Groundwork of the Metaphysics of Morals: Critical Essays*, Lanham: Rowman and Littlefield, 1998.

117. Timmermann, Jens, *Sittengesetze und Freiheit: Untersuchungen zu Immanuel Kants Theorie des freien Willens*, Berlin: Walter de Gruyter, 2003.

118. Timmermann, Jens, *Sittengesetze und Freiheit*(ed.), *Groundwork of the Metaphysics of Morals: A Critical Guide*, Cambridge: Cambridge University Press, 2010.

119. Tom Rockmore, *Kant and Phenomenology*, Chicago: University of Chicago Press, 2011.

120. Viggo Rossvaer, *Kant's Moral Philosophy: An Interpretation of the Categorical Imperative*, Oslo: Universitetsforlaget, 1979.

121. Volker Gerhardt, *Immanuel Kant: Vernuft und Leben*, Stuttgart: Philipp Reclam jun, 2002.

122. Volker Gerhardt, *Selbstbestimmung. Das Prinzip der Individualität*, Stuttgart: Reclam, 1999.

123. Volker Gerhardt, *Individualität. Das Element der Welt*, München: C. H. Beck Verlag, 2000.

124. Volker Gerhardt, *Der Mensch wird geboren. Kleine Apologie der Humanität*, München: C. H. Beck Verlag, 2001.

125. Volker Gerhardt, *Die angeborene Würde des Menschen*, Berlin: ParErga Verlag, 2004.

126. 王福玲：《尊严：作为权利的道德基础》，《中国人民大学学报》，2014 年第 6 期。

127. 谢地坤：《扬善抑恶的理性宗教学说——评康德的〈纯粹理性界限内的宗教〉》，《中国社会科学院研究生院学报》，1992 年第 5 期。

128. 徐向东：《康德论道德情感和道德选择》，《伦理学研究》，2014 年第 1 期。

129. [古希腊]亚里士多德：《尼各马可伦理学》，廖申白译，北京，商务印书馆，2003 年。

130. 杨祖陶：《德国古典哲学逻辑进程》，武汉，武汉大学出版社，2003 年。

131. 杨祖陶：《康德黑格尔哲学研究》，武汉，武汉大学出版社，2002 年。

132. 曾晓平：《关于康德道德形而上学的两个基本问题》，《湖北大学学报》，1998 年第 5 期。

133. 曾晓平：《康德"崇高"概念疏析》，《武汉大学学报（人文社会科学版）》，2000 年第 3 期。

134. 张传有：《康德与道德学的净化》，《学术月刊》，1997 年第 4 期。

135. 张传有：《自由——康德伦理学的核心》，《武汉大学学报（哲学社会科学版）》，1999 年第 3 期。

136. 张志伟：《康德的道德世界观》，北京，中国人民大学出版社，1995 年。

137. 张志伟：《康德哲学的现代意义——兼论哲学与哲学史之间的关系》，北京，中国人民大学出版社，2000 年。

后 记

自我大一时从商学转学哲学，到现在已有 20 年了。在广阔的珞珈山上，在柏林的菩提树下大街，我不知留下了多少与师长们同行的足迹。那段流浪的青春，就像不灭的火种，永远在记忆中燃烧，灼热魂灵。那些美好的相遇，又如一场七彩的天雨，穿越苍穹的无数洞穴，从宇宙的彼端划过，洒落眼前。在十年磨一剑之后，回首过去，我深深感恩我的师长们，就像阳光一样，温暖地照亮了我，又包容了我的一切……

二十年前，当充满迷茫的我去旁听哲学系课程的时候，何卫平老师投入的讲解、真切的学者气质深深感染了我。他一直平和，温润儒雅，却体现出渊博的学识和对学术的热忱，他宁静致远，而对学生关怀备至。渐渐地，在每次课后，我们总是一边讨论、一边慢慢走回他家门前，常常又长谈半个小时。这样的耐心指点，一直持续了很多年，直到我出国留学。是他一直在引领着我往前走，在我最难熬、最迷茫的那些岁月，他从不曾嫌弃，一如既往地支持着我，让平凡的我一步步走向光明处。他是国内极少数长期主攻哲学解释学的学者之一，有极出色的外语水平和国际视野，宁静致远，精益求精，每一作品都体现了熟读精思和精湛的学识。

从本科阶段起，我有幸聆听邓晓芒老师多年的课程，并得到他的悉心指导。在很多年里，除了一般课程，他在每星期六站着讲课三个小时，并留有充分的讨论时间，在指点锤炼中让学生逐渐成长；而在课后，一批热切求知的学生们跟随他，慢慢走在珞珈山的路上。他一直宁静致远，却用心指导、支持着后辈的学业发展。他认真批改学生的课程论文，甚至帮我们修订了错别字和标点符号。凭借渊博的知识、清晰透彻的讲解，他搭建了坚实宽广的学问平台，让学生可以顺利步入哲学玄妙空灵的世界；他贡献的大量精深的著述，为国内德国古典哲学界的发展提供了重要的基石。多年来，他深耕于德国古典哲学领域，打通康德三大批判，对康德黑格尔都有精深研究，其功力非专注于一经典的后辈所能及。他进而究中西之际，通古今之变，而成一家之言。他曾多年留着鲁迅式的胡子，凭着真诚的反思，和强大的责任感，以锐利且炙热的眼光，对诸多深邃的问题进行审视。

张传有老师是我在武汉大学的导师，他上课的方式与德国的相似，主要采取原著讨论课的形式，逐个章节对经典文本逐段进行深入的解读。很多难解的文本，诸多研究资料很少涉及的，他在课上进行了精辟的讲解。"授之以鱼，不如授之以渔"，而他不仅传授方法，更让学生直接与哲学大师对话、在大师思想的锤炼中培养学生的哲学思维能力。他对学生极认真负责，反复给我的著作和论文提供了大量的反馈意见，在我的成长路上一直不遗余力地支持，在我几乎每一次重要的关口，都给我重要的指引和帮助。他在学术上对学生要求比较严格，平时却十分随和，他讲课善于深入浅出，课堂气氛宽松活跃，培养了我思维和言说的清晰性与系统性。

此外，曾晓平老师在我求学过程中给予许多耐心的教导，对我出国事多有支持。邓安庆教授对许多关键的理论问题提出了重要的观点和论证，成就斐然，在我工作后给予我大量的关心和指教。这几位恩师，都默默延续着陈修斋、杨祖陶先生之精神血脉，纯粹超然，且执着精诚，既认真负责，又平和切近。

如此幸运，我同样有幸频繁追随邓晓芒、张传有、曾晓平等恩师在课后一路同行。他们打开了一个无限可能的哲学世界，让我见识到宁静又五彩斑斓的思想深海，超脱俗世的纷繁，却最终以洞见的光芒照亮世界。他们给我灌注的太多光亮和温暖，在每一次追寻梦想的路上，北斗星那样伴随着我每一个脚迹，让我在理想主义的路上，即使遭遇再多的曲折，仍然对世界和人性充满信心，在最黯淡的日子里，也仍然对未来保持着希望。我当时转学到首届中西哲学实验班，该班由郭齐勇、吴根友、邓晓芒、彭富春等老师以极大决心创办，我班一半以上学生有留学名校经历，他们毕业后也都任教于国内双一流名校。原来在宁静的珞珈山上，不曾意识到自己的幸运，当我走过万水千山，才知道自己的幸运。感恩这些精神的父辈，不仅馈赠了我如此的多，更一直是如此值得尊敬的人，激励着平凡的我一路前行。

在武大读博一年之后，我有幸到柏林洪堡大学，师从 Volker Ger-hardt 教授。他给我了难得的机会，可以逐渐趋于见天地，见自我，见众生。他是科学院版《康德全集》和《尼采全集》的主编，欧洲科学与人文科学院院士，德国科学院联合会科学委员会主席。他见面时言简意赅，直奔主题，一针见血地评鉴我习作的得失，在课程、Kolloquium（研究生论文讨论班）和单独面谈中给我许多高明的指引，后来也参与了我的国际一流康德研究名家系列访谈。他强大的精神力量和博大的灵魂持续给我带来震撼，感召着我们前行不止。他将其哲学称为存在的理性主义（existenziellen Rationalismus）和人道主义的自然主义（humanitarian naturalism），把自我、他人、世界呈现为相互渗透、三位一体的统一。他理解个体和世界关系的方式不是还原论的，也不是二元论的，而把两者在逻辑上的内在连接看作哲学的起点。世界是无数独特的个别事件的整体，由分离的个体所构成的个体世界（individuelle Welt）不能与把人看作个体的自我感知相隔断。这是一个人类世界的功能性形而上学，个体性论题不是一个物理学断言，而是一种连接（人所理解的）所有事件的相互关联和自我概念的尝试。个体不被与自己身体的纽带所捆绑，而是通过交互的交流和评价——它们基于包围着一个个体的、最终而言是处于公共性之中的意识——而使得一种社会关联得以可能。研究康德愈久，我越发感受到他的思想光华，并愿在他所启发的整全性进路上继续前行。

2019—2020 年，我在美国访问了保罗·盖耶（Paul Guyer）教授。他可谓一代康德研究宗师，其著述诸多重要文本，其作品引用率是最高的几位康德学者之一。他思维极其敏锐，富有独见，对诸多问题都有批判性的独特见解。他思想开明，不喜欢对其亦步亦趋的学生，更期待后学有不同于、乃至于不同意他的观点。他精力旺盛，乐于与后辈学术交流，积极给予后学支持，行事效率极高，从不拖泥带水。他已经七十多岁了，依然著述不断，思想有许多有意义的推进。

此外，邓晓芒、李秋零二公译著各有胜场，共成康德学之双璧，著述让后学收益无穷，其心亮体达处亦为晚生之楷模。黄裕生老师宏大的学术视野，高远的精神旨趣，清通的哲学运思，给我诸多的启发，是我精神上的前行者。感谢谢地坤老师曾愿接收我为他的博士后、并多有指教，遗憾我终因本校的规定而未能如愿。曾晓平老师对我出国事多有支持，在我求学过程中给予许多耐心的教导。许多学者在讲座、会议和平时交流中给予我许多有意义的教益和启发：张志伟、韩水法、舒远招、张荣、孙小玲、马寅卯、杨云飞、苏德超、丁三东、宫睿、张任之、方博、刘作、袁辉、吕超、刘凤娟、罗喜、南星、王维嘉、宋博等。

感谢教研室前辈刘成纪教授。他承担了教研室近半的课程，在学生论文报告会、开题答辩中最认真地阅读学生的作品，给我很多无私的指教、帮助与包容。感谢学院吴向东、李红、郭家宏、罗松涛、刘孝廷、董春雨、田海平、王楷、李祥俊、许家星、唐热风、代海强、周凡、徐克飞等诸多同事老师一直以来的指教和大力支持，帮助我能够持续成长。感谢父母多年辛苦，却支持我追寻自己的梦想。感谢岳父岳母一直的照顾。感谢志趣相投的爱人梁楚辉，给我如此多的爱与包容。

　　在康德看来，生命在于主动自由的创造，自由在于自律。当常青树和长寿龟被因果律所禁锢，有限的人却能打破这重枷锁，进行自主的决定与创造。在无尽的时间里，人生就如沧海之一粟，但自由的光芒却能照亮世间，穿越生前死后的暗夜。而自律才是自由，因为每个人都有平等的意志自由，都有平等的尊严，都应平等地得到尊重。没有牛顿、爱因斯坦等，难以出现现代的科技与经济；没有洛克、卢梭、康德、马克思等人照亮的道路，也难有现代的文明秩序。山河俱灭，大道永在。每一滴水的力量都是有限的，但滴水穿石，离不开每一滴水的力量。和美好的心灵一道，点燃自我与他人心灵的力量，在灵性的交汇中让思想之火不绝蔓延，就如月圆之夜纵一苇于万顷，在茫然的天地里拥抱了璀璨的星空，像一只飞鸟纵浪于人间，在每一瞬流光里触碰着永恒。独与天地精神相往来，而悠游于尘世，依循内心的方向，用坚守趋近生命的圆满，莫不是一种诗性的人生？愿跟随光亮的灵魂，听心中之声，做喜悦之事，走自己的路，用持久不已的努力迎来生命的丰盛！

图书在版编目（CIP）数据

　本体理念实在性问题如何解决/朱会晖著. —北京：北京师范大学
出版社，2024.1
　ISBN 978-7-303-27031-6

Ⅰ.①本… Ⅱ.①朱… Ⅲ.①本体论－研究 Ⅳ.①B016

中国版本图书馆 CIP 数据核字（2021）第 112804 号

营　销　中　心　电　话　010-58805385
北 京 师 范 大 学 出 版 社
主题出版与重大项目策划部

BENTI LINIAN SHIZAIXING WENTI RUHE JIEJUE
出版发行：北京师范大学出版社　www.bnupg.com
　　　　　北京市西城区新街口外大街 12-3 号
　　　　　邮政编码：100088
印　　刷：北京虎彩文化传播有限公司
经　　销：全国新华书店
开　　本：787 mm×1092 mm　1/16
印　　张：19.25
字　　数：330 千字
版　　次：2024 年 1 月第 1 版
印　　次：2024 年 1 月第 1 次印刷
定　　价：79.00 元

策划编辑：郭　珍　　　　　责任编辑：赵雯婧
美术编辑：王齐云　　　　　装帧设计：王齐云
责任校对：张亚丽　　　　　责任印制：马　洁　赵　龙